中华文化立场　全球传播视野

华夏传播研究

Huaxia Communication Studies

第十三辑

谢清果　赵丽芳　主编

九州出版社 JIUZHOUPRESS｜全国百佳图书出版单位

图书在版编目（CIP）数据

华夏传播研究. 第十三辑 / 谢清果，赵丽芳主编.
北京 ： 九州出版社，2024. 10. -- ISBN 978-7-5225
-3412-1

Ⅰ. G219.2-53
中国国家版本馆CIP数据核字第2024XB7157号

华夏传播研究（第十三辑）

作　　者	谢清果　赵丽芳　主编
责任编辑	肖润楷
出版发行	九州出版社
地　　址	北京市西城区阜外大街甲 35 号（100037）
发行电话	(010)68992190/3/5/6
网　　址	www.jiuzhoupress.com
印　　刷	北京九州迅驰传媒文化有限公司
开　　本	720 毫米 ×1020 毫米　16 开
印　　张	21.25
字　　数	330 千字
版　　次	2024 年 11 月第 1 版
印　　次	2024 年 11 月第 1 次印刷
书　　号	ISBN 978-7-5225-3412-1
定　　价	86.00 元

华夏传播研究

主办单位：

    厦门大学新闻传播学院

    中央民族大学新闻与传播学院

协办单位：

    华夏传播研究会

    华夏文化促进会

    国际中华传播学会（美国）

    中国传媒大学媒体创意研究中心

    福建省传播学会

    厦门大学国学研究院

    四川大学老子研究院

    厦门大学道学与传统文化研究中心

    厦门筼筜书院

    大连外国语大学中华文化海外传播研究中心

    中国新闻史学会新闻传播思想史专业委员会

    中国新闻史学会台湾与东南亚华文新闻传播史研究委员会

    中国传媒大学健康中国与中医药传播研究中心

项目资助及成果

国家社科基金重大项目："铸牢中华民族共同体意识的传播策略研究"建设成果

国家社科基金项目"□华民族共同体意识在少数民族题材短视频中的嵌入机制研究"（项目编号：23BXW109）建设成果

国家社科基金青年项目"文化记忆视角下云南跨境民族文化遗产的视听传播创新研究"（项目编号：23CXW031）建设成果

国家民委高等教育教学改革研究项目"'两个结合'背景下优秀传统文化嵌入视听融媒体人才培养的模式探索（项目编号：23185）"建设成果

江苏宏德文化出版基金会资助成果

福建省社科研究重大项目："中华文明的突出特性"建设成果

福建省本科高校教育教学研究项目："传播学自主知识体系的构建与教学体系重塑的综合改革研究"建设成果

卷首语

提升中华文化国际传播效能的关键、基础与路径

赵丽芳*

国际传播是文化相遇的过程。

冲突、折扣或者共情是文化相遇的常态。李子柒海外走红和电视剧《媳妇的美好时代》在非洲热映都是美妙的文化相遇过程。前者基于文化差异，满足的是西方人对东方式田园生活的乌托邦想象，后者基于文化接近，反映的是非洲文化观念和家庭形态与中国社会具有相似性。因此，中国家庭伦理剧所呈现的日常生活方式容易引起非洲用户共鸣共情。

国际传播面对的是多元、具有异质性的他社会与他文化。传播可理解的文化是提升国际传播效能的关键。

站在新时代，以中国为方法，以世界为对象构建人类命运共同体时，文化与文化美妙相遇的方法就是以多元的视野超越特殊性获得普遍性。只有以中国的、美国的、印度的、日本的、埃及的文化思考世界的时候，这个世界才真正获得了一种彼此可理解的普遍性的文化立场。彼此可理解是"你能理解我""我能理解你"，可理解是共情的基础。

世界冒险游戏《原神》的成功来源于此，将故事背景建立在七个"国家"设定的基础上，每个"国家"的设计都融入世界不同地区的文化元素与文明符号，游戏者在不同文化间旅行获得了跨文化理解的能力。

伊文思在拍摄纪录片《四万万人民》后说："我触到了中国，中国也触到了我，

* 作者简介：赵丽芳，中央民族大学研究生院院长、新闻与传播学院教授，博士生导师；研究领域：新闻传播与民族地区社会发展、跨文化传播、国际传播。

基金项目：本文系国家社科基金项目"中华民族共同体意识在少数民族题材短视频中的嵌入机制研究"（项目编号：23BXW109），国家社科基金青年项目"文化记忆视角下云南跨境民族文化遗产的视听传播创新研究"（项目编号：23CXW031），国家民委高等教育教学改革研究项目"'两个结合'背景下优秀传统文化嵌入视听融媒体人才培养的模式探索（项目编号：23185）"的建设成果。

我拍了战争，拍了一个在战争中瓦解，又在战火中形成的国家，我看到了勇敢。"

美国奥斯卡电影绿皮书既是跨越种族、阶级的故事，也是最后达成人与人之间可理解的跨文化故事。

国际传播是多元主体文化协奏曲，提升国际传播效能的基础是调动更多的多元主体主动传播、参与传播。

通过多元主体协同传播实现国际传播的分层、分类和分群，使中国声音全球化、区域化、分众化表达，推进中国故事和中国声音的全球化表达、区域化表达、分众化表达，增强国际传播的亲和力和实效性。

一带一路论坛、深耕非洲市场的四达公司、制作纪录片杜甫的BBC、参与式、轻量化叙事的西藏兄妹、"洋网红"郭杰瑞等多元主体讲述中国故事既有宏大叙事，也有微观叙事，既有自塑，也有他塑，一定程度上消解了西方中心主义的叙事，消除了对中国宏大叙事的不信任。

最新数据表明，我国短视频用户规模已突破10亿。短视频里能看见什么？既有美食、美景，也有乡愁、烟火，更有千古以来流淌的文化传统、诗与远方，和来自多元文化、多元主体的创造力、生命力。

10亿意味着什么？意味着中国通过10亿人的参与式传播正在让世界看到，意味着中国不是抽象的"想象的共同体"，而是10亿携带中国文化基因的传播共同体，文化共同体和可见同体，它可感可知。

借助新技术、新形态、新语态、新叙事让中华文化有新的时代表达，是有效提升国际传播效能的路径。

通过新技术、新形态、新语态与新叙事让传统优秀文化重返中国人的日常生活，让中国文化展现其绵延不绝的生命力，在海内外圈粉与破圈。

借助新技术，在国内外的移动互联网平台，活跃者无数中国的民间诗人、非遗传承人和阿木爷爷、滇西小哥这样的中国传统文化分享者，"汉服""中国功夫""中国工匠""敦煌飞天舞"等中国文化元素，成了跨国短视频平台上的热词和热点；借助新技术，中国网络文学已遍及世界200多个国家和地区。

借助新形态，《56个民族服装任你选！快秀出你的爱国Style》，成为火爆朋友圈的融媒体产品。借助新形态，中国武术文化得以通过网络游戏《永劫无间》深度展示，中国古建之美通过网络游戏《黑神话·悟空》深度展示，游戏成为重新诠释中国经典文学、中国神话的新载体，中华文明的包容性与创新性，在游戏世界跃动。

借助新语态与新叙事，《如果国宝会说话》用微表达、轻传播的方式，用故事讲述每一件国宝所承载的厚重文化，真正让国宝活起来，在海内外破圈破层，国宝和文物成了跨文化、跨时空的信使。广西电视台颇受好评的《新民歌大会》在融合创新方面呈现了文化新质生产力，既是中华优秀传统文化双创的优秀案例，也是有形有感有效铸牢中华民族共同体意识的实践典范，多元的民族元素、民族符号、民族文化呈现出融为一体的中华文化，从心理上、情感上、听觉上、视觉上，可以感知中国文化的多元，中国音乐的美和中国故事的激情澎湃。

文化是遍在的，覆盖了最为广泛的领域，既古老又当下，既现代又传统，从宏大到细微，从高雅到通俗。通过新的时代表达，故宫、丝绸、唐诗宋词，敦煌、三星堆、京剧、秦腔、蜀绣……这些中华民族的独特创造穿过历史长河依然魅力不减，成为国际受众可感、可知的中华文化标识。

习总书记说，文化自信是一个国家、一个民族发展中最基本、最深沉、最持久的力量。

要让中国道路、中国发展可感可知，文化出海既是手段也是目的。

作为手段，以可理解、可共情、可感可知的文化表达，能有效跨越国界，超越意识形态偏见、制度差异，消解编码和解码过程中产生的偏差，以情感激活人与人之间的共情心灵，弥合语言文化差异，形成共情共鸣，实现共通和共享。

作为目的，中国文化出海，国际传播效能提升，也会进一步推进文化自信自强，进一步构建以中国为方法，以世界为对象的人类命运共同体。

目　录

特稿·华夏传播研究综述

中国式现代化与自主知识体系驱动下的华夏传播研究新发展

——2023年华夏传播研究综述

New Developments of Huaxia Communication Studies Driven by Chinese Modernization and Independent Intellectual Systems
—An Overview of Huaxia Communication Research in 2023

李嘉蓉　谢清果 *

Li Jiarong　Xie Qingguo

摘　要：华夏传播在2023年迎来其发展的第41个年头。这一年也是不平凡的一年，因为中华传统文化在这一年迎来再发展的"春天"。本年度华夏传播研究在论文发表、项目申报、学术会议、著作出版、课程设置、刊物创办等各个领域均取得诸多成就，总体呈现"井喷"之势。不论是学科内部的研究范畴还是研究路径都有了一定的创新。为积极响应时代号召，华夏传播研究基于自身优势，为中华文明的延续做出自身贡献。但是，在众多学科中，华夏传播研究如何彰显其自身独特性与主体性的问题日益突显。或许通过加强学科主体性以构建本土传播学自主知识体系是一条可行路径。

Abstract: The year 2023 marks the 41st year of development for Huaxia Communication. This year is particularly significant and extraordinary, as it marks a new phase of growth for Chinese traditional culture. Throughout this year, the researchers at Huaxia Communication have made numerous achievements in different domains, including academic publishing, project application, academic conferences,

---

　*　作者简介：李嘉蓉，江苏镇江人，厦门大学新闻传播学院2023级博士研究生，研究方向：华夏传播研究；谢清果，厦门大学新闻传播学院副院长、教授，博士生导师，华夏传播研究会会长，研究方向：华夏传播研究，传播学学科带头人，国家社科基金重大项目首席专家，福建省高校新世纪优秀人才；兼任华夏传播研究会会长、福建省人文社科研究基地·中华文化传播研究中心主任、福建省传播学会常务副会长、厦门大学传播研究所所长、华夏文明传播研究中心主任。

publication of works, curriculum development, and the establishment of scholarly periodicals. The overall development of Huaxia Communication research shows an "explosive" trend. And there have been great innovations in both the research scope and approach within the discipline. In response to the new theme of the times, Huaxia Communication, basing on its unique strengths, has made a significant contribution to the continuity of Chinese civilization. Nevertheless, the challenge of how Huaxia Communication Research can distinguish itself, display its own characteristics and subjectivity in a multitude of disciplines is becoming increasingly prominent. Perhaps enhancing the subjectivity of the discipline to establish an independent knowledge system in communication studies could be a practicable approach.

关键词：华夏传播；中华文化；学科自主性；本土传播学自主知识体系

Keywords: Huaxia Communication, Chinese culture, Subjectivity of the Discipline, An Independent knowledge system of native communication studies.

作为中国传播学研究领域内的一大方向，华夏传播研究在 2023 年有了进一步的发展与壮大。若按 1983 年《中国文化与传统中传的理论与实际的探索》一文算起，华夏传播在 2023 年迎来其发展的第 41 个年头。子曰："吾十有五而志于学，三十而立，四十而不惑。"对一个人来说，人到了四十岁就应该明辨是非，对事物有清晰的理解和判断。那么，这句话对于一门学科说也具有同样的适用性。华夏传播研究自它诞生的那天起，就肩负了一定的使命与意义，那么在当今这个"百年未有之大变局"的时代背景下，华夏传播研究更应从当下时代出发去思考其历史使命与时代意义。此外，在这不平凡的一年，的传承与传播中华优秀传统文化迎来再次蓬勃发展的春天。在 2023 年 6 月 2 日，习近平总书记在文化传承发展座谈会中指出，"只有全面深入了解中华文明的历史才能更有效地推动中华优秀传统文化创造性转化、创新性发展，更有力地推进中国特色社会主义文化建设，建设中华民族现代文明"。① 这不仅为我们更好地担负起文化传承的使命指明了道路，这同时也为华夏传播的研究指明了一条新的前进方向。在 2023 年 10 月 7 日至 8 日召开的全国宣传思想文化工作会议上首次提出的习近平文化思想为华夏传播研究提供了新时代理论建构、文化阐释的科学指引。理论的系统性构建是为了形成完善的知识体系，而一套科学、完善的知识体系是塑造中国话语的重要组成部分。正如

---

① 习近平：《在文化传承发展座谈会上的讲话》，中国政府网，网址：https://www.gov.cn/yaowen/liebiao/202308/content_6901250.htm。

总书记指出要加快构建中国特色哲学社会科学学科体系、学术体系、话语体系。[①]因此，构建本土传播学自主知识体系的建构是当下以及以后华夏传播研究的主要着力点，而其中如何彰显传播学学科自主性以及在众多学科中体现学科特色是接下来的研究进路中需要思考的重要内容。

一、2023 年华夏传播研究概况

回望过去，华夏传播研究是在中华民族自主性意识推动下不断拓展的。华夏传播研究也是传播学本土化进程中的动力之源。早在《华夏传播研究刍议》一文中，黄星民教授畅谈了自己对这一新兴研究领域学理性的思考。如今，在这个"百年未有之大变局"的时代下，激发了一批又一批的学者在中国语境下对传播学的重新思考。

随着华夏传播研究影响不断加深，不仅老一辈的学者继续为华夏传播研究的发展呕心沥血，如今越来越多的年轻学者也加入了该研究领域，为华夏传播研究的成长注入新鲜血液。伴随着学科研究队伍的不断扩大，在 2023 年，华夏传播研究在论文发表、项目申报、学术会议、著作出版、课程设置、刊物创办等各个领域均取得诸多成就，总体呈现"井喷"之势。

首先，就论文发表而言，本年度华夏传播研究领域的论文发表数量显著增加。在新闻传播学重要期刊发文破百篇，主要内容围绕两方面展开：一是深度挖掘华夏传播的历史形态，二是关照华夏传播的创新性转化和创造性发展。于此年，在《传媒观察》开设"华夏传播研究"专栏成为本年度期刊发表标志性事件。在华夏传播研究会 2023 年度"华夏传播研究"成果征集活动中，共征集论文 63 篇，发表于《出版发行研究》《探索与争鸣》《学术界》《传媒观察》《湖南师范大学社会科学学报》《郑州大学学报（哲学社会科学版）》《云南社会科学》《江西师范大学学报（哲学社会科学版）》等 CSSCI 来源期刊中。代表论文有：谢清果发表于《江西社会科学》的《彼得斯媒介哲学视角下"道"的基础设施型媒介意义解析》、张兵娟等人发表于《郑州大学学报（哲学社会科学版）》的《文化记忆重构下中国典籍的跨媒介传播——以央视大型文化节目〈典籍里的中国〉为例》、潘祥辉发表于《湖南师范大学社会科学学报》的《"揖让而天下治"：中华传统揖礼的创造性转化与创新性发展》、白文刚发表于《中国政治传播研究》的《逆向舆论与左宗棠收复新疆》、李红发表于《湖南师范大学社会科学学报》的《作为媒介的汉字：媒介环境学派的汉字观及其反思》、张恒军发表于《新媒体与社会》的《中华文明国际传

---

① 习近平：《高举中国特色社会主义伟大旗帜，为全面建设社会主义现代化国家而团结奋斗——在中国共产党第二十次 全国代表大会上的报告》，《人民日报》，2022 年 10 月 26 日。

播城市力量及其计算呈现》、褚金勇发表于《出版发行研究》的《雅俗之变：晚清媒介转型与文人书写体式选择研究》、黄金枝发表于《中国文化与管理》的《中华传统文化中的"量子纠缠"及其对管理哲学的启示》、张丹发表于《教育传媒研究》的《中华礼乐传播模式再思考》以及刘佳静等人发表于《当代传播》的《当代青年的媒介使用与国家认同群体差异与影响机制》。

其次，就 2023 年项目申报的情况来看，华夏传播研究的学者们本年度在国家级课题方面硕果累累，国家社会科学基金重点项目、一般项目、青年项目、后期资助项目均有所斩获。如张恒军教授申报的"人类文明新形态的对外传播策略研究"项目成为国家社会科学基金重点项目、刘涛教授和潘祥辉教授申报的"中华文化经典符号谱系整理与数字人文传播研究"项目成为国家社会科学基金重大项目子课题，此外，包括张兵娟教授申报的"数字时代中华优秀传统文化记忆的融合传播策略研究"等其他 9 项均成为国家社会科学基金一般项目。以及国家社会科学基金青年项目 1 项、国家社会科学基金后期资助项目 3 项、省部级项目 9 项均已立项。

此外，2023 年一共举办了 13 场与华夏传播研究相关的学术会议。其中代表性会议是华夏传播研究会主办 / 协办的 4 场学术会议，分别是：于 2023 年 5 月 13 日在厦门大学举办的第三届华夏文明与传播学中国化高峰论坛；于 2023 年 10 月 20 日在西北民族大学举办的第三届华夏丝路符号传播研讨会；于 2023 年 10 月 28 日在华中农业大学举办的 2023 中华文化传播论坛会议；于 2023 年 12 月 8 日在河北大学举办的第二届华夏文明传播与企业家精神培育研讨会。

最后，在专著出版以及课程设置方面，华夏传播研究均取得了较大的进步与发展。一方面，《华夏传播研究学术史》（谢清果，中国国际广播出版社）、《当媒介学遇上老学》（谢清果，九州出版社）、《返本开新：华夏文明传播的历史视野》（潘祥辉，南京大学出版社）、《重访"五四"：在语义与场域之间》（褚金勇，社会科学文献出版社）等著作为华夏传播研究提供了新视野，进一步完善和丰富了本土传播学自主知识体系的理论支撑。另一方面，19 门关于华夏传播研究的课程在不同高校开设，其中既有通识性课程，也有理论性课程，契合本科生和研究生不同阶段的培养目标，这不仅让华夏传播研究这门学科更加规范化、理论化，还培养了华夏传播研究的接班人。其中具有代表性的课程有：来自厦门大学新闻与传播学院的谢清果教授开设的本科生课程"华夏传播概论""华夏文明传播"和研究生课程"中国传播理论研究""研究前沿—华夏传播研究""史论精解—华夏传播史论""媒介学与文明研究"；来自南京大学新闻与传播学院的潘祥辉教授开设的研究生课程"华夏传播研究"等。另一方面，与华夏传播研究密切相关的出版物有 4 本，分别是《中华文化与传播研究》《华夏传播研究》《中华文化海外传播研究》和《中华老学》，成为华夏传播研究"耕作"学术争鸣的园地，同时也是形成学术共同体的重要阵地。

这一系列的研究成果与创新体现了历代华夏传播研究者的坚持不懈的探索、创新精神，也为构建中国自主知识体系奠定了坚实的理论基础。同时在一定程度上有助于打破西方主导的传播学话语体系和叙事模式，在深入挖掘和阐释中国本土传播现象的同时，有意识地彰显中国视角，尝试建构传播学的中国概念体系和话语体系。[①]

二、春色满园关不住：华夏传播研究在 2023 年的新进展与新突破

在 2023 年这一年，华夏传播研究在学科内部的理论探索与创新上有了很大的突破与发展。学界致力于推动本土传播学自主知识体系的建构，为搭建完备的理论体系做贡献。具体表现在三个层面：为一些旧的议题提供了新的研究视角；基于中国本土经验提出中国特色的学术概念；华夏传播与其他学科之间展开对话。

（一）新视野：学科内部的理论创新

本年度华夏传播研究在学科内部继续进行了创新与发展。主要表现在三个层面：第一，是用新的视角对已经研究过的议题进行再次研究，从而得出不同结论；第二，基于当下时代之大变局，华夏传播研究也从本学科内部回应新时代新关切；第三，华夏传播研究继续加强与其他学科间的对话，以打造学术共同体。

1. 旧议题新视角："通古今之变"中彰显华夏传播研究的"中国性"

首先，值得一提的是青年学者李承志基于历代学人的研究成果，从传播存在论的视角出发，重新审视了华夏传播研究的存在价值与合法性。他在《传播存在论视域下的华夏传播研究再议——〈华夏传播研究刍议〉发表二十周年近思》一文中指出应以传播存在论观之，华夏传播学应重回传播本源，从当今国人的生活世界出发，重建传播学。[②] 在该文中，李承志将华夏传播研究的进程分为两个阶段，一是从"经学"到"传播学"，二是从"传播学"深入到"华夏传播学"。他强调了华夏传播研究应在更宽的范围和更高的层次上反省和发掘自身独立的自觉意识与主体性，从而作为一门显学进入广阔的传播学公共话语系统的重要性。此

---

① 王学敏、潘祥辉：《深入本土：近 10 年华夏传播研究的知识图谱及学术走向》，《传媒观察》，2023 年第 1 期，第 35—49 页。

② 李承志：《传播存在论视域下的华夏传播研究再议——〈华夏传播研究刍议〉发表二十周年近思》，《华夏传播研究（第十二辑）》，北京：九州出版社，2023 年，第 7—23 页。

外，他认为华夏传播学不是也不可能回到过去，不是也不可能回到西方，而应从当下国人生活世界出发，重建传播学的必要性。其次，在该文中，作者提到了"中国性"这一概念。他指出就"中国性"而言，华夏传播的中国性本源于其现代性，应以"注生我经"的诠释学方式打通它与本土思想学术传统的关联。①其实，这一词很好地概括了华夏传播研究在 2023 年的研究特征，不论是对古代传播活动的研究，还是对当今社会中传播现象的探讨，学者们力求从这些表象的活动中挖掘彰显中国文化的内在特质。为构建本土传播学自主知识体系而奠定基础。

一方面，对于中国古代社会中传播现象的研究依旧是华夏传播研究在过去一年的核心领域。在中国漫长的历史实践中，政治场域是中国传播实践的主战场，是产生本土传播理念和范式研究的沃土。②古代政治传播依旧是 2023 年华夏传播研究的主要议题和核心研究领域。在过去一年，关于古代政治传播研究呈现出旧议题新视角的特征，即学界通过新视角的切入，不仅加深了古代政治传播内容的深度，而且延展了古代政治传播的研究广度。如荆学民教授曾提出要破除政治与传播的学科藩篱，从一种"视界融合"的角度进行理论整合，增强政治传播研究的包容性和想象力。换言之，从"政治"的本质探求传播的要素，从"传播"的内容探求政治的要素。作为历史学和传播学融合视阈，中国古代政治传播研究在探索古代政治传播的同时，通过考证中国古代特有的政治媒介隐喻发展历史学视角下的观念史、思想史、政治史等宏大视阈。

新视角一方面体现在通过将古代政治传播与其他学科概念进行融合，更新以往的研究视域从而提出一些新的思考方向。在以往用于研究古代政治传播活动的"水舟论"的基础上，李承志基于哲学之思，从本体论出发，将传播与媒介的关系用"水—舟"关系具象化表达。他在《从本体论到存在论的传播之思——从彼得斯的传播哲学谈起》一文中提到："传播如水，而媒介如舟，一切媒介都源于传播并归于传播。"③李萌和吴予敏在《唐代政治传播的法律规制——以〈唐律疏议〉为中心的考察》一文中从法制化的视角研究了我国唐代的政治传播，提出我国历史上政治传播的法制化奠定于唐代。唐代统治者以法律条文框定了政治传播的核心要义与结构层次，较为集中地体现在现存《唐律疏议》及相关法令与司法实践之中。唐律关于政治传播管控的核心是建构王权合法性并保障君主统治的政治安全，

①　李承志：《传播存在论视域下的华夏传播研究再议——〈华夏传播研究刍议〉发表二十周年近思》，《华夏传播研究（第十二辑）》，北京：九州出版社，2023 年，第 7—23 页。
②　张艳云：《中国传播学自主知识体系建构视角下的华夏传播学——2022 年度华夏传播研究综述》，《教育传媒研究》，2023 年第 3 期，第 11—16 页。
③　李承志：《从本体论到存在论的传播之思——从彼得斯的传播哲学谈起》，《新闻与写作》，2023 年第 10 期、第 55—68 页。

对于言论、文书、符印、器牧、著作、礼俗等信息传播的法律规制始终维护君权至尊与宗法社会稳定。① 胡百精和高涵在《宋代言路建设的观念选择与制度安排》一文中从宋代言路建设的视角切入，提出在中国传统政治观念中，言路关乎政纲国本与兴亡治乱。宋代承继先秦以降"王道—仁政—民本—言路"一体同构的思想与制度遗产，创生了以"不杀言事者"为伦理底线，以"共定国是"为建制目标，以"异论相搅"为协商手段，以"道理最大"为规范基准的言路观念。在此观念引导下，形塑了贯通决策与权力运用全过程的协商性政治安排。② 魏岳平以华表为媒介，从其形式、采用元素等视角分析了其在中国政治实践中的作用，并在《华表政治形象传播——中国古代政治审美理想的稳定延续》一文中提出，华表作为中国古代重要的文化产物，其形象经过匠人数千年劳动打磨，被传统价值观念濡染塑造，逐渐成为政治场域专制王权之表征，具备特定的政治形象。在皇权神授予皇权至尊的社会背景下，君主的实践活动作为天下共同关注的审美对象，是社会美的一种表现形式。③ 刘晓伟指出从信息沟通视角来看，中国古代报纸在"皇权政治影响下"存在动态调节的演化趋势。④ 在《政治信息博弈与唐代进奏院状报再研究》一文中，刘晓伟指出唐代进奏院状报是古代报纸研究的重要对象，安史之乱后，唐代皇权衰落，进奏院状报随地方势力的崛起而公开出现，皇权无力遏制只能予以承认，进奏院状报便成为藩镇所掌握的合法媒介。基于以往的研究发现，他指出皇权与藩镇在进奏院状报形成信息权力博弈机制。⑤

另一方面，华夏传播研究的相关探讨逐渐跳出了狭义具体的媒介窠臼，从广义的媒介视角展开研究，以挖掘出具有中国特色的传播媒介，如媒介人物、口语偏向的媒介形态，露布等战争传播媒介是中国古代传播媒介研究的重要议题。⑥ 从媒介维度再次更新了华夏传播研究的范畴。如王炎龙和郝金华在《以"刺"为媒：作为身份象征的明清名片及其媒介功能》一文中从"媒介是延伸的延伸"的论断展开，从物质域、意识域、媒介域三个维度考察了名片在明清时期的作用与媒介

① 李萌、吴予敏：《唐代政治传播的法律规制——以〈唐律疏议〉为中心的考察》，《新闻与传播研究》，2023 年第 1 期，第 69—84、127—128 页。
② 胡百精、高涵：《宋代言路建设的观念选择与制度安排》，《新闻与传播研究》，2023 年第 1 期，第 51—68、127 页。
③ 魏岳平：《华表政治形象传播——中国古代政治审美理想的稳定延续》，《西部学刊》，2023 年第 16 期，第 54—57 页。
④ 刘晓伟：《皇权政治与中国古代报纸的二重演化》，《新闻与传播研究》，2022 年第 10 期，第 110—125、128 页。
⑤ 刘晓伟：《政治信息博弈与唐代进奏院状报再研究》，《国际新闻界》，2023 年第 10 期，第 160—176 页。
⑥ 胡翼青、沙璨：《媒介视角下的中国新闻传播思想史研究：2017—2023》，《全球传媒学刊》，2024 年第 1 期，第 38—51 页。

功能演化，提出至清末，由于印刷技术与西方文化的推动，古代名片逐渐趋近于近代名片，在这个新旧媒介交互的阶段，等级意识发生弱化，名片开始普遍适用于社会各个阶层。① 如徐之波从媒介考古学视角出发，对无声电影的字幕进行了历史性地考察，揭示了 20 世纪初期中国社会文化运动和思想变革的历史语境，并重新阐释了文化思潮和艺术观念影响下中国早期电影的理论。② 此外，有的学者跳脱出具体媒介形态，从抽象的、无形的媒介视角重新审视古代中国的媒介环境。如对中国古代"盲媒""圣王""女性"的政治传播功能的探讨。③ 如谢清果在《彼得斯媒介哲学视角下"道"的基础设施型媒介意义解析》一文中，通过将"道"视为一种元媒介并进行了分析，指出"道"是中华文明传承绵延五千年的传播原理所在，也对中华民族的精神标识和身份认同起到了关键性的作用。④ 漆亚林和李秋霖基于社会学家西美尔（Simmel）等国外学者对"信任"的定义，阐释了信任作为一种媒介在人与人信任建构的过程中扮演着重要的角色，并提出从历史角度看，信任的生成是物质媒介、社会观念与文化浸润的构型及其符号化的延异运动，信任媒介则是信任生成过程的"踪迹"，是交往主体将信任外化并实现控制的重要载体。⑤ 祝捷和钟威虎在《中华有声语言审美范畴溯源——基于一种媒介考古的分析》一文中基于媒介考古学的研究视角，以广播电视播音主持语言作为当代有声语言的主要考察对象，通过对传统文献史料的梳理，提出了有声语言发挥着信息传递、思想教化与艺术美育的重要功能，并在传播过程中逐渐形成了以秩序性、仪式性、教化性、美育性、传播性为核心诉求。⑥

总之，不论是将古代政治传播与其他学科的融合，还是对古代媒介的抽象化研究。学者们力图通过这些表象的东西去提炼、概括出能表征中国特色的一些文化标识。换言之，我们也可以将其称作"中国性"的标识。不仅研究了古代传播活动的具体内容，还将这些与当下的中国联系起来，体现了一种古为今用的方法论。这不仅为今后的华夏传播研究提供了一些新视角与新思路，还为构建本土传

---

① 王炎龙、郝金华：《以"刺"为媒：作为身份象征的明清名片及其媒介功能》，《新闻与传播研究》，2023 年第 3 期，第 60—74、127 页。

② 徐之波：《书写传统与影像言说：媒介考古学视野下无声电影字幕研究》，《当代电影》，2023 年第 11 期，第 95—101 页。

③ 胡翼青、沙璨：《媒介视角下的中国新闻传播思想史研究：2017—2023》，《全球传媒学刊》，2024 年第 1 期，第 38—51 页。

④ 谢清果：《彼得斯媒介哲学视角下"道"的基础设施型媒介意义解析》，《江西社会科学》2023 年第 6 期，第 35—44、206—207 页。

⑤ 漆亚林、李秋霖：《媒介考古学视阈下信任媒介的认知建构与传播理路》，《湖南师范大学社会科学学报》,2024 年第 1 期，第 89—100 页。

⑥ 祝捷、钟威虎：《中华有声语言审美范畴溯源——基于一种媒介考古的分析》，《现代传播（中国传媒大学学报）》,2023 年第 7 期，第 93—101 页。

播学自主知识体系提供了丰富的知识内涵。

2. 回应新关切："中国式现代化"的视角下彰显华夏传播研究的"现代性"

在庆祝中国共产党成立 100 周年大会上，习近平总书记提出了"坚持把马克思主义基本原理同中国具体实际相结合、同中华优秀传统文化相结合"①的重要论断。通过把马克思主义中国化从"一个结合"拓展为"两个结合"彰显了中华优秀传统文化在中国式现代化新道路建设的过程中如何焕发生机以及长盛不衰的。此外，习近平总书记指出要推动社会主义精神文明和物质文明协调发展，就需要"推动中华优秀传统文化创造性转化、创新性发展"。②因此，在 2023 年学界应围绕如何在中国式现代化新道路中传承发展中华优秀传统文化展开相关研究。

目前，学术界围绕着中国式现代化道路与中华优秀传统文化的关系问题，已经进行了许多积极有益的探讨。何爱国在《变局中的中国式现代化新道路的形成逻辑》一文中指出当今学界普遍认为，中国式现代化道路展现了人类文明新形态，而传承至今的中华优秀传统文化则是推动中国式现代化道路发展的内生性文化力量。其中中国式现代化道路是中华优秀传统文化传承和发展的必然要求，是中华优秀文化基因的现代化呈现。③叶小文在《中国式现代化的基本逻辑和文化底蕴》一文中提出在对中华优秀传统文化内涵的挖掘中，学者们指出，中国式现代化的基本逻辑植根于中国的文化底蕴，其核心是坚持和而不同的文化自信。④董彪在《中国式现代化的传统文化根基》一文中强调，正是由于植根传统文化又再造传统文化，中国式现代化打破了"现代化＝西方化"的神话，走出了一条具有独特精神标识的新路。⑤值得一提的是，文化自信已成为当今文化建设中的重要议题。在国际传播层面中，只有坚定了文化自信，我们才能更好地推广中国式现代化道路，通过大力弘扬中华优秀传统文化以构建人类命运共同体。正如王韬钦在《中国式现代化进程中的中华文化国际传播内在机理——基于文化规范功能理论》一文中指出，在中国式现代化进程中，中华文化国际传播的内生动力寓于中国古代传统文化规范和中国特色社会主义文化规范不断融合发展的过程之中，这是一种"古今共通"的文化价值构成，其有助于界定规范功能、体现动态演化以及重塑文化

---

① 习近平：《在庆祝中国共产党成立 100 周年大会上的讲话》，《人民日报》，2021 年 7 月 2 日。

② 习近平：《习近平谈治国理政》，北京：外文出版社，2020 年，第 3 卷。

③ 何爱国：《变局中的中国式现代化新道路的形成逻辑》，《上海交通大学学报（哲学社会科学版）》，2023 年第 2 期，第 112—120、142 页。

④ 叶小文：《中国式现代化的基本逻辑和文化底蕴》，《北京社会科学》，2023 年第 1 期，第 4—11 页。

⑤ 董彪：《中国式现代化的传统文化根基》，《东北师大学报（哲学社会科学版）》，2023 年第 3 期，第 33—40 页。

主体身份地位。① 可见，在推进中国式现代化新道路的过程中，我们不能仅仅关注中国古代传统文化，我们还应关注当下的中国特色社会主义文化内涵，只有真正地将二者融合到一起，也从现实意义上实现了华夏传播研究的"以史鉴今"的时代使命。

值得一提的是学界也尝试从传播学符号学视角出发阐释该命题，在众多学科中以彰显传播学学科独特性。如胡易容等人从基础理论、焦点话题、话语体系、方法论四个维度对 2023 年国内外传播符号学研究进行了研究，指出基于中华文化的"符号考古"与国际学术界关注的"中国叙事"有成为中国传播学自主知识体系建设的新突破的趋势，并认为符号学正在成为传播学不可分割的一个整体，而作为整体的"传播符号学"作为传播学的人文学典型范式在新的理论语境下展现其理论生命力。② 在基于符号学的相关理论之上，从中华文化的历史偏向性出发，学界开始了理论与实践有机结合的新尝试。并结合当下时代背景，学界致力从不同视角出发以凝练中华文化符号，展示中国文化独特气质。阮静在《中华文化符号与中国文化传播》一文中，从中华文化符号的生成、历史传播以及对外传播三个维度，分析了不同历史时期形成的中华文化符号及其蕴含的内在价值与精神内涵，以及中华文化符号在文化的传承互动、沟通交流与传播扩散过程中对树立中华民族良好形象发挥出来的作用，有助于彰显文化自信，更加有效地向世界展示一个完整立体的新时代中国形象。③ 吴阿娟等在《从文化符号到精神标识：对外传播中优秀传统文化的提炼与融通》一文中指出，我们应基于"五个突出特性"原则，通过类型化与层次化，协同化与数字化，中华文明的精神标识得到有效提炼展示，不断赋予中国式现代化以深厚底蕴。同时还强调了一个既能涵盖文化符号积极含义，还能超越其解构主张的概念提出的必要性。④

总之，推进中国式现代化新路径不仅仅是政治学等学科的研究范畴，传播学也可发挥自身优势奋力推进这一伟大时代工程。通过提炼出具有中国特色的文化符号，不仅可以在国际传播中树立国家形象，也可以形成一套具有中国特色的话语体系。

---

① 王韬钦：《中国式现代化进程中的中华文化国际传播内在机理——基于文化规范功能理论》，《现代传播（中国传媒大学学报）》，2023 年第 9 期，第 55—61 页。
② 胡易容、马翻昂、尹婧雯：《意义理论再出发：2023 年传播符号学研究前沿综述》，《新闻界》，2024 年第 1 期，第 59—68 页。
③ 阮静：《中华文化符号与中国文化传播》，《中南民族大学学报（人文社会科学版）》，2023 年第 1 期，第 82—90、184 页。
④ 吴阿娟、韩阳：《从文化符号到精神标识：对外传播中优秀传统文化的提炼与融通》，《天津师范大学学报（社会科学版）》，2023 年第 6 期，第 43—51 页。

3. 多学科对话：从学术话语上升中国特色话语体系的建构

基于中国本土经验，学界尝试归纳概括具有中国特色的传播学学术话语以完备传播学自主知识体系的构建。

如谢清果和韦俊全在《意象中国：作为华夏文明传播符号的"意象"及其传播模式》一文中提出了"意象传播"这一新概念，这是由于中国自古便有"观物取象""立象尽意"的传情、表意的符码编制取向。而"意象"作为"象"与"意"的结合，融通着表层传播修辞与深层传播思想，既表征为具象化的文明媒介物，又隐含着中国独特的文明价值观。文章指出通过探究"意象"在华夏文明传播中的实践方式与内在机制，可建构起"意象传播"的理论与实践体系，从而推进文化传承与发展。[①] 邵培仁在《构建兼具中国特色和国际品性的华夏传播理论》一文中，阐释了构建华夏传播理论的必要性。并指明当下部分学者往往过分推崇西方传播理论的普遍性和权威性，忽视了华夏传播研究的价值与意义。而华夏传播兼具了中华文化的特色与国际文化的品性。强调了树立高度的文化自信和学术自信的重要性，通过对华夏传播理论的研究加强我们同世界传播学术话语体系进行沟通交流、平等对话的能力。[②] 换句话说，若想推动本土传播学理论的创新与突破，我们不仅要具有西方理论的指引，更为重要的是，我们要基于中国本土实践。再完备的理论若经不起实践的考验，那么也无法给人类带来普世的价值。总之，我们在形成具有中国特色的理论时，应将古今中外有机结合起来，不能只强调其中一面，这样才会形成真正可以经得起实践考察的理论体系。

一方面，在新时代背景下，传统文化传播与科技有机融合是华夏传播研究的一大新特色。学界将数字技术与传统文化的有机结合有效推动了中华优秀传统文化的创造性转化、创新性发展。如网络游戏作为一种媒介，可通过游戏空间中的建筑场景、背景音乐等的显性传播和通过角色设定、故事情节等的隐性传播，将中华优秀传统文化更加合理、持续地传向海外。杨雯颖、许艳玲以《原神》为国产游戏代表，证明"游戏出海"推动"文化出海"的可行性，为中华优秀传统文化的跨文化传播提供更多的可能性，网络游戏已成为一种不可忽视的文化传播媒介。[③] 李萌和王育济在《中华优秀传统文化传播的数字机制与趋势》中指出，数字技术重新定义了文化传播的主体与时空，为中华优秀传统文化的传播提供了广泛

---

① 谢清果，韦俊全：《意象中国：作为华夏文明传播符号的"意象"及其传播模式》，《新闻与写作》，2024 年第 1 期，第 45—55 页。

② 邵培仁：《构建兼具中国特色和国际品性的华夏传播理论》，《传媒观察》，2023 年第 5 期，第1 页。

③ 杨雯颖、许艳玲：《中华优秀传统文化在网络游戏中的跨文化传播——以〈原神〉为例》，《新闻世界》，2023 年第 12 期，第 108—111 页。

的传播主体和广阔的传播空间。通过线上线下交互传播进阶为虚实融合、人机融合的沉浸场域，为中华优秀传统文化的超时空传播带来无限预期。①

　　另一方面，所谓民族性是基于中国历史和现代性在中国本土实践中形成的特质。李承志强调了华夏传播研究在根本上应将"现代性诉求的民族性表达"（The National Expression of Modernistic Pursuit）作为自身的学术指向的重要性。② 而民族性表达意在构建中国特色话语体系。首先，传播学与民族学、人类学学科的有机结合为华夏传播研究提供了新的研究视角。在 2023 年，学界除了探究中原文化的传播机制与传播思想，也开始从不同维度对各少数民族文化的传播现象进行了研究。如李玉雄和韦承艳在《以少数民族节庆为载体铸牢中华民族共同体意识——基于龙胜各族自治县节庆文化的调查》一文中基于少数民族节庆仪式，从文化叙事视角出发，指出当下应需提升少数民族节庆的共享性、深度挖掘少数民族节庆中文化内涵、推进节庆文化中中华民族共同体的话语建构，从而发挥铸牢中华民族共同体意识的积极作用。③ 董海润在《短视频赋能下少数民族文化传播内容分析——以抖音"苗家阿美"账号为例》一文中，以"苗家阿美"账号作为个案，分析了短视频作为一种媒介在传播少数民族文化过程中呈现出内容不足等缺陷，并在文中给出了少数民族文化在短视频中传播的创新路径如加深场景的符号化、增强内容的文化传播价值等优化路径。④ 其次，华夏传播研究与当下国际政治有效接轨也是 2023 年华夏传播研究的突出特点。如贾文山和王琼在《"人类命运共同体"思想的多维内涵探析及跨文化传播研究》一文中以当代中国化的马克思理论和习近平新时代中国特色社会主义思想作为指导思想，从传播学和翻译学视角切入，探讨多元共同体之间的动态网状形态。⑤ 苏婧等在《国际传播的文化转向：发掘文明交流互鉴中的传播研究》一文中，提出国际传播要在文化历史唯物主义的启发下，从文明交流互鉴的视角出发，挖掘形而上和形而下相结合的、作为活的生活方式的物质媒介，探索、挖掘文明交流互鉴中的传播研究。⑥ 施扬以习近平总

① 李萌，王育济：《中华优秀传统文化传播的数字机制与趋势》，《人民论坛》,2023 年第 2 期，第 4—106 页。

② 李承志：《传播存在论视域下的华夏传播研究再议——〈华夏传播研究刍议〉发表二十周年近思》，《华夏传播研究（第十二辑）》，北京：九州出版社，2023 年，第 7—23 页。

③ 李玉雄、韦承艳：《以少数民族节庆为载体铸牢中华民族共同体意识——基于龙胜各族自治县节庆文化的调查》，《民族教育研究》,2023 年第 1 期，第 39—46 页。

④ 董海润：《短视频赋能下少数民族文化传播内容分析——以抖音"苗家阿美"账号为例》，《文化与传播》,2023 年第 2 期，第 30—36 页。

⑤ 贾文山、王琼：《"人类命运共同体"思想的多维内涵探析及跨文化传播研究》，《国际新闻界》,2023 年第 5 期，第 6—26 页。

⑥ 苏婧、张镜：《王浩旭.国际传播的文化转向：发掘文明交流互鉴中的传播研究》，《新闻与写作》,2023 年，第 91—98 页。

书记在党的二十大报告中的发言为背景，重新审视对外宣传工作的具体内容，从落实习近平总书记对文化建设、文化传播的总体要求、充分发挥职能优势等内容为抓手以加快提升中华文化传播力。①

（二）新路径：呼应内外部大环境的学术研究路径

2023 年提出的习近平文化思想是新时代我国文化领域的重大理论创新。在该思想的引领下，华夏传播研究迎来了发展的黄金时期。因此，学界积极响应该号召，主要从增强中华文明传播力以及两个共同体为抓手，为推动文化事业和文化产业繁荣发展做贡献。

1. 中华文明传播力：新时代下着力赓续中华文脉

在 2023 年 6 月 2 日召开的文化传承发展座谈会上，习近平总书记列举了中华优秀传统文化中的很多重要元素，如天下为公、天下大同的社会理想，民为邦本、为政以德的治理思想，九州共贯、多元一体的大一统传统，修齐治平、兴亡有责的家国情怀等。②并将这些特性归纳为中华文明的五大突出特性。此外，2023 年 10 月 7 日至 8 日，在全国宣传思想文化工作会议中首次提出的习近平文化思想也是重要风向标。在该思想的引导下，学界从传播学视角出发，用科学、合理的逻辑为中华优秀传统文化的创造性转化和创新性发展提出科学的路径，并产出了丰硕的研究成果。如白烨在《推进社会主义文化强国和中华民族现代文明建设的行动指南——学习习近平〈在文化传承发展座谈会上的讲话〉》中提到，中华文明突出特性的五大特性有助于我们从历史与现实相结合的角度，从经济与文化相联系的维度，去深刻认识"中国化""中国特色"，从而在历史底蕴、文明根基上牢固地确立文化自觉与道路自信。③王易等人在《论增强中华文明传播力影响力的深刻意蕴、重点任务及时代要求》一文中，阐释了增强中华文明传播力影响力，应重点提炼展示中华优秀传统文化的内容精髓，着力将中华文化蕴含的中国智慧传播给世界。④郑保卫在《讲好中国故事，增强中华文明传播力影响力》一文中，指明我们始终对中华文化和中华文明充满信心，要以高度的思想定力和文化自觉去传

①　施扬：《讲好中国故事　提升文化传播力》，《共产党员（河北）》,2023 年第 8 期，第 43 页。
②　习近平：《在文化传承发展座谈会上的讲话》，《求是》，2023 年第 17 期。
③　白烨：《推进社会主义文化强国和中华民族现代文明建设的行动指南——学习习近平〈在文化传承发展座谈会上的讲话〉》，《中国当代文学研究》，2023 年第 6 期，第 1—5 页。
④　王易、王凡：《论增强中华文明传播力影响力的深刻意蕴、重点任务及时代要求》，《重庆大学学报（社会科学版）》,2023 年第 3 期，第 92—101 页。

播中华文化、传承中华文明。^①史安斌等在《构建新时代国际传播的叙事体系：基于中华民族现代文明特性的创新路径》一文中，提出要将中华文明突出的连续性、创新性、统一性、包容性与和平性作为新时代国际传播叙事体系创新的立足点和出发点，以反思并超越西方中心的国际传播理论与实践，探索新时代国际传播话语体系的创新路径。^②

总之，习近平文化思想植根于丰厚的中华优秀文化土壤，致力于传承与发扬中华优秀传统文化，并在新时代赋予文化发展新的内涵。这使得我们在新时代广阔文化空间中，可以更好地面向未来，探索文化发展方向，以推动文化创新发展。^③这也是我们华夏传播研究的时代使命，我们不仅要挖掘、整理古代社会的传播机制及其传播思想，我们更应该将这些优秀的文化基因传承给当代，传播到世界中，让世界更好地理解中国，让中国为世界的治理更好地贡献中国智慧。

2. 两个共同体研究：新时代下形成的新文明传播形态

文明传播也是华夏传播研究的一项重要议题。在不同时期下，文明之间的交流呈现出不同的交流态势。在当今全球化背景下，我们应该以新的文明交往之道来解决不同文明之间的碰撞与冲突。回顾中国历史，"和合共生"是历代中国人的奋斗目标和精神追求，这也是中华文明的精髓所在。我们用"和"的方式解决冲突，以实现"共生"的美好愿景。在此基础上，我们致力于打造两个共同体，对内，通过铸牢中华民族共同体意识来实现中华民族的伟大复兴；对外，通过构建人类命运共同体来谱写时代新篇章。而理清这两个共同体背后的传播思想也是本年度华夏传播研究的一大特点。

本年度，学界从媒介、话语、情感等多维度视角对该议题进行了思考。首先，媒介研究是传播学界推进两个共同体的首要途径。如李明德等在《铸牢中华民族共同体意识的网络具象化传播》一文中，基于媒介技术变革视角，提出在完整的网络具象化传播链条中，铸牢中华民族共同体意识要以内容生长、意义放大、用户聚合、效果循环等机制为支撑，全面介入受众的信息受传系统后实现去神秘化处理，完成民族意识的共建。^④蒋建华等在《非遗短视频对中华民族共同体意识

① 郑保卫：《讲好中国故事，增强中华文明传播力影响力》，《传媒观察》，2023年第2期，第1页。

② 史安斌、俞雅芸：《构建新时代国际传播的叙事体系：基于中华民族现代文明特性的创新路径》，《对外传播》，2023年第11期，第4—8页。

③ 刘成、李建军：《习近平文化思想蕴含的理论逻辑、历史逻辑和实践逻辑》，《重庆大学学报（社会科学版）》，2023年第6期，第100—111页。

④ 李明德、寇杰：《铸牢中华民族共同体意识的网络具象化传播》，《北京工业大学学报（社会科学版）》，2023年第5期，第19—31页。

的积极传播》一文中，以非遗短视频为媒介，提出非遗短视频通过展示自身传播优势，在加深各族人民对中华优秀传统文化的认知体验、对中华传统价值观及当代文化的理解与认同，以及形成传承和传播中华文化的行动自觉等方面，对中华民族共同体意识的传播和铸牢发挥着积极作用。[1]其次，话语体系的构建是推进两个共同体的直接路径。如张毓强等在《"中华民族共同体"的对外话语创新与国际传播实践》一文中，从话语叙事视角出发，提出应结合对内的铸牢中华民族共同体意识和对外推广的人类命运共同体理念，这才是民族议题国际传播的中国话语框架。[2]陈伟军在《中国话语体系建设与中华民族共同体叙事传播》一文中指出，民族性是中国话语体系的一个重要属性，提出要提高中华民族共同体话语跨文化叙事传播的效果，就必须整合多元话语主体的力量、大力发展民族文化产业等建议。[3]樊建武等在《国际话语权视域下人类命运共同体理念的国际传播研究》一文中指出的在当今国际环境中，人类命运共同体理念的国际传播面临着被误解与误读、挤压与诋毁、怀疑与担忧等问题，因而提升中国国际话语权迫在眉睫。[4]最后，增进情感认同是推进两个共同体的有效路径。如陈吉庆在《情感传播视域下铸牢中华民族共同体意识的挑战与进路》一文中阐明情感因素在铸牢中华民族共同体意识方面发挥着重要作用。共有的情感认知、共享的情感内容、共通的情感表达方式构成中华儿女共有的精神家园，是铸牢中华民族共同体意识的核心要素。[5]贾文山等在《"人类命运共同体"思想的多维内涵探析及跨文化传播研究》一文中，指出新时代人类命运共同体思想不仅以人类共同价值为诉求，而且拥有丰富多维的内涵，其中包括中国传统文化、跨文化共同体、想象共同体等层面的内涵。[6]挖掘其中的传统文化价值是华夏传播研究的主要任务。

总之，在上下五千年的文明历程中，中华儿女生成了共有的文化基因与情感记忆，这都为今天的中华民族共同体埋下了历史的种子。面对西方世界已提出的"想象共同体"，我们应通过汲取中华优秀传统文化的养分致力打造具有中国特色

---

① 蒋建华、张涵：《非遗短视频对中华民族共同体意识的积极传播》，《民族学刊》，2023 年第 8 期，第 13—20、157 页。

② 张毓强、姬德强：《"中华民族共同体"的对外话语创新与国际传播实践》，《对外传播》，2023 年第 5 期，第 67—71 页。

③ 陈伟军：《中国话语体系建设与中华民族共同体叙事传播》，《新闻论坛》，2023 年第 1 期，第 87—88 页。

④ 樊建武、高诗梦：《国际话语权视域下人类命运共同体理念的国际传播研究》，《新闻爱好者》，2023 年第 3 期，第 27—30 页。

⑤ 陈吉庆：《情感传播视域下铸牢中华民族共同体意识的挑战与进路》，《中学政治教学参考》，2023 年第 32 期，第 84—87 页。

⑥ 贾文山，王琼：《"人类命运共同体"思想的多维内涵探析及跨文化传播研究》，《国际新闻界》，2023 年第 5 期，第 6—26 页。

的"命运共同体"概念。

三、传播学自主知识体系：华夏传播研究的未来展望与时代使命

从 2023 年华夏传播研究取得的成果来看，华夏传播研究不论在理论创新还是实证研究上都有所突破与创新。但是在这个大时代背景下，何以在众多学科中突显学科自主性与独特性是华夏传播亟需解决的一个问题。除了对中国古代传播现象的研究还较有学科特色之外，对于当代中国时域下的文化研究很难与社会学、政治学或哲学研究作出明显的区分。或许推动本土传播学自主知识体系的构建可以在一定程度上打破该僵局。换言之，加强学科自主性、学科自信和学科自觉以构建本土传播学自主知识体系，从而丰盈中国哲学自主知识体系。

1. 经验上升理论：继续建构能够回应中国社会传播问题的理论体系

如《华为基本法》一样，只有把经验变成理论，这些经验才是能够经受住长期考验的宝贵财富。目前，华夏传播研究大部分研究停留在经验探讨阶段，我们通过整理、归纳古代中国社会的传播活动，大多数情况下，可以参照西方的理论去分析其背后的传播思想。虽然这看起来是十分科学合理的，但是我们缺乏了学科主体性。这会导致外界产生中国本土传播学是在西方理论基础上建立起来的，形成"华而不实"的学术偏见，最终对本土传播学的存在性与合法性产生怀疑。正如李承志在《传播存在论视域下的华夏传播研究再议——〈华夏传播研究刍议〉发表二十周年近思》中所归纳，当前对于华夏传播研究其合法性存在三种倾向。第一种倾向是只有西方传播学，而无中国及华夏传播学。换言之，"传播学"与"西方传播学"是同一回事。第二种倾向是西方传播学是传播学的标准形态，中国传播学是传播学的特殊形态。而作为特殊形态的华夏传播学则需要西方传播学提供普遍性、体系性的理路。第三种倾向是传播学是普遍的，中、西传播学都只是传播学"道术将为天下裂"的一种特殊形态。[①]作者在文中也指出了这三种倾向都是基于一种传统传播哲学思维的局限性，只关注到了问题的表象，并未意识到华夏传播研究"所以迹""所以法"的问题。其关键在于要从当下国人生活出发，转化人们以往对传播学的认识。沙垚等在《中国传播学研究的反思与进路》中提到，作为西方"舶来"学科，中国传播学从一开始就难以脱离西方理论的影响，在较多问题上形成了"西方理论＋中国经验"式的研究路径。并在文中指出传播学学科发展应当聚焦人文主义传统，通过对话中国历史文化提炼"本土化"的传播理

---

① 李承志：《传播存在论视域下的华夏传播研究再议——〈华夏传播研究刍议〉发表二十周年近思》，《华夏传播研究（第十二辑）》，北京：九州出版社，2023 年，第 7—23 页。

论。① 换言之，我们应立足于中国本土实践，分析、整理出在中国语境下的传播要素，而非一味地进行以西释中。

这也印证了当下华夏传播研究所面临的一个问题，理论与实践的脱节。具体表现为当下，传播学领域出现了许多值得关注的新现象、新问题，但部分研究者却宁愿躲进小楼，满足于书斋式的发表，做着远离社会政治且不痛不痒的研究，不聚焦国家重大战略、学科重点前沿和实践问题。② 针对这一问题，我们应该跳出传统传播学认识论、经验主义的框架，通过具体实践将这些经验汇聚成理论体系。

经验和知识存在很大的差异。前者指"通过感觉器官获得的关于客观事物的现象和外部联系的认识"，而后者指"人类对物质世界以及精神世界探索结果的总和"，是一种由更为抽象的概念和命题构成的逻辑体系。③ 那么，何以将经验性的东西转化为理论性的实质内容？首先，我们应该认清华夏传播研究的本质内容。即华夏传播研究为何而生的问题。一方面，可继续发挥华夏传播研究的优势，即通过整理、归纳古代中国的传播实践中的传播智慧，以为当今中国的现代化发展提供一些学理性的建议。其次，我们应找到经验上升理论的方法路径。第一，可对经验进行抽象化、规范化表达。经验本自源于大众的日常生活。经验与理论的区别在于科学性与规范性等特征。只有挖掘出表象经验背后的实质精髓，找到共性，才可以形成具有普适性的理论体系。值得一提的是，这些经验源于人们的生活实践，我们要在实践中寻找传播问题，最终上升到理论层面。第二，要力图寻找经验与理论之间的因果关系。这就体现了学科的科学性。这就要求我们要寻找一套与本土经验相适配的理论体系，并解释清二者之间的关系。正如毛泽东所述："真正的理论在世界上只有一种，就是从客观实际中抽出来又在客观实际中得到了证明的理论，没有任何别的东西可以称得起我们所讲的理论。"所以，我们要从实践中提炼理论，并将这些理论验证于实践之中，只有这样，我们才可以形成一套真正完备的、科学的、规范的理论体系。

2. "自省"中"自新"：着力打造学术共同体，形成真正意义上的"中华学派"

廖圣清、付饶等在《何以自主？中国新闻传播学知识体系的演进脉络（1998—2022年）——基于知识管理过程理论的内容分析》一文中通过大量的数据呈现，在结论中提出，中国新闻传播学的知识创造水平不断提升，正拓展学科"融合性"，

---

① 沙垚、李彬：《中国传播学研究的反思与进路》，《中国社会科学评价》，2023年第2期，第77—84、158—159页。
② 沙垚、李彬：《中国传播学研究的反思与进路》，《中国社会科学评价》，2023年第2期，第77—84、158—159页。
③ 黄典林、安柯宣《超越本土实践：新闻传播学自主知识体系建构的实践取向及其潜在误区》，《现代出版》，2023年第4期，第96—103页。

但学科自主性仍有待提高。① 这也就意味着其他学科背景的学者进入新闻传播学领域，也会分散新闻传播学科核心的知识体系。换言之，由于学科主体意识的缺失，我们在推进传播学本土化的过程中，正在遭遇一个尴尬的处境。就内部环境而言，传播学自身携带着学科交叉性极强的特性。我们面对一些具有现代性的议题时，如"铸牢中华民族共同体意识""人类命运共同体意识"等，我们如何在众多学科中保持学科自主性与独特性？真正做到用传播学的知识推进这项人类伟大工程的建设。就外部环境而言，如蒋锐提出的系列问题："在传播学本土化的过程中，在面对外来研究范式时，我们的位置在哪里？是主体的话能否胜任？是客体的话能否甘心？"② 我们长期陷入"西方理论＋中国实践"的被动局面，我们总是试图用丰富的中国经验去印证西方理论，这无形中增加了西方理论的普适性、科学性的特征。我们忽视了中国传播学真正的主体对象。在《中国式现代化语境下新闻传播学知识体系的问题域检视与建构进路》一文中，支庭荣等指出，中国传播学只有坚持了学科主体性，我们方可打破西方的文化霸权。而学科主体性的建构理应肇始于学科内部。只有坚持本来，吸收外来，才能面向未来。③

那么，如何唤醒学科自觉以形成本土传播学学术共同体？

首先，华夏传播研究需要一套学科中心话语的建立。正如王学敏和潘祥辉在《深入本土：近10年华夏传播研究的知识图谱及学术走向》一文中提到的，当前关于华夏传播研究领域内容繁多，但并未形成中心话语。④ 那么何为中心话语？其意义何在？在任何一个学科领域中，都会形成一种中心话语，并在此基础上展开不同分支的研究。那么，当下华夏传播研究未形成一套中心话语主要是由两个原因导致的，一方面是华夏传播研究本属于一门学科交叉性极强的研究领域，其不仅涉及传播学，还涉及历史学、社会学等不同学科的知识内容，研究内容出现多而分散的局面，因此很难形成一套真正属于华夏传播研究的中心话语；另一方面，由于研究主体的多元化，且分散在不同学科，虽然其研究内容与华夏传播研究相关，但又并不属于完全的华夏传播研究，因此，由于研究主体的不明确，其研究内容也呈现出分散化、不集中化的特征。学科内部中心话语的形成不仅可以体现

---

① 廖圣清、付饶、钟美丽，等：《何以自主？中国新闻传播学知识体系的演进脉络（1998—2022年）——基于知识管理过程理论的内容分析》，《传媒观察》，2023年第8期，第5—19页。

② 蒋锐：《主体意识的找寻——兼论传播学本土化的困境》，《新闻界》，2016年第3期，第27—32页。

③ 支庭荣、张人迁：《中国式现代化语境下新闻传播学知识体系的问题域检视与建构进路》，《青年记者》，2023年第8期，第14—18页。

④ 王学敏、潘祥辉：《深入本土：近10年华夏传播研究的知识图谱及学术走向》，《传媒观察》，2023年第1期，35—49页。

该学科的研究特色，明确其研究范畴，还会使分散的研究领域以一种学科逻辑汇聚到一起。目前，华夏传播研究涉及了诸多研究领域，诸如媒介考古学、古代政治传播、圣贤传播、礼乐传播、断代史研究、跨文化传播等，这些研究领域都是近年来华夏传播研究的重要议题，不论是从其研究形式还是研究内容来看，还是较为分散、不集中，因此，华夏传播研究一直未形成一套区别于其他学科研究的中心话语体系。只有中心话语的建立，我们才有了明确的研究方向，才会形成一套区别于其他学科的研究范畴。

此外，可参照性地吸纳一些跨学科知识以丰富华夏传播研究的知识谱系。学术共同体是现代语境下的产物，究其前身，可追溯到 20 世纪由英国哲学家、科学家米切尔·波兰尼提出的"科学共同体"这一概念。他认为不同专业的科学家们基于一定的范式组成一个群体而开展研究，这个群体就是科学共同体，而范式即成员们所拥有的共同的信念、价值与规范。因此，这一概念为"学术共同体"的产生奠定了一定的基础。[①] 形成学术共同体的前提是要有学科主体性意识，我们研究的中国传播学，那就一定要基于中国本土实践，以中国情境为导向，做属于中国的学问。在研究过程中，整合跨学科的知识，从多个学科视角共同为中国自主知识体系的构建做贡献。

3."反求诸己"中"浴火涅槃"：致力构建中国传播学自主知识体系：

党的二十大报告指出，我们要加快构建中国特色哲学社会科学学科体系、学术体系、话语体系。[②] 习近平总书记于 2022 年 4 月在中国人民大学考察时提出，"加快构建中国特色哲学社会科学，归根结底是建构中国自主的知识体系，要以中国为观照、以时代为观照，立足中国实际，解决中国问题"。[③]

一方面，自传播学引入中国，学界就力图摆脱西方话语，建设出一套在中国语境下生成的本土化传播学。首先，我们需要明白的是中国自主知识体系指的是内源于中国历史与当代实践经验所形成的关于人类社会运行规律的认知，按照一定秩序和内部联系形成的整体。郁建兴和黄飚在《建构中国自主知识体系及其世界意义》一文中指出，中国自主知识体系是基于中国发展与治理经验、观照人类社会运行规律的学理性、整体性叙事。其中，本土性是中国自主知识体系的首要

① 秦翊珊：《一流人文社科类期刊的学术共同体构建》，《西部广播电视》，2020 年第 23 期，第 9—11、64 页。

② 习近平：《高举中国特色社会主义伟大旗帜，为全面建设社会主义现代化国家而团结奋斗——在中国共产党第二十次全国代表大会上的报告》，《人民日报》，2022 年 10 月 26 日。

③ 《坚持党的领导传承红色基因扎根中国大地，走出一条建设中国特色世界一流大学新路》，《人民日报》，2022 年 4 月 26 日。

特征，体系性是其重要属性，科学性是其底色。①

当下，关于中国传播学的研究，沙垚等在《中国传播学研究的反思与进路》一文中概括为四个方向：一是聚焦人文主义传统，通过对话中国历史文化提炼"本土化"或"中国化"的传播理论。二是聚焦实践主义传统，通过讨论现实问题提炼具有当代中国实践特色的传播理论。三是聚焦党史、国史，从中国共产党领导革命、建设和改革的历程中提炼聚焦中国道路实践的传播理论。四是聚焦国际传播实践，从国际视角出发提炼人类命运共同体理念的国际传播理论。② 作者并在文中指出这四部分内容是建构传播学自主知识体系的必要条件而非充分条件。换言之，建构一套完备的传播学自主知识体系可能需要更多的研究内容，而这套体系离不开这四点的有力支撑。

另一方面，要在国际传播的语境下谈自主知识体系的建构。黄典林等在《超越本土实践：新闻传播学自主知识体系建构的实践取向及其潜在误区》一文中指出，建构自主知识体系的终极旨趣应在于建立一套超越本土实践和地方性知识且具有一般解释力的知识体系。

中国传播学自主知识体系的构建不是一蹴而就的，也不是凭空产生的。张涛甫等在《依附与重构：试论中国自主新闻传播学知识体系建设》一文中指出，我们要以中国新闻传播业的实践为依托，从"知识""价值""范式"三个维度，在以"行"（实践）为基、以"思"（理论）促"行"、行思并进的基础上，建构中国新闻传播学知识新体系。③

华夏传播研究作为一门古今交融、以史鉴今的学科领域，其根本任务就是通过中国古代社会中的传播现象以启发当下。基于中国本土实践是其首要条件。满足了首要特征后，我们要进一步构建本土传播学理论体系，尽管一些中国概念得到了理论化，如"风草论""水舟论"等具有中国特色的传播学理论，但知识体系的主轴、关于知识的学术建制等，仍然依附于西方之舶来品。今后应继续朝着构建自主的、立体的、完备的本土传播学理论体系的构建而努力。一方面，要继续加强对华夏传播研究中心话语的确立以及对华夏传播研究学术共同体的打造，只有具备了上述条件，才能推动华夏传播研究自主知识体系的构建。另一方面，通过参照已有的理论基础进行中西合璧，打造出一套本土的、科学的华夏传播研究

① 郁建兴、黄飚：《建构中国自主知识体系及其世界意义》，《政治学研究》，2023年第3期，第14—24、167—168页。
② 沙垚、李彬：《中国传播学研究的反思与进路》，《中国社会科学评价》，2023年第2期，第77—84、158—159页。
③ 张涛甫、姜华：《依附与重构：试论中国自主新闻传播学知识体系建设》，《新闻与传播研究》，2023年第9期，第5—20、126页。

理论。这要求我们要在已有的理论、概念的基础上，植根于中国现代化的历史进程中进行理论与概念的再次创新，提出一套包含中国经验、中国智慧、中国方案的话语体系，要重视有组织的科研的必要性。我们要继续坚持两个结合，用中国话语讲好中国故事，让世界听到中国的声音。

结语

作为一篇华夏传播研究年度综述，本文旨在总结和分析在 2023 年华夏传播研究的学术成果以及隐藏在成功背后的"问题"所在。我们不能光看到成功一面，更要看到华丽背后的不足，这样才能更好地推进华夏传播研究的发展。总之，华夏传播研究在 2023 年有了新的发展突破，其成果数量是最好的说明。华夏传播研究也在过去这一年响应时代的号召，为延续中华文明的生命力做贡献。但是，我们不得不面临一个现实的问题，即在众多学科研究中如何彰显华夏传播研究的学科特性，我们应继续努力将本土经验上升为本土理论体系，加强学科自觉为构建本土传播学自主知识体系做贡献。总之，只有不断地改进与完善，华夏传播研究才会迎来更好的未来！

2023 年华夏政治传播研究综述

A Review of Huaxia Political Communication Research in 2023

夏博阳　白文刚 *

Xia Boyang　Bai Wangang

摘　要：华夏政治传播研究是政治学、传播学和历史学等多种学科交叉形成的研究领域，其本身的发展具有浓重的交叉风格和在地色彩，彰显出华夏政治传播学者开拓理论探索新路的创新精神。通过整合 2023 年华夏政治传播研究相关文献，本研究从制度探索、实践分析、媒介考察三个方面对华夏政治传播研究进行梳理，探讨华夏政治传播发展对外来理论应用、政治传播实践的启示和建构中国哲学社会科学的贡献和价值，希望为未来华夏政治传播研究提供新的方向。

Abstract: The research of Chinese political communication is a study field formed by the intersection of various disciplines such as political science, communication science and history. Its development has a strong cross-style and local color, which shows the innovative spirit of Chinese political communication scholars to explore new ways of theory. By integrating the literature related to the study of Chinese political communication in 2023, this research combs the study of Chinese political communication from three aspects: institutional exploration, practical analysis and media investigation, and discusses the enlightenment of the development of Chinese political communication to the application of foreign theories and political communication practices, as well as the contribution and value of the construction of Chinese philosophy and social sciences. Hope to provide a new direction for Chinese political communication research in the future.

---

　　* 作者简介：夏博阳，辽宁阜新人，中国传媒大学政府与公共事务学院 2022 级硕士研究生，研究方向为政治传播；白文刚，山西寿阳人，中国传媒大学政府与公共事务学院教授、中国传媒大学政治传播研究所副所长，研究方向为政治传播、文明传播。

关键词：华夏政治传播；2023 年；研究综述

Keywords: Huaxia political communication; 2023; Literature review

政治传播这一概念是"舶来品"。政治传播的学术研究历程内嵌于西方的政治学和传播学的发展历程之中。但是，作为实践的政治传播则是在人类文明的发展史上延续千年而不衰。纵观历史长河，华夏政治传播研究不仅与西方现代政治传播研究存在着"名"的差异，拥有一套独特以德治为核心的政治符号和政治文化系统，而且还以鲜明的礼制和教化制度与西方现代政治传播研究在政治制度上存在着"实"的区分。所谓"华夏"，不仅仅是地理概念的中国，也并非仅仅是民族认同和身份标志，而是一个基于中国古代政治的理想社会。学习华夏、研究华夏的态度指向一种对中国古代理想政治的崇敬，以及利用古代思想为当代社会政治困境提供治理经验的自信。华夏政治传播正是在这样崇高的政治理想下不断开拓新路，为传播学提供文明层面上的研究成果。

本文延续对华夏政治传播的界定延续以往的观点，认为其是"一项对中国传统社会中的政治信息流动现象"。[①]通过相关文献的梳理，本文将从制度探索、实践分析和媒介考察三个方面对 2023 年的华夏政治传播进行概括评述，最后再对以上文献进行总结和展望，以期能够为未来华夏政治传播研究提供更清晰的参考。研究以中国学术期刊网络出版总库（CNKI）文献全文数据库为搜索平台，以"华夏传播""朝代＋传播"等为检索词，共检索出 2023 年有关华夏政治传播的文献共计 56 篇。下文的讨论，即以这些文献为基础。

一、对华夏政治传播制度的探索与讨论

制度贯穿人类发展的始终。相比于单纯的权力更迭，制度体系的变革对社会的影响更加深远，也更具研究价值。从政治传播的视角看，不同于媒介和技术的偏好，制度变化的研究旨趣更具连续性和包容性。制度研究是理解华夏政治传播现象的重要途径。结合 2023 年的华夏传播文献分析，华夏传播制度研究主要围绕着礼乐制度、谏议制度、年号制度、配祀及墓葬制度、进奏院及边报制度等几个方面展开对华夏政治传播的考察。

"礼乐不兴，则刑罚不中；刑罚不中，则民无所措手足。"礼乐制度是华夏政治传播制度的核心。学者或研究礼乐制度的分支横向拓展，或研究礼乐制度本身纵向分析，共同形成了华夏政治传播的制度研究图谱。礼乐制度兼具形式和内容。

---

① 白文刚、赵隶阳：《2021 年华夏政治传播研究综述》，《华夏传播研究（第十辑）》，北京：九州出版社，2022 年，第 64—78 页。

谢清果、李爽指出，"礼"和"仪"存在着相辅相成的辩证关系，礼更偏向于本质思想，而仪则是外在形式，礼以仪为展演形式，仪以礼为灵魂内核。礼和仪二者联系紧密，共同服务于礼序社会的秩序维护与人伦关系的构建。① 礼乐制度是中华文明的独特标识之一，展现出中华民族自强不息的特征。张丹认为，礼乐文化是中华文明的核心。同样是社会约束，西方政治学提倡制度威慑，东方却追求内心规训，强调"礼"的价值。从传播的角度看，"礼"是以"受众"为中心，寄希望于激发"受众主体"生命觉醒以及觉醒后的自觉、理性的社会参与，达到"德化的治道"。② 礼乐制度延续至今，经历了多次改造而不断完善，历久弥新。潘祥辉从揖让入手，探讨了礼乐制度改革的核心逻辑。有别于清代的跪拜之礼，揖让之礼内含互恭互敬和礼尚往来的交往观念，是礼仪制度的重要体现。但是，近代以来，受帝制解体及西学东渐的影响，揖礼被污名化并最终退出了中国人的日常交往领域，这破坏了民众的日常行为规范和礼仪制度的完整性，因此有必要让揖让之礼回归并走向世界。③

谏议制度是中国古代政治传播的重要内容。随着儒学复兴和"君权神授"观念的淡化，谏议制度的发展在宋代达到了高点，形成了士大夫与天子"共治天下"的局面。④ 张希清认为，范仲淹强调"从道不从君"、程颢强调"君臣以义合"，突出了君臣关系之上的"道义"法则。在谏议制度中，士大夫群体以"三代"理想政治关照现实，体现出谏议制度延展传播内涵的独特价值。潘祥辉认为，谏诤是中国古代极其重要的政治说服模式。⑤ 谏诤是典型的以君主为对象进行的自下而上的劝服。积极谏言成为士大夫精神和气节的展现，而听取谏言则成为皇帝的责任。但是，君尊臣卑的权利格局又迫使谏言者要灵活且隐晦地说明意图，从而保证自身的安全。胡百精认为，观念史和制度史不可分割，相互影响。两宋开创了汉唐罕有、明清难及的开明言制体系，这与儒家复兴的政治理想息息相关。⑥ "台谏合一"的制度演变背后，是宋朝将台谏价值拔升至"立国元气"的程度。宋代

① 谢清果、李爽：《礼在仪中：礼的仪式化展演法则》，《教育传媒研究》，2023年第3期，第17—22页。

② 张丹：《中华礼乐传播模式再思考》，《教育传媒研究》，2023年第3期，第23—29页。

③ 潘祥辉：《"揖让而天下治"：中华传统揖礼的创造性转化与创新性发展》，《湖南师范大学社会科学学报》，2023年第5期（总第52期），第53—62页。

④ 张希清：《宋朝士大夫与天子"共治天下"的时代背景》，《北京大学学报（哲学社会科学版）》，2023年第6期（总第60期），第127—137页。

⑤ 潘祥辉、杜颖卉：《谏诤与演说：轴心时代东西方政治说服模式的比较研究》，《江西师范大学学报（哲学社会科学版）》，2023年第4期（总第56期），第60—72页。

⑥ 胡百精、高涵：《宋代言路建设的观念选择与制度安排》，《新闻与传播研究》，2023年第1期（总第30期），第51—68、127页。

儒者认为"公议即天道",罗祎楠用"天下情势"①四个字形容这一点。罗祎楠认为,"台谏所言常随天下公议"。谏言者对天下情势的判断以及对理想政治的追求构成了谏言的动力。这种立场一旦坚定,谏言者便会持续谏言甚至联合谏言,从而超越因利益而组建朋党的世俗化状态。

年号制度与国家政权的合法性息息相关。作为统治者权力的象征,年号一旦出现纰漏或引起人们的争沦,往往会引发更严重的政治危机和社会危机。张林认为,年号是判定少数民族政权汉化和研究中华民族共同体的重要素材。②通过对西夏王朝年号承唐思想的分析,他认为西夏汲取了君权神授、天人感应和为政以德的思想。同时,西夏年号多取自儒家经典,体现了西夏对儒学的吸收与认同。此外,西夏改元乾祐与任得敬集团的覆灭事实表明,政权兴衰和年号更迭存在着一定的联系。③周中梁认为,明朝建国后逐渐排斥龙凤年号的态度反映出明朝对韩宋政权历史书写的控制。④明朝初年朝廷隐讳朱元璋曾向韩宋政权称臣之事,以官方意志删改了相关社会记忆,并在官修史籍中贬抑韩宋的地位。以龙凤年号的显隐为象征,韩宋的历史地位受到官方操纵、皇权松弛、蒙汉关系等因素的影响,体现了中国古代正统观的复杂性。方冬认为,南诏、渤海年号改元意味着唐朝藩属政权"华夏时间"的变化。⑤边疆历法制定与颁行的稳定程度是王朝中央集权程度的直观反映。作为唐王朝藩属政权,南诏与渤海均受"华夏时间"体系影响,不当自建年号,现实却是两政权均长期建元,这侧面反映出唐王朝对南诏、渤海等边境地区控制力的衰落。但是,渤海始终是背唐建元,南诏亦是在叛唐后才敢公开建元,更表明唐朝藩属体系的约束始终存在。

配祀及墓葬制度也是展现华夏政治传播的独特仪式制度。熊澄宇认为,墓葬作为安置去世之人的区域,为关注汉代文化演进及社会治理提供了实物依据,也是汉代社会治理中发挥关键功能的内生性媒介。⑥墓葬作为治理性媒介,呈现出物质性、文化性和社会性的三重功能,但更重要的是墓葬制度"延伸""操演"和

① 罗祎楠:《中国传统士大夫政治中的"天下情势"——以北宋熙宁初年的"青苗法事件"为例》,《中国社会科学》,2023 年第 8 期,第 34—59、205 页。
② 张林:《试论西夏年号中的中国认同》,《中华文化论坛》,2023 年第 5 期,第 14—22、187 页。
③ 张林:《西夏天盛年号纪年时间辨析》,《内江师范学院学报》,2023 年第 9 期(总第 32 期),第 79—82 页。
④ 周中梁:《明人对韩宋政权的历史书写》,《史学理论研究》,2023 年第 3 期,第 77—89、159 页。
⑤ 方冬:《唐朝藩属政权的"华夏时间"——以南诏、渤海年号改元为线索》,《历史研究》,2023 年第 1 期,第 189—203、224 页。
⑥ 熊澄宇、孙艺嘉:《文化于媒,礼入于法:汉代墓葬的媒介化治理逻辑》,《现代传播(中国传媒大学学报)》,2023 年第 10 期(总第 45 期),第 1—9 页。

"规训"了人和社会，在本质上推动了文化的"融合"，从而让汉代文化呈现出"多元一体"的面貌，呈现出"文化于媒，礼入于法"的风貌。与墓葬制度接近的是配祀制度。吴丽婉结合甲骨文"黄尹"身份的考证，探究商代配祀制度的结构和变迁。[①] 在甲骨文的记载中，商代配祀制度主要包括君（先公和先王）配祀上帝、君配祀君和臣配祀君三种形式。其中君王配祀以近祖迁至远祖为常，但有迁远祖于近祖的情况，与后世有别；在君臣配祀中一臣可配祀多君，与后世"功臣配食各配所事之君"不同。这反映出后世对配祀制度的灵活处理和转化创新。西周以后，各朝基本承继商代的配祀制度，并结合统治需求和实际情况进行再建构，剔除了与世系顺序、尊卑等级关系相悖，或对加强中央集权作用甚微的部分，使其与更为严格的天地、祖先、君师之礼相辅，呈现出政治制度和政治文化相互调节的现象。

进奏院及边报制度是华夏政治传播领域处理央地关系的重要手段。魏海岩认为，边报系统分为制度化传播和非制度化传播。[②] 制度化传播体现出当权者宣传、慰抚等目的，实质属于政治传播。而非制度化传播满足人对安全信息的需求，是真正的新闻传播，代表了历史进步的方向。但实际上，非制度化传播也存在着政治传播的内容和形式。魏海岩通过对宋代边报系统的分析，发现宋代边情与新闻的转化机制并不成功，宋代媒介发达程度与传播开放度、自由度之间存在着非同步性。如果说边报制度体现了央地关系信息的控制，那么进奏院制度则是央地关系信息的沟通场所。刘晓伟认为，唐代进奏院状报的变化体现出政治信息博弈的特征。[③] 随着皇权的衰落，进奏院状报随地方势力的崛起公开出现，并成为藩镇所掌握的合法媒介。皇权被动承认进奏院状报的合法存在，导致了中央政权的信息需要通过进奏院状报而传递，从而将部分信息控制权和解释权让渡给了地方。因此，进奏院状报的产生和发展是唐廷与藩镇之间不断试探对方政治底线的结果。

二、对华夏政治传播实践的描述与分析

关照中国古代政治传播实践是华夏政治传播理论提炼的基础，既能体现本土化、在地化的智慧，也是彰显华夏政治传播历史取向、中国关怀的重要一环。回顾 2023 年华夏政治传播相关研究，学者们的研究内容倾向于对特定历史事件的反

---

①　吴丽婉：《甲骨文"黄尹"身分考——兼论商代配祀制度》，《历史研究》，2023 年第 2 期，第 184—201 页。

②　魏海岩、王亚莘、都海虹：《军情密报与信息公开：宋代边报走进新闻传播的途径及影响》，《新闻与传播评论》，2023 年第 6 期（总第 76 期），第 106—116 页。

③　刘晓伟：《政治信息博弈与唐代进奏院状报再研究》，《国际新闻界》，2023 年第 10 期（总第 45 期），第 160—176 页。

思与再考察，以及以具体政治运动或传播活动为例凝练中国本土的社会治理经验和传播方式借鉴。在时间向度上，现有研究不仅着眼于中国古代历史，还格外凸显对近代社会的关注；不仅包含聚焦于某一朝代的断代研究，也包括力图发掘历史演进过程中政治传播活动个性与共性的会通研究。

谣言与舆论的治理是 2023 年华夏政治传播实践研究的重点关照。1768 年的叫魂案是中国古代具有特殊代表性的一次政治传播活动，生动展现了社会谣言扩散传播过程中官僚政治系统内各主体间的角力。孔飞力曾撰写《叫魂——1768 年中国妖术大恐慌》一书探讨"专制权力如何凌驾于法律之上而不是受到法律的限制，官僚机制如何试图通过操纵通讯体系来控制最高统治者，而最高统治者如何试图摆脱这种控制"①的政治议题，同时揭示了政治与传播活动之间不可分割的联系。然而，通过对此次政治传播实践的再审视，茆巍发现孔飞力的部分研究结论并不成立：乾隆皇帝并未有意识地借叫魂案整肃官僚，也并非借此力图摆脱官僚机制对皇权的控制。1768 年叫魂案的处理整体上是成功的，叫魂案既是君主介入大案的一个缩影，也是中国古代政治传播实践的一段具体经验。②对叫魂案的再审视和解读揭示了美国汉学界的历史书写取向与中国古代具体政治传播实践之间的错位，孔飞力之所以制造了对叫魂案的解读是因为其受到美国汉学写作中"中国中心观"和基于马克斯·韦伯官僚制构想的官僚君主冲突论的影响，③而华夏政治传播研究则要摒弃类似的写作陷阱，避免将舶来理论简单移植进历史实践的解读中。

政治隐喻也是华夏政治传播的重要实践领域。谢清果、王婕以政治传播视角出发，观察中国古代民心思想的理论逻辑。他们认为，水舟是研究中国古代民本思想绕不开的政治隐喻。民心是水舟隐喻的核心要义，"水能载舟，亦能覆舟"即为民心决定论的隐喻式表达。④

在政治传播系统中，以知识分子为代表的政治精英群体是政治传播的重要主体。其中，制造舆论是知识分子介入政治传播活动的一项重要举措。黎藜以 1905 年广州反美拒约运动为着眼点，考察了清末知识分子如何通过制造舆论影响社会运动，发现知识分子群体借助新型报刊和其他传播形式，突破印刷语言的局限，以口头语言在下层社会中传播，从而建构出一个新的广州社会空间与舆论空间；

① 孔飞力：《叫魂——1768 年中国妖术大恐慌》，陈兼、刘昶译，上海：生活·读书·新知三联书店，2014 年，"中译本序言"第 1 页。
② 茆巍：《1768 年叫魂案再审视与解读》，《中国社会科学》，2023 年第 6 期，第 185—203、208 页。
③ 茆巍：《1768 年叫魂案再审视与解读》，《中国社会科学》，2023 年第 6 期，第 195 页。
④ 谢清果、王婕：《作为政治传播理论胚胎的水舟观念史：中国民心政治的文化逻辑》，《江西师范大学学报（哲学社会科学版）》，2023 年第 4 期（总第 56 期），第 73—83 页。

知识分子群体通过制造舆论构建各阶层的共同想象，进一步凝聚新的民族情感，打破旧有的社会秩序和社会认同，为辛亥革命的发生奠定了思想与群众基础。^① 可见，对政治传播实践的审视不仅有助于理解中国政治运转的机制，也能够探究中国政治传播系统的构成和内在机理。白文刚以《申报》为文本分析材料，研究左宗棠收复新疆过程中的舆论博弈，发现"左宗棠收复新疆的计划遭到了来自官僚体系和以《申报》为代表的社会舆论的双重反对"^②，并提出了"逆向舆论"的概念：所谓逆向舆论则是指政治家开展政治活动时受到的为其政治活动施加压力的否定或批评内容。对于"逆向舆论"的处理，中国传统政治传播实践中有不少典型案例，挖掘、分析左宗棠收复新疆过程中应对"逆向舆论"的智慧，为华夏政治传播研究开辟了新的视角，补充了新的经验。舆论运用在外交场合也扮演着重要角色，晚清时期中国的外交官就已经主动通过影响舆论以实现外交目标。胡箫白和张金牛研究晚清外交官曾纪泽的外交策略，发现其通过在欧洲报刊上发声与欧洲舆论对话甚至碰撞，从而参与欧洲新闻舆论的塑造，一定程度上有利于维护中国国家利益，改善中国国家形象。^③ 在外交活动中实现"对话外洋"是中国政治传播实践的组成形式之一，解读这一政治传播实践活动既有助于发掘晚清外交事业的艰难探索历程，也有助于为当下国际传播能力建设提供经验借鉴。

报刊始终是政治传播活动开展的重要媒介和平台。叶俊和王苑奇关注近代上海小报的功能，分析近代上海小报关于"驱逐棚户"问题的报道，发现小报构建了一个另类公共领域。叶俊和王苑奇认为"通过定义新问题、纳入新角色、建构新话语等方式，近代小报将原本不在主流公众讨论范围之内的'私人问题'重新界定为'公共问题'，发挥着另类公共领域的功能"^④，这一研究以中国政治传播实践为土壤回应西方经典理论的议题关照，体现了华夏政治传播的理论对话、古今贯通的旨趣。

此外，治理问题是2023年华夏政治传播研究的另一重要着眼点。"治理"虽然不是一个新的概念，但其作为一种政治学的专业话语却是有着独特的语境的，"治理话语排斥政治学知识中统治话语的独霸地位"^⑤，这意味着必须进入中国古代

---

① 黎藜：《制造舆论：清末知识人的社会运动——以1905年广州反美拒约运动为考察对象》，《新闻与传播研究》，2023年第10期，第111—125、128页。

② 白文刚：《逆向舆论与左宗棠收复新疆》，《中国政治传播研究》，2023年第1期，第123页。

③ 胡箫白、张金牛：《对话外洋：晚清外交官曾纪泽的欧洲舆论运用》，《新闻与传播研究》，2023年第4期（总第30期），第113—125、128页。

④ 叶俊、王苑奇：《重构公与私的界线：近代上海小报对另类公共领域的建构及其特征——以"驱逐棚户"报道为例》，《国际新闻界》，2023年第9期（总第45期），第163页。

⑤ 张凤阳等：《政治哲学关键词》，南京：江苏人民出版社，2006年，第311页。

的具体政治实践中探查、思考、处理"统治"和"治理"的关系。罗祎楠认为中国传统士大夫政治的丰富历反经验是研究"治理"相关议题的重要材料，就此，他以北宋熙宁初年的"青苗法事件"为例，揭示"强调行动者采取排斥乃至消除分歧诉求的手段，以达到对利益、权力地位或是法定政策理念的控制独占"①的"个体主义"视角在理解中国传统政治文明时的局限性，认为中国传统士大夫政治在复杂的世事经历中以天下胸怀处理分歧的独特实践智慧超越了二元对立的思维，突破了惯常治理研究的常规视角局限，这与华夏政治传播研究努力探寻中国血脉中独特的精神气质的追求紧密相合。王洪兵以青苗会若干京控案为中心探究清中后期华北乡村治理的经验和教训，发现"在中央一统体制与地方有效治理的互动博弈下，清朝统治者对于青苗会的政策经历了由恐惧而试图取缔，到因难以取缔而默认接纳，再到监督合作的转变"②，这说明清中后期官民协同的治理模式是中国政治传统中的治理智慧的体现，而底层民众借助青苗会与国家政权的政治传播实践在"官民协同"的治理模式中发挥了重要作用。

　　话语转换直接影响了华夏政治传播活动的方向和思维逻辑，是政治思想落地于传播实践的重要路径。把握舌语转换的历史脉络不仅有助于探寻华夏政治传播的发展方向，更有助于以史为鉴理解中国政治发展的实践方向。政治整合是指政治共同体不断实现社会一体化的过程。从政治整合视角看，华夏族的形成本身就是中原"诸夏"对周边"四夷"民族整合的结果。赵威认为，古代圣贤在追求治世、建构治道的过程中，借助政治整合贯彻价值整合，打造了一个"文以载道""道治政治"的结构功能系统。③李治安认为中国两千多年封建社会，呈现从秦汉单一式郡县制的"中国一统"到元明清复合式"华夷一统"两个阶段的递次嬗变，而元明清至近代则面临着"华夷一统"到"中华一统"的话语转换，这一转换过程也是多民族统一国家及复合民族共同体从传统向现代迈进的关键环节之一。④处理好传统与现代的关系，不仅需要立足于当下正确理解历史，更需要走进历史，以长时段的视野关怀当下，做到"古今相通"。这既是华夏政治传播的一个重要议题，也是当代中国政治传播迈向未来的必要一环。

① 罗祎楠：《中国传统士大夫政治中的"天下情势"——以北宋熙宁初年的"青苗法事件"为例》，《中国社会科学》，2023 年第 8 期，第 34 页。
② 王洪兵：《清中后期华北乡村治理——以青苗会若干京控案为中心》，《历史研究》，2023 年第 4 期，第 70 页。
③ 赵威：《古代政治整合对华夏文化共同体形成的促进作用》，《江淮论坛》，2023 年第 1 期，第 96—102 页。
④ 李治安：《元明清"华夷一统"到"中华一统"的话语转换》，《历史研究》，2023 年第 4 期，第 30—38 页。

三、对华夏政治传播媒介的考察与解读

媒介是传播学的核心概念，在政治传播领域也是研究的热点。近年来学者们对其解释逐步超越了狭义媒介概念的窠臼，愈发体现出媒介的本体论意义与方法论意义。具体在华夏政治传播之中，不仅通过考察媒介器物与载体使用与演变，由点及面地折射彼时的社会情景，理解华夏社会中政治文化的独特机制，而且返古开新，在古今中国的连续性与差异性之中构建深化对媒介的再理解。以下从器物性媒介、仪式性媒介、空间性媒介、时间性媒介三个方面分别介绍 2023 年华夏政治传播中的媒介。

相对于学界近年来才兴起的媒介物质性的热潮，华夏政治传播中对器物性媒介的关注由来已久。无论是因为研究对象的间离，还是因为研究方法重视传统考据，华夏政治传播都天然重视媒介的物质属性及其背后政治结构关系的凝聚过程。例如青铜鼎是古代中国重要的政治性传播媒介，就并非仅仅作为政治的附属品，其自身的物质特性也是其媒介实践的重要因素。曹培鑫认为，得益于其物质材料的厚重，青铜鼎成为奴隶制社会礼乐文明中沟通鬼神的祭祀法器，以表达人们对神灵的敬重；又因其冶炼与铭文技术的复杂，统治阶级通过对其铸造与使用的垄断将沟通鬼神的权力转换为彰显世俗权威的政治工具；伴随青铜鼎政治象征意义的固化，即使在奴隶制政治秩序瓦解之后，青铜鼎依旧是衡量政权合法性的尺度，乃至反向形塑周室之后的政治运作。[①] 青铜鼎在三代的重要角色绝非偶然，相比于西方青铜制品多为生产工具，古代中国的青铜器主要作为礼器与祭器必然有其文化底色。以此为节点进行共时性与历时性的拓展延伸。刘学堂通过中国西北冶金区与北方冶金区、中原冶金区的比较提出中国西北交互圈的概念，他强调不同交互圈内不同观念、文化的碰撞与摩擦，对理解中华民族多元一体格局具有重要意义。[②] 罗新慧结合最新的考古材料指出借由青铜冶炼技术促成的古代中国与周边地区的文化、技术交流，以涟漪般扩散至欧亚草原与东南亚地区，在这种交流之中，以二里头为代表的青铜冶金技术又显示出独特的本土化色彩。[③] 以青铜为媒，不仅促进了技术和文化的交流、融汇，也一定程度上对于政治的交流沟通具有助推作用。这一系列研究从具体的器物媒介出发，借由媒介学的理论视野观照，不仅远远超越了报刊史与大众媒介的范围，而且扩展了媒介的内涵，以此为切入点

---

① 曹培鑫、梁欣宸：《从祭祀法器到权力象征：青铜鼎的媒介化考察》，《华夏传播研究（第十一辑）》，北京：九州出版社，2023 年，第 309—318 页。

② 刘学堂：《青铜时代中国西北交互作用圈》，《中华民族共同体研究》，2023 年第 1 期，第 7—33 页。

③ 罗新慧：《青铜之光：早期的中外文明交流》，《世界历史》，2023 年第 1 期，第 8—13 页。

透视古代中国政治传播媒介的运行逻辑与深层结构，从不同侧面反映出"器以藏礼"的华夏政治传播规律。[①]

中国之"仪"与"礼"实则一体两面，也是古代政治传播活动的重要遵循。谢清果指出，"礼"是一系列制度和规定，既是人际交往、政治活动的准则，又是一种社会意识观念；"仪"是礼施行的具体表现形式，"仪"是依据"礼"的规定而形成的一套系统而完整的程序，同时"仪"的具象化又有助于"礼"的认同。[②] 潘祥辉认为"揖礼"可以作为中华文明的重要精神标识，其中内蕴了主敬"谦让"的特征，没有明显的身份等级区隔，但随着皇权的强化，"拜礼"使用范围逐渐扩大，而在清末中西"礼仪之争"后，"握手礼"又取代了"拜礼"。[③] 此时，"礼"不仅是人际交往仪式的一部分，更是成为判断政治合法性的一项标准，可以从中窥见"揖让而天下治"的华夏治理智慧，也可以反映国人对传统礼仪和政治合法性的态度。熊澄宇与孙艺嘉则考察了汉代的墓葬仪式，并指出其中政治权力经由"延伸—操演—规训—融合"这一过程渗透进多元主体的惯习结构并促成了社会规则的归一。[④] 这一类研究通过对仪式性媒介的考察，不仅关注到诸多仪式的演变兴衰，而且尝试以此为切口去理解社会多元主题的多重互动，为解释并运用华夏仪式实现特定政治目的做出有益贡献。

空间媒介并不意指媒介占据了何种物理空间，承担何种传播功能，而是以空间作为起点，考察这一空间如何形成又具有何种潜能，突显其背后的政治要素和政治传播活动的影响。曹培鑫对圣贤祠的考察就开宗明义指出其既不是仅仅作为"物"的传递、传承以及负载的工具，也不是仅有着容纳、聚合作用或用来存放表征符号的"空域"，而应该将其中的"人化"与"物质性"并置。在这种视角之下，圣贤祠沟通了"天道"与"人道"，构建了经由天命而圣人、由圣人而王权的正义论逻辑[⑤]，这对理解中国古代政治思想具有重要意义。与之类似的还有张兵娟对元代文庙的考察，从地理空间，建筑空间、交往空间三个层面出发，文庙实现帝国传播节点的网络化、儒家思想的表征化、构成了仪式传播的共同体；另一方

---

① 刘海龙、郭小安、侯东阳等：《"政治传播史论研究"笔谈》，《新闻与传播评论》，2023 年第 5 期（总第 76 期），第 5—19 页。

② 谢清果、李爽：《礼在仪中：礼的仪式化展演法则》，《教育传媒研究》，2023 年第 3 期，第 17—22 页。

③ 潘祥辉：《"揖让而天下治"：中华传统揖礼的创造性转化与创新性发展》，《湖南师范大学社会科学学报》，2023 年第 5 期（总第 52 期），第 53—62 页。

④ 熊澄宇、孙艺嘉：《文化于媒，礼入于法：汉代墓葬的媒介化治理逻辑》，《现代传：（中国传媒大学学报）》，2023 年第 10 期（总第 45 期），第 1—9 页。

⑤ 董熠，钟海连：《神圣与世俗的交汇：作为媒介的圣贤祠》，《东南大学学报（哲学社会科学版）》，2023 年第 3 期（总第 25 期），第 136—145 页。

面，不同于唐宋时期，元代文庙的建立与忽必烈推行"汉法"的文化政策有密不可分的联系，文庙在其中成为各民族阶层交流互动的认同空间，加速了民族融合进程 ①。如果说圣贤祠、文庙尚具有物理实体，那么地图与地理志则是在空间想象与空间知识生产的层面反映了空间媒介的另一侧面。谢清果与王皓然指出在中国古代的制图实践不仅是一门"自然科学"，更是一门"管理科学"，地图的生产、流通和运用始终是与政治资源的流动密切相关这也导致它在传播活动中表现出鲜明区别于西方制图学的"具身"特点。② 李婉婉、张先清通过考察地方志对待天主教的书写情况，指出中国的地方志作为一种帝国文本，体现的是一种治理术的运用。地方志所代表的知识生产即编纂与出版，其实体现的是治理术的一种内在理性，呈现了国家和地方之间的一种互动与合作关系。就此而言，地方志是一种政治与文化纽带，通过周期性的编纂，地方志能够将帝国中央朝廷与地方联系起来，同时也实现了儒家理念与帝国统治的有效整合。③ 在这些研究之中，可以发现华夏政治传播中的空间媒介研究者有意识地跳出"西方理论，中国经验"之窠臼，在与西方理论的比较扬弃之中形成自身的理论建构路径。

华夏政治传播中的时间媒介主要关注时间制度的确立如何被用于政权合法性的确立又如何影响人们的"时势"判断。颁布历法、观象授时不仅是"敬天"的活动，也是"通天"的手段，是政权合法性的象征，因此天文机构的创建、沿革与政治变动密不可分。章豪考察民初天文机构名称的变更，发现朱元璋在与元廷交好之时，其名为"太史监"以避免与元争夺正统；而在与元廷交恶之时，又将其改名为"太史院"以彰显其夺取正统的决心；而后为收罗故元的天文人才，仿元制设"司天监"；最终政局稳定又将其更名为"钦天监"以体现对天意的崇敬 ④。方东通过考察唐朝时藩属政权南诏和渤海的年号改革发现，尽管唐朝试图通过统一的历法秩序来影响藩属政权，但这些政权在接受和应用"华夏时间"的过程中表现出明显的自主性和选择性。他们对内使用自建年号，而对外则奉唐正朔、全盘吸收唐朝历法体系。这种做法反映了唐朝藩属体系的双重性——既有自主性，也有对唐朝的依赖性，原因对藩属政权来说，通过接受唐朝的历法和文化，可以

---

① 张兵娟、孔孟剑：《作为空间媒介的元代文庙：民族交融与文化共同体构建》，《传媒观察》，2023 年第 8 期，第 56—63 页。

② 王皓然、谢清果：《人文取向与具身意象：作为传播实践的中国传统地图制图活动新探》，《国际新闻界》，2023 年第 4 期（总第 45 期），第 70—90 页。

③ 李婉婉、张先清：《表述"他者"——17-18 世纪中国地方志中的天主教话语》，《世界宗教研究》，2023 年第 7 期，第 106—117 页。

④ 章豪：《从太史监到钦天监：明初天文机构探析》，《青海师范大学学报（社会科学版）》，2023 年第 5 期（总第 45 期），第 56—62 页。

提高其内部治理能力和文化水平。就此而言，唐朝藩属体系的稳定运行不仅取决于唐朝的国力，还在于这种体系本身具有互惠性质，是宗藩双边共建而成。① 顾浙秦在考察西藏历法演变时，也发现自文成公主入藏以来，历法学习成为汉藏之间沟通的桥梁，有效加强民族感情，促进了中华民族共同体的形成。② 更为大家熟知的则是民国时期的"公元纪年"法，其终结了"干支纪年""孔子纪年""黄帝纪年"等争论。张磊展现《申报》报头上"西历"与"干支纪年"交替出现的历史，认为由报刊所展现的历法是民族思想的体现，将其置于全球史的时间秩序下审视，反思近代中国在全球化过程中受西潮冲击之后产生的复杂文化认同。③ 总的而言，有关于时间媒介的研究不仅呈现出相当的视角创新，而且形成了具有自主性的历史叙述逻辑，使得"政治"与"媒介"能够有机结合，共同构成华夏政治传播的理论谱系。

四、华夏政治传播研究的评介与前瞻

2023 年是华夏政治传播研究成果颇丰的一年。从上述华夏政治传播研究的知识图谱来看，2023 年的华夏政治传播研究兼具广度和深度，既有学理支撑，又有实践成果，既有思想传承，又有在地经验。这些研究内容共同构成学界理解华夏政治传播的不同面向。

华夏政治传播研究作为一个多学科交融的研究领域，具有较强的包容性和协作性。学者们或在历史学领域中考证"华夏"的丰富内涵，或在传播学领域中研究中国古代的传播现象和传播规律，或在政治学中探讨华夏政治传播的权力归属与分配问题。综合来看，2023 年的华夏政治传播研究总体上呈现出三个研究趋势，这些研究趋势也将影响未来华夏政治传播的发展方向。

第一，发掘华夏政治传播研究对中国哲学社会科学的价值。华夏政治传播研究中蕴含着丰富的政治符号和政治现象，是发掘中国古代政治文化独特属性、探究中国古代政治制度运行肌理的重要素材。探究华夏政治传播的政治符号和政治仪式，有利于跳出既有认识局限，在更广袤的历史视野中理解政治学和传播学概念的多重内涵。同时，坚持以政治学和传播学的视角看待华夏政治传播研究的历史现象，也有利于形成华夏政治传播的规律性认识和普遍性内涵。华夏政治传播

① 方冬：《唐朝藩属政权的'华夏时间"——以南诏、渤海年号改元为线索》，《历史研究》，2023 年第 1 期，第 189—203 页。
② 顾浙秦：《试论西藏历法对中原历法的学习与接受》，《民族地区语言与艺术研究》，2023 年第 1 期，第 267—280 页。
③ 张磊、许天敏：《全球史中的媒介时间：〈申报〉与中国近代历法变革》，《新闻与写作》，2023 年第 12 期，第 13—22 页。

研究的规范化、系统化进程不仅能够为华夏传播研究的研究进路提供方法上的参考，还能够助力中国特色政治传播研究体系的完善，为中国特色政治传播研究提供历史上的经验支撑。近年来，华夏政治传播研究正在逐渐展现出对现实的关怀和历史的批判，这种趋势如果能够延展到其他领域，对华夏传播研究，乃至中国特色哲学社会科学的发展都大有裨益。

第二，总结华夏政治传播研究吸收融汇外来理论的在地经验。中国传统的政治文化传统是理解华夏传播研究的原始环境。利用西方政治学、传播学等社会科学理论阐释和分析华夏政治传播现象时，一定要从华夏政治传播所在的政治文化环境和已经考证的传播实践出发，切忌将华夏政治传播现象和内容压缩为西方学术体系和话语体系的案例库。同样，也不能因为研究理论的不适配，就隐藏蕴含在华夏政治传播内的民族特性和文明特征。为了杜绝这种民族虚无主义和历史虚无主义的倾向，有必要去探究从历史上理解和发掘王朝如何应对外来文化并不断吸收、融入中华文明的体系的在地经验。近年来，华夏政治传播正在从对西方理论的学习和应用，不断向探究如何转化、创新自身本土化理论的在地经验延展。这种对知识扩散和理论旅行的研究不仅能够为华夏政治传播研究提供更广阔的研究空间，还能够为更多学科提供方法论上的帮助，从而促进跨学科的对话与交流，推动学术共同体的繁荣。

第三，增强华夏政治传播研究对当前政治传播实践的启示性作用。问题意识是华夏政治传播研究必须坚持的重要原则。如果华夏政治传播仅仅是发思古之幽情，作感时伤怀之文，那就失去了华夏政治传播以史为鉴，面向未来的价值。因此，华夏政治传播不仅仅是对知识和媒介的考古，而是通过对媒介在中华文明语境中演变的考察，针对当代政治传播的困境和难题提出针对性的建议。需要注意的是，华夏政治传播关照现实绝不是"执意于古"，盲目将古代政治传播经验套用在当下的政治传播实践。当今中国历经革命和改革的淬炼，并不完全适用古代的政治传播语境。有鉴于此，华夏政治传播需要从文明层面加强对现实的关实。"增强中华文明传播力影响力"不仅需要研究者在内容上把握和阐释好中华文明的优秀传统和突出特性、中华民族现代文明的突出成就和鲜明特征，也需要研究者在方法上围绕诸文明共存新模式确立传播目标、构建文明自主话语体系、探索文明传播新模式。① 可以预见的是，面向文明，关照现实的华夏政治传播研究将会给中国现代化贡献更丰富的治理经验，成为政治传播研究领域的学术富矿。

---

① 白文刚、袁千惠：《文明史视域下的"增强中华文明传播力影响力"》，《前线》，2023 年第 9 期，第 23—26 页。

华夏传播媒介研究

作为传播媒介的礼：中国礼的媒介功能研究

Etiquette as a medium of communication: research on the media function of Chinese etiquette

杨　茜*

Yang Qian

摘　要：礼是中国传统社会发展进程中，经过历史沉淀而来的最优化的传播载体。目前学界对于礼之传播媒介功能的研究，多聚焦于引用西方传播学诸流派的观念方法来解读和阐释。然礼之传播功能依托于中国传统社会而存在，其形成和发展离不开中国自古以来独特的认知方式。且在礼之传播对中国传统社会管理模式影响方面，挖掘深度尤显不足。本文围绕着认识论对媒介传播的影响、媒介定义和划分，以及影响媒介功能的基本社会原理展开探讨，以期对礼的传播媒介作用形成更加完整的认知。

Abstract：Etiquette is the optimized carrier of communication in the develcp-ment of Chinese traditional society. At present, the researches on the media function of etiquette mostly focus on interpreting by quoting the ideas and methods of western schools of communication studies. However, the communication function of etiquette depends on the traditional Chinese society, and its formation and development cannot be separated from the unique cognitive mode since ancient times. Moreover, the traditional Chinese social management mode was influenced by the spread of etiquette. The research on it is not enough. This article focuses on the influence of epistemology on media communication, the definition and division of media, and the basic social principles affecting media functions, in order to form a complete

---
* 作者简介：杨茜，女，河北石家庄人，获英国萨塞克斯大学媒体与传播专业硕士学位，研究方向：传媒理论与先秦史。

understanding of the media function of etiquette.

关键词：华夏传播；礼；媒介功能；认识论；哲学假设

Keywords: Chinese indigenized communication, etiquette, media function, epistemology, philosophical assumption

随着传播学本土化、中国化研究的兴起，孙旭培及诸多学者在《华夏传播论》[①]一书中，第一次明确提出系统地研究中国传统文化中的传播，为华夏传播史提供了诸多可行的研究方向。之后黄星民于《华夏传播研究刍议》[②]一文中再次提到"华夏传播"这一概念并加以界定，认为可以加上研究二字，为这个全新的研究领域进行命名。厦门大学新闻传播系与传播研究所出版的《华夏传播研究》系列更是对华夏传播研究领域进行了深入发掘和大胆实践。作为中国传统文化不可或缺的一部分，在华夏传播研究领域，礼（etiquette）之传播研究应是浓墨重彩的。彭林在《中国古代礼仪文明》一书中指出"礼是社会一切活动的准则"也是"人际交往的方式"。[③]钱玄先生也在《三礼辞典·自序》中道"古之所谓礼，本指祭祀鬼神之事，随社会发展，礼之范围逐步扩大，由祭祀之礼而及于人伦之各种规范，再而至于有关政教之典章制度"，"其范围之广，与今日'文化'之概念相比，或有过之而无不及"。[④]邹昌林也认为礼不仅是"一以贯之的传统"，是"有序的历史"，更是经过长期积累才能形成的庞大系统。[⑤]故而礼之传播研究不仅仅是为了完善中国传播历史，更是为再现华夏文明的辉煌提供强有力的理论支持。

关于礼的传播媒介作用研究，黄星民在《礼乐传播初探》[⑥]一文中首次作了大胆假设和小心论证，也是对华夏传播研究领域的一次深入发掘。他在《从礼乐传播看非语言大众传播形式的演化》[⑦]一文中指出从口语传播时期到文字传播时期，礼乐逐渐发展成重要的社会传播工具，其传播的特点既有"定期传播"又有"多层传播"。这与郑氏的"统之于心曰体，践而行之曰履"大体是相同的，也印证了"治民莫善于礼，移风易俗莫善于乐"。[⑧]然而对于礼之传播研究，实际上是困难重重的。首先，现当代关于传播学领域的研究多数还是以广泛引鉴西方理论为主，

① 孙旭培主编：《华夏传播论》，北京：人民出版社，1997 年，第 5 页。
② 黄星民：《华夏传播研究刍议》，《新闻与传播研究》，2000 年第 4 期，第 81 页。
③ 彭林：《中国古代礼仪文明》，北京：中华书局，2004 年，第 7 页。
④ 钱玄、钱兴奇：《三礼辞典·自序》，江苏古籍出版社，1998 年，第 3 页。
⑤ 邹昌林：《关于中国礼文化研究的思考》，《湖南大学学报》，2016 年第 30 卷第 5 期，第 6 页。
⑥ 黄星民：《礼乐传播初探》，《新闻与传播研究》，2000 年第 1 期，第 27—35 页。
⑦ 黄星民：《从礼乐传播看非语言大众传播形式的演化》，《新闻与传播研究》，2000 年第 3 期，第 35—44 页。
⑧ （东汉）班固撰：《白虎通》，杭州：浙江大学出版社，2021 年，第 99—108 页。

并未形成属于中国的传播理论。孙旭培曾指出："传播学研究在经过必要的引进介绍以后，不能只依赖于西方人总结出的原理和方法。"[①] 澳洲传播学者奥斯邦认为："对于一个没有特殊传播理论的国家来说，一个最有效的、有力的开端是认真研究本国的传播史，尤其是本国传播政策形成的过程，从中发掘本国传播的目的、目标和原则。"[②] 因而，梳理华夏传播史，进行传播学的断代研究是目前最为迫切的。其次，我们并没有确切的支持礼之传播研究的相关理论，即使是翻遍记载礼的古籍，所得到的也只是有关经义释读、训诂、史料或是考古等方面的研究。谢清果在《华夏文明与传播学本土化研究》一书序言中提出："……立足中华传统，根植于中国几千年的生活生产实践，延续、传承、创新我们中国传播理论，借助西方的传播学说和方法，重塑可与西方对话，阐释中国实践的华夏传播学。"并且他还指出："'华夏传播学'的前提假设是承载五千年文明的中华文化虽然没有现代传播学话语表达的传播学理论，但是已然存在直接或间接用中国话语（无论是文言文，还是白话文）表达的传播学理论确是无疑的。"[③] 谢清果为华夏传播学领域的研究提供了有效可行的蓝本，也给我们指出了明确的礼之传播研究的方法：于浩瀚文海或是考古资料中寻找礼之传播的相关记载，并用现代传播学语言进行释读，使之形成系统的研究。以诸多前辈之理论研究作启发，本文笔者将以礼的传播媒介功能为切入点，探讨认识论对礼之研究的影响；有针对性地将传播媒介的功能和效用进行分类，并对礼的传播作用进行归类和阐释；对礼的传播模式和古代社会关系的基本假设和哲学原理进行探究，论证礼作为传播媒介对社会管理和国家稳定所起到的作用。礼的研究实质上是历史、哲学、考古学、人类学、社会学、文艺学等学科的交叉研究，除了运用文献考据、综合交叉研究等方法，我们还可以广泛地借鉴西方成熟的理论，加以对比研究，力求得出可信的结论。

一、认识论对礼的媒介功能界定的影响

在世界各民族历史文化所构成的时间轴线上，礼的起源是比较靠前的。但在其发展过程中，除了中国的礼由礼俗发展成为制度、文化外，其他各民族的礼多归于宗教或习俗。在西方传媒文化理论研究领域，也有研究礼的传播作用的，但多是将其和宗教或者礼节、仪式并于一途。可以说像中国的礼一样，能由最初的礼俗逐渐发展为政治化、制度化、思想化、学术化的礼文化，在西方是不存在的。如果仿照西方学术界，将礼归于宗教范畴进行研究，其传播功能必然会被宗教所

---

① 孙旭培主编：《华夏传播论》，北京：人民出版社，1997年，第1页。
② 孙旭培主编：《华夏传播论》，北京：人民出版社，1997年，第4页。
③ 谢清果编著：《华夏文明与传播学本土化研究》，北京：九州出版社，2016年，第4页。

覆盖。若只是对礼节、仪式之类的传播作用进行探讨，又过于单薄。故而本文所探讨的礼是中国的礼，而非西方文明的礼节、礼俗或宗教礼仪。

（一）西方认识论对礼之传播研究的影响

传播学的兴起，不过百年便已是百花齐放。其与历史、政治、人类、社会等诸多学科互相渗透，潜力巨大。在西方的传播学领域，认识论（epistemology）和存在论对于传媒文化理论的研究是至关重要的。[①] 可以说认识论不仅仅是传媒理论研究的核心问题，更是人文类学科乃至科学研究的本源所在。源于认识论的研究方法，是目前学术界在关于礼的传播功能研究上普遍借鉴和应用的。但这一研究模式本身就存有争议。事实上，关于传播理论到底是"西学东渐"还是"西体中用"的问题，孙旭培已经给出了比较明确的认知。他认为传播学在中国并不是专门创立一门新学科，好与西方传播学画清界线。而是"通过大量挖掘中国文化（包括传统文化和现代文化）中间关于传播方面的财富，促进传播学的发展，最终创造出集东西方文化精华之大成的传播学"。[②]

在融合西方传媒理论方面，国内学者曾做过不少尝试。谢清果的《华夏礼乐传播论》[③] 是在礼乐传播理论的基础上，融入了哲学、经验学派和符号学派等西方传媒学派的方法和理论，将中国礼乐传播的概念进一步明确下来，并进行了深入探究。张兵娟、王闯在其论文《媒介学视阈下中国礼的传播思想及其当代价值》[④] 中采纳了雷吉斯·德布雷关于"媒介域"的定义，尝试用媒介域来解读中国的礼，并提出了行之有效的当代礼文化传承模式。何勇的《仪礼独占和扩散：朝向古代中国的史前传播》[⑤] 则从考古学角度佐证了祭祀礼仪在巫文化盛行的上古时期，起到了沟通天地、整合社会、维系稳定的作用。其借鉴了詹姆斯·凯瑞的传播仪式观，并采纳了迈克尔·舒德森的传播史的研究方法，重新定义了我国史前"仪礼独占"的传播观念。除此之外，还有诸多传播学和传媒理论研究领域的学者将这种构想付诸实践。

在与礼之传播相关的诸多研究课题中，西方的认识论及相关理论不断被引用、借鉴，然后推翻、重证。首先是由西方人类学家对于口语社会传播模式研究，引

---

① Jane Stokes, *How to do media and cultural studies*, 2nd ed, London：sage, 2013, p4.

② 钟元：《为"传播研究中国化"开展协作》，《新闻与传播研究》，1994 年第 1 期，第 35 页。

③ 谢清果等著：《华夏礼乐传播论》，北京：九州出版社，2021 年，第 1—34 页。

④ 张兵娟、王闯：《媒介学视阈下中国礼的传播思想及其当代价值》，《华夏传播研究（第四辑）》，北京：九州出版社，2020 年，第 3—24 页。

⑤ 何勇：《仪礼独占和扩散：朝向古代中国的史前传播》，《华夏传播研究（第五辑）》，北京：九州出版社，2020 年，第 15—48 页。

发我们对于先秦时期，尤其是文字出现之前，文化传播模式的再思考。不论是法国社会学家涂尔干，还是人类学家丹尼尔·埃弗里特都曾深入到原始部落进行调查研究，认为现存的原始部落十分具有代表性。但这种分析模式并不适用于中国上古时期文化传播研究。我国在上古时期确有类似于口口相传的认知方式存在，然"我国原始社会的传说从人类起源至石器时代的各个阶段的历史和文化，均不绝于史乘"。① 如《山海经》中关于燧人氏、华胥氏的记载，《易·系辞》中伏羲制八卦的传说，《三皇本纪》《史记·五帝本纪》《竹书纪年》《逸周书》等均有上古文明传承的翔实记载。扎根史料和考古研究，才是研究我国初级口语社会时期文化传播模式的正确方向。

西方学术界普遍认为，传播理论的源头应当追溯到古希腊时期。古希腊人在对民主、自由和权力的追求中，将古典认识论和修辞学发展到了极致。这一时期人们对于世界和真理的认知构建，经历了从神的谕旨到对自身行为的探索的过程，并逐渐趋向于实用主义，认知方式也由非理性认知转向理性认知。这正是"我们将认知世界的视角从以'听'和'感知'为主要认知方式的初级口语社会，转换到以'修辞'和'辩论'为主要认知方式的高级口语社会"的体现。② 修辞和辩论的认知方式，对于后世西方诸多理论形成的影响是不可估量的。然介于语言传播和文字传播更迭的春秋战国时期，相较于西方所推崇的修辞和辩论，汉语语言的魅力以及国家社会对语言传播的需求，促使中国的文化传播走向了与古希腊截然不同的认知范畴。李敬一认为口语传播的最高境界当属春秋战国时期"士"阶层的游说活动。他认为"由于口语传播的优越性，同时也由于当时传播条件的落后，文字传播等其他传播方式还难以与口语传播相抗衡，先秦的人们将其作为重要的传播方式，在频繁的使用中不断发展并完善，使口语传播这一传播方式达到辉煌的顶峰"。③ 相较于古希腊"智者"多是为了传播信息而辩论，春秋战国时期的"士"则以游说诸侯争霸天下为己任。"他们很大一部分既是统治阶级定国安邦的智囊人物，又是社会信息的传播者。"④ 秦希志也提出，中国传统的农耕文明以及由血缘形成的宗法制度，使得中国古代社会的政治体制呈现"家国同构的一元性政治结构"，也决定了"中国传播体制的一元化格局"。中国特有的政治文化体系，使得"……传播活动的独立性、信息价值的中立性显得异常微弱，中国人并不为

① 孙旭培主编：《华夏传播论》 北京：人民出版社，1997年，第10页。
② Jane Stokes, *How to do media and cultural studies*, 2nd ed, London：sage, 2013, p16.
③ 李敬一：《中国传播史论》，武汉：武汉大学出版社，2003年，第3页。
④ 李敬一：《中国传播史论》，武汉：武汉大学出版社，2003年，第5页。

了传播信息而传播信息……"。①

受科学认知方式影响颇深的，应是传媒理论的"科学范式"。笛卡尔在其著作《探索正确认知真理的科学方法》中设定了认识论的法则，被詹姆斯·凯瑞评判为，为传媒领域的文化研究提供了"科学范式"。詹姆斯·凯瑞认为"笛卡尔的科学不应该在整体上被看作文化的范式，而应该被视为人类表达的另一种形式"，即科学也是一种交流方式。②将文化研究范式化，理论上看似可行，实际上具有片面性。文化的多样性、复杂性和发生的偶然性使得其研究必然无法模型化，更无法用固定的方法进行统一量化研究。如今的礼之传播研究，更倾向于借鉴结构主义或是经验学派的范式理论。但在借用理论原理时，已有学者意识到范式理论的缺陷，并尝试规避程式化的研究模式，尽可能还原传统礼文化的复杂性和多样性。黄星民在《礼乐传播初探》③中运用经验学派拉斯韦尔的 5 个 W 模式对礼乐传播进行分析，同时又引经据典，将历史文献中关于礼乐文化传播的记载，用简洁易懂的现代传播学语言进行解读，力求再现礼乐传播复杂多变的形式和繁复灿烂的风貌。吴泳萱在研究《礼记》中礼的传播媒介作用时，认为礼乐传播过程实质上是对国家话语进行编码解码的过程。④其文汲取了符号学、结构主义、经验主义等诸多学派理论之精华，从国家、社会以及个人多层面分析礼之传播要义，可堪礼之传播研究范本。汪振军、刘轩轩⑤借用结构主义的研究模式，将礼文化传播的内在结构分为物质层面、精神层面、行为层面和仪式制度层面等进行深入挖掘，言之凿凿，确可信据。

（二）中国传统认知观念是礼之媒介功能塑成的基础

不同于西方，中国自古便形成了独具特色的认知方式，几经变迁，今已自成体系。从历史角度来思考，中国古代认知方式的变迁大致可以划分为：以祭祀和神话传说为主要认知方式的巫文化时代；以礼为主要认知方式的先秦时期；和秦汉以来以儒家思想为核心，以礼为辅助的认知方式。

上古三皇五帝治理天下时，以德治为主，巫为辅助，实行禅让制。《尚书·虞

---

① 孙旭培主编：《华夏传播论》，北京：人民出版社，1997 年，第 34—38 页。
② [美]詹姆斯·凯瑞：《作为文化的传播："媒介与社会"论文集》，丁未译，北京：中国人民大学出版社，2019 年，第 64 页。
③ 黄星民：《礼乐传播初探》，《新闻与传播研究》，2000 年第 1 期，第 27—35 页。
④ 吴泳萱：《〈礼记〉的国家话语编码策略、内化路径及传播效果探析》，《华夏传播研究（第八辑）》，北京：九州出版社，2022 年，第 23—45 页。
⑤ 汪振军、刘轩轩：《结构与关系视野下孔子礼文化传播思想初探》，《新闻爱好者》，2020 年第 2 期，第 68—73 页。

书·尧典》记载帝尧在位七十载，"老将求代"，"尧知子不肖，有禅位之志，故明举明人在侧陋者，广求贤也"。① 四岳以大孝之名举荐舜。《尚书·虞书·大禹谟》云大禹"治水功成，帝舜即禅位于禹"②；《尚书·虞书·舜典》中亦有大禹让德之说。此外，流传于世的先秦诸家学说，秦汉时期成书的《礼记》《史记》等均有关于肯定尧舜禹以德禅让的说法。不论神话故事、传说、还是史料和考古都将德作为评判处世的标准。若按照认知方式来描述上古时期，大约相当于口语社会时期。而这一时期主要的传播方式应当以口口相传为主，故而传说和神话对于历史研究而言不应被排斥在外。③ 除此之外，巫术占卜和祭祀在上古时期也是先民认知宇宙万物的一种重要形式。巫祝之说在《汉书》《周官》中均有记载，其中《周官》详细记载了巫和祝相应官职和职能。另外，《周官》中还有与占卜、祭祀相对应的官职设定，《易》中的阴阳五行、天干地支和八卦卦象卦辞更是为卜筮而设。《尚书》《左氏》《史记》《汉志》等古籍中也记载了诸多关于卜筮问吉凶、宗庙四时祭祀的活动。

以祭祀和神话传说为主的认知方式，也是形成以礼治天下的基本认知逻辑。当今学者多用唯物唯心论来评判这种认知观念，笔者不甚赞同。首先，中国自古形成的宇宙观和世界观甚为宏大，其内涵包罗万象，单用唯物唯心论之有失偏颇。其次，西方的哲学观念行至近代已经脱离了本源，逐渐向着以人为本，为人而论的方向发展，因此不论是西方的神学、宗教还是形而上的哲学，都无法直接拿来诠释中国自古就已经成熟的、以家国天下为本的认知观念。

商周时期，礼治兴盛，周公制礼作乐使得天下归心。及至春秋战国，礼崩乐坏，孔子所代表的儒家学派致力于恢复礼治。老子曾言："失道而后德，失德而后仁，失仁而后义，失义而后礼。"在老子的德治观念中，有德仁义礼之分。王弼注："何以得德？由乎道也。何以尽德？以无为用。"此注解读了老子所认为的上德实际上就是遵循道，无形无为，若有形有为就不能周全，即为下德。又注"是以天地虽广，以无为心；圣王虽大，以虚为主"。④ 天地广大应遵循道，以无为为核心，圣王位崇，以虚为用，方能遵循天地规则。正因"人法地，地法天，天法道，道法自然"，若不能遵循大道而处之，圣人也无法做到随心所欲不逾矩。因而失道而德不足，勉强求得；失德而无德，则"仁义可显，礼敬可彰"。由此观念来解读上古神话传说以及先秦历史，不难发现，三皇五帝时期上德彪炳，颛顼、帝喾以

---

① （西汉）孔安国传：《尚书传》，北京：商务印书馆，2023年，第14—15页。
② 高石芝注：《四千年文选》，长春：吉林文史出版社，2004年，第1—3页。
③ 钱穆：《国史大纲修订本》，北京：商务印书馆，1996年，第8页。
④ （魏）王弼注：《老子道德经注校释》，楼宇烈校释，北京：中华书局，2008年，第93—95页。

及后来的尧舜禹都奉行无为而治。连孔子都赞扬"舜禹之有天下也，而不与焉"。[①] 这正印证了老子的"上德不德，是以有德"。及至夏商时期，圣人德行不足，仁义有余，禅让被世袭所取代，统御天下不得不重用刑法制度。武王伐纣，盖因纣王仁义尽失。武王崩逝，成王年幼，周公摄王政，辅佐成王制定礼乐制度，规范律法经典，治理天下。而礼治的出现，老子认为是道德不足仁义尽失的产物。王弼虽注解为若"载之以大道，镇之以无名"，"各任其贞，事用其诚，则仁德厚焉，行义正焉，礼敬清焉"；反之则"仁则诚焉，义其竞焉，礼其争焉"[②]，却与老子的观念有分歧。但二者都认为一旦不遵循大道，仁德道义不足，只能用礼来强迫人们遵守道德，因此定义"礼者，忠信之薄而乱之首"[③]也。

诚然后世儒家思想奉礼为尊，实则此礼与周公之礼、老子之礼已然不同。春秋战国时期，礼崩乐坏，诸子百家争相游说列国，以期天下归一，重修道德仁义礼法。数百年间，不止礼乐湮灭，道德仁义更不知从何说起，人们的认知似乎又重归于原始蛮荒时期的愚昧。秦国用重法，轻礼义，方使乱世一统。然而此时的秦国所推崇的法治弊端诸多，最终商君死于自己设定的刑法，一统天下的秦王朝也二世而亡。汉朝数代君王致力于寻求平衡法治的治国之策，而儒家学说的道德仁义礼法为汉朝统治者提供了更完善的管理理论。此后以礼法治天下成为历代掌权者所奉行的圭臬。

如果说从德治到礼治再到法治，在推崇无为而治的圣人眼中是一种社会管理制度的退步。那么以礼为主要认知方式的形成则是圣人也认可的历史的必然。周天子行四时祭，巡游天下，看似教化民众、巩固统治，实则在夯实礼治。而四方百姓通过繁杂的礼仪仪式，机械重复的符号化动作，加深了对于天下和宗族的认知。而法治的出现实际上是对礼治的补充。秦汉以后礼的仪式逐渐简化，礼的作用也逐渐符号化。此时的礼更多的是一种道德约束，和行为的规范，人们通过学礼知礼获得谦逊仁义的品德，而真正起到制约、评判、惩罚作用的则是律法。

对比反思中西方两大认知体系，不难发现西方的认识论是为个人发展服务的，中国的认识论则是立足于家国天下的。从神学到哲学，从小国寡民的城邦制到铁血统治的罗马帝国，古希腊先哲们已经为西方的认知观念奠定了基调。即从注重个人感知开始，逐渐演化为对个人感知的自然物质世界的注重，所以由哲学演变为科学的认知方式才能统领西方上千年。中国的认识论却是以对宏大的道和天地运行规则的认知为基础，其内涵分化与和谐、对立和统一的辩证思想。最重要的

---

① （宋）朱熹撰：《四书章句集注》，北京：中华书局，2011年，第102页。
② （魏）王弼注：《老子道德经注校释》，楼宇烈校释，北京：中华书局，2008年，第95页。
③ （魏）王弼注：《老子道德经注校释》，楼宇烈校释，北京：中华书局，2008年，第93页。

一点是，中国的文明是以农耕文明为基础建立的，中国人骨子里对家国的看重多于对个人的看重。因此，我们认知世界的方式一定是辩证的，遵循"道"的，修身的目的一定是为了齐家、治国、平天下的。

二、礼的传播媒介功能

在西方传媒史上，有诸多研究者尝试对传播媒介进行界定和划分，但至今没有一个统一的确切的定义。不论是施拉姆还是麦克卢汉，都试图从媒介信息承载以及社会作用层面对其进行界定。拉斯韦尔将媒介的结构和功能摆出来，以期能从社会学、生物学乃至科学的角度去诠释媒介。霍尔则过分关注技术层面的认知，而以杜威为代表的芝加哥学派则专注于媒介的符号功能。除此之外，还有学者尝试从传播环境、传播渠道或者传播受众等方面来界定传播媒介。反观诸多定义，西方学者对于传播媒介的聚焦点仍在其本质作用上，即对信息的承载和传递。

（一）传播媒介等级划分

在对礼的传播媒介作用进行界定之前，首先要对传统的传播媒介等级划分有清晰的认知。传媒理论的核心在于对传播媒介的掌握和运用，而传播媒介的传播内容则是这一过程实施的关键。麦克卢汉认为"媒介对人的协作与活动的尺度和形态发挥着塑造和控制的作用"[①]，即信息的沟通与交流，对人类活动产生着十分重要的影响，故而媒介不只是信息的载体。甚至我们在研究媒介的时候，往往会因为其所承载的内容而忽略其性质。但事实上媒介及其所承载的信息是一体的，"媒介即讯息"或者说信息也是媒介，二者相辅相成不可分割。

传播媒介承载信息量的大小和时效，直接决定着传播效果。那么传播媒介的使用者和信息的接收者，可以通过对媒介蕴含信息量大小和时效的预判，从而选择更有效的传播和接收方式。由此，按照传播媒介承载信息量的大小来对其进行等级划分，可以更好地帮助我们理解礼在其传播体系中是如何发挥媒介作用的。

按照媒介承载的信息量大小和时效，笔者认为可以进行以下划分：

（1）初级媒介，信息含量低，有一定的时效性，内容单一固定，一般以视觉传播为主，通过简单的动作、具象的符号，或者借用物品进行信息传播。如，战争时运用的旗语，士兵之间传递信息用的手势，用来宣传的招牌上画有茶壶、酒壶，狼烟，草标等。

（2）中级媒介，含有一定信息量，内容复杂，具有一定的抽象意义和蕴含意

---

① ［加拿大］马歇尔·麦克卢汉：《理解媒介：论人的延伸》，何道宽译，南京：译林出版社，第19页。

义，兼具视觉、听觉传播，传播范围可以延伸扩展，对信息储存和传递的时间也可以增加。这类媒介以语言、文字、礼仪为主，如，书籍、碑刻，诗歌、语录，祭祀仪式，五礼中的礼仪，象征着阶级划分的礼器等。

（3）高级媒介，含有的信息抽象化、概念化，内容丰富多变，寓意明显，情感表达充沛，视听觉传播都有。这类媒介的传播功能已经模糊了时间和范围的概念，其所传递的信息主观性更强，如，书法、绘画、音乐、图腾等。

礼作为自古以来最为重要、又最为复杂的传播媒介，无法直接进行简单的媒介等级划分。事实上，对于礼的媒介等级归属，应遵循以下划定标准：一为立足断代研究，对不同时期礼进行划分。二为对礼的分类进行区别划分，五礼之下尚有诸多礼的分支，如嘉礼中有婚礼、冠礼、宾礼、射礼等，其传播作用各有不同。三为对构成礼的不同要素，如有礼仪、礼义、礼服、礼器、礼典等分别进行划分。每一种要素在承载信息量上各有千秋，故而在传播过程中发挥的功效也不尽相同。礼在不同历史时期，其传播功能各有千秋，很难用统一的、量化的标准去评定。再者，礼之内容涵盖面十分广泛，包括礼仪、制度、文化、军事、人文等诸多方面，单论礼容易落入以偏概全的局面。故对礼的传播功能进行界定，需要将其细致划分，按照不同时期的礼、不同类型的礼、不同作用的礼来分别加以描摹，才能形成完整的礼之传播媒介功能界定。由此看来，不止是华夏传播史需要作断代、分类研究，作为其重要的理论分支—礼的传播研究—也需要进行断代、分类研究。然此项研究工作量浩大，非一蹴而就。在此，仅择以中国认知观念发展分期为参照，媒介信息承载量大小为依据，简单剖析礼作为重要媒介，是如何发挥其传播功效的。

（二）礼的传播媒介作用界定

礼的形成与发展贯穿整个华夏文明史。从原始社会时期的皮货交换、以物易物的礼节性行为，到夏殷周时期通过大型祭祀仪式报功天地、祭奠先王、为天下求福泽，再到儒礼相融、六经皆礼，历经数千载沉淀，礼最终成为融入华夏儿女血脉骨髓的一种本能。于中国传统政治文化而言，礼以外在仪式传播为文，以内在礼义秩序为质，文质相协造就其不可磨灭的传播媒介功能。

在以祭祀和神话传说为主要认知方式的巫文化时代，礼主要是以"礼俗"的形式存在。礼俗是具有鲜明的地域特色的，如《礼记·王制》就对四方风俗进行过详细描述。源于地域的差异既是区分同异种族的标准，又是礼俗形成的根本，也是圣人"因俗制礼"的根本。带有各族"烙印"的礼俗在族群交往、联姻、贸易、战争等往来关系中担任着文明传播的角色。从史料记载以及神话传说中可知，三皇五帝均为部落中最为杰出的领袖。他们在部落发展壮大的过程中，带领族众不断迁徙移居，足迹遍布如今的河南、山东、山西、陕西等地区。而由劳动人民的智慧所创造出的诸多先进技术，如养蚕缫丝、农桑耕种、结网捕鱼、采集草药、结绳记事等等，无一不是礼俗文化的代表。这些先进的技术并非只在一个或几个部落流传，正是由于部落间的礼尚往来，才使得圣人能够凭借礼俗传播，达成古籍所载"以教天下"的功绩。

相较于承载信息庞大的"礼俗"，从上古时期一直流传至商周时期的祭祀，在信息传播方面则相对单一，且政治性质更强。杜威认为"神灵生于恐惧"，原始初民与神之间的沟通是出于"赎罪、求恕和向神献礼的需要"。① 当原始族群通过祭祀行为使得人类和神灵产生关系后，仪式和教条就成为人类管理这种关系的主要方式。涂尔干分析原始人群生活在低级社会中，由于生活环境单纯，族群规模较小，管理也相对简单，神话是"由不断重复的单一的和同一的主题构成"，仪式也是"由在三重复的少数姿势组成的"。② 可以说原始低级社会共性大于个性，而祭祀仪式的存在能够强化共性排除个性。祭祀的意义不仅在于表达对天地鬼神的崇敬，更多在于通过传播起到凝聚人心的作用，其社会性和政治性显而易见。

祭祀礼的发展，到夏殷周时期达到鼎盛，且一脉相承。从出土的甲骨文中不难看出，商周时期祭祀之风盛行。如，初由于省吾收藏的小臣墙牛骨刻辞，记载了商王战后献祭。宰封骨匕刻辞则记录了商王田猎祭祀赏赐臣下。小屯村殷墟出土的王卜辞，多为商王大型祭祀活动前的占卜刻辞。周原出土甲骨中，疑似帝辛册命文王为周方伯的祭祀卜辞，也是有力证据。李学勤曾指出："其实《周礼》设有《大卜》专章，占卜原系古代礼制的组成部分，占卜的内涵也无不属于当时礼制……"③ 虽太史公称"三王不同龟，四夷各异卜"，但甲骨出土为夏殷周礼制"因多于革"的关系提供了强有力的佐证，也为后世研究先秦礼之传播提供了可靠素材。结合古籍史料，采用王国维的二重证据法，不难发现，此时的祭礼已然形成礼制、礼典和礼法，对后世礼之传播影响颇深。从表面看，祭祀仪式的举行似是演示给天地鬼神，如易州出土的晚商时期祭祀礼器"三句兵"，其上刻有反向铸文，用以示于天。从实质来看，祭祀仪式当是表演给百官、公卿和百姓看的。《礼记·郊特牲》中记载："卜之日，王立于泽，亲听誓命，受教谏之义也。献命库门之内，戒百官也。大庙之命，戒百姓也。祭之日，王皮弁以听祭报，示民严上也。"郑氏

① ［美］杜威：《经验与自然》，傅统先译，北京：中国人民大学出版社，2011年，第33—34页。
② ［法］爱弥尔·涂尔干：《宗教生活的基本形式》，渠敬东、汲喆译，北京：商务印书馆，2011年，第7页。
③ 李学勤：《甲骨学的七个课题》，《历史研究》，1995年5期，第59—60页。

曰："百官，公卿以下也。百姓，王之亲也。入庙戒亲亲也。"① 此亲当解为族亲或宗亲。祭祀之前，帝王要先行占卜。占卜之日，帝王在辟雍亲自聆听训诫，后在外门召集百官，在祖庙召集族亲进行教化训诫。训诫的内容则与遵礼、勿失礼有关。而祭祀之日，则要全民参与，以期达成"天子敬于事天，则民化之而敬其君上矣"的目的。这种大型的祭祀集会活动，正是以礼仪传播礼义，教化百姓，增强民心，强化王权的体现。

商周以后，尤其是春秋战国时期，不止孔子一派致力于借助周礼传播儒家思想。事实上礼之传播功能已经得到了诸侯、士大夫以及诸多思想家的发掘与实践。首先是礼的种类和规格均发生了变化，商周时期繁复冗杂的祭祀礼逐渐被削减，祭祀对象也发生了改变。居于五礼之首的祭礼地位下降，逐渐被繁杂多样的其他类礼仪所取代。孔子曾感慨："行夏之时，乘殷之辂，服周之冕，乐则《韶舞》。"② 可见此时的礼已是前朝礼仪杂糅的产物，其传播的模式和功效也与先时大相径庭。其次是礼的参与阶层向下延伸，使得礼之传播深入社会各个阶层。依黄星民的观点，儒家以演绎礼为主，而观礼者，儒家则是力求争取人数越多越好。③ 观礼者的阶层则从以前的帝王族亲、公卿百官，向下延伸到庶人乃至社会各个阶层。

秦汉以后的礼，种类更加繁杂多样，内容也更加丰富翔实。虽然帝王及其族亲仍多沿用古制，但平民百姓的礼则更多的是礼义为主，礼俗为辅，兼有符号化程式化的礼仪仪式。其作用也从传播教化之义，演化出诸如增加宗族归属感，巩固王权象征，增强家国观念等等传播功能。

综而述之，中国的礼从产生之初就开始扮演着传播信息和延续文化习俗的角色，其传播媒介作用由来已久，并且很早就已经形成了完整的传播观念和理论。纵观历史，礼的传播范围之广，传播功能之多，蔚为大观。

三、试论礼从制度到形而上的传播模式

中国自古以来认知方式的形成和演变，实际上已经更早地孕育出传媒文化理论，只不过因为传播媒介的特殊性，这些理论的存在是隐含的、依附的、分散的和不够系统化的。按照传媒理论形成的时间线来看，基本上是与礼制的形成和发展相吻合的。并且从周公制礼作乐的目的来看，是为了教化民众、天下归心，而其所采用的礼和乐都是传播性质极强的媒介。那么以礼为传播媒介，以礼制为传播内容，以礼义为传播核心的礼之传播体系的形成，便是传媒理论的具体体现。

---

① （清）孙希旦撰：《礼记集解》，北京：中华书局，2022 年，第 655 页。
② （宋）朱熹撰：《四书章句集注》，北京：中华书局，2011 年，第 153—154 页。
③ 黄星民：《礼乐传播初探》，《新闻与传播研究》，2000 年第 1 期，第 29—32 页。

（一）古代社会关系的基本假设和哲学原理

西伯特在其传媒的威权主义理论中，提出了关于传媒研究的基本哲学假设（philosophical assumption）。他认为大众传播的发生一定是在社会群体中进行的，且这个群体应当是有组织的和管理完善的。那么传播媒介所存在的社会当中，如何处理媒介与社会的关系，以及如何制定有效的媒介管理制度，则是由"人与国家关系的基本哲学假设"来决定的。[①] 这种基本假设对于研究社会形态和结构而言是十分有效的，但中国古代社会关系尤其是人与国家的关系，比之西方有诸多差异之处。倘若研究中国古代人与国家的关系，以及传媒与社会的关系，西伯特的基本假设只能借鉴，不能生搬硬套。

在西方的社会理论体系中是没有完整的家国概念的，或者说西方的家国概念是在中世纪后期才逐渐形成的，普遍认为社会契约论是来解释西方社会和国家起源的。受限于地域和环境，这种家国概念相较于中国而言，更类似于家庭和小国城邦的概念。这一点与中国历史的发展截然不同。中国的"家"，日本学者滋贺秀三认为用"户"来称谓更合适[②]，这种说法比较符合中国古代社会的户籍管理制度。而在"亲属关系的规定上具有决定性意义的是'宗'的概念"，宗族中亲属之间的尊卑长幼则是决定其身份重要依据。[③] 朱凤瀚在对商周时期家族形态进行定义时提出，单就婚姻和血缘而言来定义家族的概念是不完善的，家族本身就是处于社会大群体下的亲属组织，在社会生活中处于不断变化的状态，因此当以历史为依据，给予家族多层次的动态的定义。[④] 吕思勉也认为"人类为社群动物，而非家庭动物"，"古无今所谓国家，抟结之道，惟在于族，故治理之权，亦操诸族"。[⑤] 由此可见，中国的家国概念是以婚姻和血缘关系为基础的，但这个家是指家族而非家庭。由于地缘关系，中国的家的范围往往超出了西方律法规定的家庭的范围，已然扩展到一村一郭乃至一城一国的范围。固有天子分封诸侯，实际上是掌权者获利天下后与亲族共享的体现。而这种亲族关系所涵盖的范围已经不是一家一户，而是整个天下。

其次，在我们一贯的认知当中，中国的社会形态划分是参照西方的社会形态

① ［美］西伯特，彼得森，施拉姆：《传媒的四种理论》，戴鑫译，展江校，北京：中国人民大学出版社，2007年，第2—3页。
② ［日］滋贺秀三：《中国家族法原理》，张建国、李力译，北京：商务印书馆，2013年，第57—58页。
③ ［日］滋贺秀三：《中国家族法原理》，张建国、李力译，北京：商务印书馆，2013年，第26—35页。
④ 朱凤瀚：《商周家族形态研究》，北京：商务印书馆，2022年，第13—15页。
⑤ 吕思勉：《先秦史》，南京：江苏人民出版社，2014年，第242—245页。

划分来的，而不是按照中国社会应有演变规律来界定的，这就造成了对于中国社会形态划分的不严谨性。钱穆先生在论中国社会之演变时，提出了以阶层定社会的理论。他认为中国的历史有社会有国家，而西方的历史有社会无国家。中国的政府以社会为基础，西方的政府以社会为凭借。①作为中国社会中流砥柱的士之阶层，是由社会产生的而不是由政府产生的。②故而中国的社会形态的变迁应以组织和管理社会主要阶层的变迁为准绳。钱穆将商周及以后的社会划分为封建、游士、郎吏、门第和白衣社会。这种划分方式姑且不论是否确切，但至少是一种比较严谨且有据可依的划分方式。

再者，中国传统社会是以政治为主的，阶层和等级的存在是为了确定职责和划分归属。齐景公向孔子问政，孔子认为应当遵循"君君，臣臣，父父，子子"的等级秩序。从家到国再到天下治理，倘若不遵循此"人道之大经，政事之根本"，社会各阶层不司其职，就会出现"君臣父子之间皆失其道"③，且有弑君篡国之祸发生。中国传统政治中的帝王或者当权者，没有哪一个是为了抬高地位凌驾于百姓之上而存在的。孔子论政治时提出："政者，正也。子帅以正，孰敢不正。"④在儒家观念中，为政者其首要职责是正己身，以为天下之表率。其次当施政以德，这样才能达到无为而治。如果"道之以政，齐之以刑，民免而无耻"，但若"道之以德，齐之以礼，有耻且格"。朱子认为政治是治理天下的工具，而刑法是用来辅助治理的，若以德礼治天下，施政者以自身为表率，对百姓向善的教化是潜移默化的。⑤朱熹对于孔子言论的解读多少带有时代的烙印，先秦时期的礼崩乐坏是儒家言论形成的前提条件，绝对理想化的德治在朱子的解读下难免有失偏颇。但不妨碍我们得出结论，中国传统政治里，掌权者的职责并不是使用严苛刑法来驾驭甚至奴役百姓，而是正其身，修其性，以自身为表率，以仁德为根本来治理天下。

从社会政治制度变迁来看，中国传统政治体系构建大体遵循了以血缘宗族为基本，儒道学派推崇的以德治国为宗旨，礼法为辅助的原则。可以说这是极具中国特色的传统政治模式，也是研究中国古代人与国家关系的基本哲学原理所在。在这种政治原型的基础上来探讨个人与社会、国家的关系，不难发现，在以宗法制为基本的中国传统社会中，个人的存在属于弱势的。中国讲求先国后家，个人需求是排在最末位的。在庞大的宗族体系中，如果把以血缘为纽带而产生的家族

① 钱穆：《国史新论》，北京：生活·读书·新知三联书店，2018年，第54—55页。
② 钱穆：《国史新论》，北京：生活·读书·新知三联书店，2018年，第56页。
③ （宋）朱熹撰：《四书章句集注》，北京：中华书局，2011年，第129页。
④ （宋）朱熹撰：《四书章句集注》，北京：中华书局，2011年，第130页。
⑤ （宋）朱熹撰：《四书章句集注》，北京：中华书局，2011年，第55页。

看作一台精密的机械，那么每个人的存在宛如不可或缺的重要零件。对于家族而言，每个人都在为其发展延续而发挥所长，但就整个社会而言，机械可见而零件不可见。同样，在中国传统政治体系中，鲜见独裁和专制，不论是君主还是臣子，都讲求恪守其责，各司其职。正如钱先生所说，"中国传统政治理论，是在官位上认定其职分与责任"[1]，君臣职责划分有着严格的标准，其行为也需要遵循一定的准则，即所谓的"道"。

（二）礼的传播模式和作用

就中国传统社会理论体系而言，如果把传播媒介置于其中，其传播模式和基本功能是独具特色的。首先就认知而言，在中国传统认知观念中，天地鬼神的存在是先民乃至后世认知世界和宇宙的最好途径，而沟通天地鬼神的方式和手段就是卜和筮。卜筮并非单纯祈求神灵庇佑，而是通过仪式向神灵询问吉凶，以此为依据来进行抉择，并且还会通过术数推演来理性争取主导权。[2]《礼记》云："卜筮者，先圣王之所以使民信时日、敬鬼神、畏法令也，所以使民决嫌疑、定犹与也。"[3] 故而占卜从表面来看是沟通人与神的媒介，实质上是通过仪式性的行为向民众实施传播教化。除此之外，对天地鬼神的崇拜使得巫祝逐渐发展成为以祭祀神灵和祖先为主的礼仪制度，这种转变的产生从本质上来说是对宗族血缘以及等级尊卑观念的宣传和强化。其中的崇拜和祭祀对象也由原来的天地鬼神转变为天神、地祇和人鬼。以占卜、巫祝和祭祀为媒介，其传播模式是随着上古时期部落和部落联盟治理方式的改变而逐步调整的。这一时期的社会运行的基本原理是以德治为主，由血缘关系形成的群落或者部族逐渐向氏族和宗族发展。形成以祭祀为主要媒介礼之传播模式，实质上是符合氏族、宗族管理制度的需求的。

其次，就社会与国家的本质而言，不论西方不同形态的社会和国家，其本质相对于中国传统社会而言颇为不同，但其控制和使用传播媒介的方式确有与中国传统社会不谋而合之处。其一，不论是在专制社会还是民主社会，西方学者都一致认为个人的利益和发展是十分重要的。而中国传统社会个人的利益并不是重要的研究课题，虽然古之学者也讲求修身养性，但其根本目的是为家国天下来服务的，这一点《大学》《中庸》中都有讲解到。王阳明答徐爱问时也提到，孔子所说的"修己以安民"，实质上是通过自我修养以到达教养百姓的目的。[4]《尚书·尧典》

① 钱穆：《国史新论》，北京：生活·读书·新知三联书店，2018年，第81页。
② 李泽厚：《由巫到礼，释礼归仁》，北京：人民文学出版社，2022年，第15—17页。
③ （东汉）郑玄注：《礼记注》，徐渊整理，北京：商务印书馆，2023年，第68页。
④ （明）王阳明著：《传习录译注》，黎业明译注，上海：上海古籍出版社，2021年，第7页。

称赞上古帝尧圣德彪炳，其德行盛名远播，行不言之教化，使得九族和睦，百姓和乐，万邦和谐。其二，西方传媒理论认为，媒体的存在是为个人发展来服务的，即使是强调国家价值的专制政权，也认为"个人通过国家获得自我满足"。因此，他们认为"一切宣传都应该求其通俗，它的知识水平要适合宣传对象中知识水平最低者的接受能力"，"大众的接受力极为有限，理解力也很薄弱"，故而"一切有效的宣传都必须限于只谈很少的几点"。[1] 这种传播理念放诸于任何时代都是有效的，并且中国传统社会礼的传播模式与之有颇多相似之处。

故而，笔者认为中国传统社会采用礼作为传播媒介，是因其具有极强的向下兼容性。礼之传播功能的兼容性是为了使传播内容有效接触庞大的基层民众。社会阶层的分布模式意味着数量繁多的基层民众才是传播的主要受众群体。黄星民在其《礼乐传播初探》中也分析了礼乐传播受众群体，认为礼乐传播的受众分布不仅空间广，地域广，阶层分布也不仅限于士大夫以上阶层，庶人也是礼乐传播的受众[2]。因而，传播策略制定者在礼之传播模式设定上，一是要求自上而下传播，由上层示范并且参与传播活动，下层观赏并且领悟传播内容；二是在这种自上而下的传播过程中，尽量精简传播内容，增加重复性传播手段，以达到有效传播的目的。

在礼的传播模式上，则是进行分层设定的。其表现有二：一是礼所涵盖的内容决定了其传播模式是分成不同层面同时进行的。首先，礼不是单纯的一套仪式或者由书籍记载的刻板史料，而是涵盖中国历史诸多方面的鲜活的文化。其内容涉猎之广泛，已然从最初的五礼扩展到百姓民生的方方面面。《礼记》云："道德仁义，非礼不成，教训正俗，非礼不备；分争辨讼，非礼不决。君臣上下父子兄弟，非礼不定。宦学事师，非礼不亲。班朝治军，莅官行法，非礼威严不行。祷祠祭祀，供给鬼神，非礼不诚不庄。是以君子恭敬撙节退让以明礼。"[3] 邹昌林也认为，其他民族的礼"一般不出礼俗、礼仪、礼貌的范围"，而中古的礼"则与政治、法律、宗教、思想、哲学、习俗、文学、艺术，乃至于经济、军事，无不结为一个整体"。[4] 因此，礼之传播模式并不局限于一场祭祀仪式或者一本记录礼的教科书，而是被分化到社会生活各个领域，形成一套完整且固定的认知观念，融入中国人的行为处世方式之中，代代相传。及至今日，礼之传播已经不再是具体的内容传

---

① ［美］西伯特，彼得森，施拉姆：《传媒的四种理论》，戴鑫译，展江校，北京：中国人民大学出版社，2007 年，第 9—10 页。

② 黄星民：《礼乐传播初探》，《新闻与传播研究》，2000 年第 1 期，第 32—33 页。

③ （东汉）郑玄注：《礼记注》，徐渊整理，北京：商务印书馆，2023 年，第 30—31 页。

④ 邹昌林：《中国礼文化》，北京：社会科学文献出版社，2000 年，第 14 页。

播，而是符号化、象征化、概念化的意识领域的传输和认知。其次，礼由俗而起，逐渐发展为制度，其传播必然不是只有仪式一种方式，而是由文字、音乐、仪式、舞蹈、诗歌、信仰、观念等组成的多层次传播方式。圣人制礼作乐，礼乐不分家。《礼记·乐记》中对于礼乐之道进行了详细阐述，其言"乐者，天地之和也。礼者，天地之序也"，礼乐承天辅地，其道实则顺应天地阴阳秩序。而"王者功成作乐，治定制礼"，诸如《雅》《颂》《商》《齐》都是大雅之乐①，对于教化民众所起到的作用和礼是一致的。《周礼》中记载大司乐和乐师担任教导国家子弟乐舞，掌管祭、享、祀之乐舞的职责。大胥和小胥负责舞者的选拔和征召，乐器的陈列。大师掌管音律，教导六诗，小师掌管教导各种乐器。舞师掌教祭祀舞蹈，司干掌管舞蹈使用的器具。除此之外，还有掌管卜筮、巫祝等官职，不再列举。由此可见，国家祀礼不只有仪式，还有音乐、舞蹈、诗歌等等。在思想观念方面，中国自古就有天命观念的存在。其最重要的体现在于祭祀天地先祖时，获得天地认可和庇佑，或是朝代更迭时，祭祀昭告天地，以期顺应天道。如《尚书·周书》中的《君奭》篇"我闻在昔成汤既受命，时则有若伊尹，格于皇天"，《康诰》篇"天乃大命文王"②等等，不胜枚举。

二是礼本身的性质和功能使得其传播面向不同阶层时，所展现的形式不尽相同。中国传统社会经历诸多朝代更迭，其社会秩序也几经变换，但有一点可以肯定，不论是先秦时期还是秦以后的社会，等级尊卑的观念贯穿整个历史发展脉络。商周时期礼制的形成实质上不只是对等级秩序的明确，还是对贵族阶层权力的维护。这一时期的诸多礼仪仪式只对贵族阶层开放，而平民阶层则没有参与的资格，至于奴隶则是被剥夺了绝大多数权利的。据《礼记》记载贵族阶层可以祭祀于宗庙，而庶人则只能"祭于寝"。同样属于贵族阶层，天子与诸侯卿大夫之间又有着严格的等级秩序。《礼记》云："天子，七庙三昭三穆，与大祖之庙而七。诸侯，五庙二昭二穆，与大祖之庙而五。大夫，三庙一昭一穆，与大祖之庙而三。士，一庙。"③按照礼制，天子和诸侯祭祀宗庙的数量各有不同。春秋战国时期，天子权力分散，诸侯不再遵循旧的礼制，但一统天下却是大势所趋。这一时期社会阶层的划分较之商周时期又不相同，士一阶层由原来的贵族下滑至四民之首，形成后世贵族以下由"士农工商"组成的民这个阶层。秦汉以后，社会阶层逐渐稳定下来，儒家的三纲五常实质上是对君臣、官民之分的体现。在民之阶层，儒家所推

① （东汉）郑玄注：《礼记注》，徐渊整理，北京：商务印书馆，2023年，第561页。

② （西汉）孔安国传：《尚书传》，冯先思、周煦阳整理，北京：商务印书馆，2023年，第202、253页。

③ （东汉）郑玄注：《礼记注》，徐渊整理，北京：商务印书馆，2023年，第217页。

崇的礼由制度化逐渐回归礼俗，参与方式逐渐向下兼容，民间祭祖、嫁娶、丧葬、宴飨等礼俗日渐兴盛，真正达到了移风易俗教化百姓的作用。如婚礼中的"六礼"直到唐代都在沿用，但到了宋朝仪式逐渐简化成"三礼"①，民间嫁娶亦可遵循此礼节。《隋书》曰："……达于庶人，祭于寝，牲用特肫，或亦祭祖祢。诸庙悉依其宅堂之制，其间数各依庙多少为限。其牲皆子孙见官之牲。"②由此可见隋唐时期的祭祀仪式已经不再过分限制平民百姓的祭祀规格。在贵族和官之阶层，礼仍旧是历朝历代都需要追本溯源的一种制度，但相较于商周时期繁琐复杂的礼仪模式，后世的礼愈发去繁就简，贵族和臣子追求的更多是地位身份的彰显，以及权力的巩固和强化。比如商周时期天子和诸侯祭祀有"七庙""五庙"以及"昭穆"之说，到了隋唐时期不再以此论，而是按照朝廷官职划分为"王及五等开国，执事官、散官从三品以上，皆祀五世。五等散品及执事官、散官正三品以下从五品以上，祭三世……"③的祭祀规格。

---

① 彭林：《中国古代礼仪文明》，北京：中华书局，2004年，第120页。
② （唐）魏征等撰：《隋书》，北京：中华书局，1973年，第135页。
③ （唐）魏征等撰：《隋书》，北京：中华书局，1973年，第135页。

如何感通先祖？ 一种媒介史的视角

How to Resonate with Ancestor？ A Media History Approach

王子潇　刘胜枝 *

Wang Zixiao　Liu Shengzhi

摘　要：对信奉祖先有灵的古人而言，逝去的祖先并非全然消失不见。生者在祖先崇拜的文化感召之下，需要借助特定媒介感通先祖。本文采用媒介史的研究视角，将古代社会祭祀仪式中的尸、神主牌与祖宗像视作通祖媒介，将祠堂视作通祖媒介空间，考察其传播特征与文化影响。研究认为，不同物质特性的媒介偏向性地呈现祖先形象：祖先灵魂的精神寄托从有声有形的具象肉身转变为无声有形的抽象符号；以及通祖媒介空间的"登堂入室"，均表明古人对待祖先离去这一事实的逐步体认，反映出通祖媒介的器物观偏向与祖先崇拜观念的世俗化、唯物化趋势。透过通祖媒介的演变理解古人祖先崇拜的文化观念转型，有助于关照当下的个体境遇。

Abstract：For the ancient people who believed in the spirit of ancestors, the deceased ancestors did not disappear completely. With the cultural inspiration of ancestor worship, the living needed to use specific media to communicate with their ancestors. In order to examine the characteristics of their communication and cultural influence, this paper adopts the research perspective of media history, regards the corpses, ancestral tablets and images as the resonance-ancestor media，the ancestral hall as the resonance-ancestor media space in the sacrificial rituals of ancient societies. The study concludes that the materiality of different media are biased towards the presentation of ancestral images——the transformation of the spiritual sustenance of ancestral souls from sound and tangible

---

* 作者简介：王子潇，北京邮电大学数字媒体与设计艺术学院传播学硕士研究生；刘胜枝，北京邮电大学数字媒体与设计艺术学院传播学教授，硕士生导师，北京市网络系统与网络文化重点实验室成员。

figurative bodies to silent and tangible abstract symbols, and their "entrance" in the media space, indicate that the ancients gradually recognized the departure of their ancestors at the factual level. It also reflects the bias of the artifact view of resonance-ancestor media and the secularization and materialization level of ancestor worship. Through the evolution of the resonance-ancestor media, we can see the transformation of ancestor worship as a cultural concept of Chinese ancients, which can help us to pay attention to the current situation of individuals.

关键词：感通先祖；通祖媒介；媒介史；祖先崇拜

Keywords：Resonate with ancestor; Resonance-ancestor media; Media history; Ancestor worship

《礼记·郊特牲》描述的"万物本乎天，人本乎祖"，是对我国古代先民世界观与人生观的高度概括。"绝地天通"之后，对世间万物的合法解释交由统治者垄断，于常人而言，离世后神化的祖先即为通天的媒介人物。[①] 通过认祖归宗，人们从"我是谁，我从哪里来"等存在论命题中获得解释。由此，中华文明生生不息之根源首先从思怀先祖的微观实践中萌发，祖先崇拜的文化意义不言而喻。

那么斯人已去的客观事实何以接续出生生不息的文化传承？在古人依循的"形气论"观念中，死亡并不等于逝者的全然消失，而是"魂气归于天，形魄归于地"，逝者的血肉之躯将化为不朽灵魂以佑后人。英国人类学家莫里斯·弗里德曼（Maurice Freedman）将祭祀仪式中生者与逝者的互动视作一种延迟性互惠（delayed reciprocity）[②]，祖先的德行恩惠与后人的光宗耀祖是凝聚宗族团结的功能性机制。此外，对"孝"的文化阐释也认为"生者与死者经由'孝'观念在丧葬文化中得以沟通[③]"。然而仅以文化功能论理解这场跨越生死的传播实践，还难以把握古人感通先祖时的具体情境。正如谢清果与王皓然在研究我国古代家训的传播时指出，以往对家训的文化学解释将其归结为"维护封建礼教传统与文化秩序"，具有功能本位，以此为家训文化预设一个功能性位置实乃一种后视之明。[④] 同样，由于文化

① 陈梦家：《殷墟卜辞综述》，北京：中华书局，1988 年，第 561—562 页。

② Freedman, M. *Lineage organization in South-eastern China*, New York：Routledge, 2020. p. 90.

③ 李聪：《"孝"观念在中国古代丧葬文化中的演进》，《社会科学战线》，2011 年第 6 期，第 75—92 页。

④ 谢清果、王皓然：《以"训"传家：作为一种传播控制实践的家训》，《新闻与传播研究》，2023 年第 9 期，第 44—46 页。

功能论对祖先崇拜的解释相对宏阔，本文试图将"感通先祖"视作生者与逝者之间的传播实践，特别分析其中的媒介参与，以此提供一条理解祖先崇拜观念的具体路径。这里的"感通"出自《周易·系辞》中的"易无思也，无为也，寂然不动，感而遂通天下之故"。从媒介研究的视角出发，笔者将"感通先祖"定义为在世者受祖先崇拜的观念影响，借助特定媒介与祖先互动交流，实现神人相通的传播实践。感通先祖可谓古人崇信"人本乎祖"的身体力行。通祖媒介则是联通祖先与后人的必要凭借。那么究竟有何媒介将"有灵祖先"与孝子贤孙紧密相联？而媒介之嬗变是否又在影响祖先崇拜文化观念的转变？

一、从媒介到媒介史：理解"感通先祖"的视角转换

在传播学界，彼得斯（John Durham Peters）将生者与逝者之间的传播视作一方收不到另一方回信的诠释学范例，他将之概括为"人们去和那些不在场者（死者或远方的人）进行精神上的对话交流的无效努力"。[①]而从华夏语境厘清上述问题还需具备充分的本土化知识。著名考古学家张光直对"德之行为"、文字以及巫术仪式等天人媒介的细致考察是为垂范。[②]此外，强调综合多个学科对古代传播媒介或传播现象正本清源的传播考古学研究[③]，特别呈现出关注通祖媒介的研究旨趣。此类研究可以大致概括为仪式观与器物观两种认识路径。所谓仪式观，即在世者通过仪式性行动完成与祖先神意的互动。例如后人借助墓葬仪式[④]、祭祀仪式[⑤][⑥]、谥号与名讳[⑦]等传播中介机制通达先祖，因此仪式观更加关注感通先祖的过程性要素。而所谓器物观，即是祖先与在世者的意义互动经由某一器物通达彼此。例如

---

① ［美］约翰·杜翰姆·彼得斯：《对空言说：传播的观念史》，邓建国译，上海：上海译文出版社，2017 年，第 209 页。

② 张光直：《美术、神话与祭祀》，北京：生活·读书·新知三联书后，2013 年，第 102 页。

③ 潘祥辉：《传播之王：中国至人的一项传播考古学研究》，《国际新闻界》，2016 年第 9 期，第 20—45 页。

④ 熊澄宇、孙艺嘉：《文化于媒，礼入于法：汉代墓葬的媒介化治理逻辑》，《现代传播》，2023 年第 10 期，第 1—9 页。

⑤ 芮必峰、郭云涛：《徽州祭祖中的宗族社会文化传播研究》，《华夏传播研究（第一辑）》，北京：中国传媒大学出版社，2018 年，第 40—64 页。

⑥ 文玲、李巧伟：《瑶族丧葬仪式的文化人类学考察与研究——以湖南新田门楼下丧葬仪式为例》，《华夏传播研究（第七辑）》，北京：九州出版社，2021 年，第 203—214 页。

⑦ 潘祥辉：《盖棺定论：作为一种本土传播机制的谥号及其政治功能》，《社会科学战线》，2020 年第 11 期，第 172—182 页。

石刻①、祭簿②、青铜器③、谶纬④与陶器⑤等都是实现后人与祖先意义交汇或天人关系互通的媒介物，因而器物观更加关注感通先祖的物质性要素。从仪式观与器物观理解通祖媒介，既可识别古人感通先祖的不同方式及其特征，也可为今人进行传播媒介考古的两种研究视角。

以上极具中国特色的媒介考古研究专注于各自议题，但未将"如何感通先祖"作为中心问题讨论。在此基础上析出本文的第二个问题是，如何理解不同媒介在感通先祖这一传播实践中发挥的作用？若要解答这一问题，就需要将研究视角由专一的媒介考古转换为媒介史的梳理。勾勒出多个媒介的演变趋势，才有可能阐明通祖媒介对感通先祖以及祖先崇拜文化观念的影响。同样，仪式观与器物观的关联也要在通祖媒介的历时性分析中厘清其深层内里。事实上，二者绝非截然对立的理解途径，这种划定也无意表明任何媒介认识论上的二元论。基于此，本文希冀突破对单一媒介的深入刻绘，转而分析不同时期通祖媒介的实然特征与演变过程，进而加深对感通先祖的传播实践及其观念转型的理解。

受到潘祥辉"一个字的传播史"的启发⑥，由字面意义体现出祖先与后人密切关联的"孝"字甲骨文可作舒展上述论题的突破口。在许慎的《说文解字》中，"孝"被释为"善事父母者。从老省，从子，承老也。"其中"善事父母"的相关意涵可谓沿袭至今，后半句则表明"孝"是"耂"与"子"字合成的会意字。然而东汉的《说文》以小篆文字为原本进行训诂，与殷商甲骨文的字形便存在些许冲突。见图 1 可知，甲骨文中"孝"的下半字符确为"子"，但据其上半字符"𡵨"却无法直接得出"从老省"的结论。这是因为"老"的甲骨文字符呈现出的是一位垂垂老者的弓腰驼背状，很难从"孝"的"𡵨"中解读出其与"老"的象形关联。一种推测认为，"孝"的上半字符"𡵨"是粘有纸幡的高帽，在丧葬仪式中，主持葬礼的嫡长子戴上这样的帽子或许能同先祖沟通顺畅。⑦

---

① 贾南、芮必峰：《作为信仰"装置"的秦汉石刻：一种媒介学的视角》，《现代传播》，2018 年第 11 期，第 53—54 页。

② 庄曦、何修豪：《徽州祭簿的媒介叙事与乡民记忆建构研究》，《现代传播》，2020 年第 3 期，第 24—28 页。

③ 曹培鑫、梁欣宸：《从祭祀法器到权力象征：青铜鼎的媒介化考察》，《华夏传播研究（第十辑）》，北京：九州出版社，2023 年，第 309—318 页。

④ 叶进：《谶纬传播中的"天人关系"解码》，《中华文化与传播研究》，2020 年第 2 期，第 105—120 页。

⑤ 杜恺健、蔺晨羿：《"绝地天通"与作为政治媒介的陶器："政治—传统—主体"的维度》，《新闻春秋》，2023 年第 4 期，第 45—52 页。

⑥ 潘祥辉：《宣之于众：汉语"宣"字的传播思想史研究》，《新闻与传播研究》，2018 年第 4 期，第 76—94 页。

⑦ 焦国成、赵艳霞：《"孝"的历史命运及其原始意蕴》，《齐鲁学刊》，2012 年第 1 期，第 5—10 页。

图 1 "孝"与"老"的甲骨文

此解虽无定论，但可从中管窥两点：其一，"孝"的早期意涵侧重于祖先崇拜，这在有关"孝"的同期文献记载中亦可见得。例如《尚书·太甲中》记载，"奉先思孝，接下思恭"。可见侍奉祖先是为孝。《小雅·楚茨》则描绘了子孙祭祀与尽孝祖先的壮观场面，"先祖是皇，神保是飨。孝孙有庆，报以介福，万寿无疆"！其二，连接祖先与后人的媒介物颇具神秘气息。除上文提到的"高帽"以外，初民时代的先民为与祖先实现沟通，主要仰赖巫术仪式以"交通"天人[1]。特别对那些与先祖未曾谋面的后人而言，助其认祖归宗的与其说是复刻祖先形象的记忆载物，毋宁称之为由巫术仪式唤起的宗教想象。

二、从尸到祖宗像：祭祀仪式中感通先祖的媒介演变

承前所述，夏商时期用于寄托祖先记忆的象征符显得空灵而神秘。随着工艺制造技术的进步和礼教文明的开化，以鬼神示人的巫术实践得不到统治阶级与儒家精英的承认。"形气论"世界观对巫术仪式与鬼神观念的扬弃，使得作为一项行孝实践的感通先祖也更加强调在世者本人的"内尽己心"[2]。由此，通祖媒介的巫术色彩开始淡化，祖先存在不再依赖巫觋的召唤，敬心诚意的孝子贤孙直接成为感通先祖的道德主体。

需要说明的是，不同时代的通祖媒介不胜枚举，诸如墓碑、壁画等均可在各自情境中被视为通祖媒介。下文选择祭祀仪式中的尸、神主牌与祖宗像作为考察对象，一方面出于对代表性而非典型性的强调。尸、神主牌与祖宗像均曾在宫廷与民间长期流行，且其主要在祭祀仪式中发挥作用。另一方面，这三类媒介内在的连续性关联，如清代学者徐乾学所言："尸不能行也，而易以木主；主不能行也，而易之画像。二者犹有用尸之义。"[3]已有研究主要从艺术史与文化史的角度对这三

---

[1] 钱佳湧、刘辰辰：《"交通"天人：商周时期巫文化演进的传播学考古研究》，《国际新闻界》，2019 年第 11 期，第 89—114 页。

[2] 秦鹏飞：《"祭祀不祈"与"内尽己心"：以祭礼中的"鬼神"为例论儒家思想的"理性主义"》，《社会》，2020 年第 3 期，第 58—87 页。

[3] （清）徐乾学：《景印文渊阁四库全书·经部第 113 册》，台北：商务印书馆，1986 年，第 379 页。

类媒介加以梳理，也有不同研究背景的学者对某一媒介做出过翔实考证。① 因此，从媒介史的视角理解祭祀仪式中通祖媒介从尸到祖宗像的演变，将在充实相关研究的基础上，构建一个跨学科的对话空间。

（一）尸：有声有形的身体媒介

先秦时期所谓之"尸"，并非现代汉语中死者肉身之意，而是在祭祀仪式中为逝者灵魂提供短暂停留的活人之躯。尸对祖先的"复活"只限于祖先下葬后的各种祭礼，因为此时"孝子之祭，不见亲之形象，心无所系，立尸而主意焉。"② 关于尸祭由来的确切时间尚不明确，一般认为夏商时期已有尸祭出现，并于西周时期兴盛。这与前文所述的巫术仪式在时间上有所重叠又顺承相继。同样的演变逻辑适用于下文介绍的神主牌与祖宗像，即前后兴起的媒介之间并不存在清晰的时间分界点，而是在前者式微的过程中，后者已经出现并逐步走向成熟。

回到以尸作为中心媒介的考察，联通逝者与生者的尸在实践中需要遵循一系列祭祀礼仪。以尸祭最为成熟的西周时期来看，根据《仪礼·少牢馈食礼》记载，其具体流程涵盖了尸的扮演者的选择（筮尸，一般由嫡系孙辈担任），尸在祭祀仪式之前的准备工作（宿戒尸），尸祭当天的详细流程（迎尸、妥尸、酳尸等），乃至尸祭的善后工作（馂尸、傧尸等）。在此，一系列围绕尸的具身实践组织起感通先祖的实际体验。与其说祖先灵魂当真如人所愿般地寄居于活人之躯，不如认为后人通过"复活祖先"的具身活动，给予消失不见的祖先形象以最大限度的可见性。尸的"身体"在祭祀仪式的持续性建构过程中，便成为与祖先沟通的主要媒介。③ 以"宿戒尸"为例，《礼记·祭统》云："故散齐七日以定之，致齐三日以齐之。定之之谓齐。齐者精明之至也，然后可以交于神明也。"这里的"齐"通"斋"，即被选中的尸将提前数日开始斋戒。值正祭当日，代表祖先意志的尸通过连番用食，向后人传达接受奉养的信号。且食之愈多，祖先与孝子贤孙便愈亲。虽无史料说明斋戒期间不可进食，但不难推知，作为活人的尸在正祭前应要维持

① 既往的梳理性研究参见：吴灿《明清祖宗像研究》，长沙：湖南美术出版社，2019 年；喻静、周瑾、霍明宇等《祭如在：祖宗像的文化蕴涵——基于意义构成、仪式功用、图像呈现的探察》，《艺术学研究》，2022 年第 6 期，第 31—44 页。而在专门性研究中，除下文所引文献外，对尸的研究参见：任晓锋的博士论文《周代祖先祭祀研究》；荆云波《中国古代的尸祭》，《宗教学研究》，2010 年第 1 期，第 132—136 页。对神主牌的研究参见：叶舒宪《玉人像、玉柄形器与祖灵牌位——华夏祖神偶像源流的大传统新认识》，《民族艺术》，2013 年第 3 期，第 23—28 页。对祖宗像的研究参见：吴卫鸣《明清先像图示研究》，北京：社会科学文献出版社，2020 年。
② （汉）郑玄：《仪礼注疏》（下册），上海：上海古籍出版社，2008 年，第 1282 页。
③ 龙晓添：《"立尸祭"与"总落鬼头"：祭祀仪式的"具象"身体沟通》，《民族艺术》，2017 年第 4 期，第 98—104 页。

一定的饥饿感。因为祭祀当日，后人馈食繁多，尸少则九餐以应后人至诚至敬。[①]在这个意义上，作为媒介的尸，其肉体属于人间在世，而意识则来自祖先之灵，感通先祖的传播效果就被转化为尸本人的饥饿状态与用食情况。作为身体媒介的尸可谓有声有形，音容宛在的祖先形象则通过身体这一界面昭见后人。

以尸为媒的另一特征是有限能动性。由真人扮演的尸看似能与祭拜者顺利沟通，但在尸祭礼仪中，尸的能动性是相对有限的，其一言一行都要严格遵从祭祀礼仪的整体架构。除非是祭祀仪式中约定俗成的答复性话语或肢体语言，其他信息的传递都不在尸的掌控范围内。因此有学者指出，尸祭中的"扮演成分虽不可否认，但尚未脱离仪式而存在"。[②]这反映出极力还原祖先形象的尸，确实遵循"祭神如神在"的礼教规范，也合乎后人崇敬祖先时的朴素情感诉求，然而尸祭中祖先神意的传达，在本质上仍是一场由后人自导自演的对空言说。

总之，祖先离去后生者的悲悼与恐慌，需要祖先身体的在场才得以慰藉。当然，声形并茂的具身传播实践又以有限能动的尸为媒介，其在根本上仍仰赖祭祀礼仪的规范。只是祖先在世的代理人由自家亲眷取代巫觋之后，通祖媒介的神秘属性有所削弱。看似神人相通的传播实践，可在以下两个层面加以概括。第一，先民们感通先祖时的恭谨诚敬与精力投入，建构出以尸为中心、以家族为单位的组织内传播；第二，尸的一举一动又对应着祖先形象的自我投射，特别是对"活尸"本人而言，还发生着以尸为媒的自我传播。

（二）神主牌：无声无形的离身媒介

神主牌常被独称为主，又称神主、牌位、木主、灵牌等。本文选用神主牌的说法，一则突出后人与祖先神的联系，二则说明这类媒介的外形与木牌类似。神主牌在先秦时期的尸祭现场已有出现，及战国末期至秦初，以尸为媒的祭祀仪式因秦以后礼仪观念的简朴之风而鲜有立足之地。[③]此时其余通祖媒介的比较优势愈发显现，其中神主牌的使用直至宋代才逐渐规范。据日本学者吾妻重二考证，宋以前的神主牌主要有正方体、前方后圆形和长方体三种类型，其中方体神主牌内部会留下穿心小孔，以便祖先灵魂进出时的畅通无阻。[④]在神主牌的正面，通常会

① 《仪礼·士虞礼》中详细记载了尸在正祭当日的用食情况："尸饭，播馀于筐。三饭，佐食举干，尸受。振祭，哜之，实于筐。又三饭，举胳祭如初。佐食举鱼、腊，实于筐。又三饭，举肩，祭如初。举鱼、腊俎，俎释三个。尸卒食，佐食受肺脊实于筐，反黍如初设。"

② 王廷信：《四时祭祖及蜡祭中的尸与扮演》，《文学遗产》，2002年第3期，第83—88页。

③ 杨玉荣、王维：《尸祭礼俗消亡考》，《社科纵横》，2009年第10期，第134—137页。

④ 吾妻重二、吴震：《木主考——到朱子学为止》，《云南大学学报（社会科学版）》，2011年第5期，第39—46、95—96页。

在有限的空间内刻写下祖先名讳、生辰忌日或其他重要的信息，此外再无祖先形象的表征。如此一块无声无形、不动声色的木牌，又何以成为祖先的在世象征？

其实，从一块原木到含有祖先神性的神主牌，至少还需要经历设重（chóng）、作虞主、祔祖祭和迁主入庙四个步骤。① 简要概括这一过程，可以理解为在墓葬与祭祀仪式的规范下，在世者将甫一去世的祖先灵魂请回并安置在木牌之内，而后再迁入宗庙。在人类学经典之作《金枝》中，弗雷泽（James George Frazer）总结出的相似律和接触律——超自然力可以通过施予相似的事物或与之接触过的物体产生影响② ——可以进一步说明以上附魅仪式中神主牌的神性由来。例如，设重时的重即神主牌雕制前用以代为受祭的木牌，由于逝者在下葬前仍被视为活人，不忍心立主的亲属就选择与主相似的重作为祖先在世的象征。而后，与重有过接触的主则被视作祖先灵魂的延续，最终将其制成神主牌。由此可见，神主牌无需像尸那般征用活人身体，而是作为离身媒介无声无形地传达祖先神意。看似无法主动传播信息的神主牌，何以替尸成为更适宜感通先祖的媒介？

首先，从神主牌的物质特性来看，相较于由活人饰演的尸，神主牌更具实用性。其一是空间层面的可移动性。在古代，军队外出征战之时通常携主同出。③ 在不增加行军辎重的前提下，相对轻巧的神主牌就为在世者沟通天神提供了方便，进而可达提振士气、凝聚军心的效果。其二是时间层面的经济性。对后人来说，祖先与神主牌一一对应，而神主牌则在宗庙内按列祖列宗的昭穆之序安置。就观看方式而言，作为通祖媒介的神主牌将尸祭中多对一的凝视转变为多对多的共视。一方面，祖先的集体性在场既能烘托出感通先祖时庄严肃穆的氛围，同时又大大提高了祭祖仪式的时间效率。另一方面，由于神主牌的内容与位列有所区分，后人还可经过某一牌位与祖先单独会话。作为离身媒介的神主牌将祖先神性从相对繁琐的具身实践中解放而来，因而其应用场景也就不限于祭祀仪式，而是拓宽至冠礼与婚嫁等其他场合。

其次，神主牌还反过来促进了祭祀仪式的规范化。《家礼》中明确记载，后人在祭祀前一天设位陈器："设高祖考妣位于堂西，北壁下，南向，考西妣东，各用一倚一卓而合之。曾祖考妣、祖考妣、考妣以次而东，皆如高祖之位。世各为位，不属祔位，皆于东序西向北上或两序相向，其尊者居西，妻以下则于阶下。"④ 奉主

---

① 谭思健：《古代的"主"考》，《江西教育学院学报（综合版）》，1991 年第 4 期，第 33—38 页。

② ［英］詹姆斯·乔治·弗雷泽：《金枝》，徐育新等译，北京：商务印书馆，2013 年，第 26—28 页。

③ 吴玉萍：《文化遗产关键词：牌位》，《民族艺术》，2017 年第 1 期，第 62—69 页。

④ 北京大学《儒藏》编纂与研究中心：《儒藏（精华编）七三》，北京：北京大学出版社，2012 年，第 1216—1217 页。

就位后，祭祀当天的后人需要各就其位以迎接祖先神，如此才能见诸祖先。朱子家礼等典范强调祭祀仪式中神主牌的中心作用，并制定出一套标准化的操作守则，后人只需诚心诚意地执行礼仪即可感通先祖。因此，无声无形的神主牌并没有传播"空白的信息"，只是不再像尸祭那样生动地再现祖先形象，而是通过脱离身体的传播实践来提升感通先祖的实用性及规范化，颇有些"媒介即讯息"的意味。

（三）祖宗像：有形无声的视觉媒介

从尸到神主牌，通祖媒介的化繁为简在祖宗像这一视觉媒介中达至高峰，其自宋代以后开始流行，及至明清两代蔚然成风。专事研究祖宗像的学者吴灿将之定义为"家属为留住先人的遗容而制作的具有纪念性的像"。[1]为祖先立像在古代是最能还原祖先样貌的工艺，其主要有绘画与雕塑两种方式。按照本文媒介史梳理时的代表性原则，雕塑的制作成本相对较高，普及度不如绘画，故本节仅介绍更为常见的祖宗画像。

从成像质量来看，相较一般的绘画作品而言，祖宗像的艺术价值并不显著，因此画工并不署名，这也说明祖宗像的制作往往是家属、画工甚至是祖先等通力合作的结果。[2]绘画时，画工通常遵照家属要求进行绘制，就此而言，画作与画工的关系远远不如画作与亲属的关系紧密。甚至在有些时候，孝子可以取代画工，亲手作画以彰孝心。在绘制过程中，由于死亡的突发性，画工为赶工便总结出揭帛和拼贴的程式，以此提高作画效率[3]。因此，尽管祖宗像确有纪实性，但与真人形象尚有一定差距，甚至保守派知识精英曾借此声讨"不像"便是对祖先的"不敬"。然而，相比于无形的神主牌，有形的祖宗像更容易唤起后人对祖先的想象。其中的些许"不像"，反倒为若隐若现的祖先神性保留了适当的迷思。

从祖宗像的材料来看，画纸的选材视画主的经济情况而定。一般人家通常使用的材料是麻布或普通纸张，经济宽裕的豪门望族则会选择绢帛或砖画。对普通人家而言，为节约祖宗像发黄变旧后重新画像的开销，人们并不长时间地将原画外露，仅在正月前后或忌日等特定时间才将其悬于厅堂之内，其余时间则收起妥善保存。由此可见，祖宗像的制作与使用折射出不同阶层社会成员的尽孝心态，且祖先神意的传达似乎更加需要考虑后人的生活境况。

---

① 吴灿：《明清祖宗像研究》，长沙：湖南美术出版社，2019年，第13页。
② 秦岭云在《民间画工史料》中考证认为，画工在与像主相处时记忆其神态与面容形象，待到事后绘出初稿。由此可以认为，相比于一般意义上的静物画而言，尚未去世的祖先也通过呈现其个人形象的方式参与了祖宗像的制作。参见：秦岭云《民间画工史料》，北京：人民美术出版社，2018年，第134—135页。
③ 吴灿：《明清祖宗像研究》，长沙：湖南美术出版社，2019年，第161—162页。

从祖宗像的内容来看，有单人像与家族群像之分，也有坐像和立像之别。在画像中，视觉中心当属祖先的面容形象。除此之外，祖先的衣着配饰或其他能象征其生前地位、性格喜好的视觉元素也会被画进祖宗像内作为补充。例如，现藏于浙江省博物馆的明臣于谦的半身画像，就包括了能象征其一品官身份的乌纱帽、玉质笏板和红色狮纹朝服。如前文所说，逝者本人也可以在一定程度上参与"遗像"的绘制，其或在生前向家属交代祖宗像的绘制要求，或以一种间接的方式参与——先在自己生前的人物画像中"抛头露面"，待去世后画工再以此为摹本绘为祖宗像——如此可避讳生前绘像的凶兆。这就表明，此时感通先祖的部分情形已经在逝者生前发生。祖宗像意蕴的祖先神性也可以是死亡来临前，长者与后辈协商的结果。

"借助忠实描画与恭谨再现，以图像还原的方式具体落实祭祖仪式的怀思功能，也让宗族伦常共同体的象征性与向心力获得一个接近真实的支点。"[①] 当祖宗像出现及盛行之后，凭借其在呈现视觉形象上的优势以及"庙无二主"的礼规使然，便让原本颇具神性的神主牌沦为配角。此时，二者的在场便各有分工：无形无声神主牌主要铭刻有关祖先身份的文字信息；有形无声的祖宗像既有神主牌"无声"的实用性，又具备尸"有形"的视觉优势，这在其"影神"的别名中体现得淋漓尽致。正如麦克卢汉（Marshall McLuhan）在论及新旧媒介的关系时曾言，一种新媒介的强烈影响恰在于旧媒介变成了它的"内容"[②]。各取所长的祖宗像，此时就将作为旧媒介的尸与神主牌，转为其"内容"的一部分。

三、"登堂入室"：通祖媒介空间的士庶化与世俗化

以上分析仅仅聚焦三类具体媒介物，只能概要性地反映古人感通先祖方式上的变化。若要更为立体地理解祭祀时感通先祖的媒介环境，就不得不将空间要素纳入考量范围。由于尸、神主牌与祖宗像都与宗庙（祠堂）这一空间有或多或少的关联，故本文选取宗庙（祠堂）作为考察对象，坟墓或陵寝等其他空间故悬且不论。

在古人看来，宗庙是仿照祖先形貌而建造的建筑，因此《说文》云："庙，尊先祖貌也。"东汉刘熙在《释名》中也将庙训为貌："庙，貌也，先祖形貌所在也。"《礼记·坊记》更是点明了宗庙在教化百姓、奉孝先祖方面的重要功能："祭祀之有尸也，宗庙之主也，示民有事也。修宗庙，敬祀事，教民追孝也。"宗庙既是"庙以安神"的祭祀场所，也是通过与其他空间隔离的方式建构现世秩序的"神圣空

---

① 喻静、周瑾、霍明宇等：《祭如在：祖宗像的文化蕴涵——基于意义构成、仪式功用、图像呈现的探察》，《艺术学研究》，2022 年第 6 期，第 31—44 页。

② [加拿大] 马歇尔·麦克卢汉：《理解媒介》，何道宽译，南京：译林出版社，2011 年，第 29—30 页。

间"。① 前文提到的尸祭便发生在宗庙之内，而安放与供奉神主牌与祖宗像更是宗庙的重要功能。尤其对于祖宗像而言，只有当其出现在如宗庙等特定空间时，它才不仅仅是一幅画，而是加冕祖先神性的通祖媒介。

作为古代礼制的一部分，宗庙的修筑与使用可被认为是统治阶层与知识分子以礼治天下的重要举措，因此才会出现立庙时"天子七庙，诸侯五庙，大夫三庙，士一庙，庶人无庙"的阶层划分。及至南宋，朱子在《家礼》开篇即言，"然古之庙制不见于经，且今士庶人之贱亦有所不得为者，故特以祠堂名之，而其制度亦多用俗礼云"。② 朱熹首倡"祠堂士庶化"之风③，将庶人不能建的"宗庙"易名为"祠堂"后，庶人立祠开始获得礼义上的合法性。后在明嘉靖年间的礼制改革中得到官方许可后，民间祠堂从此开始盛行。对闾里百姓而言，祖先灵魂的栖身之所第一次正式地固定下来。延续媒介史的叙述视角，本文将神主牌与祖宗像等通祖媒介进入民间祠堂的过程形象地称作"登堂入室"。

正如知名社会学家杨庆堃所言："在某种意义上讲，每个传统的中国家庭都是一个宗教的神位坛，保留着祖宗的神位，家庭供奉着神明的画像或偶像。"④ 这样的景观在祠堂内部更为生动细致。根据娄瀚夫与邵明对我国古代民间祠堂空间格局的归纳总结⑤，本文在此基础上，进一步将作为神主牌与祖宗像纳入其中。作为通祖媒介空间的民间祠堂如图 2 所示。

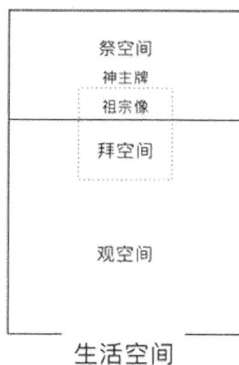

图 2 作为通祖媒介空间的民间祠堂示意图

① 龙迪勇：《世系、宗庙与中国历史叙事传统》，《思想战线》，2016 年第 2 期，第 64—80 页。
② 北京大学《儒藏》编纂与研究中心：《儒藏（精华编）七三》，北京：北京大学出版社，2012 年，第 1159 页。
③ 张小军：《"文治复兴"与礼制变革——祠堂之制和祖先之礼的个案研究》，《清华大学学报（哲学社会科学版）》，2012 年第 2 期，第 17—30 页。
④ ［美］杨庆堃：《中国社会中的宗教：宗教的现代社会功能与其历史因素之研究》，范丽珠译，上海：上海人民出版社，2007 年，第 31 页。
⑤ 娄瀚夫、邵明：《宗庙及祠堂建筑空间构成研究》，中国建筑学会室内设计分会 2021 室内设计论文集，北京：中国水利水电出版社，2021 年，第 4 页。

其中，祭空间是整个祠堂的视觉中心，具有相对开阔的空间纵深。由于神主牌常年陈列于此，因而祭空间也被认为是安放祖先灵魂的栖息之地，通常不易接近。拜空间处于整个堂屋的空间中心，其仅在举行祭祀仪式时存在，故用虚线表示其并不稳定存在的边界。这是因为如前所述，祖宗像的画纸材料容易折损，画像通常仅在举行祭祀仪式时才悬挂出来，于是祖宗像即可被视作拜空间出现时的一个标志物。相比之下，不易受潮腐朽的神主牌得以长期陈列。故将神主牌置于稳定存在的祭空间内，而将祖宗像置于周期性、临时性存在的拜空间内，不同媒介的物质特性因而建构出功能不同的媒介空间。此外，观空间则是后人的主要活动场所，祭祀时家族成员聚集于此，共同瞻仰祖先形象，等候参与祭拜。图中祭空间与观空间之间的实线，则代表逝者与生者之间无法跨越的阴阳两隔。只有临时性、周期性出现的拜空间，才可以为来自祭空间的祖先与来自观空间的后人提供一个彼此相通的媒介空间。

若将祠堂视作整体考察其与外部空间的关系，可以发现民间祠堂的普及，使之不只是"居庙堂之高"的神圣空间。按照祭祀礼仪或各地风水，单独的祠堂一般位于"正寝之东"或村落中心，与各户相隔不远，因而祖先与宗族成员就在日常生活中保持着较为亲近的空间距离。另一类自然嵌入住宅的堂屋，则与其他居室共同成为宗族生活空间整体的一部分，便于日常来访的后人清理卫生、延续香火或增置供品。相较于陵墓等其他通祖空间，祠堂与在世者的日常生活保持着更为持续和密切的连接，这在一定程度上得益于以祖宗像为中心的媒介空间的形成。围绕祠堂展开的祭祀仪式与议事日程，在很大程度上已经属于百姓世俗生活的重要组成部分。

与此同时，祠堂的空间实体与祖先形象一样，也在实践中被图像化为一类家堂图。所谓家堂图，即在一幅画作中以祭祀场景为主题，既描绘出祠堂的空间实景，又将神主牌与祖宗像等通祖媒介乃至祠堂内的其他元素包纳其中。这类图像的出现，为那些囿于种种原因无法建立祠堂，或不便进行祠祭的家族提供一种图式化的宗族想象，家堂图在一定程度上就可以延伸祠堂本身的感通先祖功能。以乾隆年间的《王氏家族祭祖图》为例，陈晗指出此类家堂图建构出一种双重空间意识，即用内容上的图绘空间表现实际的使用空间，以此弥补"民间对于建立独立于住宅之外的祭所的渴望"。① 由此可见，祖先以及安放祖先灵魂的祠堂，都在封建统治晚期以图像为媒介，桥接起祖先与后人的精神脉络。如果说祖宗像等通

---

① 陈晗：《明清祭祖图像中的双重空间——以〈王氏家族祭祖图〉为例》，《美术》，2024 年第 1 期，第 108—117 页。

祖媒介的"登堂"推动了祖先神性的某种祛魅化展示，那么家堂图作为媒介空间的"入室"则进一步反映出感通先祖这一祭祀实践的世俗化趋势。

四、从仪式观到器物观：通祖媒介偏向与观念转型

清人袁枚在《子不语》中记载的一则小故事如下：

> 有白日入人家偷画者，方卷出门，主人自外归。贼窘，持画而跪曰："此小人家祖宗像也，穷极无奈，愿以易米数斗。"主人大笑，嗤其愚妄，挥叱之去，竟不取视。登堂，则所悬赵子昂画失矣。[①]

抛开故事的调侃意味，我们不禁好奇，看似家财富裕的房主文化程度应该不低，却为何会被偷画者的三言两语蒙混过关？从媒介研究的视角出发，答案恰在于"方卷出门"与"祖宗像"之间的关系。

首先，偷画者的狡猾机变不假，但其之所以能够逃之夭夭，更在于他所偷之画本身的物质特性提供了谎言得以成立的直接原因。试想一下，若贼人盗窃之物不为画纸，而是金银珠宝等明显"藏不住"的财物，主人怎会将其轻易放过？想必贼人即便智若孔明，也难掩盗窃事实。相反画纸不仅易折，且很难通过一张卷起的画纸判断画作内容——祖宗像和赵子昂画卷起之后并无明显分别。"方卷出门"的偷画者正是抓住这一点巧做文章。更为重要的一点在于，贼人谎称自己前来以像易米，此时的"祖宗像"还是一个沉甸甸的文化概念。因为偷画者抓住了深入人心的孝道观念，在卸下主人警觉之心的同时博得其同情。由此观之，画主也大抵是个孝子，遂才将鬼鬼祟祟出现在自家门前的生人放走。

那么这则故事与本文论题有何关联？结合前文对祖宗像的介绍可知，在故事发生的清朝年间，"登堂入室"的祖先像俨然不再是时人日常生活中的稀罕物。在偷画者眼中，祖宗像是助其溜之大吉的绝佳借口；而在主人看来，祖宗像是陌生人愚妄至极的佐证，因为正人君子绝做不出"出卖"老祖宗的忘本之事。二人对祖宗像的解读其实都建立在同一套文化阐释体系之上——作为孝子贤孙感通先祖的媒介，祖宗像在很大程度上意味着祖先灵魂的在世象征，而对祖宗像的处置情况可以作为判断个人道德水平的一项标准。这就是说，通祖媒介的物质特性可以建构一套微妙的文化图景，而不同社会成员的策略式解读反映出的是个体之间文化观念的差异。大胆试想，若是在以尸或神主牌为媒的时代，甚至是以遗照作为祖先纪念的当下，贼人又将如何应对？

以上分析将我们指向一种认识，即任何媒介并非中立地参与意义的传播过程，

---

① （清）袁枚：《子不语》，杭州：浙江古籍出版社，2023 年，第 278 页。

而是有所偏向地履行其信息中介者的职责。其中的偏向性就蕴藏在媒介的物质特性与文化观念的相互关联中，例如偷画故事中借祖宗像撒谎、以像易米等细节反映出祖先崇拜观念的式微。再如有研究指出，相比于殷商巫术畏忌式的祖先崇拜，西周时因亲后人饰演而更具亲切感的尸"是祖先崇拜道德化的基础"。[①] 倘若用媒介史的视角加以理解，这便构成了传播学媒介研究中的经典命题——媒介偏向论。加拿大学者哈罗德·伊尼斯（Harold Innis）在其晚年卓著《帝国与传播》及《传播的偏向》中发展出这套理论。正如麦克卢汉所说，伊尼斯"把历史环境当作一个试验室"，并从中推得出不同媒介与文明演进之间的关系——"一种媒介经过长期使用之后，可能会在一定程度上决定它传播的知识的特征。"[②] 于是，伊尼斯区分出倚重时间的羊皮纸、石头等媒介以及倚重空间的莎草纸、电报等媒介。前者不易运输却适宜保存，适合传播象征永恒的宗教观念；后者质地轻便且运输便捷，有利于帝国的扩张与集中化组织。

　　循此思路，不同时期的通祖媒介又如何"在一定程度上决定它传播的知识的特征"，或曰影响祖先崇拜的观念呢？从原始巫术仪式，到尸、神主牌与祖宗像，不同媒介实则偏向性地给予后人以不同的祖先形象，从而影响着古人祖先崇拜的观念转型。结合对通祖媒介演变及其"登堂入室"的分析，不难发现，对通祖媒介仪式观与器物观的理解发生了如下变化（如图 3 所示）。

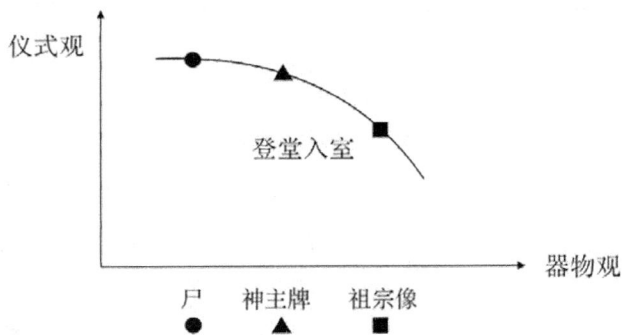

图 3　偏向器物观的通祖媒介

　　以神主牌的出现为分界线，在此之前，无论是"孝"字甲骨文中的"⚐"，还是活人装扮的尸，代替祖先在场的媒介倚重仪式观。此时，通祖媒介的具象化程度较高，祖先的实在性通过声形并茂的具身实践得到解释与证明。神主牌出现后，

---

①　胡新生、白杨：《周代尸祭礼与中国祖先崇拜观念的转型》，《文史哲》，2022 年第 5 期，第 33—43 页。

②　[加拿大] 哈罗德·伊尼斯：《传播的偏向》，何道宽译，北京：中国人民大学出版社，2003 年，第 28 页。

逝去的祖先由一个完整的离身符号作为代指，声形不在的神主牌与有形无声的祖宗像则倚重器物观。此时，遥祖媒介的抽象化程度较高，祖先的实在性通过表意符号得到诠释。早先的通祖媒介类似于麦克卢汉所说的"热媒介"，由清晰度极高的身体组织起祭祀仪式的始末，可利用声音或肢体语言传达祖先神意。晚近的祖先形象日渐脱离仪式而仰赖"冷冰冰"的抽象符号，其神意的传达更需在世者的意会而非言传。在此过程中，虽然祖先有灵的基本信仰未曾动摇，但感通先祖的认知层次则在逐步开明。这便说明，随着社会生活的发展进步，古人祖先崇拜的文化观念发生了重大转变，即人们开始体认祖先离去的事实，甚至还会创造性地制造出合乎在世者生活秩序的通祖媒介——作为新媒介的祖宗像吸收了旧媒介作为"内容"——"有形"继承自尸的相对饱满的形象复现，"无声"继承自神主牌的实用性。此时的祖宗像既是感通先祖的视觉媒介，也是体现出器物观偏向的通祖媒介的集大成者，其中仪式性的繁文缛节得到简化。在祖宗像盛行之前，感通先祖的主导因素是后人在集体仪式中想象而成的祖先意志；祖宗像出现之后，敬孝祖先的意志开始服膺于后人的日常生活秩序。例如，祖宗像不再需要持续性的经营，而是更多地考虑到后人的维护成本，仅在特定时间悬挂。此外，作为这一转变的补充，祠堂士庶化之后，器物观偏向的通祖媒介纷纷"登堂入室"，祠堂也随之发生了由神圣空间向世俗空间的渐变。而家堂图的出现，又将通祖媒介空间的器物观偏向做了进一步的延伸。

诚然，本文绝非将通祖媒介的仪式观与器物观视为非此即彼的关系。仪式由器物填充，器物由仪式组织，其区别主要在于感通先祖的方式与情境性有所侧重。从媒介史的视角做出这种区分，仅仅是便于分析通祖媒介的动态演变，从而揭示古人祖先崇拜文化观念的转型。感通先祖的媒介从仪式观到器物观的演变，以及作为媒介空间的祠堂的士庶化演进，皆呈现出祖先崇拜观念的唯物化与世俗化趋势。

余论

如前所述，祖先崇拜的文化观念构成了感通先祖的文化背景，因此框定了本文对通祖媒介的讨论范围仅在奉先思孝的传统社会，若要讨论现代情境中祖先与后人的意义互动还需另谋篇什。对此，已有研究从更具现代视野的人际传播理论出发，通过提出"拟想互动"的概念解释逝者与生者之间的沟通行动[①]。相比之下，本文提出的"感通先祖"意在从媒介史的视角出发，关照媒介演变对古人祭祀观

---

① 张放：《祭如在：中国传统民间家庭祭祀的沟通想象建构》，《国际新闻界》，2023 年第 3 期，第 109—129 页。

念转型的影响。

以古贯今，这种研究的意义在于，当现代科学所谓全知全能般的知识体系，使得祖先有灵的祖先神论传统及其逝者神性被无情证伪①，现代生活中的精神支撑愈显匮乏。厘清古人感通先祖的传播实践，借其媒介史管窥古人思怀先祖时的生死观，将有助于关照当下的个体境遇。诚如马克斯·韦伯（Max Weber）指出的那样，理想型（ideal-type）的建立"不在于用抽象普遍的概念去捕捉现实"，而是"把现实整理成有形的、因果的联系"②，从而使历史与当下形成独一无二的勾连。基于此，本文对感通先祖媒介史的梳理，意在勾勒作为理想型的仪式观与器物观的连续统（continuum）之间的动态变化，其中的独特仪式—器物便是理解古人感通先祖时的媒介星丛。由此出发，将为数字时代的我们理解跨越生死的媒介时，提供一个可行且具有历史向度的框架。事实上，当古人坚信的"魂气归于天，形魄归于地"被解释为不科学的"魂"与不存在的"魄"时，人们并非无动于衷地接受死亡，而是在这个深度媒介化的当下，借助各种新媒介完成与逝者的意义互动。③ 在这个意义上，祖先存在的实然性或许不再由某"物"决定，转而看重意识层面的记忆之"非物"。人们在物质层面、在科学实证面前不得不承认祖先离去的事实之后，更渴望在精神层面最大限度地留存逝者的生之记忆。在未来，关注死亡议题的传播研究者应在丰富理论探讨的基础上，更进一步发展出兼具中国特色和现实关怀的经验研究。

---

① 张昆、王创业：《从"家国天下"到"社会媒介国家"：死亡政治的演化》，《新闻与传播评论》，2018 年第 2 期，第 17—27 页。

② ［德］马克斯·韦伯：《新教伦理与资本主义精神》（罗克斯伯里第三版），苏国勋等译，北京：社会科学文献出版社，2010 年，第 26 页。

③ 近年来新媒介研究日益关注数字时代的死亡与记忆问题，且其常常援引电影《寻梦环游记》中的经典台词——"死亡不是生命的终点，遗忘才是"——意在说明数字媒介抵抗记忆消失的可供性（affordance）。具体参见：周裕琼、张梦园《数字公墓作为一种情动媒介》，《新闻与传播研究》，2022第 12 期，第 32— 52 页；陈刚、李沁柯《穿梭时空的对话：作为媒介"安魂曲"的数字遗产》，《新闻记者》，2022 年第 11 期，第 31—42 页；宋美杰、陈元朔《逝者犹可追：基于数字痕迹的生死沟通与情感联结》，《国际新闻界》，2023 年第 12 期，第 101—116 页。

媒介可供性理论视域下玉的形制用途与象征价值研究 *

Research on the shape, use and symbolic value of jade from the perspective of media affordance theory

董　浩　陈　湘　朱晓寒 **

Dong Hao　Chen Xiang　Zhu Xiaohan

摘　要： 在中国人的思维惯习中，玉常常被用来象征一个人品格与道德的高尚。但事实上，这只是玉的一种类型——佩玉的象征价值。从形制用途的角度来讲，除了佩玉之外，还有礼玉、葬玉等，并且这些形制用途的玉都有着自己的象征价值。鉴于此，为了更好地认识与理解玉的象征价值，文章将借用媒介可供性理论，从形制用途的角度，较为全面、系统地探究玉器的形制用途及其所具有的象征价值。研究发现：玉器的形制就是一种可供性，而且玉的象征价值的生产是建立在其自身的形制用途基础之上的，具体而言，即玉主要分为佩玉、礼玉、葬玉等三种类型。佩玉既象征着一个人的品格、德行像君子一样高尚，又寓意着爱情与夫妻之间的感情像玉一样纯洁与长久；礼玉是敬天法祖的媒介与社会等级的象征；而缘起于古人用玉来进行健康保健习惯的葬玉则象征着保存逝者尸身不腐、通向永生。但与此同时，我们也要清醒地认识到，这些关于玉的象征价值的研究主要是从玉的形制用途角度所得出的结论。事实上，除此之外，玉还有着一些其他的象征意义，如王权、政治秩序等。

---

　　* 基金项目：本文系安徽省教育厅人文社科重点研究项目"液态的记忆：《中央日报》孙中山五五纪念文章的话语流变研究（1928—1945）"（项目编号：SK2021A0704）、教育部人文社科基金项目"新中国人口政策传播话语对生育观念的影响研究"（项目编号：21YJA860019）、江苏省社会科学基金一般项目"传统礼仪视域下网络直播失范行为及规制研究"（项目编号：21XWB002）的阶段性成果。
　　** 作者简介：董浩，男，新闻学博士，山东枣庄人，南京林业大学人文社会科学学院讲师、副系主任，研究方向：新闻传播史论、媒介社会学、政治传播；陈湘，女，南京林业大学人文社会科学学院硕士研究生，研究方向：媒介社会学。朱晓寒，女，南京林业大学人文社会科学学院本科生，主要从事华夏传播学、媒介社会学研究。

Abstract:In the thinking habits of Chinese people, jade is often used to symbolize the nobility of a person's character and morality. But in fact, this is just a type of jade and the symbolic value of wearing jade. From the perspective of form and purpose, in addition to wearing jade, there are also ritual jade, burial jade, etc., and these forms of jade have their own symbolic value. In view of this, in order to better understand and comprehend the symbolic value of jade, the article will use the theory of media availability to comprehensively and systematically explore the form and purpose of jade artifacts and their symbolic value from the perspective of form and purpose. Research has found that the form of jade is a form of availability, and the production of the symbolic value of jade is based on its own form and purpose. Specifically, jade is mainly divided into three types: pendant jade, ritual jade, and burial jade. Peiyu not only symbolizes a person's character and noble character like a gentleman, but also symbolizes the purity and longevity of love and the relationship between husband and wife like jade; Li Yu is a medium for worshipping the Heavenly Ancestor and a symbol of social hierarchy; The burial jade, which originated from the ancient habit of using jade for health and wellness, symbolizes the preservation of the deceased's body from decay and leads to eternal life. However, at the same time, we must also be aware that these studies on the symbolic value of jade mainly draw conclusions from the perspective of the form and purpose of jade. In fact, besides that, jade also has some other symbolic meanings, such as royal power, political order, etc.

关键词：玉；媒介可供性理论；象征价值；礼文化传播；华夏传播学

Keywords：jade；Media availability theory；Symbolic value；The dissemination of ritual culture；Huaxia Communication Studies

中华文明起源于"玉器时代"①，并且在中华民族五千多年的历史长河中，形成了特有的崇玉文化。因此，自古以来，在中国传统文化与中国人的日常生活中，就有以玉来象征、比喻个人行为特征、社会现象、社会等级、社会秩序的传统，比较常见的就是以玉来象征个人品德高尚的传统，如《礼记·玉藻》所载"君子无

---

① 关于中华文明起源于"玉器时代"的说法，详参牟永抗、吴汝祚：《试谈玉器时代：中华文明起源的探索》，《中国文物报》，1990 年 11 月 1 日；曲石：《中国玉器时代及社会学性质的考古观察》，《江汉考古》，1992 年第 1 期；吴汝祚、牟永抗：《玉器时代说》，《中华文化论坛》，1994 年第 3 期；林华东：《"玉器时代"管窥》，《浙江社会科学》，1996 年第 4 期；安志敏：《关于"玉器时代"说的溯源》，《东南文化》，2000 年第 9 期；江林昌：《书写中国自己的文明史——构建中国特色文史学科理论体系浅议之一》，《济南大学学报（社会科学版）》，2017 年第 2 期；江林昌：《书写中国文明史》，北京：商务印书馆，2019 年。

故，玉不去身，君子于玉比德焉"①；《礼记·聘义》所载"君子比德于玉焉：温润而泽，仁也；缜密以栗，知也；廉而不刿，义也；垂之如队，礼也；叩之，其声清越以长，其终诎然，乐也；瑕不掩瑜，瑜不掩瑕，忠也；孚尹旁达，信也；气如白虹，天也；精神见于山川，地也；圭璋特达，德也；天下莫不贵者，道也。诗云：言念君子，温其如玉。故君子贵之也"。② 但事实上，玉不只有佩玉，其所具有的比喻、象征价值也不仅如此。根据玉器的形制用途可知，除了佩饰玉器之外，玉器还有着其他的形制用途，如礼仪玉器、丧葬玉器等，并且这些不同形制用途的玉分别有着各种非常深刻的象征价值，因此，玉的象征价值在无形中构成了一个象征丛，并且还在实践中不断衍生出新的象征意义。

而通过文献综述发现，目前，学界对此的研究不多。要么，是笼统地认为，玉具有各种各样的象征价值；要么，是在研究其他主题时，提到玉具有某一种象征价值，如魏侯玮（Howard J. Wechsler）出版的专著《玉帛之奠：唐代合法化过程中的礼仪和象征性》③、闻惠芳发表的文章《夏代礼玉制度探源》④、姜佳燕发表的文章《周代礼玉与"君子"的养成》⑤、毛艳清发表的文章《古代丧葬礼玉——唅玉》⑥ 等，但并没有对其进行一个较为专门、综合、系统的探究与发掘。因此，鉴于此，为了更好地探究玉所具有的象征价值，文章将借助媒介可供性理论，从形制用途的角度，较为全面、系统地探究玉器的形制用途及其所具有的象征价值。

一、媒介可供性理论用于探究玉的象征价值的适用性与可能性

从思想史的角度来讲，可供性（affordance）概念，最初并不是一个传播学概念，而是由美国生态心理学家言布森（Gibson）在 1979 年首次出版的《视觉感知的生态学方法》中提出的一个用解释环境与动物之间对应关系的概念。⑦ 具体而言，即可供性概念是指环境与生物之间存在一定的相互关联性与互惠性关系，并且这种关系能被生物感知，并使它们采取相应的行动。后来，随着社会的发展和人类技术的进步，技术，尤其是媒介技术不断影响和重构着我们的生存环境，关于"可供性"概念的研究不再仅限于自然环境和心理学领域，而是扩展至社会技术环境

---

① 王文锦译解：《礼记译解》，北京：中华书局，2018 年，第 379 页。
② 王文锦译解：《礼记译解》，北京：中华书局，2018 年，第 852 页。
③ Howard J. Wechsler, *Offerings of Jade and Silk: Ritual and Symbol in the Legitimation of the T'ang Dynasty*. New Haven: Yale University Press, 1985.
④ 闻惠芳：《夏代礼玉制度探源》，《东南文化》，2001 年第 5 期，第 24—31 页。
⑤ 姜佳燕：《周代礼玉与"君子"的养成》，南京师范大学，2019 年。
⑥ 毛艳清：《古代丧葬礼玉——唅玉》，《收藏》，2017 年第 6 期，第 91—92 页。
⑦ Gibson,J.J,*The Ecological Approach to Visual Perception*,Boston:Houghton Mifflin,1979.

研究和传播学领域，并演化出媒介可供性概念。

在新闻传播领域，媒介可供性一词最早是韦尔曼等学者 2003 年在援引可供性概念的基础上提出的。与过去可供性理论不同的是，韦尔曼等学者提出的媒介可供性理论主要是从技术和物质对影响日常生活的"可能性"角度出发，研究互联网提供给人的诸多功能，凸显了"可供性"概念的社会属性。2017 年，莱斯等人对可供性概念进一步深化，提出了媒介可供性的概念，用以描述行动者可以按照需求和目标使用某个媒介展开行动的机会与可能性，以及与媒介潜在特性、能力、约束范围的关系。潘忠党教授提出了评估某种媒体可供性的具体指标，即"新媒体的可供性可分为三部分，分别是信息生产可供性（可编辑、可审阅、可复制、可伸缩和可关联）；社交可供性（可致意、可传情、可协调和可连接）；移动可供性（可携带、可获取、可定位和可兼容）"。①

综上可知，媒介可供性理论对于我们探究玉器的象征价值具有重要的启发与参考价值。虽然，媒介可供性理论是指一种基于现代媒介技术提出的专门探讨媒介功能的解释性概念，但对于解释诞生于原始社会的玉器依旧具有解释力。因为玉器作为一种广义上的媒介，不仅有着不同的形制（不同的颜色、样式、规格大小）与功能，而且不同形制（不同的颜色、样式、规格大小）、功能的玉器在不同的社会文化、长期的社会实践中又被赋予了不同的象征价值。因此，从此意义上讲，"形制"就是一种媒介可供性。

二、玉的不同形制及其用途

中国玉器有着近千年的悠久历史。早在七千年前南方河姆渡文化的先民们在选石制器过程中就有意识的把拣来的一些美石加工成装饰品，打扮自己，装饰生活。后来，随着雕刻工具、工艺的不断创新与审美、风俗的形成，玉器的形制、用途和所扮演的角色也开始出现分化。因此，纵观玉器的历史会发现，在不同的历史时期，玉器的形制及主题风格各具特色。总的来讲，从形制用途的角度来讲，玉器可分为：直方系形体、圆曲系形体、肖生系形体和复合系形体等四种类型。

---

① 潘忠党、刘于思：《以何为"新"？"新媒体"话语中的权力陷阱与研究者的理论自省——潘忠党教授访谈录》，《新闻与传播评论》，2017 年第 1 期，第 2—19 页。

直方系形体				
	玉琮	玉钺瑁	玉璲	玉玺
圆曲系形体	玉璧	玉环	玉瑗	玉玦
肖生系形体	玉螳螂	玉龙	玉瑞兽	玉神

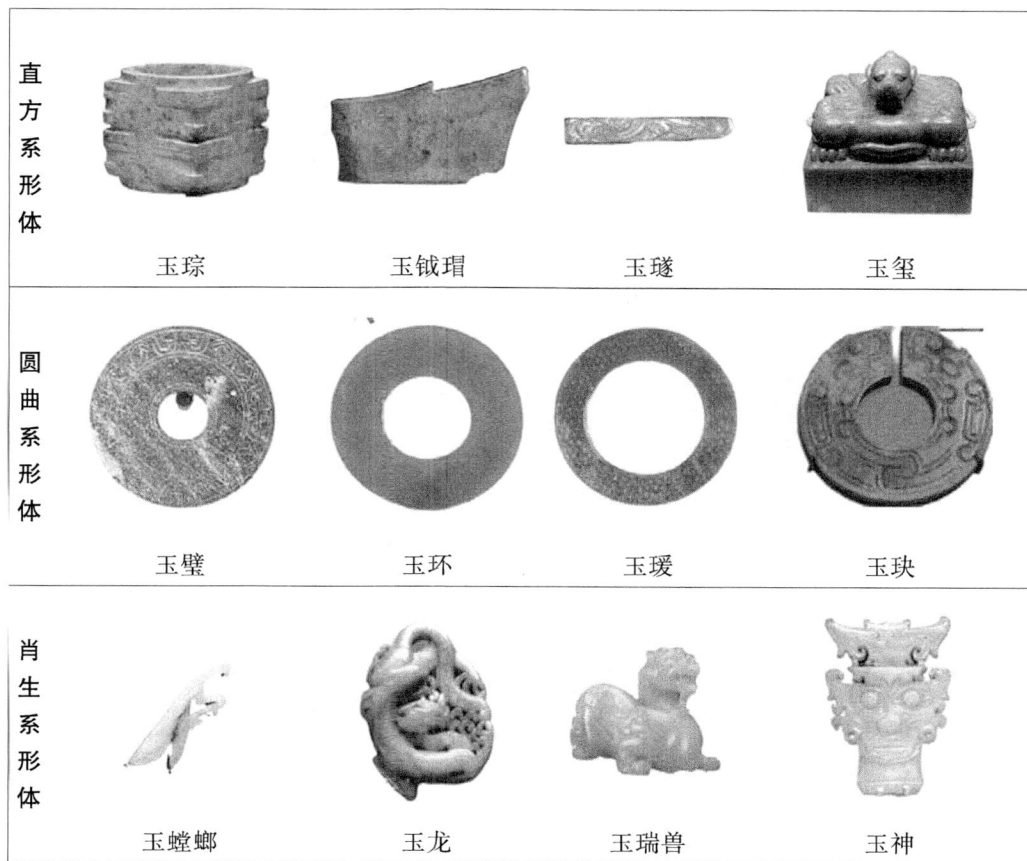

图 1　玉器形制分类汇总图

　　直方系形体和圆曲系形体是玉器之基因性的两种形制的构成元素。[①]四边线都是直向或横向的两种线的交叉，结成一个方形、近方或长方形，也就是二维空间的造型，给人的感觉是线条刚毅，形体方正，多作为生产工具使用的，是直方系形体玉器的典型特征。而玉璧是圆形、小孔、表面平整，有的向外倾斜、边缘陡直，是标准的圆曲系形体玉器。此类玉器因好与肉之比例不同，有着三种不同的器形和名称，如肉倍于好的称为璧，肉好相若者称为环，好倍于肉的称为瑗，也就是"大孔璧"。瑗的孔大，可作为镯，佩戴在手腕上。如果在肉上切一长方状豁口，即称为玦。

　　除此之外，还有肖生系形体和复合系形体。肖生系形体也就是仿生器形，有仿现实的生物类，比如仿禽、兽、昆虫、水族等动物，也有仿非现实生物类的，根据现实生活中的猛禽加以变化，改造成夸张、神秘、怪异的具有巨大法力的形

---

　　① 杨伯达：《中国史前玉文化》，杭州：浙江文艺出版社，2014 年，第 27 页。

象。复合系形体则是指两种或更多的形体组成的新的器形，包括同形系复合和异形系复合。

　　玉器的种类大体分为五大类，第一类是工具，如斧、铲、多孔梯形刀；第二类仪仗器，如戈、钺、戟、矛、箭头；第三类礼器，如牙璋、圭、琮；第四类饰玉，如柄形饰、锥形饰、镯、坠；第五类是杂器。[①]而本文主要探讨佩玉、礼玉和葬玉的不同形制及其用途。佩玉的种类丰富，如系璧、佩玦、鸡心佩、佩璜、长方形玉牌、玉管饰、刚卯、严卯、思南佩、工字佩等。葬玉包括玉覆面、玉衣、玉琀和玉握、玉塞等。中国自古讲究礼治，尊礼、重礼。玉以其固有的温润质地、丰富的色彩与通体的光泽经玉工细心琢磨成"器"，成为古代礼仪化玉饰品中最重要的佩饰，并受贵族、豪商所推崇。"六瑞"和"六器"是封建社会礼仪用玉的主干，即用六种不同形制的玉器作为祭祀、朝拜、交聘、军旅的礼仪活动的玉器。"六器"为琮、璧、璜、圭、璋、琥。"六瑞"为镇圭、桓圭、信圭、躬圭、谷璧、蒲璧。不论种类、形制还是内容都随社会不断发展，最终在各种礼仪活动中形成各种不同的礼俗。不同场合和不同阶段须佩带不同的玉饰品，并与服饰结合，慢慢形成了特殊玉饰，普遍地称为"礼仪化玉饰"。[②]在《舆服志》中曾记载唐代名将李靖，因战功彪炳，由皇帝破例赏赐"七方六圆"和阗玉带的记载。玉带组合的基本形制，玉版分方、圆两种，只限于皇帝、太子等特定的阶级，或者是经皇帝赏赐才可以使用。

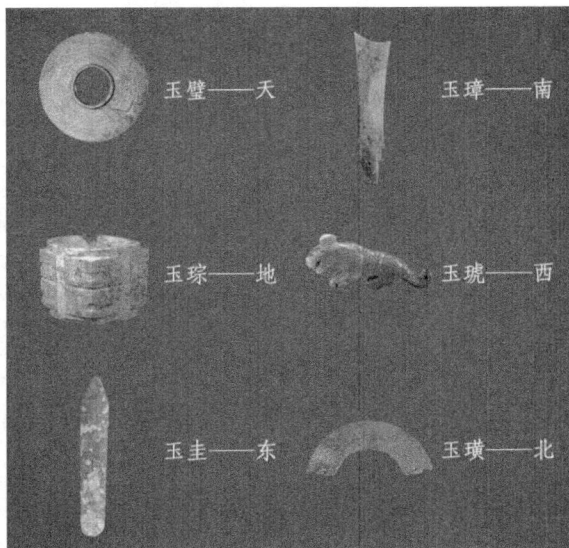

图 2　玉礼器之"六器"图

---

① 徐姣瑾、金开诚：《中国玉器与玉文化》，长春：吉林文史出版社，2010 年，第 85 页。
② 徐姣瑾、金开诚：《中国玉器与玉文化》，长春：吉林文史出版社，2010 年，第 30 页。

综上可知，不同形制的玉器具备不同的用途。这里所说的玉的用途，不仅仅指的是其作为器具的实用价值，更多的是作为媒介物所具有的象征价值。当然，这种象征价值并不仅仅来自玉器的形制，还有实践的赋予、生活的约定俗成、人类文化的沉淀，但形制一直都是一个重要的承载基础。

三、佩玉的象征价值

自上古时期开始，中国就有崇玉的传统、习俗，[①] 但这种传统并不是凭空而来的，而是经历一个漫长的历史发展过程。在新石器早期，玉本来只是众多石头中的一种，玉与石两者是不分的，其用途也是作为工具服务于早期中国人生存、生产。后来，到了新石器的中晚期，随着原始宗教的发展，一些形状比较好看、质地比较特殊的玉石被赋予了特殊的作用，比如用作祭祀、装饰等，玉逐渐从石器中分离出来 [②]，并具有了一定的审美意义、象征意义与美好寓意。其中，在众多审美、象征、寓意中，以将玉与人的高尚、美好品德、君子以及男女定情的信物相联最具代表性。

（一）君子品德的象征

纵观我国古代的各种诗词文献可知，佩玉的象征意义首先表现在用来类比一个人的品德高尚，并将其与君子结合在一起。东汉许慎在《说文解字》将"玉"解释为"玉，石之美者，有五德。润泽以温，仁之方也；䚡理自外，可以知中，义之方也；其声舒扬，专以远闻，智之方也；不挠而折，勇之方也；锐廉而不忮，洁之方也"。[③] 将此段文言文转换成今天的白话文，即玉石，是指好看的石头，且由于美观、好看，被人们赋予了仁、义、智、勇、洁等五种美德。因此，玉石常常被人们拿来象征一个人的品德之高尚、美好，常常与君子的品德相互联系在一起，如《诗经·秦风·小戎》所讲"言念君子，温其如玉"。[④]

故在这种情况下，社会就对此种类型的石头产生了一定的需求。而这种需求又会促使我们的先祖逐渐将这种类型的石头从众多的石头中专门拿出来，被单独称为"玉"，并被制造成佩戴在人身上的各种各样的装饰品，如玉玦、玉镯、玉牌、玉带钩等，有的是单独佩带的，有的则是成组佩带的。《礼记·玉藻》就曾这样记

① 李梦奎：《略论周代社会的用玉制度和崇玉习俗》，《北华大学学报（社会科学版）》，2000 年第 2 期，第 24 页。
② 郑重：《中国古文明探源》，上海：东方出版中心，2016 年，第 314 页。
③ （东汉）许慎、（宋）徐铉校订：《说文解字》，北京：中华书局，2001 年，第 10 页。
④ 叶春林校注：《诗经》，武汉：崇文书局，2020 年，第 115—116 页。

载，"古人君子必佩玉，右徵角，左宫羽，趋以采齐，行以肆夏，周还中规，折还中矩，进则揖之，退则扬之，然后玉锵鸣也。故君子在车则闻鸾和之声，行则鸣佩玉，是以非辟之心，无自入也"。① 换言之，即作为君子或希望成为君子的人都会佩戴玉，因为只有在不快不慢有节奏的步伐下，佩玉才能发出清脆悦耳的声音，时刻提醒佩玉的人无论是走路还是坐车，动作和姿势都要温文尔雅、不紧不慢，同时，因为玉佩相互撞击发出的声音，很远就能被人听到，因此，君子佩戴玉佩象征着正人君子的行为正大、光明、磊落，不会偷听或偷看别人。

（二）爱情与夫妻感情的象征

与此同时，佩玉除了用来形容君子的品德高尚之外，在中国古代社会中，还被用来形容女子的德行高洁。如《诗经·有女同车》所载"有女同车，颜如舜华。将翱将翔，玉佩琼琚。彼美孟姜，洵美且都。有女同行，颜如舜英。将翱将翔，佩玉将将。彼美孟姜，德音不忘"。② 因此，玉常常被用来作为爱情、夫妻相爱的象征。

在用玉象征男女之间的爱情方面，《诗经·召南·野有死麕》就曾有这样的记载，"野有死麕，白茅包之。有女怀春，吉士诱之。林有朴樕，野有死鹿。白茅纯束，有女如玉。舒而脱脱兮，无感我帨兮，无使尨也吠"③。换言之，该诗描述了一位年轻健美的男性猎人，他将自己捕获的小鹿用洁白的茅草捆扎好送给自己心爱的女子，白茅既代表了少女的纯洁与美好，又代表了青年对少女纯真的感情以及对心爱之人的无比珍视。当男子向女子示爱成功之后，便开始急不可耐地想要和姑娘有进一步的接触。他来到姑娘的身边，企图掀起姑娘的围裙，急切慌张的动作差点惹得狗儿汪汪大叫，姑娘急忙说动作小点，不要弄响我的玉佩，让狗儿听到乱叫，引起别人的注意与围观。这几句诗句像极了今天年轻人谈恋爱时偷偷摸摸亲热的样子。

在用玉象征夫妻感情方面，《诗经·郑风·女曰鸡鸣》这样记载："知子之来之，杂佩以赠之；知子之顺之，杂佩以问之；知子之好之，杂佩以报之。"④ 这句话转换成今天的白话文则是指，知道你对我恩情眷恋，我解下杂佩送给你；知道你爱我一片丹心，我解下杂佩送给你；知道你爱我，我解下杂佩送给你。故由此可知，玉的赠送也可以被用来比喻夫妻之间的感情好，象征着夫妻相亲相爱、琴瑟和鸣。

① 王文锦译解：《礼记译解》，北京：中华书局，2018 年，第 378 页。
② 曹音：《诗经释疑》，上海：上海三联书店，2016 年，第 55—56 页。
③ 叶春林校注：《诗经》，武汉：崇文书局，2020 年，第 21—22 页。
④ 叶春林校注：《诗经》，武汉：崇文书局，2020 年，第 21—22 页。

四、礼玉的象征价值

从玉的形制用途角度来讲，玉除了日常的佩玉以外，还有一种非常重要的类型：礼仪用玉（简称"礼玉"）。更具体来讲，所谓"礼玉"是指古代用于宗教祭祀与国家典礼、祭祀的玉器。正如谢清果所言，"在祭祀的过程中，玉器是必不可少的礼器"。① 并且主要用于祭祀的礼玉还有蕴藏着礼乐制度和根据宗法制度所规定的社会等级象征意义。

（一）敬天法祖的媒介

在中国社会中，自古以来，就有生者与天、地、神、鬼进行交流、沟通的传说与神话。因此，为了实现这种跨越人界与神界、冥界的沟通，人们不断的探索进行这种交流、沟通的方式方法，发掘可以借助的媒介。而玉石是早期人类进行这种沟通尝试的主要工具。正如叶舒宪所言"玉代表神灵，代表神秘变化，代表不死的生命"，"华夏先民凭借精细琢磨的玉器、玉礼器来实现通神、通天的神话梦想"。② 《周礼·春官·大宗伯》中就有关于用玉来制作祭祀来实现这种天地人神进行沟通的方式与规范："以玉作六器，以礼天地四方：以苍璧礼天，以黄琮礼地，以青圭礼东方，以赤璋礼南方，以白琥礼西方，以玄璜礼北方。"③

与此同时，根据李学勤主编的《字源》以及其援引《说文解字》对"礼"字的解释——"礼"，形声字，从示，豊声。"礼"的古字是"豊"，甲骨文作"豐"，从"珏"、从"壴"（鼓字初文）会意，"禮，履也。所以事神致福也"——也可以发现，"礼"从其诞生之初就与借助玉石来进行事神、祈福的活动相关。这正如余英时所言，礼最初主要是指借助玉帛、钟鼓等象征物开展带有一定的"巫"文化成分的④、仪式化祭拜活动。进而言之，即礼与玉石先天的就联系在一起，礼需要借助玉来显形，玉通过礼来升华。对此，孔子曾感叹说："礼云礼云，玉帛云乎哉！乐云乐云，钟鼓云乎哉！"只是后来随着周公制礼作乐与分封制度的施行，将其与政治制度联系起来，导致礼文化逐渐有意无意的遗忘了这一起源而已。不过，这一起源并没有完全消失，只是逐渐转变到中国人借助玉器进行的祭祀活动中了。此时的玉石不再是天然的玉石，而是被赋予了象征着用于祭祀祖先、图腾、神的礼的崇高、神圣与光辉。

---

① 谢清果等著：《华夏礼乐传播论》，北京：九州出版社，2021 年，第 228 页。
② 叶舒宪：《玉石神话信仰与华夏精神》，上海：复旦大学出版社，2019 年，第 20 页。
③ 王红进：《诗经文化阐释》，北京：中国广播电视出版社，2016 年，第 245 页。
④ 余英时：《文化评论与中国情怀（下）》，桂林：广西师范大学出版社，2014 年，第 103 页。

（二）社会等级的象征

在中国古代社会中，并不是所有的人都有权力利用礼玉祭祀的，而是有着等级森严的制度规定。换言之，即不同的身份所使用的玉器是不同的。《周礼·春官·大宗伯》就这样规定到"以玉作六瑞，以等邦国：王执镇圭，公执桓圭，侯执信圭，伯执躬圭，子执谷璧，男执蒲璧"。① 将其转换成今天的白话文之后可知，用玉制作六种玉圭，用来区别诸侯之间的等级：王国诸侯手执镇圭，公国诸侯手执桓圭，侯国诸侯手执信圭，伯国诸侯手执躬圭。

后来，随着青铜器、铁器的发展，并被作为礼器来使用，玉作为社会等级的象征地位逐渐开始衰落，崇玉文化也逐渐让位于青铜器、铁器等所开创的文化类型。但这种通过礼玉象征社会身份、等级的精神与社会文化并没有消失，而是被后世所继承，并与佩玉逐渐融合在一起，继续象征着个人的社会身份与地位，如象征着身份、地位的玉扳指、佩玉，在士大夫、文人、贵族阶层中的流行。即使是随着礼玉社会地位的下降，商人等一小部分普通老百姓开始可以获得并佩戴玉佩，但其也不是一般普通老百姓可以轻易获得与使用的。正如白庚胜所言，"中国玉文化大致分为两个阶段，在唐宋之前，属于官玉阶段；在唐宋以后是民玉阶段。而在成为民玉之前，它不是所有人都可以拥有的，只有巫观皇家贵族才可以享用。因此，玉是一种等级、身份、权力的象征，是社会等级制的物化"。② 即使到了今天，玉依旧是社会等级、社会身份的象征物，只是今天更多的与财富相勾连。

五、葬玉的象征价值

除了用于制作佩玉、礼玉之外，玉还是古人用来敛葬、保护逝者尸身，从而保持灵魂不灭，继续追求永生的工具，俗称"葬玉"。葬玉主要分为玉衣、玉琀、玉握、九窍玉塞等。我们所听说的比较多的汉代墓中的金缕玉衣就是属于葬玉的一种，但这种葬玉并不是普通老百姓可以使用的，而是古代的王侯贵族等阶层可以使用的。古代贵族之所以选择用玉来进行丧葬，主要是因为玉是古人的保健、治病、驱邪的重要媒介。

（一）健康长寿的象征

受上古时期以丹药、玉屑作为延年益寿的仙方的影响，③ 古人认为，玉不仅可

---

① 陈佩雄主编：《十三经》，长春：吉林音像出版社，2006 年，第 288 页。
② 白庚胜：《滇云文化实践录》，贵阳：贵州民族出版社，2022 年，第 26 页。
③ 王伟斌主编：《玉道贰玉之史》，北京：九州出版社，2019 年，第 157 页。

以延年益寿，而且可以辟邪，使死者灵魂得到安宁。① 这也是为什么古人有吃玉保健、治病、用玉来驱邪的习惯，如明代李时珍在《本草纲目》也记录了玉的十四种药效："玉气味甘平无毒，主治除胃中热，喘息、烦懑、止渴，屑如麻豆服之，久服轻身长年。毛发。面身瘢痕，可用真玉日日磨之，久之则自灭。"并附方剂："小儿惊啼圣惠方、疭癖鬼气蛋惠方，而身瘢痕圣济方。"②《周礼·玉府》中所载"王齐，则供食玉"。③

因此，鉴于玉对人具有这些保健、驱邪作用，所以，在古代社会中，即使人已去世，也会在墓中用玉来进行陪葬。因为古人认为，人死后，灵魂会在另一个平行世界或冥界存在。因此，依旧需要一定的仆人服侍、生活用品。而这也是为什么古人的墓中会有一定的陪葬品，如各种各样的首饰、日常生活用品、车马等交通工具、陶俑，甚至是用活人进行殉葬。而玉器在众多随葬品中更是被赋予了很高的地位与作用。

（二）逝者永生的象征

自古以来，在中国，就有"人的肉身虽然会死亡、消失，但灵魂不会消亡，而是会在另一个平行世界或冥界存在，甚至可能会从另一个平行世界回到现实世界，只是普通人看不见而已"的传说。因此，在这种情况下，如何保存逝者的肉身不腐就成为问题的关键。古人认为，玉是天地之精华、祥瑞之物，能驱凶辟邪；殓葬用玉更是被赋予保佑死者亡灵，令尸骨不朽的功能。④ 故玉石常常被古人用来敛葬逝者的尸身。

最新的考古发现，葬玉的历史一直可以追溯到新石器时代。最初，葬玉的使用方式是将玉塞进死者的耳、目、口、鼻、肛门等身体部位，以达到保存肉身不腐、精气不散，进而为保护逝者的灵魂不灭，可以继续追求永生的目的。正如魏晋南北朝时期的葛洪在《抱朴子》中对丧葬玉的功用阐释所言，"金玉在九窍，则死者为之不朽"⑤；后来，则发展为在蒙脸布上缀些象征眼、耳、目、口、玉，以代替人的五官，保持精气不散。到了汉代，丧葬玉逐渐发展到顶峰，以金缕玉衣敛葬就是在这个时期发展、盛行起来的。⑥

---

①　郑重：《中国古文明探源》，上海：东方出版中心，2016年，第315页。
②　转引自：杨伯达：《中国史前玉文化》，杭州：浙江文艺出版社，2014年，第40页。
③　王伟斌主编：《玉道贰玉之史》，北京：九州出版社，2019年，第157页。
④　毛艳清：《古代丧葬礼玉——唅玉》，《收藏》，2017年第6期，第91—92页。
⑤　叶舒宪：《玉石神话信仰与华夏精神》，上海：复旦大学出版社，2019年，第76页。
⑥　郑重：《中国古文明探源》，上海：东方出版中心，2016年，第78—79页。

结语

通过考察玉的不同形制及其象征价值可知，从形制用途的角度，玉主要分为佩玉、礼玉、葬玉等三种类型。佩玉既象征着一个人的品格、德行像君子一样高尚，又寓意着爱情与夫妻之间的感情像玉一样纯洁与长久；礼玉是敬天法祖的媒介与社会等级的象征；而缘起于古人用玉来进行健康保健习惯的葬玉则象征着保存逝者尸身不腐、通向永生。但与此同时，我们也要清醒地认识到，这些关于玉的象征价值的研究主要是从玉的形制用途角度所得出的结论。事实上，除此之外，玉还有着一些其他的象征意义，如玉钺象征着军权、神权、王权的三合一[①]；《诗经·大雅·崧高》中"锡尔介圭，以作尔宝。往近王舅，南土是保"[②] 所表达的通过赐玉与献玉所象征的政治关系与政治秩序的维系。[③]

因此，为了更好地探究玉器的象征价值，未来，学界还需要采取新的视角，围绕以玉器为中心的问题域，在学术脉络上，结合现实的发展，充分地发掘与阐释关于玉的史料，来对其进行更加深入的研究，如从象征的角度，探究玉器究竟有多少种象征价值以及这些象征价值之间的关系为何？中国与西方在玉的形制与象征价值方面的区别？在非常注重运用象征手法的以儒家礼文化代表的中国古代思想世界[④] 中，玉器的象征价值的地位与作用为何？玉器对于礼乐文化的表达与传播的作用？将玉器扩展到礼器，探究礼器的象征性价值[⑤] 等等，都是十分值得研究的问题。

[①]　李秀强：《中华文明史的玉器时代与王权起源》，《济南大学学报（社会科学版）》，2020 年第 5 期，第 59—65 页。

[②]　周家丞主编：《诗经全解》，北京：中国言实出版社，2020 年，第 528—531 页。

[③]　谢清果等著：《华夏礼乐传播论》，北京：九州出版社，2021 年，第 229 页。

[④]　葛兆光：《古代中国文化讲义》，上海：复旦大学出版社，2012 年，第 49 页。

[⑤]　杨华：《中国古代礼仪制度的几个特征》，《武汉大学学报（人文科学版）》，2015 年第 1 期，第 17 页。

媒介进化视域下远程交往的维持与重构 *

Maintenance and Reconstruction of Remote Communication in the Perspective of Media Evolution

姜心玉　李永凤 **

Jiang Xinyu　Li Yongfeng

摘　要： 远程交往行为伴随着人类文明进步而不断延续，同时是人类交往实践的重要形式之一。媒介作为交往过程中的重要辅助工具，沿着人类的智慧与创造力而不断进化，形成了从原始媒介时代到后人类时代的演变脉络。通过系统梳理人类远程交往的发展与变革，对比远程交往的旧容新貌，用媒介的发展路径探索远程交往的历史与边界，思考媒介与远程交往之间的关联意义。对提升个体媒介使用的素养、守护健康的交往生态、构建远程交往的知识结构具有重要意义。

Abstract: The act of remote communication has continued along with the progress of human civilization, and it is one of the important forms of human communication practice. As an important auxiliary tool in the process of communication, media have evolved along with human wisdom and creativity, forming an evolutionary line from the primitive media era to the post-human era. By systematically sorting out the development and change of human remote communication, comparing the old appearance of remote communication with the new, exploring the history and boundary of remote communication through the development path of media, and thinking about the significance of the correlation between media and remote communication. The study is of great significance to improve individual media literacy,

---

* 基金项目：本文系 2024 年度国家民委民族研究项目社交媒体场域中铸牢中华民族共同体意识的逻辑理路和实践路径研究（项目编号：2024-GMD-083）阶段性成果。

** 姜心玉，内蒙古师范大学新闻传播学院研究生，研究方向：新媒体传播；李永凤，内蒙古师范大学新闻传播学院、副教授 硕士研究生导师，研究方向：新媒体。

protect the healthy communication ecology, and build the knowledge structure of remote communication.

关键词：媒介进化；远程交往；维持；重构

Keyword：media evolution, remote communication, maintenance, reconstruction

诗人云"天涯若比邻"，表达的是对远方亲友的情谊与思念。古时候，"距离"被视为不可抗力，于是人类选择了利用躯体的能动性，喉咙振动以呐喊、关节摩擦以奔走，以身体为载体完成一系列远程信息的传播。工具的出现让"距离"得以突破现状，人们尝试用各式的媒介工具连接远方，以文字抒发情感、用物件传递信号，这些方式一定程度上能够破解远距离所带来的隔阂。

远程交往作为一种社会关系的维持形态，同时也是人类区别于动物的交往实践之一，在人们的日常生活中已十分常见，已是昔日至今个体维持关系的一种现实需求。自人类诞生，远程交往的现实需求便同时产生了——待人类进化到食物链的顶端，摆脱纯粹的动物状态，逐渐形成部落化的生活、构建起复杂的社会结构，便产生了对远方的认知需求。在领地意识增强、族群扩大、国家诞生等因素的影响下，迁徙、革命与战争频频发生，人类对周边、远方的探索欲望膨胀，这种空间上认知需求的提升催生出了远程交往这一传播行为。于是，大量的媒介工具以辅助远程交往的名义出现，进而为人类的生存发展提供了帮助、满足了现实所需。直至现代社会，人类的远程交往需求仍在蔓延，如何以更便捷、快速、智能的方式触摸过去与今天、连接近处与远方，实现新的媒介环境下远程交往的发展，成为如今媒介技术创新的底层逻辑。

二十年前学者利可布（Christian Licoppe）以"连接性在场（Connected Presence）"为主题进行了研究，他指出，"信息社会"出现后，支持缺席存在的物质资源数量可能会迅速增长。[①] 今天纷繁的技术景观完全反映了这一点。伴随着社会结构变动升级，人类的交往实践中身体不"在场"的情况愈加频繁。面对时空变异、交往情境变幻莫测，各色媒介纷至沓来，以实现远程信息传播；而在解决了告知、联络等基本需求以外，同时也在拓展出更强大的效能以满足人类的精神需求。通过不同的媒介，人类实现了"转场"，解决了身体"缺场"带来了各种难题，远距离的连接得以实现。

如今，人类生活在光怪陆离的社交情境中，远程交往也将作为连接现实与理

---

① Licoppe，C. Connected Presence：The Emergence of a New Repertoire for Managing Social Relationships in a Changing Communication Technoscape，*Environment and Planning D：Society and Space*，vol. 22，2004，pp. 135-156。

想的传播形式，以辅助人类及其所生存的环境完成一系列的进化与变革。在此基础上，本文试图在媒介进化的视域下，探究古往今来以人类在相异场域下的信息传递为主要特征的远程交往实践，对远程交往的过程演变、维持形式以及影响结果等方面进行叙述与分析，并对"后人类时代"的远程交往现状进行反思。

一、粗糙地尝试：原始媒介的远程交往

在古代传统社会，信息的远距离传递是人类的一种本能交往实践与日常需求，人类作为标准的群居性动物，相互间需通过肢体接触、通信联络或频繁交往达成群体的稳定关系。所以说，古时候就已经形成了"远程交往"的雏形——原始人类试着用鼓声、口哨等响动代替信息，即使还没有统一的语言，但原始的声音符号已经可以通过物理性质的变化而代表不同的意义；住在山上的印第安人使用不同音调的口哨与山下的人沟通以达成合意，此时进行的即是较为粗糙的远程传播。人与人之间的远程交往只能逞过有限的距离来传递模糊的讯息。古时战场上，往往用旗鼓来发号施令，士兵们的视线被旗帜的颜色与形状所吸引，其耳朵被鼓声的震动频率所刺激，实现了视觉与听觉递进感知的远程传播效果，此时远程交往所能够实现的距离也开始拉远，古代人类踏上了"远程"的征途。

西周末年，"烽火戏诸侯"为我们呈现了远程交往中的局限，多数情况下，人们还不能够在随意、自由的情境下使用媒介进行远程交往，在准备远距离的信息传播时，需要考虑意义的可行性以及其所允许发生的空间环境等。烽火台作为一个重要的军事设施，是古时专用于远程传播战时信息的建筑设施，士兵点燃烟火并在第一时间将战事传递给军事部门，若相隔距离过于遥远，也会建造多个烽火台，首座接收到烟火信号后点燃继续传递给下一个烽火台，烽烟所能实现的远程传播距离进一步扩大了，并且原则上只动用人的视觉感官即可实现信息的传递，烽燧所代表的意义也有了更标准化的界定。

这些有代表性的原始媒介所能实现的远程传播主要有以下特征：一是传播的信息粗略，原始媒介所能传递的信息较为简单、粗糙，几乎达不到使对方了解事情全貌的效果，人们仅是开始学着利用更多实在性的物来替代"长途跋涉"的行动从而传递信息；二是有限递进的传播距离，个体集中使用自身机体装置上的触、嗅、视、听这几类感官去进行远程交往，并试着从近处逐渐扩展至远方，在人的感官中，视觉能够较为容易地达到远距离感知，因此像旗帜、烽烟都是首先靠占据人的视线而实现信息传递的，而突破生理极限的距离则无法可施；三是时间成本难以逆料，若靠人力征服海路山路，即使能够完成信息的传告与答复，或将为之付出经年累月的成本，甚至被各方遗忘而使传播本身的目标破碎；四是单向的

传播，许多远距离传递而来的信息难免有去无回，若想达成一个闭合的传播过程仍面临挑战，这些远程交往未能实现真正意义上的互通，同时也很难确保信息传递的有效性；五是"所指"意义的发明，人类一方面选择将意义附着在了诸如绳子、骨哨、木鼓等物体身上，一方面也会通过图形去指代，于是这些物象拥有了较为统一的"所指"，人脑中也拥有了较为一致的认知，更加便于远程交往的实现。

学者们把文字出现之前的这种传播称作"非语言传播"，而在如今的信息传播时代，我们能够在街头巷尾注意到大量体外化的媒介正在发挥着它的效能，人们已经能够熟练运用非语言传播手段去实现远距离的信息输送，同时满足个体的交往需求，足见人类原始时代对于远程交往的追求一直延续至今。

二、文明的出现：语言文字的远程交往

十万年前人类形成了使用语言的能力。至今，无论人类创造的传播技术发展到何等高度，现代信息传播已经无法摆脱语言这个基本的传播媒介 [①]。语言赋予了人类一种得以细致表达、详细刻画的能力。人们耗费了大量的时间将文字从泥板转移到龟甲、兽壳，再到简牍、布帛，直至西汉初年造纸术出现，代替了过往不易运输、不易书写的载体，轻薄的纸张为人们远程交往提供了极大的便利。"书写的发明使识字的人得以扩展信息交流的时间和空间，把当时不在场的人也包括进来" [②]，这一大转变，使远程交往在人的日常生活中开始变得频繁，打破了距离的隔阂，随之发展起相关职业与产业，以供人类更好地实现远程交往。

（一）文明前夜：语言与文字的辅助

在纸张还未被发明之前，语言和文字作为能够表达出人类所思所想的重要载体，相比原始媒介时代已经帮助远程交往完善了信息传播的详细性与完整性。语言能够灵活地表达意义，经济的发音使其构成对亿万种事物的生动描述，人类自身的能动性与创造性也让语言充满了活力，以此加快了人与人之间的交流与互动。

但当语言作为一种媒介参与远程交往的过程中后，伴生了难以弥除的"噪音"。口头传话是早期人类尝试互相传递消息以获悉各地情况的一种交往方式，此时人成为媒介并在"传话"过程中发挥着主体作用。有时，平常人家会将需要传递的信息托付给前往同一目的地或路过的人；也有朝廷会派遣兵卒快马加鞭将口信传给远方官员。但在此环节中，"口信"容易被修改或截断，一条信息难保以相同的

① 陈力丹：《世界新闻传播史（第三版）》，上海：上海交通大学出版社，2016 年，第 2 页。
② ［英］汤姆·斯丹迪奇：《从莎草纸到互联网：社交媒体 2000 年》，林华译，北京：中信出版社，2015 年，第 13 页。

口吻和情感传递给对方，这便被动地影响到了远程交往双方的关系。时至今日，仅依托人的嘴巴来传递信息仍旧难免带来沟通中的矛盾。人作为一种富有情感又具有想象力的动物，即使将文字内容毫无差错地传达到对方耳中，依然会出现误解语气或含义的情况。虽然口头传话已实现双方有来有回的互动交往，但效果仍无法与"面对面"比肩。

"今人不见古时月，今月曾经照古人。古人今人若流水，共看明月皆如此。"诗人用文字告诉我们，今人与古人能够在同一轮明月下交识，何尝不是一种"超距离"的远程交往。文字作为第一套体外化的符号系统，实现了超越语言时空范围的传播，它的出现，让人类从原始人变成了文明人，共同步入了更加文明的时代。文字让语言有了具体的形状，实现了长时间的保存，人们开始在竹简、丝帛等载体上写下传递的内容，并设专门的"抄写人"来负责这一工作，清晰且完整的信息通过文字进行传送，人类的传播由此发生了革命性的变革。

（二）交往延伸：纸张联结远程关系

造纸术经过后人的改革与发展，其影响遍及全世界。纸张作为一种普惠且轻薄的媒介，其大批量生产的实现为人类的社会交往带来了重大变革。作为媒介，纸张的运行规则大有不同，一改往日兽皮、羊皮纸的稀有昂贵，或是竹简一般厚重、难以运输保存等方面的劣势，纸张让人们实现简易地书写，使用人群广泛，消弭了媒介在使用上的阶级差异，在此基础上推进了教育的民主化。

人们开始在纸张上记录故事、传播时事，于是写信成为占据人们大量时间的传播活动之一。西塞罗在其信件中如是说："你我会频繁通信，使我们消息相通，虽然你我相隔甚远，却如同聚首一堂。""通信"之人借以实现与对方的稳定联系，并且加固彼此之间的关系，但在当时既识字又能书写的人极少，所以"抄写人"变成了一个高贵又神圣的职业，驿站的工作范围也进一步扩大，平常百姓也能够让驿夫邮递信件，递送的里程也进一步拓宽。

纸质化媒介的普及与繁荣打开了远程交往的新世界。相较于点对点传送的书信媒介，以纸张为载体的、实现大批量生产、发行的书籍、杂志和报纸等纸质化媒介将远程传播的想象力大门再次敞开。远程的现实意义不再拘泥于友人间的情感联系，也不限定在官方部门的上传下达。以书籍为代表的纸质化媒介呈现出点对面的传播形态。人类开始从书籍、杂志或报纸等媒介中寻找对自身有用的信息，加以实现自我精神的富足，助推了媒介纸质化的跃进。职业化的产业和岗位应时而生，四通八达的交通路线、稳固的运输模式和成熟的商业节奏，使得媒介纸质化获得空前繁荣，也打破了远程交往的"点对点格局"。纸质化媒介被赋予了强大的权力，其背后的运作力量得以完成"点对面传播"。诸如书籍作者、报纸背后的政治机构均以自上而下的赋权机制实现远程信息传播，读者在书中识得远方的作者、抵达想象的彼岸，在邸报中了解国家动态、加深政治觉悟。媒介纸质化的前进，带动了人类交往实践的新发展，在物质富裕的基础上，人类开始满足精神的欲求，一系列的权力也迸发出强大的能量。

在媒介进化的历程中，从非语言到语言世界，再从文字到图形图画等视觉符号辅助意义表达。人类凭借智慧构思和扎实足迹踏遍了文明社会的每一个角落，以试图找寻能够满足社会生活需求的一切工具。彼时人类的媒介素养已得到了极大提升。文字发明、造纸术和印刷术的出现让人体拥有了延伸传播时空的机会，大批量的生产、传播软化了固有的交往阶级，使远程交往成为普适可能，远程交往这一日常实践趋向更快捷、更具体、更广泛，成为普遍的社会现象之一。文明的变革、技术的普及皆为人类的社会交往带来了极大便利，知识获取日趋民主化，文明再一次达到平衡。

三、"脱域"的理想：电子媒介的远程交往

划时代的电子技术改变了人们的媒介使用习惯。跨进电子化时代，我们的交往日常变得可以脱离语境、即时传送，甚至延伸出虚拟的空间，个体的感官体验趋向平衡、对自我的感知发生消解，人类的生活步调进入了与电子媒介的磨合期。

（一）电子信号搭建交往新环境

电报、传呼机、电话等工具集聚成远程交往的又一新平台，电子信号组建了新式的远程交往情境，打破了传统的面对面、书信传递作为传播手段的景况，重组了原有场景中的秩序规范。[①] 1837 年在美国诞生了第一台电报机，电报传播技术意味着人类开始大规模地锻炼人体听觉系统，交往的话语模式转变，语言回归符号化、文字被压缩并进行编译。身处电子化时代，一个团体中个体的"缺场"实现了随意化、自由化和即时化，个体习惯了经历"此在情境"的时空重组，在远处通过电子媒介便可感受脱离实体情境的交往。一方面，电讯技术的发展正在不断适应人的生活习性，离家读书的孩子，拨一通电话向家里报一声"平安到达"慰藉父母的挂念；革命战争年代，军队只能通过摩斯密码电报传输重要讯息，以确保及时送达不影响后续的战事规划，这也在另一方面体现出人类开始适应拥有电子化媒介的生活，并将其利用在远程交往的不同实践中，尽可能地让距离不成

---

① 朱秀凌：《手机对青少年家庭代际传播时空的重塑》，《编辑之友》，2015 年第 9 期，第 15—18 页。

为社会交往的阻碍。

秦始皇因军事需求下令建造"秦直道",改革道路系统,成为我国古代道路发展的重要里程碑;汉朝丝绸之路连接起东西方的经济与文化,但官员们仍旧需跋山涉水实现交流交融;随后修建运河、设置官道,秩序化的传输渠道促进了社会的安定。如今,"消灭"远程困境不再必须借助人力,而是让信号成为一种速度的化身,成为比公路、海运更加便捷的方式,由此信息的频繁跨域流动成为惯常。追溯千年历史,是人类对道路交通的开发与想象助力了远程交往的"提速"。规划系统化的路线、制定规则化的行驶标准,人类得以在现实空间中让交往变得规范而快捷;同样,针对电子媒介而言,经专业人士的解说与教学,人们熟悉了设备的使用规则,同质化的操作背后是电子信号在电流、电缆等基础设施中自在游走,才使得借助虚拟世界实现远程交往的人类同现实一般前进自如。

电子信号传输让人们感受到了"速度文化"的勃兴。因为信号的瞬时性,我们挣脱了昔日必须经过运输等待才能抵达的规则,"彼处"完全变为想象的地方,人类进入到"无需启程便可抵达"的空间之中。彼时,人们的社交往往在"缺场"中完成,远程交往开始变得频繁,这种情况下人们不必用明确的地点来描述空间和在空间中的活动情势,不同空间单元的相互替换也成为可能。[①] 这一次脱离情境的身份体验,看似让个体在不同空间中自由流动,实际上仅是让流动的信息在移动和中介的相互情景化中与去地域化的受众相遇了[②],是技术让个体熟悉自身机体与虚拟感的连接,慢慢忘却对地方和身体的感知,一套机械化的电子信号运作系统将个体的空间感知压缩,将原始的远程交往模式打碎,重塑为一种无序流动的、借助虚拟信号完成的交往。即时技术的广泛应用让人的时间感知随之加快,人类被安置于世界或被抛入世界的方式产生转变[③],我们快速相遇、又快速分离,个体就这样在无意识下抵达到新的社会互动图景中。

(二) 电子产品形塑交往新形态

我们在进行远程交往的时候,背后有一整套的物质性产品在服务,是它们提

---

① 朱秀凌:《手机对青少年家庭代际传播时空的重塑》,《编辑之友》,2015 年第 9 期,第 15—18 页。

② 戴维·莫利,王鑫,张昱辰:《传播与运输:信息、人和商品的流动性》,《新闻记者》,2020 年第 3 期,第 71—82 页。

③ [德] 哈特穆特·罗萨:《新异化的诞生:社会加速批判理论大纲》,郑作彧译,上海:上海人民出版社,2018 年,第 64 页。

供了新颖的技术环境，并使我们依赖于此①。无线电台曾为军事通信发挥了至关重要的作用，1958 年八一电影制片厂制摄了剧情片《永不消逝的电波》，影片以红色通信战士李白为原型改编而成，再现了抗战时期通信战士们不怕牺牲、前赴后继地为祖国筑建信息桥梁②，为保全革命情报而舍身赴死的情景。电台作为十分重要的媒介工具，也是战士们远程秘密联络的重要通讯工具，更是红军部队的千里眼、顺风耳。回首过往，通信连中设有摇机员摇马达发电、译电员借膝盖译报，红军背着电台翻山越岭③，战士们冒着生命危险进入敌占区打探情报的时代远去，电子技术的力量为残酷的斗争环境带来了"克敌制胜的一大法宝"，电台充分发挥对敌侦察、联络军情的作用，为"用兵如神"的军事指挥提供了技术条件。

　　"嘀嗒"发报的时代过后，移动电话让每个人都不必固定站立在电话亭或倚坐在座机旁，电磁信号让人类拥有了自由支配通讯设备使用空间的权利。由于移动电话的革命，我们居住的"地点"变成了任何地方，在此程度上，空间的概念受到了冲击，人与人的交往可以发生在电子产品所提供的无数条"虚构通路"中，这样的通路代替了"门口""咖啡厅"甚至是"会议室"。直至 20 世纪屏幕媒介出现，人类才开始接受"世界将被微缩于屏幕之中"④的未来。1925 年英国发明家贝尔德在一次实验中实现了视觉图像的即时传送，后经不断完善装配出了世界上第一台电视，自那时起，屏幕作为一种被观看的视觉介质，引起了人类的关注，它实现了有声有画的视觉呈现效果，开始刺激人体视觉感官，将发生在远方的故事拉进一台 24 英寸的黑白机器之中。至此，远程交往也即将迎来微缩于一块屏幕的演变势态。

　　电报机、移动电话、屏幕这些电子媒介的形式决定了其所能传播的辅助交往的内容，同时也决定了人的生活状态即将被动发生改变。电子信号创造了"传输神话"，拥有一部移动电话，意味着要始终依赖于信号与接收塔之间的联通性来实现远程通话，这一行动牵引并束缚着人的感官与思绪，人类对虚拟的接通速度、连接信号产生敏感性，而对身体的存在和意义的传达变得麻木；电子技术的出现既适应了人类社会发展的脉搏，又让人类在无意识中接受了电子技术的运作逻辑，

① 杜丹：《"转场"：远程交往的具身行动与体验》，《现代传播（中国传媒大学学报）》，2022 年第 7 期，第 70—78 页。
② 上海市通信管理局，《红色通信故事｜永不消逝的电波》，2021 年 05 月 19 日，https://shca.miit.gov.cn/ztzl/dsxxjy/yqxds/art/2021/art_d899bfe4d1ce4787a9c4239ee974e64f。
③ 人民网，《永不消逝的红色电波（微观）》，2021 年 05 月 24 日，https://baijiahao.baidu.com/s?id=1700586570686510309。
④ 黄华：《身体和远程存在：论手机屏幕的具身性》，《现代传播（中国传媒大学学报）》，2020 年第 9 期，第 46—51 页。

开始依赖于此，并化被动为主动去学习这类技术规范。而这仅仅是微小的开端，充满可能性的网络技术即将在远程交往中释放强大的工具威力，再一次让个体无意识地望向深渊。

四、消失的空间：网络媒介的远程交往

网络的出现攻击了人类思维定式，随之到来的"信息高速公路"掀起了新一轮的媒介革命。互联网让我们实现了随时随地参与、应用网络来满足自身需求，并突出了个性化的服务，让用户能够在互联网接收定制的内容、感受专属的功能。乐观的研究者们认为互联网技术让人类打开了"第二人生"，新技术给予用户自由遨游在虚拟空间的机会①，同时还有研究者指出，互联网推动了全世界民主政治的发展②；如今在互联网等一系列新兴技术的影响下，人类的生活浓缩在了一个虚拟网络所营造的"口袋社区"中。家人、朋友、情侣等等人际关系都倾向于通过互联网应用和设备进行维持。父母会将网络当作一种媒介补偿，最早这方面的研究指出移民或跨国家庭会在睡前以发邮件、打电话等形式与子女进行沟通互动，提供情感支撑；中国家庭还会特别重视子女的教育问题，通过网络媒介为孩子提供学习、工作等方面的信息。③根据第 52 次中国互联网络信息中心统计数据，互联网的中高年龄段用户数量呈现再次上升的趋向，50 岁及以上的网民占总体网民29.9%④，已有研究指出，老年人愿意学习与使用网络媒介与家人、朋友进行音视频交流，以此获得更高的幸福感、降低孤独感⑤，可见，老年人也正在不断地适应互联网环境，并习惯于通过网络媒介进行远程交往。

（一）距离的辩证转换

我们的身体就不再局限在我们的皮肤之内，眼睛和手可以瞬间达到上千公里——这正在今天的网络交往中如实上演。我们通过电脑、平板、手机甚至是智能手表就能够实现超越距离的交往实践，感官的高速率运转使得我们能够捕捉到

---

① 王颖吉：《技术媒体、具身认知与万物闪耀——休伯特·德雷福斯的媒介现象学及其当代意义》，《南昌大学学报（人文社会科学版）》，2022 年第 1 期，第 76—86 页。

② 张学勤：《媒介的偏向——文化史视角下的媒介变革与社会发展互动》，《中华文化论坛》，2014 年第 9 期，第 133—139 页。

③ 王可欣，史蒙苏：《媒介补偿：理论溯源与研究路径》，《全球传媒学刊》，2021 年第 6 期，第 69—84 页。

④ 中国互联网络信息中心发布第 52 次《中国互联网络发展状况统计报告》，《国家图书馆学刊》，2023 年第 5 期，第 13 页。

⑤ 王可欣，史蒙苏：《媒介补偿：理论溯源与研究路径》，《全球传媒学刊》，2021 年第 6 期，第 69—84 页。

远距离传输而来的声音与画面。

此时，屏幕距离变成了一种真实距离。若你与好友相距一千里，这"一千里"不再重要也不再被第一时间关注，我们面对屏幕时的感官体验已经能够实现贴近性的远程交往。从需要时刻调整外接摄像头的"电脑距离"，到侧躺在枕旁就能看清对方双眸的"手机距离"，再到紧贴在手腕上的"手表距离"，网络媒介的一步步升级让我们实现了从鼠标、触控笔到使用一根手指滑动便可以传送消息、达成交往的理想。屏幕就这般代表了"真的我"，它不再专属于视觉呈现机制，屏幕让生命流动其中，我们的身体、意识、思想慢慢嵌入屏幕之中。随时随地举起手机就能实现即时音视频通话，我们可以手舞足蹈、可以静默对视，屏幕作为搭配网络技术的中介化物质，不仅推动了人与图像的关系演变，也在根本上改变了人与世界的关系 ①，"通过屏幕生活"好似变成了合理性的生活方式。

存在变得缺乏意义，我们开始进行"后城邦交往"。"如果地方性的城邦曾经是围绕着'门'和'港'建立的，则远地的后城邦今后将围绕着'窗口'和电信设施，也就是说，围绕着屏幕和规定时间段而建立。"② 学者指出，支配这一新式社会的原则是光速，城市内的物理距离被光速传达的讯息所掩盖，人对自身存在的感知也被传感器、屏幕所取代，身体成为能够光速接收的终端。屏幕把真实的城市规模缩小在一个小小的方框之中，我们用网络认识与感受城市空间，但网络也让我们不再纠结真实的地点、方位，身体化作"接口"，连接到整个宇宙，在此刻根据空间邻近性而加以组织的旧有的社会关系正在被远程沟通纽带所取代。③ 在中国，"串门儿"增添了节日的热闹劲儿，而沉浸于网络媒介的人们变得宁愿打一个视频进行几分钟的寒暄，也鲜少肯迈出现实互动的步伐。人们变得排斥由远及近的现实交往，而在技术的辅助下适应由近到远的虚拟交往。

网络媒介就这样悄悄占据了人们的身体、感官，我们回归到了"游牧式"的自由生活，却又无以为家。我们使用 5G 带宽连接海内外，与四海好友作伴；我们配置家庭"小水滴"以"监控"名义关注老人与小孩，确保其各方面的安全稳定，让网络媒介代替现实陪伴。太多太多的技术将压缩好的空间传递给使用网络媒介的我们，试图让人接受、认可屏幕内的生活。但实质上，我们必须让自己和家人、朋友、同事之间形成"网友"关系，这层关系是远程交往中实现即时通讯、内容

---

① 黄华：《身体和远程存在：论手机屏幕的具身性》，《现代传播（中国传媒大学学报）》，2020年第 9 期，第 46—51 页。

② 黄华：《身体和远程存在：论手机屏幕的具身性》，《现代传播（中国传媒大学学报）》，2020年第 9 期，第 46—51 页。

③ 黄华：《身体和远程存在：论手机屏幕的具身性》，《现代传播（中国传媒大学学报）》，2020年第 9 期，第 46—51 页。

交互等功能的基础。不论是月活数达 13 亿多的即时社交应用微信，还是兼具娱乐性、互动性、丰富性的微博、抖音、小红书等应用软件，每下载一款近似以上应用功能的软件，便需要借助手机号或其他社交平台的账号完成注册，形成一个独属于自己的数字账号，从而"加盟"到应用程序所创建的虚拟社区中去，甚至可以实现多个社交平台的互联互通，以数字化的"我"遨游在各大网络社区中。渐渐地，人类将自己交给了这些号码化、符号化、数字化的化身。

人类肉身虽居住在某个具体化的位置，但神经系统早已与电子器官相连接，后城邦中人依靠科技的生命在存活，人的社会性必须由人机界面来完成以期实现穿透的、亲密的、远程的交往，令人唏嘘的悲哀就此产生：倘若生活中失去了互联网，人们发觉日常人际关系的连接、互动变得空虚而无味，由于人们过度着迷于网络媒介、电子屏幕里所传输的生活状态，而认为现实根本无法复刻这种网络生活所带来的愉悦与超脱。

（二）被忽视的物质转向

物质存在是我们行动的基础。媒介作为一种物质性产品支撑着远程交往中的连接、传递和交互，而互联网技术的发展激活了许多物质性产品，让查看时间的手表、遮蔽太阳的眼镜以及在医疗检测方面的各类器材都趋向智能化。特别是远程联网的可穿戴产品，能够运用时间轴功能储存测量的数据，以及在数据链中进行分析对比，甚至是与他人互联，让彼此了解佩戴者的实时血压、心跳等健康状况，解决了远距离医护困境、照顾空巢老人等问题。

手机、电脑等协助进行远程音视频通话的物质性媒介，正步步异化着人类的生理机能。就手机而言，不仅成为寸步不离的通讯工具，更几乎"寄生"在了人的身上。不论是驾驶中、走在路上还是闲坐着，只要将手机置在支架上，人们就能以平稳的画面与他人进行视频通话。其中，通话的一方看向屏幕，但对方是无法感受你与他之间的眼神交流的。理想化的情境是，通话双方将眼球的视点放在摄像头这一固定位置上，才会在实时影像中呈现互相对视的状态。但拉回现实，手机、电脑等设备上的摄像头早已异化了人们的视觉感知。我们的眼睛习惯了"无焦点的对视"，甚至大家各忙各的，开着视频却只是聊天，单纯让"听觉"完成视频通话，"通话""视频"的意义慢慢消解了。

阿尔伯特·波哥曼提出，我们需要关注发生在个体身上的"聚焦性实践"，即由人们共同参与、具有社会整合团结功能的仪式化活动。① 像日常生活中的聚会、聚餐、约会等较有仪式感的活动，这些曾被看作是连接关系的最佳场景，而如今，不论与家人还是朋友、恋人，原本为实现关系更强、更紧密连接的"圆桌"早已失去了原本的团结化功能，智能手机成为破坏圆桌功能的物质存在之———每个人通过自己的手机与外界进行着远程交往。我们围坐在一起，表面上距离已足够亲密，但饭桌上其实悬吊着不同的数字化身，对圆桌上所发生的交往熟视无睹，一种排斥心理在作祟。圆桌的没落还体现了地域空间的消失，因为"近距离"已经不再奏效，距离再近人们依旧可以自我抽出、脱离，像拥有超能力一般，让圆桌的直径无限接近于地球的直径，甚至进入无边界的想象。

　　这些真正对人的日常生活有重要基础意义的物质存在，在网络技术的浸没下，本属于它的意义破碎，一步步走向了虚幻。自从互联网如龙卷风般席卷人们的生活，"网络成瘾"就已成为我们无法忽视的一大问题，借助网络技术以接入远程交往一定程度上破解了难题，但也带来了困境。对于线下交往的排斥、忽略，让人与人之间的关系开始结冰、破裂，逐渐对网络远程交往习惯、成瘾，默认了它的必要性与合理性。我们既得到又失去，保护了与恋人的关系稳固性，却时常因为"异地"相处而产生无法解决的矛盾，既亲密又破碎，如此让远程关系变得脆弱易断。

五、"后人类时代"：数字化身的远程交往

　　当自然界中生物进化的接力棒传递到人类手中，对人类进化发挥统治力量的就不再只是自然界，还有人类自身。现代科技迅速发展，"后人类"（post-mankind）的概念引起了人们的关注，其指的是经过技术加工或电子化、信息化作用形成的一种"人工人"②。时至今日，我们所生存的时代的确在许多方面超越了对人类本身的预估。在 NBIC（即纳米技术、生物技术、信息技术和认知技术）的融合背景下，人类实现了高速率的自动化社会生产，创造了人工智能机器人以替代人类的行动，让主体从现实中抽离、在数字世界中虚拟存在……因此，远程交往开始超越可读或可写、超出身体、传递知觉甚至延续生命。用麦克卢汉的话来形容，数字媒介在体外延伸出一个活生生的中枢神经系统的模式③，我们的意志数字化、生

① 王颖吉：《技术媒体、具身认知与万物闪耀——休伯特·德雷福斯的媒介现象学及其当代意义》，《南昌大学学报（人文社会科学版）》，2022 年第 1 期，第 76—86 页。
② 张之沧：《"后人类"进化》，《江海学刊》，2004 年第 6 期，第 5—10、222 页。
③ ［加拿大］马歇尔·麦克卢汉：《理解媒介：论人的延伸》，何道宽译，南京：译林出版社，2019 年，第 66 页。

命赛博化。

（一）"我与你同在"的数字实践

"举头望明月，低头思故乡"，李白作客他乡抬头望月，从诗句中抒发对故乡的思念之情，试图在诗文的意境中抵消与故乡的距离，吟曰"我"与故乡"同在"的美意；王勃写下"海内存知己，天涯若比邻"，在朋友的情谊面前无遥远之谈，即使走到天涯海角，这份友谊衣旧"同在"；苏轼的千古名句"但愿人长久，千里共婵娟"同样表达出一份千里外"同在"的思念情绪与美好祝福。千年前，诗人们"借诗转场"，感怀着远距离外的他乡、他人、他事，表达着对"远"的执着与呼唤。

穿越千年的呼唤，我们实现了"借技术转场"的远程交往实践，甚至踏入了千年"同在"的创新大门。在 2024 甲辰龙年的春晚现场，导演将诗人李白"邀请"到了大唐不夜城，与千人齐诵《将进酒》，观看直播的几亿观众从李白的视角感受了过往长安的辉煌以及如今活力的西安，通过帧帧对位调试，导演组采用动画 AR 的形式，在春晚舞台上首次实现了真人与动画的交互。[①] 这一次，我们与古圣先贤以"同在"的状态对话，中华传统文明与今天蓬勃发展的媒介技术实现了碰撞，人类于"虚拟空间"再识文明，甚至促成了以身体实感感知交往的超前体验。反观未来，技术同样难以脱离身体感知而进步，即使它不断地想要带领人类走向"离身"的未来现场。

技术在被发明之初是希望帮助人们实现"转场""离身"的高科技体验，不难发现的是，技术的本体一直是"在场"状态，只不过它替代了身体的存在，变成了人的延伸。底层逻辑变为将使用技术的人上传到云端，但技术"存在"于现实空间中起作用，它用"在场"凸显自身的重要性。

现实空间中技术日增月盛，人类逐渐走向了"第三空间"的搭建旅程。疫情期间，各地大中小学纷纷采取"云教学"形式——老师与学生在线上搭建教室，实现"云同步"和"云互动"。网课的时兴让我们进入了新的空间，以实现远程同在。一方面，学生在其中能够依靠"一对一"的参与模式和云端储存的学习资料感受网络教学的优越性，而另一方面，课堂教学效果以及学生学习的主动性与效率捉摸不定。"网课"让我们重返课堂，突破阻力与老师、同学重聚课堂，但也使得教师感受到教学的未知性，让学生的"行为惰性"愈演愈烈。远程教育的矛盾生动地反映了使用网络媒介进行远程交往的矛盾。在现实生活中，我们实际需要

[①] 人民日报，《李白如何穿越"来"春晚？揭秘》，2024 年 02 月 12 日。

面对各式各样的环境、氛围和行为动线，身体机能支持我们在特定环境下调节自我，根据大脑的快速运转为自我捕捉最适合接收、解读以及回应信息的状态与位置。所以，人类若将像谈话、会议、教学等本就属于"现场"的活动，转移到技术所赋予个体的"电子器官"后，依旧无法超越实感。线上创立的"同在"空间一方面的确突破了距离的限制，但在另一方面削减了我们对自身真实性的感知。

现有越来越多的学者将身体维度引入对媒介的研究之中，而过往在传统理性主义观念的影响下，认为身体仅是操作技术的一副躯壳。实际上，如今我们借助媒介进行交往的活动中，最无法失去的不是网速、带宽、网络设备等保障，而更需要身体的主动性。新媒体技术貌似要带我们脱离身体，但在它设计之初时，无法不根植于人的生理构造、心理需求等根本性的限制，于是，造成了当下新兴技术的内在张力。[①]

"同在"更无法割舍的还有情感上的链接。过去"十年生死两茫茫"，今天我们通过全息投影等数字技术就能实现与逝世者的对视和交流。2017年，数字王国[②]打造了一场虚拟人演唱会，使邓丽君以"虚拟人"形象实现"美丽重生"，唤起大众的复古记忆；2024年，"AI复活"这一产业链的诞生引起了社会各界褒贬不一的评价，在法律、道德、伦理等层面上的探讨仍在延续。技术已经开始"捉弄"我们对交往对象的情感，并且再次回到单向交往模式。在数字化程序的背后，程序员书写的代码影响着虚拟投影、虚拟画面的编排以及对生成式内容的意识与思想控制，通过这些技术性的管控，我们进入了一个方方面面都支持数字化身进行交往的赛博空间。

"我与你同在"所呈现的虚拟性、实验性的交往带给了我们什么？现如今，发达的高科技，实现了人体感官的延伸，人的实感被一点点遗忘与摧毁。虚拟化、赛博化的交往空间，允许数字化身、分身的存在，人的形态、意志等个性化因素化作程序在第三空间中运作以完成远程联动。AR、VR技术让我们实现远程同在，超越现实的视觉影像播送着具有立体感、具身感的画面，人们从使用穿戴式VR眼镜到佩戴不到一毫米的微型镜片，未来甚至设想在人体眼球内植入芯片以调动神经系统完成基本的日常生活需求。这些变化告诉我们，眼睛和镜头的融合随时随地都在发生，肉眼的自然观看竟然成为一种"稀缺"，眼睛正在经受一种"最终

---

① 王颖吉：《技术媒体、具身认知与万物闪耀——休伯特·德雷福斯的媒介现象学及其当代意义》，《南昌大学学报（人文社会科学版）》，2022年第1期，第76—86页。
② 数字王国集团有限公司是位于香港的视觉特效制作商。2017年5月数字王国与3C科技精品商场三创生活园区（三创）联袂打造了《今日君再来：虚拟人邓丽君音乐奇幻SHOW》虚拟演唱会。

达到光学残疾的眼睛训练"①——"这一发展就意味着一种拼死的、自杀性的自我截除"。②

（二）穿越星际的交往

古代民间到处流传着夸父追日、牛郎织女、嫦娥奔月等神话故事，在一段段关于天空的幻想文本中，传颂着古人对上苍的期盼与好奇，也预示着人类对征服天空的理想愿景。此外，天空也是诗人们热爱表达情感的意象之一，李贺在《天上谣》里描绘出仙境之动——"天河夜转漂回星，银浦流云学水声"，黑夜中璀璨的群星吸引了诗人的目光，更甚听见银河似水般流动；"玉宫桂树花未落，仙妾采香垂珮缨"，随即思绪飞往天宫中，有桂花、有仙人更是香气弥漫，极富想象力的婉丽诗句中抒发着古人对于星空内幻想世界的憧憬。这些包裹着人文情愫的天空执念，不仅为后人描绘出了未知景象，更是激发了人类对冲出现实、奔往自由的渴望。

从"飞鸽传书"开始，冲上云霄的场景就已经实现，只不过那时人们还未考虑过将自己送上天空、遨游星际。等到飞车、风筝、孔明灯等飞行器被发明，这些物质性媒介不仅包含着文化意义，也承载着人类对于高空的好奇与遐想。而像孔明灯这一通过对高空热力规律的考量设计出来的天灯，除了运用在军事信息的传播上，还渐渐成为一种百姓许愿的娱乐工具。孔明灯不像风筝、竹蜻蜓能够返回地面，它的发明实现了将物体送上天空的愿望。现代社会，火箭、卫星、载人飞船等飞行器延续了人类的"飞天梦"。如果说过往的孔明灯、热气球等发明揭开了人类探索飞行的序幕，那么伴随现代航天技术革新而出现的火箭、飞船等在真正意义上助推了人类穿越星际的愿望。中国航天人循着"三步走"的战略，从载人飞船到建立空间站，我们在太空"安家"。穿过大气层、登上月球，人类打开了外太空的大门，科学家、航天员们完成的不仅是宇宙探索任务，更转动了人类进步的齿轮。

现在，普通人也能够借助媒介平台打造的"太空授课"栏目和宇航员相连接，家家户户能观看宇宙星系的模样，认识和学习太空知识；影视作品中"虫洞""行星发动机""空间站"，甚至是"太空电梯"，都为大众呈现出人类穿越星际的震撼画面，引发观众的好奇与幻想；商业航天事业日渐繁荣，预示着人类航天的又一

---

① 黄华：《身体和远程存在：论手机屏幕的具身性》，《现代传播（中国传媒大学学报）》，2020年第9期，第46—51页。

② ［加拿大］马歇尔·麦克卢汉：《理解媒介：论人的延伸》，何道宽译，南京：译林出版社，2019年，第66页。

大进步，未来的我们甚至将开启星际转移的旅程。对于星系空间的想象，我们随着科技、人文与艺术界的影像资料在脑海里描绘出一幅幅乌托邦式的图景，但同时，技术和媒介也正试图实现让每个人都能进入未知空间的超越性体验。

而为能进一步接近"星际"路径，人类仍在不断拓宽航天技术的可能性，也在不断挑战着媒介技术的宽容度。俄乌战争中，战场的实时直播经互联网传播至全球各地，扩大了民众对于战争的恐慌情绪，甚至造成对灾难受害人的二次伤害；美国的商业航天公司 Space X 向乌克兰运送了大批"星链"（Starlink）终端，为战时的网络连接提供服务。[①] 我们已然发觉，在航天技术日渐成熟的背景下，太空力量开始注入战争这一敏感的话题之中。因而在穿越星际的交往实践中，人类更应该认清并把握的，是对于太空开发与利用的边界。

"星际殖民"如若成为现实，那地球文明的转移会带来怎样的后果？倘若"太空战"变得频繁，那么由谁来为人类的安全负以全责？或许未来我们会拥有"太空电梯""星际互联网"等设施，就此航行在宇宙中与家人、朋友、同事实现星际交往。而在更值得人类思索的理想暗面，是人与人之间的经济实力、知识背景、地域差异等方面的鸿沟未必能够缩小，总有人能凭借先天优势获得优异的"加速度"。

人类长期对于太空服务和星际殖民有着深度追求。已有的卫星互联网技术已经进入到军事单位使用，在未来，穿越星际的文明或许能为人类带来丰富的生命体验，但"外空武器化"也可能不再是想象，星际内不仅能达成友好交往也可能战争肆虐。我们应意识到，未来科技虽然充满了魔力，但某种程度上也在吞噬着自然本有的美好，这就需要我们辩证地审视传播媒介、传播现象和传播活动的多面性和复杂性。[②]

结语

从原始媒介到网络媒介，人类始终无法摆脱距离带来的"分离"，同样也无法拒绝媒介技术带来的交往便利。今天，辅助人类实现远程交往的算法、虚拟现实、人工智能等"新兴"技术看似在一夜之间充斥于我们的生活，但从媒介考古的角度回顾诸多技术的发展——技术创新的内核动力中始终包含着人类共有的需求与渴望，这些需求催生了新性能、新功用的媒介技术工具不断出现。

---

① 满莉、常壮、刘强：《"星链"驰援乌克兰战场，透明世界与有限太空战》，《国际太空》，2022 年第 5 期，第 32—34 页。

② 陈世华：《西方传播政治经济学研究的反思》，《新闻大学》，2021 年第 8 期，第 80—91、120 页。

　　"我们越是谈论未来学，就越需要从历史的视角来看待这些问题"。[①] 我们对"未来"有着无限的遐想，冀望纸张"长出四肢"、期待屏幕延伸触感。于是，"未来型"媒介应运而生。人们尝试补偿前序有所不足的媒介，以便于实现超越历史和现实的交往理想。在当下虚拟和实际变化不穷的格局中，来自先前历史时代的旧幽灵仍然在赛博空间的小路上游荡，甚至最新技术的有效性依旧可以说最终取决于本有的物质基础设施。[②] 所以，今天大多数的前沿技术更多体现的是对过往媒介生态的一种纵深发展。

　　施拉姆用"最后七分钟"为我们说明了媒介文明的飞速变革，人类当下所面对的新技术、新手段几乎仅需要几毫秒或几微秒便诞生了。于是出现了媒介被无意识地叠加到社会交往之上，刺激并挑战着人类社会的传播情境，也让社会生活因外界物质的介入而变得复杂——既能够超出人类本身的想象，还会在一定程度上阻碍人类看到现实与真相。我们依靠纸张、信号、网络层层深入远程交往的内核，但在完成交往实践的核心之外，依然存在被忽视的裂纹——首先，不平衡的数字接入使远程交往的"鸿沟"变大。特别体现在银发群体中，愿意并肯主动学习网络媒介的老年人能够借助各种数智设备与家人实现远程交往，而难以融入其中的老年人，便会因社会媒介化程度的加深而深感生活的"吃力"，孤独感、陌生感和孤立感不由地笼罩在他们周围，"数字不公"正潜移默化地打压着老年人的生活积极性；其次，每个人都已赤身露体地妥协于互联网，开始习惯透明地活着。数字技术原被认为实现了个体身份在物理场所中的解放，但被技术浸透的社会现实表现为——用户们的 IP 地址、搜索记录以及使用习惯等方面均在被记录、保存，甚至是学习。网络技术利用人们的地理位置去连接实际身份，隐私变成了悖论，所以真正需要我们敏感的或许不是技术性能的更新换代，而是对自我身份、隐私的保护，以留存交往的边界维持更好地远程关系。媒介就像生活中大大小小的门，我们可以不考虑这些门后面风景如何，但是若没有了门，或许人们就不再愿意往前探一步，人类的文明也会停滞不前。这些标向另一个空间的门框让我们愿意挑战、适应与改变。而站在门外最难面对的是如何让自己不完全被媒介环境所异化。

　　我们对于"同在"的追求贯穿了探索远程交往实践的整个历程。麦克卢汉从媒介演化的视角指出，人类经历了"部落文化（口语时代）—脱部落化（印刷时代）—重新部落化（电子媒介时代）"的过程。我们从经典的媒介环境公式里便能

　　① 戴维·莫利、王鑫、张昱辰：《传播与运输：信息、人和商品的流动性》，《新闻记者》，2020 年第 3 期，第 71—82 页。

　　② 戴维·莫利、王鑫、张昱辰：《传播与运输：信息、人和商品的流动性》，《新闻记者》，2020 年第 3 期，第 71—82 页。

够透视人类远程交往的发生与革新：口口相传的年代里人类开始聚集、获得时空感知，并不断被需求刺激出对远方的兴致；语言文字以及纸张的"自我转移"联系起远方的朋友或读者；电子时代的技术发展触发了众多的媒介物"站在原地"连接交往的双方；而到了网络时代，人类试着探索出新的交往"领地"，甚至制作出自己的"分身"，然后驾驶着超现实的列车驶达"现场"、重返"附近"，再次聚集在虚拟化的"部落"。所以，人类对于远程交往的重视与需求是恒久的，不断革新进化的媒介维持着人对"同在"的永续追求，也参与重构出人类交往的新世界。

华夏传播思想研究

心性的修炼：论"孟子"的内向传播

The Cultivation of Mind and Nature: On the Intrinsic Transmission of "Mencius"

齐渤洋、李晓丽 *

Qi Boyang Li Xiaoli

摘　要： 孟子是儒家学派的代表人物，他对于人心的探索和心性的修炼对后世有着重要的影响，并丰富了儒家内向传播。孟子使用一系列学说术语将心性的修炼、自我内化进行完整的诠释，如"存心""养心"归属为自我意识，"求放心"为最高层次。其中"存心"被认为是"赤子之心"；"养心"与"寡欲"相联系，在"求在我者"和"求在外者"中倡导人不应该因为外在事物而影响自身心性的修炼。这样的心态，又延伸为"不动心"。"知言养气"是内在传播的自我互动，作为"不动心"的技术支撑。最后"践形""知天""立命"等视为自我觉醒，孟子将自我内在修行与外在的命运间横划出一条明显的界限。所谓"心性的修炼"不仅要世人明白其中的含义，更要实现自身价值，孟子强调自身价值并不局限于人的肉身本身命题之中，而是与灵魂的心性相联系，以此带动人身和人生的变化，并为内向传播构建更完整的体系。

Abstract: Mencius is a representative figure of the Confucian school, whose exploration of the human heart and cultivation of character have had a significant impact on later generations and enriched the inner-directed communication of Confucianism. Mencius used a series of terminologies from the school of thought to provide a complete interpretation of the cultivation of character, self-cultivation, such as "preserving the heart" and "nurturing the heart" being attributed to self-awareness, "seeking the lost heart" being

---

　　* 作者简介：齐渤洋，女，内蒙古兴安盟人，内蒙古师范大学硕士研究生，主要研究方向为文化传播与声音景观；李晓丽，女，内蒙古兴安盟人，云南师范大学硕士研究生，扎赉特旗中等职业学校教师，主要从事语文教学，教育理论，思想政治教学研究，教师发展研究。

the highest level. Among them, "preserving the heart" is considered to be the "innocent heart"; "nurturing the heart" is associated with "fewer desires", advocating that people should not be influenced by external things in their cultivation of character. Such a mindset is further extended to "not being moved by the heart". "Knowing words and nurturing one's vitality" is self-interaction in inner-directed communication, serving as technical support for the "not being moved by the heart". Finally, "practicing one's form", "knowing the heavens", and "establishing one's mission" are regarded as self-awakening, and Mencius drew a clear line between the inner cultivation of character and the external fate. The "cultivation of character" not only aims to make people understand its meaning, but also to realize their own value. Mencius emphasizes that the value of oneself is not limited to the subject of the physical body, but is connected with the soul's character, thereby driving changes in the body and life and building a more complete system for inner-directed communication.

关键词：存心养心；知言养气；践行知天；心性的修

Keywords: Inward transmission; Cultivate one's heart; Knowing words nourishing qi; Practice know the day; The cultivation of the mind

"心"与"德"作为人生道路上的修炼以儒家中孔子的"为己之学"为基础。"心"通常包含精神、情感、认知等复杂心理活动。在儒家学派中，孟子将"心"简化，通过先天既有的心理定势，主张以"心术为主"，即"德""善"念，期望达到人内在本真的探寻，解决人的精神、情感、认知等复杂情况，所以"心性的修炼"实则是一个内化的过程。不过，因孟子过于专注"人心"，同时也局限于精神修炼领域。例如：礼乐、经典学习并未过多涉及。又由于孟子潜心探索人心修炼的路径，进而使这方面的内向传播更为完善。因此，本研究将重点解析孟子眼中的内向传播——心。

就内向传播而言，可理解为"人内传播""自我传播"。从大众传播角度看，关于内向传播的研究相对较少。郭庆光认为内向传播"指的是个人接受外部信息并在人体内部进行信息处理的活动"，"是其他一切传播活动的基础，任何一种其他类型的传播，如人际传播、群体传播、大众传播等，都必然伴随着人内传播环节，而人内传播的性质和结果，也必然会对其他类型的传播产生重要的影响"。[①]张四新学者在《论信息内向传播的生态特质》对内向传播作了更加全面的解析：

① 郭庆光：《传媒学教程（第二版）》，北京：中国人民大学出版社，2011年，第65页。

"个人接受外部信息并在人体为部进行信息加工、协调和组织管理的过程，是发生在个体内部的生态性信息交流活动，是信息在主我和客我之间进行的交流和传递。"[①] 据此，可知内向传播是一个内在反思运动。《论语·学而》中同样具有反思意味："吾日三省吾身：为人谋而不忠乎？与朋友交而不信乎？传不习乎？"[②] 作者强调在反思的过程中，希望加以改正，以完善自身，是内省的一种方式，所以无论是在内向传播中，还是儒家思想，反观自身皆是一种途径和渠道。这意味着信息在主我和客我之间进行传递，不仅仅是从外界流入个体的内心世界，还在个体的内心世界中被重新组织、理解和解释。因此，内向传播是个人与外界信息互动的一个重要环节，也是个体认知、情感、态度和行为形成的重要过程。

为了内向传播更为完善，达到"不动心"的境界，还需依靠特定的组织、系统或群体内部信息的传递，这是内向传播在个体生态性方面的重要体现。在个体的内部环境中，信息在主我和客我之间的流动和传递，是对整个环境、文化、社会交往等多个层面信息的内部反馈和调整机制，有助于个体在信息世界中的生态平衡。要实现生态平衡，可以借鉴儒家中孟子中的"存心、养心、求放心"成为内向传播的关键，以"自我意只"为起点，采取"知言养气"的自我互动来实现。需要注意的是在修炼过程反观自身的过程中，即便有客观外物的影响，也要保持"求在我者和求在外者"的境界，达到"心无一物"的根本目的。就内向传播的文献来看，尤其是思想方面的内化并不多见，值得一提的是厦门大学学者谢清果对于华夏内向传播发表了多篇系列学术论文：《内向传播的视域下老子的自我观探析》[③]《内向传播视域下的〈庄子〉"吾我丧"思想新探》[④] 等，为笔者的内向传播研究视角开辟了更多可能路径。概而言之，内向传播的重要性不言而喻，内向传播过程的复杂、动态、难以量化和对其他所有传播活动具有很大的影响，恰恰体现了其在人类传播活动中的独特性和重要性。其实，无论是动态还是静态，是量化还是质变，找寻内在的根源才是关键。内向传播多依赖于个体的主观感受和理解，所以深入探索个体世界内心的信息处理过程、认知形成，情感反应等就变得更为重要。内向传播的关键在人，人的核心为心，心是控制一切思想和行为的主要承载体，万事万物由心而发，尽心、知性、知天，上下与天地同流，是孟子对人的精神境界的深刻体察，所以，孟子的心性修炼，在内向传播探究中是最为完整且

① 张四新：《论信息内向传播的生态特质》，《情报科学》，2005 年第 6 期，第 828—831 页。

② 孔子：《论语全书》，思履译，北京：中国华侨出版社，2013，第 11 页。

③ 谢清果：《内向传播的视域下老子的自我观探析》，《国际新闻界》，2011 年第 6 期，第 58—63 页。

④ 谢清果：《内向传播视域下的〈庄子〉"吾我丧"思想新探》，《诸子学刊》2014 年第 1 期，第 61—75 页。

有启示意义的。正所谓"心之官则思。思则得之，不思则不得也。此天之所与我者"。①

一、"存心""养心"：内向传播的自我意识

自我意识在内向传播中被认为：作为人类，我们都具有独一无二思考自身的能力。这种能力从何而来？在儒家传播中孟子将这种能力定义为"心"，心能够指引一切，但何为"心"？此"心"并非指当今世人理解的"心脏"一词，古人谈及的"心"更多是思维器官，所以将思想、感情等都用心来表示。孟子则将"心"看作大体，"耳目"等器官为小体。简单来说，就是耳朵和眼睛等感官能不能思考，是否容易被眼前所看到或听到的事物迷惑，如若探求事物的本真，就要用心"看"，进而用心"思考"，并作出正确的判断，此判断又称为"理"，有"理"的同时就体现出思考的重要性。在孟子学说中有"存心、养心、求放心"等观念作为支撑，达到理性的判断，但理性的判断只是孟子学说中顺其自然的影响，孟子强调在达到"求放心"最高境界时，前者"存心""养心"分别为第一、第二部分，最后指"不动心"。"尽其心者、知其性也。知其性也，则知天矣。"② 由此可知，人的思考能力与本心的存在紧密相连，若失去了本心，思考便无从谈起，进而内心的传播活动也失去了根本意义。而本心所激发的自我意识，不仅具备自我修正的能力，还能够衍生出"养心、求放心"等内在传播观念，这些观念在个体的成长过程中发挥着至关重要的作用，所以儒家学派认为内向传播不仅关乎个体的内心修养，更是实现自我价值和社会和谐的关键。相较于人际传播，孟子更倾向于内向传播，也具有更为深远的意义和价值。

（一）存心：自我意识的出发点

内向传播的出发点是"感觉"，感觉是人对客体所产出的反映，在感觉之前"先觉"即和身体一同出生，没有"先觉"，"感觉"无从下手，而感觉和先觉都由心来支配。正如《孟子·告子上》："恻隐之心，人皆有之；羞恶之心，人皆有之；恭敬之心，人皆有之；是非之心，人皆有之。"③ "先觉"即天生所有，是孟子学说中心性的"存心"。先有"先觉"再有"感觉"，从"心"的角度入手，由感觉进行深入挖掘，将内向传播的出发点更加完整体现出来。

所谓"存心"，孟子曰："君子所以异于人者，以其存心也。君子以仁存心，以

---

① 杨伯峻：《孟子译注》，北京：中华书局，2012年，第295页。
② 杨伯峻：《孟子译注》，北京：中华书局，2012年，第331页。
③ 杨伯峻：《孟子译注》，北京：中华书局，2012年，第283页。

礼存心。"① 君子和一般人最不同的地方就在于"存心"，仁和礼都是存心的要义。而孟子又强调"存心"是本身具有的，认为人自身具有引导自己达到本真生存的潜能，即人性拥有向善的可能性。② 这一点与内向传播的自我意识不谋而合。在生活中能够被自己所控制的只有"良知之心"——先觉，孟子为"先觉"赋予了"善"的含义，从儒家角度探析，善可成天下事，孟子不仅认为人有先觉，也认为"先觉"是人本善的主体，孟子主张："人之初，性本善。"③ 人在有生之初，就具有仁义道德之心。当看向历史的长河，不禁反问，儒家中一些圣人，他们的智慧与品德究竟从何而来？是依靠外在的知识灌输？是外在环境的严酷塑造？还是他人强加的规范与要求？事实上，真正的儒家圣人之道，并非如此。正如孟子所言"存心"有善的含义，蕴含了善的本质，同时也指代那颗如"赤子"般的心。这种本心，是在未经世俗污染的状态下自然呈现的，它使人能够自然而然达到这种境界。至此有良知之心方可"养心"——培养并维护这份内在的纯净与善良。秉承良知，一心向善，跟随自我意识驱动，可为君子。在《孟子·离娄下》亦有："不失其赤子之心"④ 的教导。但"赤子之心"在物欲横流的世界中又何以延伸？孔子曰："操则存，舍则亡；出入无时，莫知其乡"，孟子论："惟心之谓与？"⑤ 孔子和孟子都认为良心是人们内心最本质、最纯净的部分，因此应该紧紧抓住它，因为即使是一个看似很普通的人，难道就没有内在的仁义之心？这种仁义之心，正是每个人内心深处的"赤子之心"，是成为真正君子的关键。

孟子又将"良知"比作山："人见其濯濯也，以为未尝有材焉，此岂山之性也哉？虽存乎人者，岂无仁义之心哉？其所以放其良心者，亦犹斧斤之于木也，旦旦而伐之，可以为美乎？"⑥ 因为日日砍伐树木，导致山上没有生机，所以才看到了今天的荒山，可是眼前的荒山真的只是山的本性吗？带有思考意味反问诸己，那么山的本质到底是什么？答：本是林木繁茂。如今在人身上也是一样，人的本性为善，这是事实所在，人们面对万般诱惑时，应加强自己的意志，克服无能的心态，以种种存养的方法，借助"四德"达成"德性"提升、扩展、坚固自身的主体地位。这颗本心在内在传播中使人们认识自我、改善自我，形成一个"可更新又可开放的内在环节"。只有意识到这一点，内在传播对人有利而生发，才能够为"养心"培养"善"的土壤。

① 杨伯峻：《孟子译注》，北京：中华书局，2012 年，第 214 页。
② 匡钊：《论孟子的精神修炼》，《深圳大学学报（人文社会科学版）》，2016 年第 5 期，第 42—52 页。
③ 柳川艳：《三字经》，吉林：吉林文史出版社，2013 年，第 2 页。
④ 杨伯峻：《孟子译注》，北京：中华书局，2012 年，第 204 页。
⑤ 杨伯峻：《孟子译注》，北京：中华书局，2012 年，第 288 页。
⑥ 杨伯峻：《孟子译注》，北京：中华书局，2012 年，第 288 页。

（二）养心：自我意识的着力点

自我意识由两部分组成：自我形象和自我认同。美国社会学家和心理学家乔治·赫伯特·米德将"主体我"和"客体我"形成对话①，以近乎二元对立的方式解释此命题。在中国孟子"心性"的道路上，则认为自我形象和自我认同是"自我"与"他者"的内向内心互动。以开悟生命、开启道德为本源，实现身心合一的境界。对于孟子来说一切都为"人心"而论，在种种"感觉"之上才能内固自我形象实现自我认同。在孟子看来，这种过程是心的一种成长，被称为"养心"。此为内向传播的着力点。

孟子曾说："养心莫善于寡欲。其为人也寡欲，虽有不存焉者寡矣；其为人也多欲，虽有存焉者寡矣。"②孟子很明确将"养心"与"寡欲"联系在一起，人心是向上的，减少欲望，回归本我是养心的方法。这里的欲望是"人欲"，单看字面，似乎与道家或墨家的"欲"有相同之处。其实不然，在儒家学说中，"欲"一词较前者的观点更为正面，人生来有六欲，所谓"眼、耳、鼻、舌、身、意"。而饮食男女在人伦中乃是正常现象，只有人的欲望威胁到人心的养护时，才被认为是负面，"寡欲"本身并不具有贬义，寡欲除了为"少欲"之外，当处于负面的时候，人们应加以克制。在内向传播中，反省自身、克制负面欲望便成了"养心"的必经之路，提升自己和改善自己成为"养心"根本目的。那么，"寡欲"又是基于什么样的条件才进行克制呢？儒家曾提到"天人有分"，在《孟子·尽心上》中，有关于此类的看法："求则得之，舍则失之，是求有益于得也，求在我者也。""求之有道，得之有命，是求无益于得也，求在外者也。"③孟子提出"求在我者"和"求在外者"两种观点。学者冯友兰曾言："孟轲把人生中的事情分为两类。一类是'求在我者'，如果努力追求，一定可以得到，……这是关于道德品质和道德行为的事情。另一类是'求在外者'，有一定的办法去求，可是能得不能得是有自己所不能控制的条件所决定的，……所以也可以说是'天命'所决定的。""天命"有命定之意，也与人"性"相连。程子曰："五者之欲，性也。然有分，不能皆如其愿，则是命也，不可谓我性之所有，而求必得之也。""仁义礼智天道，在人则赋予命者，所禀有厚薄清浊，然而性善可学而尽，故不谓之命也。"④从这二句可以看出，理解"天命"的同时自有"性"的存者。朱熹在"养气"中升华了孟子

---

　　① 陈昱盈，李欣芷，谢艺婕：《华夏传播 薪火相传 生生不息——访厦门大学谢清果教授》，《华夏传播研究（第十一辑）》，北京：九州出版社，第45—52页。

　　② 杨伯峻：《孟子译注》，北京：中华书局，2012年，第378页。

　　③ 杨伯峻：《孟子译注》，北京：中华书局，2012年，第331页。

　　④ 高小强：《论天道与人道——以辨析康德之先验自由及其与实践自由的关系》，《四川大学学报》，2012年第2期，第5—13页。

的理论，认为，五欲是性，这性是气质之性，这种性之欲，能否实现，决定性的因素在天理，人应当顺应天命，而不可强求。仁义礼智天道为心之德，当在践行的过程中，因气禀浊气不同所表现出来的个体生命差异也不尽相同，所以不要执着，人应当以此五者为性分之所当有，超越限制归附内心。概而言之，人不能局限于人的欲求和生存状态来"养心"，而是以天命裁制欲望，顺其自然发展，以天命之性找寻人生存的理想。还有一方面，孟子的"求在我者"还与"义"和"利"相似，孟子的义利之辩强调对人格养成、人格自身等价值不相关的事物则可"不为""不欲"，"无为其所不为，无欲其所不欲，如此而已矣。"既是同样的道理，人世间的"欲"和"利"不应该作为人生的追求目标，而自我内化、遵循自然、崇持道法、了明心境才是存养之道。反观当今世界，又有多少人进行正向的内向传播，反求诸己，走向"养心"之道？更多的是自我内耗，在繁重的思虑中，消耗心力，失去平衡，在追逐名利的同时，往往将欲望置于道德和良知之上，从而忽略了内心的真实需求。这种向外寻求满足的生活方式，虽然短暂地带来了物质上的富足和社会地位的提升，但长远来看，却可能导致精神的空虚和内心的焦虑。因此，在快节奏的时代背景下，更需要回归内心的平静，自我内化，重新审视自己的欲望和动机，明确真正对自身有益的目标。只有这样，才能逐步走向"养心"之道，而养心的最重要的一点——寡欲为是。

综上所述，孟子倡导存心和养心多为探索自身，从方法上来看，内向传播是以存心和养心作为自我意识，还将"感觉"另延伸为"先觉"，肯定"人之初，性本善"的理论。由先觉为存心出发点，所悟所感皆有生来所聚，顺应而行，以养心培养善欲，厚德载物，安身立命，也就是从内向传播上实现内心的丰盈和内在的安稳。

二、"知言养气"：内向传播的自我互动

（一）"知言"：自我互动的切入点

"知言"是传播学中"认知"的一种表现，认知则在于自我互动，布鲁默在《象征性互动论》一书中提出，人能够与自身进行互动—自我互动。这种自我互动本质上来说是与他人的社会互动的内在化，是自身具有的特点。知言作为内向传播的切入点是心性修炼的基本要义。"学问之道无他，求其放心而已。"[①] 真正的学问，并非追求外在的成就，而是为了寻找和回归内在的本心。"知言养气"便成了

---

① 杨伯峻：《孟子译注》，北京：中华书局，2012年，第292页。

一种重要的内在修养方法，它既是孟子"心性"修炼中不可或缺的一部分，也是日常生活中不断提升自我认知的重要途径。当谈及"知言"时，历代学者给出很多深入的见解。首先，要明确自己说话的含义；其次，在表达自己意思时，应胸有成竹，有明确的目的和逻辑；此外，知晓如何恰当地表达自己的意见也是"知言"的重要环节；最后，学会辨析错误的言辞。所谓"知言"就是对自己有清晰的认知，这四个步骤和层次，在"存心和养心"基础上进行实践，实际上是一个不断深化自我认知和内化的过程，也是与自身进行深度互动的体现。

孟子与公孙丑的对话便有何谓"知言"说。公孙丑曰："何谓知言？"孟子曰："言辞知其所蔽；淫辞知其所陷；邪辞知其所离；遁辞知其所穷。生于其心，害于其事；发于其事，害于其政；圣人复起，必从吾言矣。"[①]偏颇的言论要知其不全面的地方；过激的言论要了解它因何错误；歪邪的言论要知道它与正道分离的地方；躲闪的言论知道理屈的地方；如果遇到政务，就会阻碍事情正确的办理，就算有圣人出现也会同意我的观点。人们切勿人云亦云，要有自己的判断，去分辨是否为真理，而自省是一个重要途径。在"知言"的要义中多听、慎言、自省成为一种独特的内在视角。通过反复地观摩和聆听，并进行反思才能了悟原委，洞察事物的真相。在认知中，"知言"逐渐呈现传播学中向内观的状态，与自我产生互动。最常见的是人脑会出现关于他人期待的印象，个人会思考这些期待对自己有何意义，然而这并不意味着人们要原封不动地接受这些期待，一切跟随他人的看法成长。相反，人们会根据自己的认知和理解对事物重新组合，以自己独立的经验和见解进行批判性思考。因此，孟子在"知言养气"上提出"不动心"的观点，即面对外界的信息和期待，应该保持内心的平静和独立，不被轻易动摇。

孟子与公孙丑相讨"'不动心'，'告子先我不动心'"，公孙丑继续询问"不动心"之道，孟子又言"'养勇'可达'不动心'"但不动心谈何容易，只有强力的勇者才能达到，所以，孟子将"不动心"与"养勇"结合，将外在化的"勇"与内在化的"勇"合二为一，循序渐进，孟子以北宫黝的外在之勇，到孟施舍的内在之勇，再到曾子大勇，来诠释从实然到内部的提升。孟子提醒公孙丑要由外在转化为内在，才能实现"勇"。跟随古人的智慧，孟子在与公孙丑论述的同时，也是警醒当今世人。公孙丑诠释"不动心"乃是一种崇高的精神境界，如果达到了"不动心"的状态，则外部事物就无法干预或动摇心智。不过，"不动心"有两种情况，"一种强制其心使它不动，另有一种是心自然而然地不动"。孟子更倾向于"心自然而然地不动"。想要实现"自由地"不动，认定自我，孟子将"四端"之

---

① 杨伯峻：《孟子译注》，北京：中华书局，2012年，第64页。

心作为回答，即心之潜能既是德性合法性的根源，同时推广来说也是获得德性的修身技术的合法性根源，"四端"之心即是"思"而"知言"，更是"养气"的首选，因而我们也唯有从这种目标开始，方可达到我们的道德品质并获得完全的道德权利。随后孟子进一步对以上观点进行阐释："志壹则动气，气壹则动志也。今夫蹶者趋者，是气也，而反动其心。"这里的"志"可理解为"心"，"志"与"心"为一体，上述的"壹"就是卉代的"专一"，专一指"一心""全心"或"独心"。简而言之，摆脱各种困扰，关注自己，如果能够达到这种内心状态，就是言行合一，精神气质和面貌相互结合，高度统一。此中的"一"作为揭示心灵自由且专一的路径，自然而然就形成了下一章节的"浩然之气"。"我知言，我善养吾浩然之气。"

（二）"浩然之气"：自我互动的支撑点

"浩然之气"作为内向传播的支撑点，发挥了提纲挈领的作用。但传播实际是一个信息不对称，由外在的信息向内转化的过程，在"知言"其后，面对信息不对称固然要保持内心"专一"的脉络，在儒家中"孟子对道德整体的规定会深刻影响到传播领域的品德素养"。[1]这里的落脚点依然是内心道德倾向，即最高的品德素养为"浩然之气"："其为气也，至大至刚，以直养而无害，则塞于天地之间。其为气也，配义与道；无是，馁也。"[2]意即我善于培育浩然之气。这种正气，最伟大，最刚强，用正义去培养它，便能在社会上下四方，无所不用。"养气"养的就是浩然之气。可浩然之气又怎么"善养"？怎样才能成为内在传播的支撑点？纵观《孟子》与儒家内在传播理论，孟子以仁义礼智养浩然之气、以无所作为也勿急于求成、以不愧于心三种方法。

1. 仁义礼

仁义礼在修身养性中至关重要，也是孟子在诸多传播问题中研究的最为透彻的命题。孟子认为建构内在传播要从个人修养角度尝试。"居天下之广居，立天下之正位，行天下之大道。得志，与民由之；不得志，独行其道。"[3]朱熹在《四书章句集注》云："广居，仁也。王位，礼也。大道，义也。"可知"广居"是"仁"；"大道"为"义"。"夫仁，天之尊爵也，人之安宅也。""义，人之正路也。"[4]只有

---

① 李承志：《"以仁行义，以义制礼"学理架构下孟子思想的传播学诠释》，《中华文化与传播研究》，2020年第1期，第102—144页。
② 杨伯峻：《孟子译注》，北京：中华书局，2012年，第65页。
③ 杨伯峻：《孟子译注》，北京：中华书局，2012年，第149页。
④ 杨伯峻：《孟子译注》，北京：中华书局，2012年，第184页。

坚持以仁义礼，以仁之心行事，天下才可安定、人心才可具足。

仁义礼作为人心固有的根基，在内在传播上又有独立性和普适性。人人都可以做到，所以，必然要培养"仁""义""礼"的品德，切勿像"荒山"那样，迷失了自己的品性。朱熹的《集注》中也赞同了孟子之学说，即从"良心"的角度来对其进行了解释："良心者，本然之善心，即所谓仁义之心也。好恶与人相近，言得人心之所同然也。……而所好恶遂与人远矣。"对于"好"的东西，我们要时常亲近，对于"恶"的东西，我们要懂得避开。当具备"仁义礼"的心时，内向传播的个人素养观也就有"富贵不能淫，贫贱不能移，威武不能屈"这种浩然之气。

2. 无所作为也勿急于求成

达成一个目标，通常会通过事物的两面性促其成长，仁义礼为正面论述，无所作为则从反面论述，以反观角色证明善养浩然之气不能怎样做。宋人有悯其苗之不长而揠之者，茫茫然归。谓其人曰："今日病矣！予助苗长矣！"其子趋而往视之，苗则槁矣。天下之不助苗长者寡矣。以为无益而舍之者，不耘苗者也；助之长者，揠苗者也。非徒无益，而又害之。[①]"不耕苗者""揠苗助长者"是世人看待浩然之气的两个错误行为，但无所作为：无异于一般农夫只种农作物而不去除草，或者不知道浩然之气是"集义而生"的。揠苗助长：是由正义力量在心中凝聚所形成，人们以为透过人为造作的方式就能够助长出浩然之气。孟子通过这个故事传递出对于浩然之气的培养，不能通过外在的形式或强制性手段达到目的，或许刚开始每个人的悟性与作为都是不同的，但不要比照某种外在的"言"，给自己建立标准，期望达到别人的"效果"，反而应该专注于自身。培养自身的"仁义礼"，假若不是仁义礼的道德作为精神根源，又何来浩然之气？揠苗助长的方式，不但不能产生浩然之气，反而有损于浩然之气。[②]

3. 无愧于心

人的良知与善念是生性带有的，何为"有愧"，何为"无愧"，这种道德的标准是自己给自己设立的，也就是在某种程度上你是自己的监护者。从古至今，大成道者，对自身的要求就越高，一切都是根据自性而发展和感化的。《孟子·公孙丑章句上》这样提到："不仁、不智，无礼、无义，人役也。"[③]《孟子·尽心章句下》："无礼义，则上下乱。"[④]所以，要成为有浩然之气的人，首先"明理"，其次

---

① 杨伯峻：《孟子译注》，北京：中华书局，2012 年，第 65 页。
② 黎千驹：《孟子的善养浩然之气刍议》，《台州学院学报》，2022 年第 1 期，第 57—62 页。
③ 杨伯峻：《孟子译注》，北京：中华书局，2012 年，第 85 页。
④ 杨伯峻：《孟子译注》，北京：中华书局，2012 年，第 363 页。

"践行"，不要使自己成为"人役"，也不能自暴自弃，甘于落后，"言非礼义，谓之自暴也；吾身不能居仁由义，谓之自弃也。仁，人之安宅也；义，人之正路也。旷安宅而弗居，舍正路而不由，哀哉"！①

仁义礼、勿急于求成、无愧于心这三个脉络皆是自我消化的过程，旁人和外在环境和熏陶都是不可替代的，只有自我内化、自我明知才能够提升，也建构了"自我"的内在结构。从儒家孟子的角度来讲，达成心性的修炼"存心、养心、知言养气"缺一不可，而人生本身就是一个内在的炼题，想要成为什么样的人，这个决定权一直掌握在自己手中，儒家的内向传播正是如此。

孟子注重心的内向传播，以"知言养气"作为"自我"的内在互动结构，在前文论述"先觉—存心""感觉—养心"之后，"求放心"是儒家传播中的最高状态。"本心"对于"养心"来说，"在孟子看来大致不外就是让'良心'袒露，既不受外来因素也不受内在欲望的威胁，对于这样的精神状态，孟子称之为'不动心'"②。暗示要实现"自我"更多在于内在的张力，当外物扰乱其心智，更要谨言慎行，以己克礼，以"不动心"应万变，反躬自省，以浩然之气作为提升自己的目标和途径，从而达到自在的人生追求。

三、"践形""知天"：内向传播的自我觉醒

自我觉醒在传播学中被称为"米德的内省式思考"，他认为："内省式思考并不是日常生活每时每刻都发生的，只有在一个人遇到困难、障碍等新的问题状况，既有的行为方式是否适用难以作出判断之际，才会活跃起来。"③在儒家内向传播过程中，并不否认这一客观事实，但基于孟子的心性论来看，自我觉醒还体现在心性的修炼当中，当认、知、行为一体的时候，当下即可达到自我觉醒，而事情的处理或结果等问题也都是由"心"而发。所谓践行、知天是孟子心性修炼的最高层次，由内而外地带动，行事，自我觉醒也就自然而然地形成了。

（一）由内而外：自我觉醒的落脚点

在"存心"入阶之处，孟子畅言耳目不能思考，没有自我意识，而《管子·内业》赞同人身感官都是自我意识，管子强调"具有大智的人类理想精神状态不仅与"耳目"有关，也与"四肢"有关："安心在中，耳目聪明，四肢坚固"，其所谓"全心"也同样会在"形容"和"肤色"上有所表现，而所"抟"之气也依旧包括

---

①　杨伯峻：《孟子译注》，北京：中华书局，2012年，第184页。
②　匡钊：《论孟子的精神修炼》，《深圳大学学报（人文社会科学版）》，2016年，第42—52页。
③　郭庆光：《传媒学教程（第二版）》，北京：中国人民大学出版社，2011年，第67页。

气息在内。① 其中，老子在遵循修养的同时，也注重"身心并重"。管子跟随老子在过程和目标中进行一样的主张。"修心而正形"证明"心"的修炼对"形"起到调整和养护的作用，自我意识可以产生自我觉醒，并践行在自我觉醒中，自我觉醒包括两个方面（"形""立命"），以下将对此进行详细论述。

首先，孟子虽言耳目不能思考，但耳目为形，心的变化可以使形也变化，孟子对自我觉醒引入到"形"，形有面貌和形体两方面。孟子曰："形色、天性也；惟圣人，然后可以践形。"② 在修养到一个理想境界时，常常会与"践形"观念相联系。在上文中也粗略提到精神与面貌相统一的观点，在这里身体也会被涉及。孟子强调"君子睟面盎背"："君子所性，仁义礼智根于心。其生色也，睟然见于面，盎于背，施于四体。"③ 君子的天性，仁礼智植根在心中，它们产生的气色都是纯正和润的，呈现在面部，弥漫在整个身体，并延伸在四肢，四肢之间不必等着他的吩咐，便知道该如何选择了。显然，一个人的心态自然会影响其面貌，古语中"相由心生"的观点亦有相同之处。君王、大德者在容貌上会有威震庄严之感，不修习"礼智"长时间就会有"人役"之感。所以，高尚品格的君子在外形上自然有非凡之处。修炼心性也是在修习容貌，只不过关注点不一。大成者，或修习大成者都是将心作为人身体支配地位的主要角色，一切的修身活动都是为心性更加成熟，所以修身与修心是相辅相成的，而这是一个漫长的身心思考的过程、并非孟子一人所论，老子、庄子、道家、孔子也都有关于身心活动的见解。在孔子后学中，更是根据孔子的思想开辟了一个内向转向的学说，孔子认为，一切修身活动都是为了修养心性为最终目标，还有学者认为："严格来说，孟子没有独立的'养气'、'践形'工夫，孟子说的'养气'、'践形'其实是心性修养所得的附产物。"无论哪家学派，何种观点，其共同之处皆是认可"修炼心性"的重要性。总之，孟子认为形—气—心一体才是正理，人不应该执着于外物，更应该关注于内心，使其形成一个整体，这才是真正的由内而外的内向传播自我觉醒的方式——形。

（二）"立命"：自我觉醒的总结点

形—气—心是一个整体。但有一处常常引起论辩，"立命"不仅在儒家中有多种理解，在传播上似乎并未有学者从传播学自我觉醒的角度进行研究。没有探讨和研究并不代表之间的联系不存在。"立命"所主张当人在自我意识和自我互动成

---

① 匡钊：《论孟子的精神修炼》，《深圳大学学报（人文社会科学版）》，2016 年第 5 期，第 42—52 页。

② 杨伯峻：《孟子译注》，北京：中华书局，2012 年，第 352 页。

③ 杨伯峻：《孟子译注》，北京：中华书局，2012 年，第 341 页。

熟状态下，要正确认识，"命运"对于世人来说是何影响，包括人们怎样看待儒家在内向传播自我觉醒的"立命"。《孟子·尽心上》提到：孟子曰："尽其心者，知其性也。知其性，则知天矣。存其心，养其性，所以事天也。夭寿不贰，修身以俟之，所以立命也。"[①] 这里的"则知天矣""所以事天""立命"等论常被视为"天人合一"，但此"立命"非彼"立命"矣。"养心"中"求在我者"和"求在外者"就可解释"立命"。"求在我者"是关于道德的事情，自我内化把握自身；"求在外者"那是"天"的事情。把"求在我者"的事情做好，"求在外者"自然瞬展。《尊德义》中"知人所以知命"[②] 也有类似说法，如果了解前者，那后者就不会困惑了。而修身的条件自有"知人""知天"，《中庸》中："故君子，不可以不修身。思修身，不可以不事亲。思事亲，不可以不知人。思知人，不可以不知天。"正是诠释了此种含义。《荀子·天论篇》："唯圣人为不求知天。"做好自己，其余无所知的事情顺其自然发展，一些对于客观限制的事情就不在掌握之中了，无论如何变化、如何运转都不会对身心德性修善之人产生影响，要义就是修炼心性、关注自身。孟子中的"知天"想必并无或缺。经过以上分析，有一点需要注意，尽管在世间有力所不能及的事情，但并不代表就此消除人自身面对自己和他人时所应承担的责任和关系，太过关注自身，会形成一个封闭模式，这不是"心性"修炼的最终点，在社会上应尽的行为和仁义应该是并驾齐驱的。在面对重大事件和事物尺度时，更要有"尽人事，听天命"的信心，和"明知不可为而为之"的勇气，在短暂的三维世界里对于那些不可触及以及超越人力之外打交道时，这样的心态在人生中是必要的。人只有对自己的内在负责才会对人生价值负责，这种责任包含了社会责任，那些关乎个人利益和社会的现实效果都是不必挂怀的。

　　总的来说，孟子作为儒家学派的杰出代表，深入探讨了人心的奥妙和心性的修炼理论。这些探索不仅为后世提供了宝贵的思想资源，还极大地丰富了儒家内向传播的体系，成为儒家哲学的重要贡献之一。在笔者看来，将孟子的形—气—心理论融入内向传播的研究，可以清晰地洞察华夏文化自有其独特的内向传播特质。在尽心、知性、知天的递进关系中，揭示了人性中的恻隐之心、辞让之心和是非之心的存在，这些均是每个人与生俱来的，更是仁义礼智品质的萌芽。因此，秉持善的信念，处事行事，人们便能从内心深处认识并把握人性，通过对人性的深刻理解会激发仁爱的自觉。仁爱一旦萌生，万物便随之生长，生生不息。

　　对于天道而言，生生不息的前提在于"存其心""养其性"，既要明了自己肩

---

①　杨伯峻：《孟子译注》，北京：中华书局，2012 年，第 331 页。
②　荆门市博物馆：《郭店楚墓竹简》，北京：文物出版社，1998 年，第 54 页。

负的责任和必须要接受的命运，并致力于实践仁义之道。正是孟子所强调的"事天"，通常意味着每个人都要践行自己神圣不可推卸的人生使命，找寻自己的立命之根。在"立命"的基础上，人们再转而向内寻求，专注于自己应尽的责任和义务，这也是所有传播活动的基础。着眼当今，在快节奏的现代生活中，人们常常忽视内心的修养和与自我的深度对话。孟子的理论提醒世人，要关注内心的声音，培养善良的本性，并在日常生活中践行仁义之道。这不仅有助于个人的成长和内心的平静，也对社会和谐与进步具有积极影响。面对复杂多变的社会环境，可以借用古人的"存其心""养其性"，坚定道义，勇于承担。通过内向传播的方式，在内省和自我反思中，理解自己，明确自己的价值观和目标，从而更好地应对生活中的挑战。同时，孟子的心性修炼理论也强调了传播活动在个体成长中的重要作用，所以无论人际传播、组织传播还是大众传播等活动，都提供了自己与他人交流、互动的机会，展现了人们通过不断交流与互动，深化自我认知和理解的过程。因此，世间的万事万物都可以被视为推动心性修炼的过程，这一认知过程不仅体现了孟子的形—气—心理论在内向传播的重要作用，关注个体内在的自省与自我超越；"存心""养心"和"求放心"，也为我们诠释心性修炼的内在逻辑和路径，并和现代心性的修炼与人的自我价值实现紧密相连，为个体的自我觉醒和成长提供了更广阔的空间，同样也揭示了华夏文化独特的内向传播之道。

孔子传播思想研究平议

——传播存在论视域下的反思与重构[*]

On the Studies of Confucius' Communication Thoughts

——Reflection and Reconstruction from the Perspective of Being Theory of Communication

李承志[**]

LI Chengzhi

摘 要：今人欲了解儒家或中国传播思想首当追溯至孔子。但在"传播哲学"或"传播存在论"的视域下，前人对孔子传播思想的研究存在着诸多"似是而非"式的误区。与此同时，前人的孔子传播思想研究中也隐含着一条"草蛇灰线"般的存在论哲学线索。在摒除昔者误区并博采前人经验后，存在论视域下的孔子传播思想应以"存在—形上—形下"三级观念架构的形式获得重构，强调"前存在者"与"存在者变易"的传播哲学属性，进以解构前人对孔子传播思想的凝固认识和刻板反思，并更新孔子传播思想研究在"传统与现代"和"地方与全球"维度上的意义。作为存在之思的孔子传播思想的完善论述是一种现代性诉求的民族性表达，并将成为中国传播学自主知识体系的重要组成部分。

Abstract: If modern people want to understand Confucian or even Chinese communication thoughts, they should trace back to Confucius. However, from the perspective of "Communication Philosophy" or "Being Theory of Communication", there

---

* 基金项目：本文系 2024 年国家社科基金一般项目"儒家文化视域下跨文化传播学的本土化建构研究"（24BXW026）与 2022 年山东省社科规划项目"全球视野下儒家文化的现代转化与跨文化传播学的本土化建构"（22CXWJ05）的阶段性成果。

** 作者简介：李承志，男，山东邹城人，山东大学儒学高等研究院 2022 级中国哲学博士研究生，主要研究方向为儒家哲学、传播哲学。

are many specious misconceptions in previous studies of Confucius' communication thoughts. Meanwhile, there is also a hidden philosophical thread of Being Theory in the precious studies of Confucius' communication thoughts. After eliminating the misconceptions of predecessors and drawing on their experiences, the Confucius' communication thoughts from the perspective of Being Theory of Communication should be reconstructed in the form of three conceptual levels of "Being - the Being - the beings", emphasizing the communication philosophy attributes of "pre-beings" and "the change of the beings", thereby deconstructing the solidified understanding and rigid reflection of Confucius' communication thoughts by predecessors, and updating the significance of the studies of Confucius' communication thoughts in the dimensions of "tradition and modernity" and "locality and globality". As the thoughts on the theory of Being, the comprehensive discourse of Confucius' communication thoughts is a kind of the national expression of modernistic pursuit and will become an important component of independent knowledge system of Chinese Communication Studies.

关键词：孔子；传播思想；传播哲学；传播存在论；现代性诉求的民族性表达

Keywords：Confucius; Communication Thoughts; Communication Philosophy; Being Theory of Communication; the National Expression of Modernistic Pursuit

　　孔子处于轴心期儒家乃至中国文化的基本性格趋于定型的转折点上，为塑造儒家文化与民族精神留下了最深刻的影响和最悠远的回响，故欲了解儒家或中国传播思想就应溯源至孔子。然而，就词源而言，"传播"一词是汉语词汇"双音词化"（lexical disyllabification）的产物——"由'传'和'播'这两个同义词素组成的并列（联合）式双音词"。[①] 学界目前没有在隋唐之前的史料中发现"传播"一词的影踪，《论语》中也断无"传""播"连用的现象，亦无与"Communication"在语义上完全对应的语词。然而，《论语》一书中对"传""学""言""交""风""视""察""观""见""闻""听""思""知"等概念的讨论却从不同层面触及了符号、言语、理解、互动、关系、影响等涵义，呈现出了深刻的传播智慧。在此意义上，《论语》的确是中国古代关于传播的较早文献记载，孔子的传播思想不仅确实存在且能够为现代传播研究提供重要参照。

　　"传播哲学"（Communication Philosophy）或"传播存在论"（Being Theory

---

① 任继昉：《"传播"源流考》，《周口师范学院学报》，2008年第3期，第130—133页。

of Communication）① 是我们平议孔子传播思想的原创性理论视域，它与只关注物理层面信息传递的"实证传播学"理论截然不同，也与非本根于（rooted）传播学的"传播的哲学"有所区别。就理论背景而言，传播存在论渊源自当前"共在存在"与"不确定性"的传播情境，因此成为方兴未艾的传播哲学思潮的前沿形态之一。就观念架构而言，传播存在论采取了观念"存在—形上—形下"三级架构，作为存在（Being）的传播给出形而上与形而下的传播，这也是它与以"媒介哲学"（Media Philosophy）为代表的二级架构的本体论哲学最大的不同。就理论特色而言，传播存在论具备两个最重要的性质：一是前存在者（pre-beings）的性质，具体又分为前主体性（pre-subjectivity）和前对象性（pre-objectivity）的性质，即传播是在主客架构之前的或本源情境；二是存在者变易（the change of the beings）的性质，即传播在给出新主体性和新对象性的同时获得意义。就言说方式来说，传播存在论无法用符号的言说方式或正的方法言说，而只能用本源的言说方式或负的方法说明。就学科归属而言，传播存在论既属于传播学又属于哲学，但它又不同于经典传播学（Classical Communication Studies）或本体论的哲学。在传播存在论的视域下，传播与传播学的观念层级得到了如图 1 所示的拓展：

图 1　传播与传播学的观念层级图

"传播哲学"或"传播存在论"是孔子传播思想研究获得彻底反思（reflection）

---

① 参见李承志：从本体论到存在论的传播之思——从彼得斯的传播哲学谈起，《新闻与写作》，2023 年第 10 期，第 55—68 页。

与实质重构（reconstruction）的契机。重构与重排（rearrange）完全不同。重构是在观念层级获得突破的基础上，伴随学科内部原生的重大理论创新，在解构和还原既有知识后展开，不仅能保证既有的知识得到毫无遗漏与符合学科内在学理的安顿，又能为新的知识体系赋予完全崭新的意义。然而，重排则是依据原有观念层级内有限度的理论创新或借鉴其他学科经验对固有知识进行裁剪拼补。有限的或借鉴的理论创新只能在一定程度上提供改变既有知识排列顺序的规则，不仅难以保证原本的一切知识都得到无所不备和丝丝入扣的归置，也很难使之获得意义更新。然而，由于"传播存在论"是本根于传播学的本源之思，故而始终对一切传播形上者和形下者保持着追问、反思和重构的能力，以之观照孔子传播思想研究将能够改变孔子传播思想研究囿于存在者内部而不能为反思自身提供充足依据的现状。

一、拨乱反正：孔子传播思想研究的论域清理

孔子传播思想研究是近 20 年来传播学发展成熟后展开本土化反思的一个重要侧面，伴随着中国传统文化复兴大势而日益隆盛。目前从事相关研究的学者多是传播学尤其是华夏传播领域的学者，真正从哲学或思想史角度切入孔子传播思想的专门研究并不多见。由于学科壁垒的客观存在，真正能切中孔子思想及哲学的传播学者凤毛麟角，这就使研究孔子传播思想的文献虽不胜枚举却鲜有精品。目前相关研究中的缺陷主要表现为如下几个方面：偏重传播制度或技巧而非传播思想研究，遵循"传播的哲学"范式而非"传播哲学"范式，强调本体论的讨论而非存在论的言说，秉承主体性或主体间性的思维而非前存在者的思维，塑造的是一个前现代和过分本土化的孔子而非现代的普适（universal）的孔子。因此，通过正本清源的否思而对上述缺陷进行一个总清算以开辟和清理出一个更加广阔与明晰的研究场域已是推进孔子传播思想研究的当务之急。

（一）"孔子的传播思想"与"孔子思想的传播"

"孔子的传播思想（孔子传播思想）"与"孔子思想的传播"完全不同，前者是运用哲学思辨的方法对传播思想观念的探讨，而后者则是应用实证手段展开对历史事实的考据或对践履经验的总结，后者包括但不限于以"传播活动""传播经验""传播历程""传播途径""传播现状""传播方式""传者素质""传播主题"等名目作为突破口展开"孔子思想"与"传播"的研究。申言之，二者的差别不仅关乎研究对象、研究方法和研究旨趣的迥异，更为关键的是就当前学界惯常的

学科分类方式而言①，前者尚为哲学之分支，而后者则完全属于传播学学科。前者固然能够为后者提供某些内在的理论指引、考据线索或实践指南，但二者终究不是一个层面或领域的事情。"哲学的归哲学，实证的归实证"，孔子思想与传播的研究应以这般泾渭分明的态度为前提。

（二）"孔子的传播思想"与"孔子思想在传播领域内的映射"

"孔子的传播思想"与"孔子思想在传播领域内的映射"不尽相同，二者的差别恰恰凸显了"传播哲学"与"传播的哲学"的分袂。"孔子的传播思想"或"孔子的传播哲学"应是一种专名的哲学体系，在分类学意义上应与孔子的道德哲学、政治哲学、伦理哲学等孔子哲学的分支并列。虽不能否认各种别名的孔子哲学具有"同归"的可能性，但在分支缘起处却应旗帜鲜明地保证"殊途"，否则孔子的传播思想或哲学就将彻底失去作为一种专名哲学的研究意义。而"孔子思想在传播领域内的映射"只不过是笼统地以孔子的哲学观照传播的"新瓶装旧酒"，借助孔子思想这一理论"刀斧"恣意斩裁或拼补传播，并且预设了孔子传播思想定然与其他别名的孔子哲学分支尤其是道德哲学引为同调。也难怪单波等人批评"这些研究偏重于道德概念而失之于传播智慧的发掘"。②读者不仅可从这些研究的起点处预判研究结论，孔子思想或哲学整体也不会因之获得任何助益。这样一来，读者的新主体性与思想研究的新客体性都无法获得更新的研究实则没有任何意义。如果将传播中自然生长出的哲学称为"传播哲学"，将以其他成熟的哲学观照传播的思想体系称为"传播的哲学"。显然，"孔子的传播思想"应是一种"传播哲学"，而"孔子思想在传播领域内的映射"属于"传播的哲学"。

当然，由于"孔子的传播思想"与"孔子思想在传播领域内的映射"之间存在着容易模糊的空间，故而当前并没有哪个研究主动承认，亦没有哪个研究客观上完全隶属于后者。但是作为一种贻害颇深的研究取向的误区，"孔子思想在传播领域内的映射"应被研究者严正指明进而加以规避。恰与之相反，正由于之前的学界对这一点认识不够深刻，许多研究甚至会在或多或少之间，有意无意之际举着"跨学科"的旗帜而借助所谓"政治传播""文化（明）传播""教育传播""家庭传播"甚或"音乐传播"等传播学新兴的分类名头乃至学人自命的学科分类幌子大谈或偏重于谈孔子的政治、文化（明）、家庭、教育或音乐思想，而实际的研

---

① 目前的学科分类方式并非没有问题，例如作为一个新兴学术领域的"传播哲学"就试图打破传播学与哲学的边界。

② 单波、肖劲草：《〈论语〉的传播智慧：一种比较视野》，《国际新闻界》，2014 年第 6 期，第 76—91 页。

究内容则与传播本身相去甚远。某种意义上此类研究中本应作为基本要素的"传播"已沦为了可有可无的装潢，这应引起后来学人的足够警惕。

(三)"孔子的传播思想"与"孔子的传播活动、技巧与制度"

"孔子的传播思想"与"孔子的传播活动""孔子的传播技巧"以及孔子所身处的"传播制度"根本不同，前者乃是对后三者的反思。一方面，后三者是前者的前提条件或衍生物。不妨将"孔子的传播思想"比喻为石子投中水面的圆心，后三者则仿似水中一圈圈的涟漪。学者可从波纹中可以察觉或提炼出孔子的传播思想，但波纹（后三者）并非石子（传播思想）本身。基于如是特殊的关系，任何关于"孔子的传播思想"的研究都不可能完全摆脱对孔子的"传播活动""传播技巧"以及"传播制度"[①]的讨论，同时又不可拘泥于其中。另一方面，若以"传播存在论"视域观照与后三者相关的研究，由于"传播活动是人类社会成为现实并得以发展的前提和保障"[②]，学者则可在对孔子如何参与"传播活动"的观察中领悟传播情境，进而领悟作为存在的传播；亦可将孔子对传播制度的设计以及对传播技巧的运用批判地视作"孔子传播思想"的形下面向，进而以传播存在论回答它们何以可能以及在存在论视域下重建当下儒家传播思想的形上与形下体系。

与之类似，对"孔子的传播模式"的研究亦不可与"孔子的传播思想"完全等同。学者应从"传播模式"中剥离出那些"非思想"的前提条件或衍生产品，并将其中的思想部分根据具体情况划分出传播思想的形上面向或形下面向乃至直面作为存在的传播本身，进而依照传播存在论为其合理性提供更加彻底的奠基或说明。以邵培仁、姚锦云的文章[③]为例，两位前辈尝试以作为表层结构的"传播模式"[④]或"传播之术"与作为深层结构的"传播思维"或"传播之道"切入《论语》的传播思想。一方面，包含"传受兼顾的主体意识""知行合一的实践精神"与"情理交融的实用理性"在内的"传播思维"基本是对传播哲学的讨论，隶属于孔子传播思想的形上面向。另一方面，价值传播的"内化"模式（以仁释礼，情在理中）、道德传播的"情感"模式（众星共辰，风行草偃）、人际传播的"外推"模式（忠恕为仁，推己及人）、知识传播的"情境"模式（不愤不启，不悱不发）

---

① 此处的"传播制度"应分为"孔子所身处的传播制度"与"孔子理想中的传播制度"，前者乃孔子传播思想产生的条件，后者则属于孔子传播思想的形下部分。

② 马腾：《孔子传播思想探析》，《东岳论丛》，2005 年第 8 期，第 150—152 页。

③ 邵培仁、姚锦云：《传播模式论：〈论语〉的核心传播模式与儒家传播思维》，《浙江大学学报（人文社会科学版）》，2014 年第 4 期，第 56—75 页。

④ [美] 詹姆斯·W.凯瑞（James W. Carey）：《作为文化的传播："媒介与社会"论文集》（*Communication as Culture: Essays on Media and Society*），丁未译，北京：中国人民大学出版社，2019 年。

这四种"传播模式"中讨论的对象已经广泛涉及传播规范或制度,这就属于"传播思想"研究中应被剔除的部分。更重要的是,邵、姚二人虽已尽力挖掘"传播之术"背后的"传播之道"并将孔子传播思想的研究由形而下拓展至形而上,但仍不是彻底的挖掘,无法回答存在论视域下如此这般的"传播模式"与"传播思维"何以可能的追问。

(四)"孔子的传播思想"与"孔子的传播学思想"

"孔子的传播思想"与"孔子的传播学思想"不完全相同。传播学乃是对传播实践的系统反思,孔子是否具有传播学思想乃至理论系统则是一个值得思考的问题。诚然,"Communication"这个词目作为一个学科名出现在 20 世纪后半叶的美国,但这并不代表中国古代没有对传播活动的系统反思。事实上作为学派的"华夏传播学"(Huaxia Communication)就致力于揭示这样的事实:中国古代虽无"Communication"之名,却并不能说明中国古代没有传播学之实。退而求其次,即使中国历史上没有如此这般的传播学的现代形态,却不能说中国历史上没有传播学的传统形态,而当前学人的重要任务是将传统传播学形态转化为现代传播学形态。在此意义上,"孔子的传播思想"应被视作某种更宽泛的传播学的一部分——由此亦可以说孔子思想不仅是儒学的创始,更是儒家传播学思想的创始,"从传播学的视角反观中国文化,就不能不首先追溯到儒家学派的创始人孔子"。[①]同时,孔子的传播思想作为一种传播学的滥觞样式,包含着华夏传播学最本源的特质与最充分和开放的可能性,因此发掘孔子的传播思想对于建构华夏传播学与中国特色的传播学具有代表性的重大意义。

鉴于将孔子的"传播思想"彻底地论证和转化为"传播学思想"是一个系统工程,目前我们将"孔子的传播思想"确定为研究对象并将"孔子的传播学思想"定位为研究目标或未来方向才是实事求是的。当然,前人亦不乏有整理建构"孔子的传播学思想"的努力。例如,王仙子、周之涵便有意将孔子的传播思想研究进程与华夏传播学的建构过程结合起来讲以达到将孔子的传播思想纳入传播学范畴的努力。[②]但这里实则存在一个名实混淆,即"孔子传播思想的研究"或"孔子传播思想研究史"与"孔子传播思想"本身实乃两个层面的事情,前者本就是传播学本土化或中国化的产物,论证前者属于传播学范畴对证明后者是传播学或是一种特殊传播学几乎是无效的。而想彻底解决这个问题的思路之一便是将"孔子

---

① 马腾:《孔子传播思想探析》,《东岳论丛》,2005 年第 8 期,第 150—152 页。

② 王仙子、周之涵:《孔子及〈论语〉传播学研究之回顾与前瞻》,《孔子研究》,2014 年第期,第 85—93 页。

传播思想"论证为一种传播哲学，通过传播哲学的路径将"孔子传播思想"迎入"传播学"的学科殿堂。

二、按迹循踪：孔子传播思想研究的存在论线索

在确立了明确的研究对象并清理出一个更有条理的研究领域后，如何突破当前孔子传播思想研究的局限而重建孔子传播思想的大厦就成了一个亟待解决的问题。可预见的一条哲学道路是将孔子传播思想研究拓展到存在之域：证明孔子的传播存在论思想的存在并追溯孔子传播思想之源，以之解构、还原并重构孔子传播思想的形上与形下面向，进而将孔子的传播思想划分为"存在—形上—形下"三个观念层级，最终归纳出孔子传播思想的系统性。这样做能够突破当下逐渐封闭凝固到显得千篇一律的孔子的传播思想研究范式，超越学界对孔子传播思想存在者层面的认知，在传播之维上解放孔子并为其思想正名。

孔子传播思想研究走向存在论并非偶然。姑且不论包括彼得斯（John Durham Peters）的"基础媒介哲学"（A Philosophy of Elemental Media）[1]、塞尔（Michel Serres）的"信使传播哲学"（The Philosophy of Messenger Communication）[2]、李智的"媒介存在论"（Media Ontology：On Being）[3]以及笔者提出的"传播存在论"（Being Theory of Communication）在内的整个中西传播学界都已开始尝试从存在论视角诠释传播进而进入那些本隶属于传播但"经典传播学"[4]未能涉足的思想领域且以之解决过往传播学悬而不得决、不能决的难题，仅仅就孔子传播思想研究本身的历程来看，走向传播存在论亦是大势所趋。

王仙子、周之涵曾在 2014 年针对"孔子及《论语》传播学研究"展开过翔实的"回顾与前瞻"[5]，她们将相关研究历史划分如下表所示的三个阶段：

表："孔子及《论语》传播与研究"三阶段总结表

阶段	时间	特征
起步学习	1978—1992	简单运用西方传播学观念处理中国本土文化的模仿和学习，大多数是自发性研究。具体表现为总结性的多，深入研究的少；概括性的多，具体分析的少；史料汇编的多，思想挖掘的少。

① John Durham Peters, *The Marvelous Clouds: Toward a Philosophy of Elemental Media*. Chicago and London: The University of Chicago Press, 2015.

② Michel Serres, *La Légende des Anges*. Paris: Flammarion, 1993.

③ 李智：《从媒介工具论到媒介存在论——西方媒介思想的演变》，北京：中国传媒大学出版社，2022 年。

④ 李承志：《从本体论到存在论的传播之思——从彼得斯的传播哲学谈起》，《新闻与写作》，2023 年第 10 期。

⑤ 王仙子、周之涵：《孔子及〈论语〉传播学研究之回顾与前瞻》，《孔子研究》，2014 年第 1 期，第 85—93 页。

续表

阶段	时间	特征
探索发展	1993—2002	孔子及《论语》传播史料整理和汇编方面更系统，内容也更详实，从倡议学科建设、提出理论命名、采用新方法新观念。
走向深化	2003—2012	在前两个阶段的基础上不断走向深化，在传播思想研究、当代价值转换和传播史实研究方面都取得了可观的成果。

这里姑且将"孔子的传播思想"研究同情地视作"孔子及《论语》传播学研究"的一部分。整体言之，王、周两位学者对不同历史时期的有关研究的特征概括尚属准确。然承第一节所论，二人将"华夏传播学"的学科建构作为相关学术研究历程的重要着眼点，而这样的学术立场也的确影响了她们学术书写的客观性。同时，王、周审思的时限截止在了 2012 年，之后的研究历程她们无从勘验。当我们站在"后见之明"的立场上重新回顾二人的"回顾"时不难发现：一方面，"孔子传播思想"研究历程并非一条正比例函数式的上扬直线，而是一条时有起伏峰谷的波浪线。并且这条波浪线整体也不呈现出想当然的上行趋势，即后来研究价值未必胜过先前。尤其是近些年来伴随着儒学复兴思潮与"两创"政策加持下出现的大量应景的、牵强附会的孔子传播思想研究一时间泥沙俱下（上文所论"孔子思想在传播领域内的映射"便是其中的一个典型），在质量上很难达到前人的高度。笔者十分同意王、周二人对"探索发展"阶段，尤其是对陈力丹孔子思想研究的高度礼赞[①]，那确实代表着一个孔子传播思想研究的高峰。另一方面，正因为整个研究进程并非总是呈现上行趋势，王、周命名的第三阶段以及此阶段后的"走向深化"不免有名无实。实际上，依照表格中的"特征"作标准，第三阶段不过是第二阶段数量上的扩充和范式上的延续甚至不免倒退。因此，将"孔子传播思想"研究仅分为"起步—发展"两个阶段更符合实际，并且"发展"阶段还埋伏着"庸俗化"的危机。诚如王、周所言，"只破不立的学术态度却难以达到研究的深化，形成持续的理论推演，这与第二个阶段的学科化努力和思想性建设是不能同日而语的……大多数研究往往只是将孔子及《论语》的传播思想与现实中的传播现象机械地凑合，缺乏理论建构能力和实践指导意义"。[②]

这样一来，按照王、周给出的研究线索，"孔子的传播思想"研究不免进一步走向衰颓。这提醒我们也许应该更换一条新的"前瞻"或"深化"的思路。按照

---

① 这并不是说后人的研究在客观上绝对不会超越陈力丹，而是说学人相对于所处时代所能达到的思想水平在陈力丹那里达到了一个很高的位置。

② 王仙子、周之涵:《孔子及〈论语〉传播学研究之回顾与前瞻》,《孔子研究》,2014 年第 1 期,第 85—93 页。

第一节列出的标准筛除掉那些似是而非的孔子传播思想的研究后，"起步—发展"这条线索可被客观还原为"史料-思想"。而思想研究又可被进一步划分为"描摹思想"与"反思思想"。又因为精准的描摹与深刻的反思无法不借助于哲学，因此这条线索亦可进一步被扩充延展为"史料—思想—哲学"。在这个意义上孔子传播思想研究的哲学色彩不断加深并最终进入哲学前沿的存在论领域乃是应运而生、水到渠成的事情。此亦为王、周所言"学界应纠弊趋新，开创孔子及《论语》传播学研究之新局面"①的题中应有之义。目前虽然没有以存在论视域观照孔子传播思想的专论，但某些发散性的思想萌芽却一直不绝如缕，具体体现为以下诸方面。

（一）传播情境

早在 1988 年作为孔子传播思想研究滥觞的吴予敏所提出的作为"无形的网络"的"生命（生活）—传播结构"②就可被视作一种鲜活的传播本源情境。马腾以孔子"象、意统一的整体传播观"与"亲身传播方式"③为传播情境作注脚，阳海洪和阳海燕则以"传播需要反复、多次、连续进行……是自然而非人为的"④来形容传播情境的哲学特征。单波和肖劲草笔下"将情感、历史、情境、理智结合在一起"的"较为立体的互动模式"与作为本源的传播情境非常类似，二人更是一针见血地指出《论语》中的对话更注重"情境"和"情感"，"在对话中，孔子较少通过逻辑推导和理性劝服来传播价值，而是以对话指引人们去体会生活、反思生活，从中获得启发"。⑤其潜台词在于孔子认为传播情境先于传播主体、信息、媒介、工具以及手段。"对孔子而言，对话的功能在于创造理解、反思和领悟的契机"，这无疑是在宣告传播的价值在于获得新的意义。而邵培仁、姚锦云则是总结了《论语》中"不愤不启，不悱不发的知识传播的'情境'模式"并且认为在该模式中"一旦接受对象有了主体性，对方也就不仅是受体，反又成了传播主体，在双方的互动中，新的知识又得以产生"。⑥换言之，传播者与受传者的身份不是

---

① 王仙子、周之涵：《孔子及〈论语〉传播学研究之回顾与前瞻》，《孔子研究》，2014 年第 1 期，第 85—93 页。

② 吴予敏：《无形的网络——从传播学的角度看中国的传统文化》，北京：国际文化出版公司，1988 年。

③ 马腾：《孔子传播思想探析》，《东岳论丛》，2005 年第 8 期，第 150—152 页。

④ 阳海洪、阳海燕：《泛组织传播：对"孔孟"为中心的儒家传播思想考察》，《温州大学学报（社会科学版）》，2007 年第 5 期，第 94—98 页。

⑤ 单波、肖劲草：《〈论语〉的传播智慧：一种比较视野》，《国际新闻界》，2014 年第 6 期，第 76—91 页。

⑥ 邵培仁、姚锦云：《传播模式论：〈论语〉的核心传播模式与儒家传播思维》，《浙江大学学报（人文社会科学版）》，2014 年第 4 期，第 56—75 页。

固定的，他们都是传播主体。传播的意义正在于主体性的更新与新知识的产生，这与传播存在论的"前存在者"性质和"存在者变易"的性质若合符契。诸贵根详细地梳理了中外"情境传播"概念的理论脉络，并指出了孔子的情景传播思想乃是以人为本位的且试图以之对治梅罗维茨以媒介为本位的情景传播思想。① 但这其实又将孔子的本源情景思想形而上者化了，不免落入了传播哲学中常见的人与媒介究竟何为本体的争论窠臼中，实则与作为本源的并能给出新媒介与新主体的传播情景思想背道而驰。

（二）言说方式

全冠军较早地从语言和符号的角度切入孔子的传播思想研究，他对孔子传播思想中"非语言符号"的强调和对"语言的遮蔽性"的批评实则与传播存在论对"本源的言说方式"的深挖以及对"符号的言说方式"局限的说明异曲同工。与之类似，阳海洪、阳海燕与杨柏岭也都指出孔子重视"身教""亲身传播"更甚于"言传""言教"或"语言传播"。② 单波和肖劲草对孔子偏爱"本源的言说方式"作出了存在论意义上的深刻阐释，"在《论语》中，语言不是存在的家园，只是启发的桥梁和阶梯，理解需要在生活体验和反思中获得，因此语言的地位不是根本性的"且"意义的传达具有一定的模糊性和开放性，意义没有完全固定在语言中"。③ 出于相同或类似的原因，全冠军也指出孔子以"断章取义""不局限于原诗的意思"的"诗教"弥补"语言的表达能力"的缺陷以使得受众"得到新的知识"并使传者"充分发挥主体性"，这种观点已经颇具几分传播存在论"前主体性"的色彩了。这与孙占奎单纯在结构-功能理论视域下从传播意识和媒介传播符号的角度展开的对孔子"诗教说"的传播学阐释（一种形而下的分析）④ 形成了根本的不同与鲜明的对照。

（三）实践理性

全冠军认为在孔子看来，传播的目的在于"由'学'而'习'，'言''行'统

---

① 诸贵根：《孔子的情境传播活动和思想研究》，硕士学位论文，江西财经大学，2020年。

② 阳海洪、阳海燕：《泛组织传播：对"孔孟"为中心的儒家传播思想考察》，《温州大学学报（社会科学版）》，2007年第5期，第94—98页。

杨柏岭：《人即媒介：孔子的文化传播实践及现代意义——兼论"媒介，人的延伸"》，《学术界》，2016年第12期，第58—72页。

③ 单波、肖劲草：《〈论语〉的传播智慧：一种比较视野》，《国际新闻界》，2014年第6期，第76—91页。

④ 孙占奎：《孔子"诗教说"的传播学阐释》，《山东省农业管理干部学院学报》，2002年第6期，第117—118页。

一"，"带有很强的实践理性色彩"。① 无独有偶，陈力丹、邵培仁、姚锦云、杨柏岭等人也都不乏对孔子传播思想中"文以载道、意在言外的实用性传播传统"②"知行合一的实践精神"③ 或"'行'的媒介精神"④ 的论述，这是因为"具体操作必须落实到无限多样的现实情境中，现实情境的复杂性又进一步影响到知识传播的可行性"。⑤ 由此可见，对"实践理性"的强调亦为传播存在论思维在既往孔子传播思想研究的重要体现。

三、溯源重构：孔子传播存在论思想研究的意义

相较于对其他人类活动领域的探讨，当前的孔子研究乃至中国哲学对"传播"的关怀并不足够。传播在现代社会乃至在前现代社会中的重要性都是不言而喻的，而孔子对传播的哲学理解亦不乏深刻之处，故中国哲学对传播无感实在是一件令人感到吊诡和遗憾的事情，而孔子的传播存在论思想研究的使命在于弥补这一缺憾。鉴于孔子的传播存在论思想研究是一个宏大和系统的工程，其具体建构确当另文讨论。然而，但这一工程的思想指向却非常明确，即证明由于作为儒家传播思想的开创者与集大成者的孔子传播思想的着眼点在于"存在者变易"——包括信息与媒介在内的传播对象的新规定性与包括传受双方在内的传播主体的新主体性的生成，因而具备深邃的传播存在论"前存在者"意涵。因此，它完全不同于由西方舶来的实证传播学，也不等同于近年来的各类华夏传播研究，亦不等同于炙手可热媒介哲学思潮。孔子的传播思想应在哲学和存在论的视域下获得突破，实质上乃是一种传播存在论或传播之思，具体表现为"存在—形上—形下"三层架构。作为存在和本源情景的传播对形上和形下传播的奠基和生成作用，后世学者不应迷信于孔子时代的形上与形下的传播思想，而应根据传播本源溯源重建和更新当下时代世人尤其是国人的传播观念，以建立起真正的华夏传播学范本并为现代传播制度与规范的建设提供一定的哲学助益。详言之，以存在论视域观照孔子传播思想研究具备众多鲜明的优势和意义，不仅包含更好地重构孔子传播思想

① 阳海洪、阳海燕：《泛组织传播：对"孔孟"为中心的儒家传播思想考察》，《温州大学学报（社会科学版）》，2007 年第 5 期，第 94—98 页。

② 陈力丹：《论孔子的传播思想——读吴予敏〈无形的网络——从传播学角度看中国传统文化〉》，《新闻与传播研究》，1995 年第 1 期，第 2—9 页。

③ 邵培仁、姚锦云：《传播模式论：〈论语〉的核心传播模式与儒家传播思维》，《浙江大学学报（人文社会科学版）》，2014 年第 4 期，第 56—75 页。

④ 杨柏岭：《人即媒介：孔子的文化传播实践及现代意义——兼论"媒介，人的延伸"》，《学术界》，2016 年第 12 期，第 58—72 页。

⑤ 邵培仁、姚锦云：《传播模式论：〈论语〉的核心传播模式与儒家传播思维》，《浙江大学学报（人文社会科学版）》，2014 年第 4 期，第 56—75 页。

研究在"传统与现代"以及'地方与全球"维度上的意义①，也包含祛除孔子传播思想研究的存在者化的包袱——不仅在于重构那些对孔子传播思想凝固的认识，也在于重构那些对孔子传播思想刻板的反思。

（一）重构"传统与现代"的意义

按照王仙子等人的看法，孔子传播思想研究的现代性追求早在 20 世纪 90 年代便"开始初露端倪"②，高质量的孔子传播思想研究更是对现代性表现出齐心一致的重视，但不少文章在处理"传统与现代"的关系上却仍待商榷。前人对此有两种态度具备代表性：一种是"以古鉴今"的态度，即孔子的传播思想过去是怎样的现今和未来也应是如此这般的，故过去的孔子传播思想对当下的传播实践起到重要乃至决定性作用。例如"任何时候中国人际传播理论都必须建立在对文化传统的继承和改造的基础之上"③，又如《论语》的核心传播模式与儒家传播思维为当今中国价值的重塑和文化的重建提供了一缕曙光"。④ 另一种则是"古今交融"的态度，例如"以今为主、以古为辅"。⑤ 此种思路下孔子的传播思想也是原原本本地在那里的，我们只需要针对现实诉求作出适当的取舍即可，这种做法的缺陷在于"将孔子及《论语》的传播思想与现实中的传播现象机械地凑合"⑥。存在论视域下孔子的传播思想研究在'传统与现代'之维上的立场则与之完全不同，它认为孔子传播思想不是现成在手且供人裁剪的模型。研究者不应遗忘不同的传播情境，故应进一步追问孔子传播思想何以在不同的时代和不同的传播情境中表现出不同的样式。因此，孔子传播思想研究的意义始终渊源于当下，而非"发思古之幽情"地考古或保护。思想的"当下性"不等同于前人研究中存在者化、功利性的"当代价值转换"或"现代意义"，例如不是"这种传播思想与现代意识有相通的一面，但也有矛盾的一面，当今亟需对其进行现代性转型"。⑦ 真正的现代性转

---

① 参见李承志：《传播存在论视域下的华夏传播研究再议——〈华夏传播研究刍议〉发表二十周年近思》，《华夏传播研究》2023 年第 1 期，第 7—23 页。

② 王仙子、周之涵：《孔子及〈论语〉传播学研究之回顾与前瞻》，《孔子研究》，2014 年第 1 期，第 85—93 页。

③ 胡河宁、孟海华、饶睿：《中国古代人际传播思想中的关系假设》，《安徽史学》，2006 年第 3 期，第 5—10 页。

④ 邵培仁、姚锦云：《传播模式论：〈论语〉的核心传播模式与儒家传播思维》，《浙江大学学报（人文社会科学版）》，2014 年第 4 期，第 56—75 页。

⑤ 王仙子、周之涵：《孔子及〈论语〉传播学研究之回顾与前瞻》，《孔子研究》，2014 年第 1 期，第 85—93 页。

⑥ 王仙子、周之涵：《孔子及〈论语〉传播学研究之回顾与前瞻》，《孔子研究》，2014 年第 1 期，第 85—93 页。

⑦ 阳海洪：《"仁礼同构"："5W"模式下儒家传播思想的问题意识》，《湘潭大学学报》，2012 年第 3 期，第 112—115 页。

型的路径就是溯源至孔子所在的传播情境，领悟其传播思想的由来。接着在当下的传播情境中将之展开，重建符合当下的传播学，是为"溯源重建"的题中之义。

（二）重构"地方与全球"的意义

溯源重建的"孔子传播思想"绝不仅仅是传播学本土化的产物，还应凭借切中当下世界的传播本源情境而获得真正的普适意义。然而前人的研究中之所以鲜有能达到这一要求者乃是由于"偏重纯粹的中国视野"最终"使得《论语》难以成为在人类传播实践层面可以分享的智慧"。[1]"只有带有鲜明东方色彩的中国传统文化和儒学文化才会成为西方对中国人文关注的焦点，并以多元文化中独特分支的文化角色被西方传播者研究、接纳并传播"[2] 可能只是国人幻想出的一厢情愿。因此单波等人曾提出以"比较视野"来对治研究上中国本位的问题，但并不能从根本上解决问题。甚至恰恰相反，那些预设中西从一开始便分道扬镳的研究一定是存在者化的，不可能具备真正的普适性。例如，吴予敏最早指出了相对于西方近代理性精神下"开放""沟通"和"扬弃"的传播语境，中国社会传播结构和传统文化模式呈现出"封闭""集权"和"因袭"的负功能。[3] 这一对比性的评价虽也可谓一语中的，但明显将中、西理想化和凝固化了，且不论"扬弃"和"因袭"是否仅仅具备正或负的功能，单就中国或儒家传播思想中是否就是"封闭"的和"集权"这一点来说也值得进一步商榷。另外，中、西传播思想尤其是中国的传播思想无法在这种对比中获得任何更新。事实上，虽然单波本人关于孔子传播思想的中西对比研究已属上乘，但也有类似的缺陷。单波的文章也仿佛将孔子和苏格拉底的"传播智慧"对立起来，似乎孔子传播思想注重情境和情感的同时就必须轻视理性和逻辑，反之亦然。因此最后的研究结论还是陷入了"《论语》的传播智慧显示的是中国人的精神交往的智慧，是中国人的交往特性"，"'礼乐教化'是别具中国特色的互动方式"[4] 的本土化思维窠臼中。传播存在论的使命正在于超越这样的存在者思维，重新领悟渊源于当下的没有中西分别的传播情境中，将孔子传播思想中超出中西对立的更深刻的成分挖掘出来，使得孔子传播思想获得更新与

---

① 单波、肖劲草：《〈论语〉的传播智慧：一种比较视野》，《国际新闻界》，2014 年第 6 期，第 76—91 页。

② 陈薇：传统儒家文化模因西方传播的异化趋势研究，《湖北社会科学》2014 年第 7 期，第 111—113 页。

③ 吴予敏：《无形的网络——从传播学的角度看中国的传统文化》，北京：国际文化出版公司，1988 年。

④ 单波、肖劲草：《〈论语〉的传播智慧：一种比较视野》，《国际新闻界》，2014 年第 6 期，第 76—91 页。

改变当下世界的机会。尤其是在当下，不仅是中国，纵然放眼全球，"中西学术界目前所讨论的传播哲学还未形成一个一致、具体且稳定的定义，甚至还不是一个明晰的指向"。[①]人们对传播哲学的理解和解释尚不成熟，甚至有重大缺陷。借助于对孔子传播哲学思想的研究则能够为全球传播哲学的建构贡献中国智慧。

（三）更新存在者化的认识

过去几十年的孔子传播思想研究中，似有不少认识已经取得了共识。就传播主体而言，学界通常认为孔子更看重传者的角色，受众不过"被置于一种'命定'的接受信息的地位"[②]，二者的身份是相对固定的。由此又决定了孔子理想中的传播过程是一元单向的。就传播内容而言，学界则通常将合"礼"与述"古"作为孔子传播思想重要特色，以至于使得传播带有浓厚的社会伦理旨趣甚至以伦理规范取代了传播。就传播方式而言，学界则认为孔子注重情感的维系而忽视理性。而孔子的传播存在论思想研究则要指出这些存在者化的结论甚至定论有待商榷或应得到进一步深化或奠基，这些"陈迹"层面的观点应得到"所以迹"层面的说明。诸如此类的认识不知凡几，此处不再悉数展开，仅试论一处典型。

许多研究倾向于将孔子的传播思想与"主体间性"（Inter-subjectivity）思维绑定。最典型的即单波、肖劲草将《论语》的传播智慧提炼为精神交往[③]的智慧，并将之等同于中国人的交往特性。"在当今的世界交往体系中，中国人可以通过温习这一智慧，建构交往的主体性，在一个多元文化主义的时代复活'仁'的主体间性的交往精神。"[④]与之类似，邵培仁、姚锦云也认为"儒家一以贯之的传播思维包括传受兼顾的主体意识（主体性）"。[⑤]此外，由于儒家以人伦关系为基础，以源于人伦关系的"仁"作为调节关系的规范，因此有不少学者将"关系"当作"主体间性"的显现样式并加以发挥。就像胡河宁等指出的那样，"关系总是同传播紧密地联系在一起而不可分割……只有研究维系中国古代人际传播秩序的关系假设，才能正确诠释'仁'、'礼'、'忠恕'、'和为贵'等传统思想范畴在古代人际传播

---

① 李承志：《从本体论到存在论的传播之思——从彼得斯的传播哲学谈起》，《新闻与写作》2023年第10期，第55—68页。

② 陈力丹：论孔子的传播思想——读吴予敏《无形的网络——从传播学角度看中国传统文化》，《新闻与传播研究》1995年第1期，第2—9页。

③ 在德语语境尤其是包括法兰克福学派在内的马克思主义学派的著作中的"Verkehr"或"Kommunikation"常以中文"交往"对译，在不作严格区分的情况下，可将之视作"传播"的同义词。

④ 单波、肖劲草：《〈论语〉的传播智慧：一种比较视野》，《国际新闻界》，2014年第6期，第76—91页。

⑤ 邵培仁、姚锦云：《传播模式论：〈论语〉的核心传播模式与儒家传播思维》，《浙江大学学报（人文社会科学版）》，2014年第4期，第56—75页。

过程中的意义"①，又如陈力丹指出孔子传播思想"重视人际、讲求关系"②，单波等也将孔子的传播思想升华为"关系的智慧"，并进一步解释道"孔子注重关系，将生活的意义安置在伦理政治关系中……注重培养道德情感来维护、巩固关系"。③应当说，以"主体间性"诠释孔子和儒家以"仁""忠""恕""和"为特征的交往或传播精神在客观上是颇为准确的，并且对破除当前人们对"主体性"思维的迷思执念以及构建"交往理性"的社会"公共领域"大有裨益。但是，诚如笔者所言，"主体间性对话或范式仍需奠基于主体性，纵使不是主体性的简单加和，亦不过是主体性的某种自我约束和外推间的平衡"。④故在传播存在论的视域下，传播的"前主体性"范式应当取代交往或关系的"主体间性"范式，即追问为什么作为存在的传播能够给出如此这般的主体性与主体间性。这才是关乎传播，关乎孔子传播思想的最深刻奥秘。

（四）更新存在者化的反思

研究孔子传播存在论思想的意义不仅在于改变学界对孔子传播思想的凝固认识，也在于更新学界对孔子传播思想凝固的反思。实际上，由于缺乏批判的眼光与批判的武器，前人关于孔子传播思想的研究多持建构与肯定的态度，只有少数学人的高质量研究展开了对孔子传播思想的反思。这些学人中应首推陈力丹，他对孔子传播思想的研究主要集中在虽字数不多却字字珠玑的两篇论文中。在吴予敏的《无形的网络》问世之后，人们逐渐认识到中国古代社会传播思想的源头在孔子那里。但吴氏书中关于孔子传播思想的述评字数极其有限缺乏完全展开⑤，陈力丹因之在第一篇文章中从"以人伦为基础""身→家→国→天下的社会生活传播结构""实用理性特征"以及"无形的传播控制网络"四个方面"接着讲"孔子的传播思想。⑥十余年后的第二篇文章也基本沿着这条思路，不过论点更为聚焦，反

---

① 胡河宁、孟海华、饶睿：《中国古代人际传播思想中的关系假设》，《安徽史学》，2006 年第 3 期，第 5—10 页。

② 陈力丹：《论孔子的传播思想——读吴予敏〈无形的网络——从传播学角度看中国传统文化〉》，《新闻与传播研究》，1995 年第 1 期，第 2—9 页。

③ 单波、肖劲草：《〈论语〉的传播智慧：一种比较视野》，《国际新闻界》，2014 年第 6 期，第 76—91 页。

④ 李承志：从本体论到存在论的传播之思——从彼得斯的传播哲学谈起，《新闻与写作》2023 年第 10 期，第 55—68 页。

⑤ 吴予敏：《无形的网络——从传播学的角度看中国的传统文化》，北京：国际文化出版公司，1988 年。

⑥ 陈力丹：《论孔子的传播思想——读吴予敏〈无形的网络——从传播学角度看中国传统文化〉》，《新闻与传播研究》，1995 年第 1 期，第 2—9 页。

思与批判也更加尖锐。[①]

混言之，陈力丹对孔子传播思想做出了如是批评，"孔子的传播思想，是以伦理、宗法、礼制和等级来约束传播行为，压抑了人们的思想和个性。孔子不是培养选择中判断，而是遏制自我的觉醒，要求自我审查"。[②]析言之，在陈力丹看来孔子为人们本能的传播活动制定了一套人为的、主观的礼制规范和伦理戒律以抑制个性化的传播，由此造成了"不自由"和"不平等"两个相互关联的后果：一方面，孔子的传播思想以牺牲个体尊严与主体自由为代价，孔子"坚持以'礼'来维持传播秩序，在他那里完全找不到思想自由的踪影"。[③]传播主体无可逃遁地被囚禁在是否应该和是否被允许的礼制角色的严苛框架中却永远无法找到自己，只能"见人说人话，见鬼说鬼话"。传播者首先面临的不是如何发出和接收讯息，而是应付礼制和伦理的束缚。另一方面，孔子的传播思想中充斥着等级尊卑意识过分强烈和狭隘的不平等色彩，主要表现为以父权为基础的治权高高在上的思想和做派。传播者必须依照等级意识考虑"说什么"和"怎么说"，受众亦然。这样一来礼制或伦理的上位者甚至能禁锢人性、控制民众思维甚至完全支配人与人的传播。因此，陈力丹给出了"孔子的传播思想是向后看的、保守的"这一盖棺论定式的评价。

当然，除陈力丹外对孔子传播思想有深刻反思者也不乏其人。至少陈的反思就建立在吴予敏当年对中国传统传播思想"信息内敛性"和"文化封闭性"的批评[④]上。王怡红提出的孔子规定的"礼"是对上下等级、尊卑长幼交往秩序的严格规定并对人与人交往行为具有极大约束力的看法[⑤]也与陈力丹同调。李庆林也认为"从孔子开始，传播就被套上了'礼'的枷锁"并进一步从知识生产的角度指出儒家的传播观不是"求真"而是"明伦"，这就导致"伦理"传播过剩，"真理"传播缺乏，中国难以通过传播形成良性知识生产秩序。[⑥]这是在陈力丹对孔子传播思想"不自由""不平等"批评的基础上又开出了一条"不尚真"。阳海洪则兼而有之地从"儒家传播思想放弃了人的'权利'设计"与"儒家传播思想放弃了'求

① 陈力丹、袁鹏亚：《孔子具有怎样的传播思想——从传播学角度解读〈论语〉》，《新闻爱好者》，2014年第4期，第1、31—34页。
② 陈力丹、袁鹏亚：《孔子具有怎样的传播思想——从传播学角度解读〈论语〉》，《新闻爱好者》，2014年第4期，第1、31—34页。
③ 陈力丹、袁鹏亚：《孔子具有怎样的传播思想——从传播学角度解读〈论语〉》，《新闻爱好者》，2014年第4期，第1、31—34页。
④ 吴予敏：《无形的网络——从传播学的角度看中国的传统文化》，北京：国际文化出版公司，1988年。
⑤ 王怡红：论中国社会人际传播的价值选择，《现代传播》1996年第6期，第50—51页。
⑥ 李庆林：论儒家的伦理传播观，《理论与现代化》2008年第5期，第70—73页。

真'的目标"两个角度概括"孔子传播思想的负面价值"，这导致了"信息的传播不再是自然权利、使得孔子只能把儒家之徒的传播权奠定在凌虚高蹈的圣人之道和想象中的'民意'之上"以及"传播的功能不是对不确定性的排除和对真相的探寻，而在于对现实世界进行价值判断与宣传教化"[1]。

前人对孔子传播思想中礼制下"不自由""不平等""不尚真"的反思应当引起我们的足够重视。尤其是礼制下由人或人为制度操纵或阻碍传播乃是与传播存在论的"前主体"或"前存在"的性质完全相悖。在传播存在论视域下，只能是作为存在的传播给出传播主体与传播制度，而不是相反。"一旦在传播哲学中给人留下主体性在先的豁口，则无异于给传播悬上一柄随时可能为之强加某种因袭的现成属性的达摩克里斯之剑。"[2] 但这里的问题在于，几乎所有研究者的反思都建立在孔子将传播和礼制绑定这一事实的基础上。然而在传播存在论视域下，一方面，以礼制操纵或限定传播乃是孔子传播思想的形上或形下层面，而非孔子本源的传播思想。另一方面，一套严整的传播规范乃是作为存在的传播在当时的生活情境中的特殊显现样式，并不代表在当下的传播情境中这样形上或形下思想仍有存在的必要。我们要做的工作恰恰是溯孔子传播思想本源，重建符合当下传播情景的传播观念与制度。这不仅为传播存在论超越某些对孔子传播思想过度的和不合理的批评提供了一种参照，也为只"解构"不"建构"的批判思路增添了"重构"的可能，为孔子传播思想在当下重焕生机而不是沦为历史的故纸堆提供了路径。

结语：孔子传播存在论思想研究的展望

可以预见，"传播哲学"和"传播五要素"相联结或以"传播哲学"化约"传播五要素"是进一步推进孔子传播思想研究的题中之义。以传播存在论之"存在—形上—形下"的三级观念架构观照孔子传播思想可以发现，前人所谓的传播思维、传播智慧、传播模式大致隶属于形上层面，而传播结构、传播制度、传播技巧则大体归汇于形下层面。然而，前人却普遍遗忘了孔子那里作为存在或本源情境的传播对形上和形下传播的奠基与生成作用。因此，后人的相关研究不能继续滞留于孔子形上和形下层级的传播思想之域内，而应根据本源传播之思溯源重建适用于当下社会的传播观念。首先应重思传播本源。作为存在的传播本源或传播情境不是戈夫曼或梅罗维茨强调的地理学或社会学维度上的物理场或信息场，而是存

① 阳海洪、阳海燕：《泛组织传播：对"孔孟"为中心的儒家传播思想考察》，《温州大学学报（社会科学版）》，2007年第5期，第94—98页。

② 李承志：《从本体论到存在论的传播之思——从彼得斯的传播哲学谈起》，《新闻与写作》2023年第10期，第55—68页。

在论维度上的意义场。传播情境不断地生成新主体性和新对象性，《论语》中诸多"诗教"情境可为之提供论据。其次应重思传播主体。传播主体既包括传者和受者，也可分为知识主体和道德主体。但传播主体总是凝固的和被传播给出的，传播存在论则指引我们思考"新主体性"如何在传播活动中不断生成。在孔子那里，本源传播绝非教化、示范和趋同的代名词。我们应当追溯孔子传播思想中成人成己的前主体性观念以及本源传播如何给出人内传播意义上的君子慎独、人际传播意义上的成人之美以及人群传播^①意义上的群而不党。同时，这为我们突破之前孔子传播思想研究中传者与受者之间的单向度以及政治或道德维度上的一元化成见扫清障碍，进一步凸显传播给出独立的个体主体性之功能。最后应重思传播效果。与重思传播主体相似，传播在不断生成"新主体性"的同时也在不断生成"新对象性"，这在《论语》中常表现为信息与媒介在不同传播情境中意义的更新。如果将《论语》中的"言"视为一种媒介，那么"天何言哉""予欲无言"便说明了媒介不是孔子传播思想中的本源。但媒介却可以承担本体的功能，人们可以通过媒介认识人和世界。当然，有时媒介又不是本体，而仅是一个载具。因此，媒介在孔子传播思想中仅具备形上和形下的功能，不能代替传播或传播情景的本源作用。这实质上反映出以传播为本源的"传播哲学"与以媒介为本体的"媒介哲学"在理论取向上的根本不同，故对孔子传播思想的存在论推进也在现实中成了切入和超越当下学界炙手可热的"媒介哲学"大讨论的契机。总之，孔子的传播哲学思想是一种传播存在论或传播之思，这与之前学界讨论的任何"媒介哲学"甚至广义的"传播哲学"都不完全相同。此外，鉴于自身的理论特色与实践旨趣，作为"现代性诉求的民族性表达"^②（the national expression of modernistic pursuit）的孔子传播存在论思想的完善论述也终将成为中国传播学自主知识体系的重要组成部分。

---

① 在现代传播学近乎公认的五种传播类型，即人内传播、人际传播、群体传播、组织传播、大众传播中，孔子没有了解大众传播的机会，讲学和游说等传播活动虽有群体传播和组织传播的影子，但鉴于当时个人和组织独立的个体性没有保障，也不符合两个概念的严格定义，故笔者惯用"人群传播"一词探讨孔子传播思想中人内传播和人际传播之外的传播类型。

② 参见李承志："以仁行义，以义制礼"学理架构下孟子思想的传播学诠释，《中华文化与传播研究》，2020 年第 1 期，第 102—114 页；李欣人、李承志：《儒家文化视域下跨文化传播观念的重构》，《现代传播（中国传媒大学学报）》，2021 年第 7 期，第 34—39、49 页。

人类命运共同体话语体系的主体之维

——对西方话语体系主体之维的批判与超越[*]

The subject dimension of the discourse system of the community of human destiny: The criticism and transcendence of human to the subject of Western discourse system

胡泽彬　蔡毅强^{**}

Hu Zebin　Cai Yiqiang

摘　要： 西方话语体系单向性主体的形成和自反，根源于其主客二分的时代哲思和现实的资本主义发展进程。与之相反，人类命运共同体话语体系则是建立在交互性主体的基础之上，有其形成的文化根脉、理论魂脉和现实基础，即对中华优秀传统文化所蕴含的"主体间性"思想的充分吸收和对马克思关于"共同体"理念的合理借鉴，最终生成于人类命运共同体理念的伟大实践。交互性主体原则的确立，不仅完成了对西方话语体系单向性主体的超越，而且也为提升人类命运共同体话语传播效能明确了实践遵循，即坚持传播主体多元并存、促进话语形态流动转换和推动传播渠道多样发展三位一体的协同推进。

Abstract: The formation and reflexivity of the one-way subject in the western discourse system are rooted in its subject-object dichotomy and the realistic development of capitalism. On the contrary, the discourse system of the community of human destiny is based on the interactive subject, which has its cultural root, theoretical soul and realistic

---

* 基金项目：2022 年国家社会科学基金一般项目"新时代思想政治教育空间转向及国际话语表达创新研究"（项目编号：22BKS132）成果。

** 作者简介：胡泽彬，男，广东揭阳人，闽南师范大学马克思主义学院硕士研究生，研究方向：思想政治教育；蔡毅强，男，闽南师范大学马克思主义学院教授、博士，硕士生导师。研究方向：马克思主义中国化时代化、思想政治教育理论与实践以及文化强国建设理论与实践。

basis, that is, to fully absorb the idea of "Inter-subjectivity" contained in the fine traditional Chinese culture and to draw reasonable lessons from Marxism's idea of "Community", finally, it came into being in the great practice of the idea of the community of human destiny. The establishment of the principle of interactive subject not only surmounts the unidirectional subject of Western discourse system, but also clarifies the practice of promoting the efficiency of discourse communication in the community of human destiny, that is to insist on the coexistence of multiple communication subjects, to promote the flow of the transformation of discourse forms and to promote the diversified development of communication channels in a coordinated way.

关键词：人类命运共同体；话语；交互性主体

Keywords: Community of human destiny; Discourse; interactive subject

习近平总书记在出席金砖国家领导人第十五次会晤时指出："当前，世界进入新的动荡变革期，正在经历大调整、大分化、大重组，不确定、不稳定、难预料因素增多。"①世界正处于百年未有之大变局，人类社会正站在何去何从的十字路口。在这样复杂的时代背景下，构建人类命运共同体是人类开创美好未来的根本要求，创造以"人的全面自由发展"为中心的新型文明形态是人类社会发展的必然趋势。中国共产党所倡导并积极践行的人类命运共同体理念，不仅是根据自身发展逻辑所形成的文明成果和解决方案，而且是符合人类社会历史经验和发展规律的伟大构想，为破解人类难题、共建美好世界贡献中国思想和中国智慧。

然而，这一理念在实际的实践和传播过程中，却受到了一些西方资本主义国家的误解、抵制甚至是仇视。究其根本，是人类命运共同体理念所倡导的和平、发展、公平、正义、民主和自由等全人类共同价值反照出西方资本主义国家所标榜的假平等和假民主，更进一步说，是人类命运共同体所代表的全人类共同利益挤压了西方资本主义国家的既得私利。其内蕴着对人类文明新形态的全新思考，有力地驳斥了"历史终结论"，更彰显了科学社会主义在21世纪强大的理论生机。在这种冲突与对立之下必然衍生出两套代表矛盾双方立场的话语体系，通过对两者的判辨，尤其是对二者话语主体性质的剖析，封闭与狭隘的西方话语体系和开放与兼容的人类命运共同体话语体系高低立见。

---

① 《习近平出席金砖国家领导人第十五次会晤并发表重要讲话》，《人民日报》，2023年8月24日，第1版。

一、批判：西方话语体系单向性主体的形成与自反

话语体系作为一个政治和学术概念，缘起于社会学和语言学研究，最早在西方国家被提及与应用。话语体系的基本组成部分包括"言说者""听者"与"言说之物"，它反映并形塑着话语双方即话语主体与客体之间的关系。话语主体是指发出话语的人或组织，负责构建和传递文本的意义和目的并通过选择和安排语言来表达自己的观点、想法和态度，以此引起听众或读者的共鸣或反应。概言之，话语主体在与外界进行对话时并不是盲目自发的，在进行话语表达之前它早已有一套属于自身的世界观和方法论，它希望通过对话，使话语双方的关系朝着自己的预期方向改变并顺利实现其话语目的。因此，话语主体在进行表达之前，早已内嵌着话语主体对其"言说者"—自身与"听者"—他人之间关系的把握，从狭义上说，是话语主体对其与他人之间关系的把握，从广义上说，则是话语主体对其与他人，乃至社会和自然之间关系的把握。正如学者刘兴盛所言："对自身的意识及自我在社会和自然中的定位的理解具有前提性的意义，它在根本上影响了人的心理、态度和思维方式，引导人的现实行为。"① 话语主体对自身与世界关系的界定从根本上决定了话语主体表达什么、如何表达以及通过话语表达想达成什么样的目的。因此，要界定西方话语体系中"言说者"的主体性质为何，实质上就是要理解和明确西方话语体系的话语主体是如何定义自身与世界的关系的。

（一）西方话语体系单向性主体的形成

马克思曾指出："语言是思想的直接现实。"② 话语作为语言的抽象系统，必然会反映出"言说者"即话语主体的立场、观点和诉求，从这种意义上说，只有自身阶级私利的西方资本主义国家既是西方话语体系的构建者同时也是其话语主体本身，它的确立就是要为其资产阶级利益服务的。而与主体相对应的另一个概念是客体，在西方话语体系中，"言说者"与"听者"的关系即主体与客体的二元对立关系。这是因为，西方"话语分析论家往往以二元对立或者一分为二的方式看待事物，并在被两极化了的事物之间构建一种简单的、机械的因果关系。比如话语分析工作者常常将语言现象分裂成'语言本体'与'语境'、'宏观结构'与'微观活动'、'现象'与'本质'、'主体'与'客体'等不同关系"。而"这当然是受

① 刘兴盛：《人的现代化的跃迁：中国式现代化的主体之维》，《哲学研究》，2023 年第 4 期，第 15 页。

② 《马克思恩格斯全集（第 1 卷）》，北京：人民出版社，1960 年，第 525 页。

到笛卡尔二元论的影响。"①虽然西方这种主客二分的哲学思想有它自身的局限性，但在其诞生之初无疑也是具有跨时代意义的，它标志着人的主体意识和理性精神的崛起，深深影响着人对其自身与世界关系的看法并进一步影响着人的价值观念和行为取向，进而对西方后世几百年来资本主义的发展产生了深远的影响，同时也影响着西方话语体系的形成与发展。

　　资本主义最初来到世间并不是悄无声息的，它以私有制和私有财产为基础，构筑起一套维护和发展资本主义的话语体系，通过宣扬"自由""平等"和"民主"等观念，将人们暂时地联合在一起并成功推翻了腐朽的封建统治阶级，建立起以资产阶级为主导的资本主义世界。这种话语在诞生之初是极具进步意义的，它将人们从人身依附关系中解放了出来，极大地发展了人的理性精神和主体意识，同时也释放了潜藏在人身上的力量。由此，西方话语体系"言说者"的个体主体性进一步得到确认和凸显，它不仅在哲学层面找到了依据，而且在现实的社会物质生活中也得到了确证。而个体主体性的觉醒也进一步为资本主义的发展提供了源源不断的动力，正如马克思所说："资产阶级在不到一百年的阶级统治中所创造的生产力，比过去一切世代创造的全部生产力还要多，还要大。"②这种生产力的迅猛发展不单单是机器大工业生产的功劳，更是由于作为生产力中最活跃、最具决定性的人的主体性的崛起和理性力量的发挥，"诸如个人的需要、才能以及满足自身需要和发挥自身才能的创造性活动"③都在极大程度上推动了资本主义的发展。与此同时，人的主体性被抬升到至高无上的地位，人们开始习惯于用一种置身于宇宙中心的思维模式看周遭世界。尽管这种以自身为价值尺度的人的出现是有进步意义的，但利己的唯一标准也造成了人与人和人与自然之间的对立和分裂。但为了维持资本主义的继续向前发展，资产阶级则必须通过话语对其独立性和利己性主体的存在做出合法性和合理性的辩护，从而形成了以单向性主体为基础的西方话语体系。但是，这种话语体系同样过分强调个体的主体力量和理性作用，"言说者"成了别具一格的主体，其他的"听者"等客体都要根据"说者"这个主体才作为其本身而得到规定，西方话语体系中的话语主体实质上是一种具有片面性的单向性主体。

①　施旭：《话语分析的文化转向：试论建立当代中国话语研究范式的动因、目标和策略》，《浙江大学学报（人文社会科学版）》，2008 年第 1 期，第 134—135 页。

②　《马克思恩格斯选集（第 1 卷）》，北京：人民出版社，2012 年，第 405 页。

③　刘兴盛：《人的现代化的跃迁：中国式现代化的主体之维》，《哲学研究》，2023 年第 4 期，第 15 页。

（二）西方话语体系单向性主体的自反

起初，西方话语体系单向性主体的确立同资本主义生产方式的确立一般，似乎具备无限的潜力并曾真真实实地推动过社会的进步与发展。但是，随着社会的继续发展，西方话语体系单向性主体的命运实际上同建立在私有制基础上的资本主义从诞生那一刻起就被宣判了死刑的命运一样，其走向没落同样是不可避免的。究其根本，建立在单向性主体基础之上的西方话语体系所宣扬的"自由"和"平等"，实际上是一种具有排他性的自由与平等，这种虚假的自由与平等最终会被进步的社会所扬弃。如"美国《独立宣言》中的'人人生而平等'指的是有地位的男性白人之间的平等，其中的'人人'不包括妇女、奴隶、华人，也不包括白人中的穷人"。[①] 对于揭露资本主义的所谓"平等"，马克思在《哥达纲领批判》中针对拉萨尔宣扬的游离经济基础和阶级关系的"公平"分配，也曾给予了义正词严地批驳：什么是"公平的"分配呢？难道资产者不是断言今天的分配是"公平的"吗？难道它事实上不是在现今的生产方式基础上唯一"公平的"分配吗？难道经济关系是由法的概念来调节，而不是相反，从经济关系中产生出法的关系吗？难道各种社会主义宗派分子关于"公平的"分配不是也有各种极不相同的观念吗？[②] 这些连续的质问表明，劳动力价值或价格转化为工资的形式，或者说工资表现为"劳动的价格"，资本家与工人的关系，形式上是"自由""平等"的关系，而实质上是资本主义的剥削关系；并且只有在共产主义社会，才能实现"各尽所能，按需分配"。在阶级社会里根本不存在所谓超阶级的"公平分配"；"社会一切成员"和"平等的权利"显然只是些空话。因此，这种单向性主体所构建的话语体系不过是为其个人和特定集团的特殊利益作辩护罢了，话语也由此失去理性的光芒，成为规训和钳制人们思想的工具。

由是观之，西方话语体系单向性主体从具有积极意义的一面走向带有负面影响的一面将成为历史的必然。一方面，从话语体系的内部看，话语的本质是通过对话形成共识，而单向性主体的主客二分思维缺少了一种主体间性的思考，每一个"言说者"都从自身的利益出发将"听者"视为服从于自身利益的工具，这势必会造成不同"言说者"与"听者"即主体与客体之间的对立，从而使对话陷入失效和无序的状态，话语最初的意义和目的也将无法实现，话语体系也将失去其本身存在的意义。另一方面，单向性的主体不仅要求其在话语层面掌握主动权，在现实层面，它同样渴望其权力无限扩张，利益得到无限满足，进而反过来巩固

---

① 张维为、吴新文：《中国话语：建构与解构》，上海：上海人民出版社，2021年，第113页。
② 《马克思恩格斯选集（第3卷）》，北京：人民出版社，2009年，第432页。

其话语权，而这种话语权实际上是一种话语霸权。这种话语霸权会导致对话无法形成共识，话语的这种失序的状态在现实社会中又表现为人与人之间利益无序的争夺，而这种争夺，正是资本主义社会所鼓吹的所谓的自由竞争。当越来越多资本主义国家的统治阶级不再满足于对其国内资源的侵占和掠夺，这种无序的争夺将会溢出一国范围，成为国与国之间的利益角逐，这种利益角逐也将慢慢从经济利益的追逐演变为政治、能源和生态等各种资源的争夺，从而引发政治冲突、恐怖主义和环境污染等世界性问题，最终使人类社会深陷自相残杀的泥潭无法自拔。

质言之，以单向性主体为基础的西方话语体系形成于资本主义社会的时代省思和其现实的社会发展进程之中，它反映和代表着资产阶级的利益和诉求。但是，随着资本主义社会弊病的暴露以及这种主客体二分的哲学思想逐渐失去对世界发展过程中产生的各种矛盾的解释能力，在此基础上形成的西方话语体系不仅不能对现存社会的发展继续起到推动作用，反而还加剧了社会矛盾、民族对立和国际冲突等问题的恶化。

二、超越：人类命运共同体话语体系交互性主体的生成

西方话语体系单向性主体的生成根植于以私有制为基础的资本主义社会和一种维护资产阶级统治的过分彰显和强调人的主体性的时代哲学之中，这也从根本上决定了以单向性主体为基础的西方话语体系将同资本主义社会的命运一样，从形成与发展走向没落与消亡。由此，一种能够通过有效沟通达成共识进而真正解决全球化问题的话语体系成为时代的迫切需要。在此背景之下，人类命运共同体话语体系应运而生，它以交互性主体为基石，超越了西方话语体系的单向性主体，为人类命运共同体理念的实践与传播、解决与应对全球化问题和全球化挑战、促进世界和平与发展开辟了新道路。人类命运共同体话语体系交互性主体的形成，不仅是时代所需，而且有其生成与发展的文化根脉、理论魂脉和现实基础。

（一）文化根脉：发端于中华优秀传统文化蕴含的"主体间性"思想

主体间性指的是人们之间意识的交流和共享建立在相互认知、相互体验和相互理解的基础上，它强调人类沟通和交往的彼此影响和互动性质。在主体间性中，个体与他人进行交往时，不仅仅是将自己的主观体验传达给对方，也会尝试理解对方的心理状况和感受。在中华上下五千年的历史长河中，虽然文字上未曾有过"主体间性"的提法，但在许多思想流派中都能见到"主体间性"思想的萌芽。道家说"圣人无常心，以百姓心为心"，儒家讲"推己及人""大家"言"换位思考"，无论是道家儒家还是寻常百姓家，他们的思想与话语早已将他者纳入自身的体系

并予以充分的尊重和理解，在此基础上进行对话和交际，从而在人与人间建立起动态和良性的人际关系。这种"作为主体的人们在交往中表现出来的主体间性，实际上是一种交互主体性"。[①] 这是基于人的日常交往而言，而在国家层面，中华民族则提倡"协和万邦""美美与共""天下大同"。中华优秀传统文化中蕴含的这种主体间性哲思，为人类命运共同体话语体系交互性主体的生成提供了厚重的文化底蕴和哲学积淀。

（二）理论魂脉：踵武于马克思主义的"共同体"理念

马克思根据人的发展状况把人类历史划分为三大形态，分别是人的依赖性社会、物的依赖性社会和人的自由全面发展社会。在第一种形态中，由于生产力十分落后，单个的人无法通过个人的劳动而满足其生存需要，人的存在需要依赖于某种具有协作性的自然共同体。由于社会的继续发展和生产力的极大提高，这种原始的自然共同体开始瓦解和分裂为物的依赖性基础上的人的独立性个体，"尽管独立的利己的人的出现在历史上具有进步性，但这种主体性也具有重大的缺陷，即造成了社会生活统一性的瓦解和人同自然的对立。"因此，在马克思看来，无论是第一种形态中的自然共同体还是第二种形态中由独立的个体联合起来的国家等各种虚幻的共同体实际上都是一种桎梏。当这种桎梏继续被冲破，人类社会则进入第三种形态，它"将是这样一个联合体，在那里，每个人的自由发展是一切人的自由发展的条件"。[②] 而这种联合体才是真正的共同体，"在真正的共同体的条件下，各个人在自己的联合中并通过这种联合获得自己的自由"。[③] 即真正现实的人的存在是"他为别人的存在和别人为他的存在"。[④] 在真正共同体"这一范畴中我们能够发掘出既超越单向度孤立主体性又避免重新落入遮蔽个人的抽象整体性的人的观念，即交互主体性"。[⑤] 马克思关于"共同体"的伟大构想为人类命运共同体话语体系交互性主体的确立提供了科学指导和理论借鉴。

（三）现实基础：生成于人类命运共同体理念的伟大实践

习近平总书记在哲学社会科学工作座谈会上指出："这是一个需要理论而且一

---

① 郭湛：《论主体间性或交互主体性》，《中国人民大学学报》，2001 年第 3 期，第 32 页。
② 《马克思恩格斯选集（第 1 卷）》，北京：人民出版社，2012 年，第 422 页。
③ 《马克思恩格斯选集（第 1 卷）》，北京：人民出版社，2012 年，第 199 页。
④ 《马克思恩格斯文集（第 1 卷）》，北京：人民出版社，2009 年，第 187 页。
⑤ 刘兴盛：《人的现代化的跃迁：中国式现代化的主体之维》，《哲学研究》，2023 年第 4 期，第 14—22 页。

定能够产生理论的时代，这是一个需要思想而且一定能够产生思想的时代。"[1] 而理论和思想来源于现实，人类命运共同话语体系的交互性主体正是在人类命运共同体理念的伟大实践中生成的，这一独具中国特色的实践形塑了独具特色的中国话语。

当今世界，"各国相互联系、相互依存的程度空前加深，人类生活在同一个地球村里，生活在历史和现实交汇的同一个时空里，越来越成为你中有我、我中有你的命运共同体"。[2] 这种"你中有我、我中有你"的交互状态已然成为当今人类社会存在与发展的实然状态，这种状态下的国际交往主体理应成为一种具有交互性的主体。人类命运共同体理念正是建立在这一交互性主体基础上，提出的人类社会从各种非"真正的共同体"向"真正的共同体"过渡的中国方案。尽管西方学者也曾尝试对共同体方案作出过理论上的回应，包括哈贝马斯的"交往共同体"、福柯的"话语共同体"和亨廷顿的"大西洋共同体"等，但他们试图建立的"共同体"理论设想持有一定的立场偏向和先验预想，与全球化时代迅速变化的现代性问题之间存在着滞后和脱节。[3] 这种"虚假的共同体"与人类命运共同体理念有着本质的区别，不仅在于其立场偏向和先验预想，而且还在于脱离了现实的土壤和实践的检验。与之相反，中国不仅提出了人类命运共同体的科学理念，而且也努力将其付诸实践，并在实践中得到进一步的发展。包括提出和共建"一带一路"、参与全球抗疫合作、提出和推动全球发展倡议等等。并且随着这一理念的广泛传播和成功实践，人类命运共同体理念也逐渐得到国际社会理性上的认可和情感上的认同。随之而来的是越来越多的国家参与到人类命运共同体理念的传播和实践中来，国与国之间慢慢成为平等对话、相互承认、相互理解、相互影响的真正意义上的交互性主体。正是人类命运共同体理念的这一系列成功实践，为人类命运共同体话语体系交互性主体的生成奠定了现实基础，从而形成有别于西方话语且独具中国特色的中国话语：它以通识话语表达普遍利益、以亲和话语体贴人民情怀、以恢宏话语凸显责任担当、以世界话语寄托民族希冀。[4]

人类命运共同体话语体系交互性主体的生成，从理论层面上看，是基于对中华优秀传统文化所蕴含的"主体间性"思想的充分吸收和对马克思关于"共同体"理念的合理借鉴，从实践层面上看，是人类命运共同体理念的伟大实践为其奠定

---

① 习近平：《在哲学社会科学工作座谈会上的讲话》，北京人民出版社，2016 年，第 8 页。

② 《十八大以来重要文献选编（上）》，北京：中央文献出版社，2014 年，第 259 页。

③ 刘同舫：《全球现代性问题与人类命运共同体智慧》，《福建论坛（人文社会科学版）》，2019 年第 9 期，第 11 页。

④ 秦龙、肖唤元：《人类命运共同体话语的多维考量》，《学术论坛》，2018 年第 2 期，第 63—69 页。

了现实基础，从而实现了对西方话语体系中主客二分思维模式及其单向性话语主体的理论与实践的双重超越。它不再将"听者"视为传统意义上的客体，而是看作一种特殊的客体同时也是一种特殊的主体。人类命运共同体话语体系中的"言说者"与"听者"是互为主客体的存在，二者既相互贯通又可以相互转换，构成一种交互性的主体关系。这种交互性主体的确立将"言说者"和"听者"从西方话语体系中对立与分隔的困境重新拉回统一与合和的应然状态，从而"填补'我者'与'他者'之间的认知沟壑，减少传播阻碍，加深彼此理解"。① 这也为国与国之间实现真正的平等对话提供了基础和前提条件，人类命运共同理念的传播和实践也由此得到可靠的保障。

三、实现：交互性主体原则下提升人类命运共同体话语传播效能的实践遵循

从话语传播实践看，人类命运共同体话语传播还主要面临着："文化思维差异与偏执、西方话语预设与框定、西方话语污化与扩散、话语权与话语体系薄弱等困境"。交互性主体原则的确立，不仅完成了对西方话语体系单向性主体的超越，也为提升人类命运共同体话语传播效能明确了实践遵循。

（一）坚持传播主体的多元并存

坚持传播主体的多元并存，是提升人类命运共同体话语传播效能的必要之举，同时也是对交互性主体原则的坚持和进一步深化。在交互性主体视域下，"听者"不是作为"言说者"的对立面的固定存在，他既可以作为话语传播的受众，也可以成为话语的传播主体，人类命运共同体理念正是在"听者"与"言说者"身份的不断转换之中被理解、接受和传播。此外，相比于固定单一主体的一对一单向传播模式（如图 1 所示），多元并存主体所形成的多对多交互传播模式（如图 2 所示），在同样的范围内其传播速度更快、传播效率更高。多元并存主体为人类命运共同体话语的广泛传播奠定了坚实的主体基础并大大提升了话语的传播效能。

---

① 金天栋、任晓：《"人类命运共同体"国际传播的"共通的意义空间"研究》，《社会科学》，2021 年第 2 期，第 32 页。

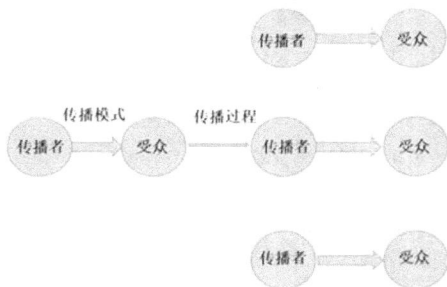

图 1　单一话语主体传播模式图　　　图 2　多元并存话语主体传播模式图

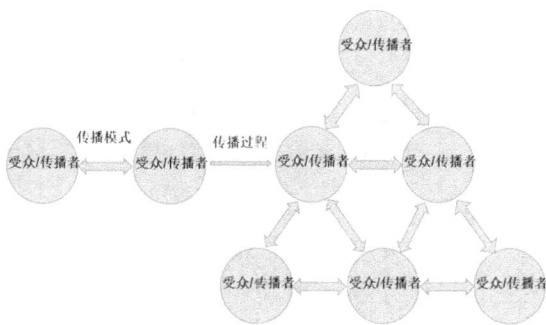

因此，要提升人类命运共同体话语的传播效能，必须坚持传播主体的多元化，这既是人类命运共同体的题中之义，也是对人类命运共同体所秉持的共商共建共享原则的一以贯之。多元并存主体是共商的前提，反之共商也需要多元主体的参与，唯此才能真正为人类命运共同体的构建凝聚全球共识、汇聚世界力量，进而为其共建和共享明确义务主体和权利主体。如此一来，世界各国才能通过一种平等有序的对话，在国家与全人类共同的利益之间找到平衡点，人类命运共同体理念才能从一国倡导变成多国传播，从多国传播变成全人类的共同实践。因而中国虽作为人类命运共同体理念的首倡者，却从不以霸主的身份自居，其所构建的人类命运共同体话语体系是一个兼容并蓄的开放系统。与西方霸权话语所不同的是，它不仅不排斥其他主体的发声，相反，它更希望并且需要更多地区、民族和国家的共同参与，为推动人类命运共同体的构建和发展出谋划策、建言献行。

（二）促进话语形态的流动转换

在国际话语的传播过程当中，"国家领导人通常扮演着非常重要的角色，发挥着极其重要的作用"。[①] 习近平关于人类命运共同体发表的系列重要讲话构成了人类命运共同体话语的最初形态。它是国家领导人借以对外表明中国立场和阐述中国方案的话语工具，因而这种话语在诞生之初是作为一种政治话语出现的。但如果将政治话语视为其唯一的形态，则会大大限制人类命运共同体理念的传播和实践。一方面，中西方文化差异造成了西方国家对人类命运共同体理念的误解和偏见，并将其视为是与西方文化水火不容的洪水猛兽，特别是近年来随着中国的快速崛起，"中华文明冲突论""中国威胁论"等"强国必霸"观点更是一度甚嚣尘

---

① 毕耕、何亚新、张震：《加强文化传播理论与实践研究 推动中华文化更好地走向世界——2022 中华文化传播论坛综述》，《华夏传播研究第二辑》，北京：九州出版社，2024 年，第 395 页。

上，认为"新兴崛起的大国中国必然会对守成大国美国发起挑战和威胁"①，这是典型的西方主客二元对立思维的话语表达。另一方面，人类命运共同体理念代表的是全人类的共同利益，它的提出挤压了西方资本主义国家资产阶级狭隘的阶级私利，从而招致西方国家对人类命运共同体理念的污名化解读，宣称人类命运共同体话语是"中国建立世界霸权、瓦解自由主义国际秩序的意识形态话语"。②概言之，人类命运共同体话语在西方国家更多地被视为一种地缘政治竞争和意识形态宣传的政治工具，而这种观点是过分渲染了人类命运共同体话语的政治色彩并扭曲了其政治意图的偏颇之见。由此，一道横亘在中国与世界之间、阻碍人类命运共同体理念传播的无形屏障也就形成了，人类命运共同体话语传播效能也因此大打折扣。为此，人类命运共同体话语不能仅仅停留在最初的政治话语形态，必须积极促进话语形态的转换并以此破除隔阂和偏见，通过向学术话语和生活话语的转换提升人类命运共同体话语的解释力和亲和力进而提升其传播效能。

一方面，通过政治话语向学术话语的转换，可以有效提升人类命运共同体话语的解释力。学术话语是一种追求普遍观念形式的话语形态，政治话语向学术话语的转换过程，也是人类命运共同体话语系统化、科学化和理论化的过程。它可以通过学术逻辑和学术话语来科学阐述人类命运共同体话语作为政治话语所代表的无产阶级政治立场和全人类共同利益，从而科学地赋予人类命运共同体话语的合理性和合法性。它不仅为人类命运共同体话语的传播提供了科学的解释框架和学理支撑，也为国内外学者的交流互动提供了话语范式基础，进而大大提升了人类命运共同体话语的传播效能。另一方面，通过政治话语向生活话语的转换，可以有效提升人类命运共同体话语的亲和力。相较于学术话语和政治话语，生活话语是人类命运共同体话语中更具基础性意义的一种话语形态，任何政治性的学术话语和学术性的政治话语，都来自生活话语的表层经验，并且任何政治话语和学术话语所代表的主张和观点也必须回到现实的社会生活中去才能被实践和检验。因此，从根本上说政治话语和学术话语都来自生活话语，其最终归宿也是生活话语。政治话语向生活话语的转换过程，让人类命运共同体话语从宏大历史叙述走向微观日常生活，从而让作为世界历史主体的世界民众既"听得进去"又"说得出来"，唯此，生硬的政治话语和晦涩的学术话语才能真正被人民群众所理解、接受、认可。生活话语赋予人类命运共同体话语的亲和力将有效提升人类命运共同

① 蔡文成、牟琛：《"人类命运共同体"话语的传播困境及突围策略》，《河海大学学报（哲学社会科学版）》，2022年第4期，第18—26页。

② 蔡文成、牟琛：《"人类命运共同体"话语的传播困境及突围策略》，《河海大学学报（哲学社会科学版）》，2022年第4期，第18—26页。

体话语在更具基础性意义和决定性作用的世界民众中的传播能力，人类命运共同体话语才能真正"飞入寻常百姓家"。

人类命运共同体话语的交互性主体本身就是一种多元并存的状态，它不仅存在国与国之间的横向主体，也存在一国之内的政治领袖、知识分子和人民群众等群体之间的纵向主体以及国与国之间政治领袖、知识分子和人民群众等群体之间的纵横交错主体。而政治话语、学术话语和生活话语正分别对应着这三类主体，当人类命运共同体话语从政治话语走向学术话语和生活话语，就意味着人类命运共同体话语的传播突破横向维度走向横向、纵向和纵横交错并存的多维传播状态。政治话语、学术话语和生活话语的累积叠加构成了复杂的人类命运共同体话语形态，三者的流动变换，实际上是其表征的三类群体之间通过人类命运共同体话语进行着交流与互动，促进三者的流动变换将带动更多主体参与其中，其涉及面将更广、影响力将更强、传播效能将更高。

（三）推动传播渠道的多样发展

多元并存的话语主体不但影响着人类命运共同体话语在不同话语形态之间的流动转换，也从根本上决定了传播渠道的多样发展。要想提升人类命运共同体话语的传播效能，必须立足多元并存的话语主体，以政治话语、学术话语和生活话语所表征的人群为基本面向，坚持传播渠道的多样发展。

首先，要巩固和拓宽人类命运共同体话语的官方传播渠道。人类命运共同体话语最初以一种政治话语形态呈现，见诸国家领导人在各种国际组织和国际会议发表的重要演讲、与其他国家领导人的会晤和外交部的发言以及国际媒体的报道等，官方渠道成为其最初和最主要的传播途径。官方渠道具有权威性强、影响力广、长期稳定等特点，能够快速触及全球范围内的受众，具有传播速度快和覆盖面广的优势。因此，要持续提升人类命运共同体话语的传播效能，必须加强和巩固人类命运共同体话语的官方传播渠道，并在此基础上继续拓宽和拓展。

其次，要建立和完善人类命运共同体话语的学术传播平台。学术平台的建立和完善，既是政治话语转向学术话语的现实之需，也是提升人类命运共同体话语传播效能的必要之举。人类命运共同体话语学术传播平台可以将人类命运共同体话语的研究成果通过互联网等渠道传播给更多的人群，使得知识能够迅速地传播和共享。此外，学术传播平台还可以为国内外学者提供学术交流与合作的机会和舞台，通过学术交流与合作又可以进一步推动人类命运共同体话语的创新和发展，从而扩大人类命运共同体话语的影响力进而提升其传播效能。

最后，要丰富和发展人类命运共同体话语的民间传播渠道。民间传播渠道与官方传播渠道相比，具有非正式性属性，具体表现为互动性强、自由度高和参与性强以及分散性与多元化等特点。"官方层面的文化往来更多地体现为政策性的宏观指引，民间交流互动更能在基础层面奠定良好的民意基础，民心相通的情感纽带更能促进价值的理解与认同。"① 因此，民间传播渠道是比官方传播渠道更为复杂和多变的存在，但也是更具活力和生机的存在。对人类命运共同体话语民间传播渠道的丰富和发展，不仅可以加速人类命运共同体话语从政治话语形态向生活话语形态的转换，同时也为世界民众通过多样化的方式参与人类命运共同体话语的讨论与传播奠定了坚实的基础。

坚持传播主体的多元并存、促进话语形态的流动转换和推动传播渠道的多样发展是提升人类命运共同体话语传播效能的三个重要维度，三者是相辅相成、有机统一的整体。其中，多元并存的交互性主体是更具基础性意义和决定性作用的存在，它规定着人类命运共同体话语的不同形态，并在此基础上构建了与之相适应的多样化传播渠道，传播渠道的多样发展反过来为话语形态的流动转换提供了媒介基础，话语形态的流动转换又使多元并存的交互性主体的存在意义得到回应和确证。三者环环相扣，共生共存，由此构成了一个一体三面的立体式全方位话语传播模态，这将有利于人类命运共同体话语体系传播效能的稳步提升。

结语

人类命运共同体话语诠释了中国对"建设更加美好世界"的伟大设想，摈弃了西方的强权话语和冷战思维，体现为"对话性和协商性、共建观和共享观、合作观和共赢观、交流性和互鉴性"。② 交互性主体原则的确立，不仅完成了对西方话语体系单向性主体的超越，也为提升人类命运共同体话语传播效能明确了实践遵循，从而进一步彰显中国话语深厚意蕴，增强中国话语传播效能，推动中国话语落地进程。

---

① 姚兰：《论当代中国价值观念跨文化传播的困境与对策》，《中华文化与传播研究》，2023 年第 2 期，第 168 页。
② 蔡文成、牟琛：《"人类命运共同体"话语的传播困境及突围策略》，《河海大学学报（哲学社会科学版）》，2022 年第 4 期，第 18—26 页。

华夏传播史研究

"孟姜女传说"的互文性跨媒介叙事 *

Intertextual Cross-media Narratives of "the Legend of Lady Meng Jiang"

熊承霞 **

Xiong Chengxia

摘　要：中国四大民间爱情传说的叙事充分展示了中国古代知识传播的方法结构，与现代空间叙事、媒介间性及文本互文理论有着某种契合。孟姜女传说源自历史文本《左传》，表述了孔孟之乡对于民间百姓忠诚心理的展示。传说在超长的时空背景中，对于一些符号物进行了空间置换，"城与长城""妻与孟姜""杞梁与喜良"等，均展示了媒介间性文本互文的特质。传说在改编传播的过程中与各个地方的风土习俗结合，借用十二月时令节庆的特质，在椎心婉哀的情节渲染下，潜移默化传递了季节知识，显示出中国古代文学传播中的"文以载道"的智慧。孟姜女传说的经典叙事不仅给予了现当代文旅产业中中国叙事风格的贡献，同时也为经典的再叙事提供了文本互文的经验。

Abstract：In China there are four popular folk love stories, namely, "the Cowherd and the Weaving Girl", "the Butterfly Lovers", "Legend of the White Snake" and "Legend of Lady Mengjiang". Their narratives best exemplify the techniques and structures that knowledge was disseminated with in ancient China, which somewhat resonate with contemporary theories of spatial narratives, inter-media and intertextuality. Originated from the historic record of *Zuo Zhuan Commentary of Zuo Qiu Ming*, the Legend of Mengjiang depicts the values of loyalty and integrity as advocated by Confucius and

---

* 基金项目：本文系 2024 年国家出版基金"中国古代神话中的'造物'研究"（项目编号：2024G-132）阶段性成果。

** 作者简介：熊承霞，江西南昌人，博士，上海理工大学艺术设计学院副教授，华东师范大学非遗中心研究员，墨尔本大学访问学者，高级工程师。研究方向：文化人类学。

Mencius among the common people. During the prolonged period of transmission in time and space, some symbolic objects in the original story have been through certain spatial transformations, such as from "the city wall" to "the Great Wall", from "wife (of Ji Liang)" to "Mengjiang (wife of Fan Xiliang)" and "Ji Liang (of the Qi State, husband of the original Mengjiang)" to "Fan Xiliang (from today's Suzhou, husband of the more popular image of Mengjiang)", highlighting the characteristics of the intertextuality across different media. In the process of transmission and modification, the story was gradually integrated into local customs and traditions from various regions. Using the features of the "December ditty", it ingeniously weaves the knowledge about the seasons through the melodramatic plot, showcasing the way traditional Chinese literature spreading the teaching of the Tao with texts. This classical narration has provided the Chinese narrative style to contemporary literal tourism industry as well as the best example and experience in inter-textual re-telling of ancient classics.

关键词：孟姜女；互文文本、媒介间性；空间叙事；十二月调

Keywords: Lady Mengjiang; Intertextuality; Inter-media; Spatial narratives; the December ditty

　　如何在现当代理解中进一步推进民间传说的活态叙事理论建构，是当下中国本土文化研究关注的课题之一。通过跨学科与跨媒介的多元研究是众多学者研究突围的主要方式，中国古代强调"他山之石可攻玉"也是跨媒介和学科的研究方法。运用前沿式的理论和方法研究古老的问题能够极大拓宽研究领域内外的研究范畴，在中国，古老的研究问题总是与传统文化有着关联，其中一些闻名遐迩的对象早就引发国，内外学者的关注，如葛兰言研究《诗经》，并对中国古代的节庆和习俗进行了人类学的分析；浦安迪研究《红楼梦》中的原型隐喻和空间叙事，最终成就一本《中国叙事学》，这两者的研究均是用西方的理论对中国古代的文化经典展开的研究，并且富有成效，这些方法启发了对中国传统经典文化研究继续向前的动能和视角。在中国的传统文化视域中，包括官方文化和乡俗文化，班固《汉书·艺文志·诸子略序》中载仲尼言"礼失而求诸野"。说明中国文化有大量保存在民间，事实上追溯中国古代四大民间爱情传说，孟姜女、梁祝的原型均源自《史记》和《诗经》。《诗经》原本就是民间的歌谣，用歌谣保存、记录知识和叙事的方法是中国本土的"方法论"，歌谣作为传播方法论的结构体现了"互文性"，在歌谣传播的同时，歌谣原型作为互文走进了传播者可接受的生存场景，并以互

文的方式跨地域和跨媒介再生产出长效的存在效能。四大民间传说故事正是以这种方式实施其传播，尤其是"孟姜女的传说"叙事，在超长的年化单位中，用"十二月调"配合凄婉壮烈的爱情叙事，成功地用民间百姓的爱情为表象隐喻十二月节庆的特征，从先秦流传至今的传唱演绎，其传播发挥互文式的"媒介间性"的效能。在这种意义上，"孟姜女"扮演着"文本输送"的角色，传唱路径将十二月视为地域与节气双生共构的媒介，用葫芦和长城等符号构筑媒介间性，渗透在节气和叙事情节组构的生活场景之中，潜移默化地表述中国文化传播的互文特质。

一、孟姜女传说文本原型及其词源溯源

20 世纪 60 年代出生的人都听说过《十二月调》，这是用时令特征、节气下的生活场景为序引，叙述秦始皇时期一对新婚夫妻生离死别、忠贞哀怨的故事，形成了中国古代民间四大爱情传说之一的"孟姜女哭长城"，也可称为最具有超越时空传播特质的中国古代四大传奇小说之一。《孟姜女长城》原型是从《春秋左氏传》中的"杞梁妻"开始，齐地（山东）的"杞梁妻"个性豪迈刚毅而知礼节，哀痛夫君却以礼回应权贵齐庄公，充分还原中国古代叙事原型中对于女子所强调的忠诚伦理教化，借助叙事表达社会主体对战争的恐怖与厌恶。

《孟姜女哭长城》的文本原型还可见《礼记·檀弓》《孟子》以及汉代《说苑》、刘向的《列女传》等片段记载。在编年史典籍《左传·襄公二十三年》中记载："齐侯（庄公）还自晋，不入。遂袭莒，门于且于，伤股而退。明日，将复战，期于寿舒。明日，先遇莒子蒲侯氏。莒子重赂之，使无死，曰：'请有盟'。华周对曰：'贪货弃命，亦君所恶也。昏而受命，日未中而弃之，何以事君？'莒子亲鼓之，从而伐之获杞梁。莒人行成。齐侯归，遇杞梁之妻于郊，使吊之，辞曰：'殖之有罪，何辱命焉？若免于罪，优有先人之敝庐在，下妾不得与郊吊，齐侯吊诸其室'。"[1]

《左传》作为编年历史散文文本，具有真实的可信度，可视为孟姜女原型的真实文本叙事。儒家经典著作《礼记·檀弓》里曾子扩展了杞梁妻的原文本："杞梁死焉，其妻迎其柩于路，而哭之哀。"[2] 这里第一次出现了"哭"的叙事，也合乎失去亲人杞梁妻的悲伤情理，这种哭本水平式进入到其他文本之中，形成文本的对

---

① （春秋）左丘明撰：《左传·襄公二十三年》，（晋）杜预集解，李梦生整理《春秋左传集解（下册）》，南京：凤凰出版社，2010 年，第 500 页。王守谦、金秀珍、王凤春译注：《左传全译》，贵阳：贵州人民出版社，1991 年，第 933 页。

② （汉）郑玄注：《礼记·檀弓下》，（唐）孔颖达正义，吴友仁整理，《礼记正义（上册）》，上海：上海古籍出版社，2008 年，第 413—414 页。

话性和互文关系。① 通过故事共同部分的复制，使文本后续的传播在共时性和历时性交叉中反复关联。

由于原型文本涉及春秋战国五霸之一的齐国，齐国又是孔孟之乡，以礼制乡俗伦理建构中国古代传统精神，因此在层累式的传播叙事中，原文本不断进行合乎礼制的增量和嵌套，至《礼记·檀弓》和《孟子》中，文本便加重了"哭之哀"，甚至"变了国俗""城为之崩"，原文本互文出"夫亡而哭夫""城墙崩塌""投水"等场景序列，使叙事的文本间性被放大。《孟子·告子下》篇中借助齐国的稷下学宫淳于髡增强了"哭"本描述："昔者王豹处于淇，而河西善讴；绵驹处于高唐，而齐右善歌；华周杞梁之妻善哭其夫而变国俗。"② 在顾颉刚编著的《孟姜女故事研究集》中也提到，宋人编著的《孟子疏》载："其妻孟姜向城而哭，城为之崩。"③ 这里原文本终于推向情节的互文，形成"吊唁——哀哭——善哭——城崩"的惯性文本，叙事内容被引向空间间性的生产。其后，汉刘向在《说苑·善说篇》和《说苑·立节篇》中两次详细叙述"崩城"："昔华周、杞梁战而死，其妻悲之，向城而哭，隅为之崩，城为之阤。""杞梁、华舟……进斗，杀二十七人而死。其妻闻之而哭，城为之阤，而隅为之崩。"文本的每一次复制都是互文的加重增量，叙事内容与结果更加清晰，城崩的虚拟叙述替换为不可否认场景化叙事。

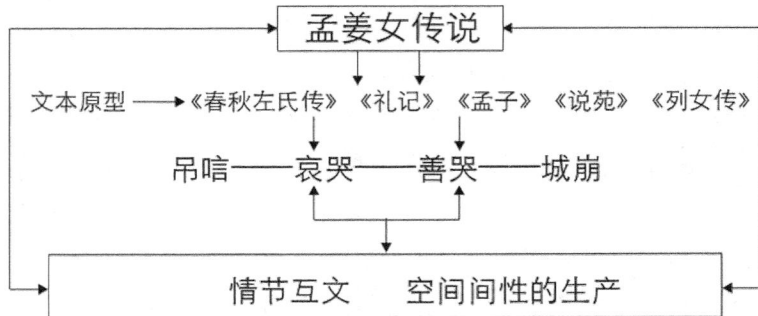

图 1　《孟姜女》传说演化轨迹图（作者自绘）

中国古代尤为强调女子美德的培育，经过多文本延续的"杞梁妻"故事自然成为教化性文本，"其贞义形象体现父权文化的女性价值取向与男性对女人的伦理期望，被当作教化女性的楷模，用以宣扬社会伦理"。④ "杞梁妻"被收录在《列女

---

① 吕行：《互文性理论研究浅述》，《北京印刷学院学报》，2011 年第 5 期，第 47 页。
② 杨伯峻：《孟子译注》，北京：中华书局，2007 年，第 284 页。
③ 顾颉刚：《孟姜女故事研究》，见顾颉刚编著《孟姜女故事研究集》，上海：上海古籍出版社，1984 年，第 31 页。
④ 冯利华：《孟姜女形象及故事主干情节的社会文化成因——刘向〈列女传〉齐杞梁妻故事内涵新探》，《天府新论》，2009 年第 3 期，第 154 页。

传》卷四《贞顺传·齐杞梁妻》中："杞梁之妻无子，内外无五属之亲。既无所归，乃就其夫之尸于城下而哭之，内诚感人，道路过者，莫不为之挥涕，十日而城为之崩。既葬，曰：'吾何归矣！夫妇人必有所倚者也，父在则倚父，夫在则倚夫，子在则倚子。今吾上则无父，中则无夫，下则无子。内无所依以见吾诚，外无所倚以立吾节。吾岂能更二哉！亦死而已。'遂赴淄水而死。"①《列女传》用生命的终结，表述"从夫"的古代社会女子生存法则。叙事从吊唁习俗中对亡故人的丧哭，顺延民间哭丧的逻辑，用城崩塌为结果渲染悲怆的级别。民间百姓遇到巨大无以解脱的问题，常常采用轻生的方式，"投淄水"的情节属于顺应古代民间百姓面对命运的悲凉挣扎。这些改编以逻辑上合情理为结构，满足传播的接受度。在（梁）萧统编的《文选》《古诗十九首》中的《西北有高楼》别出心裁地复述了"杞梁妻"意象："上有弦歌声，音响一何悲！谁能为此曲，无乃杞梁妻。"②唐代民间宝卷也收录改编了孟姜女的故事（《孟姜仙女宝卷》）："始皇筑长城，太白星降童谣：'姑苏有个万喜良，一人能抵万民亡。后封长城做大王，万里长城永坚刚。'"至此，原本逐渐演化为民间传唱的模式，经过六朝、隋唐的加工，《孟姜女哭长城》也成为地方性民间文本"宝卷"的收录内容，宝卷是一种说唱形式，与抒发情感布道的"道情"同样具有宗教文学特征，宝卷出自唐代寺院中的俗讲，是用民俗对立教理而演变的说唱文学，1983年兰州大学出版社出版的《河西宝卷选》中就收录有"孟姜女传说"。

出于对历史政治的强化，文本也随着社会伦理、国家叙事和民众忠诚的指向而演绎不同内容，《孟姜女哭长城》被各种神话记忆、地方教化、政治导向所改编，原叙事不断在地域间产生传播的间性效应，形成一个对象跨地域、跨媒介、跨历史的持续叙事，原因是内容生产获得了社会民众的认同。对此施爱东认为"解决问题的第一步，就得定义一个以'物'为中心的故事类名"。他将"围绕同一标志性事件、同一主人公而发生的故事命名为'同题故事'"。③这样，就可以解释中国古代四大民间爱情经典文本的故事何以在近两千年间反复传颂了。唐代贯休《杞梁妻》诗首次将叙事与秦嬴政修筑长城之暴政联系在一起，将崩城的城墙替换为崩长城墙，丰富了叙事的时空逻辑，强化了民间百姓对于战争和朝廷税赋的痛恨。在敦煌石窟中出土的"隋唐乐府"文本保留有"送衣之曲"（送寒衣的情节），这说明在唐朝时，孟姜女叙事的改编已经有送寒衣的内容，这也可看出唐宋之际，

---

① 张涛：《列女传译注》，济南　山东大学出版社，1990年，第146页。
② 《文选》将其列为古诗十九首之第五首，见（梁）萧统编，（唐）李善注：《文选》卷二十九，北京：中华书局，1977年，第410页。
③ 施爱东：《孟姜女故事的稳定性与自由度》，《民俗研究》，2009年第4期，第5—28页。

民俗节庆文化走向定型化。李白在《东海有勇妇篇》用丰富的想象力促进传播："梁山之君，为杞妻哀。金石乍现，皆因情动。"古今之最的恸哭，哭塌长城的叙事原型得到定型，剩下的就是剧情人物在时空中朝向文化语境的完善。如角色的名字、神奇的出生等，与神话祖先的隐喻传统相似，杞梁妻的故事源自齐国，其命名也就被文士们追溯到齐姜长女上。到了明末，由于世俗小说的快速发展，历史前代的传说被进行了系统整理和章回体裁的艺术加工，明末余邵鱼、冯梦龙编撰的章回体《东周列国志》，在六十四回"曲沃城栾盈灭族，且于门杞梁死战"中，对杞梁、华周死于莒，杞梁之妻哭夫的故事进行了更加细致具体的描写，并解释"后世传秦人范杞梁差筑长城而死，其妻孟姜女送寒衣至城下，闻夫死痛哭，城为之崩。盖即齐将杞梁之事，而误传之耳。"明确了孟姜女哭长城的原型就是"杞梁妻"的故事。

二、孟姜女传说词源溯源及其互文间性

多数文化作品均有其原型，一般而言，常常包括"文字"和"文化记忆"两种原型，前者是中国汉字特有的形声意隐喻，后者反映先民自上古神话时代以来的象征追求。汉字是从造物对象中象生而出，表达了造物对象的形态、语义和抽象意识。文化记忆主要是从神话和民俗中流传而来，包括祖先、国家象征、社会道德、风土历史等记忆内容。追溯"孟与姜"的文字原型，可在《说文解字》《诗经》《广雅》等中找到文字隐喻的线索。

《说文》中的"孟"指长也、始也。《广雅》中"孟"的本义是"庶长"，泛指排行第一的，指同辈中最长的人，说明孟姜是长女。民俗文化中，也把每一季的第一个月称为孟月，如孟春为正月。西周至春秋时代的齐国以姜为姓，史称"姜齐"，故称齐君之长女为"孟姜"。借国君长女之名，有利于原文本初始传播时的权威，增强叙事的可信度。后世，孟姜的称号也从国君长女演变到专指世族妇女或美貌女子，见《诗·郑风·有女同车》载："彼美孟姜，洵美且都。"[1]毛传："孟姜，齐之长女。"《诗·鄘风·桑中》亦载："云谁之思，美孟姜矣。"[2]都是表达姜姓的美貌女子。"姜"字又具有神话记忆，姜姓源出神农氏，为上古八大姓之一。《说文解字·卷十二·女部》："姜，神农居姜水，以为姓，从女羊声。"王筠《说文解字句读》解读神农："炎帝即神农氏。炎帝，身号也；神农，代号也。《国语·晋语》司空季子表述了炎帝之姓的来历："昔少典氏娶于有蟜氏，生黄帝、炎帝。黄帝以姬水成，炎帝以姜水成。成而异德，故黄帝为姬，炎帝为姜。"炎帝生于姜水，因

① 张凌翔解译：《诗经全鉴》，北京：中国纺织出版社，2015年，第80页。
② 张凌翔解译：《诗经全鉴》，北京：中国纺织出版社，2015年，第48页。

以水命姓为姜，在古代，水源和母亲的含义相当接近，都有生命起源和川流不息的象征。这里也隐喻中国古代对四季循环、周而复始的生命循环的认同，彰显生命与水的文化关系。

"孟姜女传说"叙事改变最为智慧的是经典的民间传唱《十二月调》，用孟姜女为十二月调的人物中心，围绕月份季节的变化，孟姜女的所思所想也紧贴月令的特征而演绎。由于《十二月调》是传唱方式，方便不识字的旧时代妇孺也能很快熟悉内容，这样不仅强化了农耕文化中各个月份季节与农作物之间的关系，人们得以熟记农耕中的重要时节。同时又借助故事内容传递民间的"诚信""挚爱""夫唱妇随"的正向爱情观，四大民间爱情故事都有此理论传播的意识。从孟月开始，就从杞梁妻到孟姜女进行命名，此"传说"不仅满足读音上的协同，利用孟姜的文字隐喻呼应国家历史叙事，赋予传说以正统和高贵的特质，原型与月份的节奏均起到结构循环的作用。

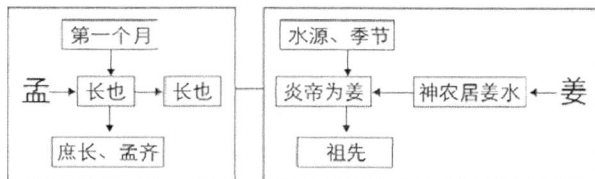

图 2　孟与姜字文本原型（作者自绘）

另外，明清以后的《孟姜女哭长城》传说，在演变中合成了神话要素。中国古代民间对于"葫芦"有着特别的隐喻，一是瓜瓞绵延的隐喻，借"盘古（瓠）"神话，先民解读了万物的来源，增加孟姜女从葫芦中出生，有着借神话演绎文化记忆，隐喻生命绵延不绝的观念认同。二是中国古代对于跨河湖交通的记忆，将葫芦绑在腰上作为"腰舟"厌于漂浮渡河，从而开启了远距离的航行以及合理使用天然河道为交通的历史。文化文本的元编码没有例外全部是神话编码，这不仅是古史和古书所遵循的编写原则，也是中国大地上无数名目的发生原理。[①] 因此神话记忆与民间祈愿结合作为互文而推进了民间传唱的跨媒介流传。

原文本已经构建了"哭夫、崩城、投水"的结构，经过文学式的演绎，运用同声音调的创作，逐渐引出了民间故事中人物的姓名。三种连贯的逻辑，是围绕具象的物质叙事为前提，"城""水"等都是叙事结构的补充与强化。加上中国秦汉至元明，饱受游牧民族的侵扰，中国古代建设"国國"城市的方式被有效发挥和放大，筑城围合的御守的方式被运用到了国家的边界上，自秦开始修筑长城就

---

① 叶舒宪：《"神话中国"观对文明探源的理论意义》，《文化遗产》，2022 年第 5 期，第 46 页。

成为西部边界百姓的重要工作，集全国之力修筑更是常态。因修筑长城而增加的民愤刺激了故事叙事的改编和传唱。

事实上，中国古代流传下来四大民间爱情传说，都经历了文本原型的演变、戏改、大众媒体等形式的演绎，采取民俗化和艺术化的双重结构，贴近并服从民间百姓的心理而获得认同。分别都有借用神话记忆的传统，每个叙事主体对应着不同的伦理本体，这构成中国古代传统社会伦理叙事主题的普遍性，在传播过程中"化"育着社会性的传播意义。四大民间爱情故事并非原文本的直接流传，都是经过 2000 多年的流变和层累，对应着的正是这"至善（孟姜女）至爱（梁祝）至孝（牛郎织女）和至情（白蛇传）"的变迁。在保存上古神话隐喻的空间、文本、图像记忆的同时，通过空间叙事与互文传播的审美嬗变，有效地贯通历史和传说、视觉和听觉、传承与转化等关系。其中孟姜女的传说不仅有效地运用"孟""姜"的原型，还用古老的传唱方法，对历史文本"杞梁妻"进行空间互文，创新性地将十二月节气与民歌小调合成在一起，以"唱"串联的互文叙事，生成一种独具特质的媒介型文本间性传播方法。"姜女、孟姜的文化基因与杞梁妻的传奇故事深度融合，通名与私名的暗地转换，成就了孟姜女这位著名女性，也为后来故事的演进埋下了伏笔。"[1]在中国古代姓名的居住与乡村地方有着关联，这样一来，原文本出现的"范"和"万"便与一些村庄的主姓有了牵连，原文本叙事的山东也逐渐再生产出新的文本间性，被跨地域传播到其他地方。民俗专家钟敬文先生推断，可能是由于当时作词的民俗诗人，因为迁就词调的三字句（孟姜女——杞梁妻，音韵相近），而把"女"字硬加在"孟姜"名下的结果；而杞梁、杞良、范喜良、万喜良的名字，也以同样的缘由演变而来。

文本间性，或互文性是克里斯蒂瓦在 20 世纪 60 年代一篇关于巴赫金的论文中提出来的。指的是"任何一个文本都是其他诸文本的复合体之吸收与转化"。茱莉亚·克利斯蒂娃强调：我们把产生在同一个文本内部的这种文本互动作用叫作互文性。对于认识主体而言，互文性概念将提示一个文本阅读历史、嵌入历史的方式。在一个确定文本中，互文性的具体实现模式将提供一种文本结构的基本特征（"社会的""审美的"特征）。[2]她认为，任何一个文本都是在它以前的文本的遗迹或记忆的基础上生成，一个文本或多或少地同其他文本发生叙事逻辑的关联，在对其他文本的吸收和转换中又形成了不同的新文本。文学作品中不仅浸润在该民

---

① 冯利华：《孟姜女形象及故事主干情节的社会文化成因——刘向〈列女传〉齐杞梁妻故事内涵新探》，《天府新论》，2009 年第 3 期，第 154 页。

② Julia Kristeva, *Problèmes de la structuration du texte*, Théorie d'ensemble, Paris, Seuil, 1968, p.311.

族的文学、哲学、宗教、传统、习俗、传说等构成的文化体系之中,同时也与世界上别的民族文化有着相互影响、借鉴、交融等千丝万缕的联系。通过阐释先前或同时代的写作方式,作者生活在历史之中,而社会被书写在文本之中,构成一种"复量科学"。①

孟姜女的传说结构可以阐释为"文本间性",即互文结构,其媒介间性和其他民间传说不同,主要是地域空间的媒介间性。由城乡组成的地域空间,每个不同的地域由于地理情况的不同,形成了差异化的空间特质,在地域空间中的人也因为地理特质而生成了文化语言,由于中国古代以农耕为生存结构,自然依附在农耕本体上也产生出相应的文化文本,其中四季与十二月是农耕生产必须围绕的基本规律,十二月构成农耕的季节特质。在唐代,十二月发展为定格联章体的民歌,按一至十二月顺序传唱,主要内容为闺中妇女思念长期戍边的亲人,情调凄苦委婉。②

表　十二月调对应的农事及其民俗秩序表（作者自绘）

正月	二月	三月	四月	五月	六月	七月	八月	九月	十月	十一月	十二月
新春	惊蛰	清明	入夏	黄梅	蚊虫	七月七	线儿绣	遇虎狼	霜似剑	寒衣送	哭断肠
挂红灯	绕画梁	筑城人	养蚕忙	梅雨天	热难当	牛郎织女	秋风凉	九重阳	北风高	大雪飞	雪茫茫
喜	悦	思	忙	烦	闷	念	想	思	悲	凉	亡
元宵节	插秧	清明节	桑枝	端午节	收水稻	乞巧节	制寒衣	重阳节	秋分	立冬	冬至节

三、从文本间性到媒介互文的传播

"间性"的术语源自生物学,亦称雌雄同体性 (her- maphrodism),本是生物学的一个术语,指的是某些雌雄异体生物兼有两性特征的现象,是一种生物共同体的现象。间性被哲学所分析和深度阐释为"现象学",其中胡塞尔哲学分析的间性为事物本质的规律,胡塞尔认为:"我们认识了一个事物,并且,如果第二个事物又出现在我们的视野中,而这个事物在真实的被看到的这个面上又与那个以前的和已知的事物相一致,那么根据意识的本质规律(借助于这个事物与那个被'相似性联想'所唤起的以前事物之间的相合性),新事物便从以前的事物哪里获得了

---

① ［法］朱莉娅·克利斯蒂娃:《符号学:符义分析探索集》,史忠义等译,上海:复旦大学出版社,2013年,第129页。

② 姜彬主编:《中国民间文学大辞典》,上海:上海文艺出版社,1992年,第769—770页。

整个知识的先示。""这个新事物与那个老事物一样带着不可见的性质而被统摄。"①
新的事物中拥有旧的事物的影子可谓文本传播的普遍范式，人类本体常常用先验
的心理原型吸收过滤客体世界而再生出新的创造，这体现了自然原型经过人为的
文化性附加后，再造为主体间性的特质。因此，孟姜女的文本间性生产，只是代
表各个"母题"再生产过程中的媒介规律。媒介是"物质系统在其间存在或物理
过程（如力和能量的传递）在其间进行的物质。如空气、水可以是声音传播的媒
质。"② 雷蒙·威廉斯（Raymond Wiliams）考证媒介是："从 16 世纪末期起，这个词
在英文中被广泛使用，最迟从 17 世纪初起，具有'中介机构'或'中间物'的意
涵。"③ 传播学中的媒介间性（intermediationality）是用来解释同种媒介的关系：一
本书与一本书之间，一部电影与一部电影之间；也可以解释不同媒介之间的关系：
一部电视剧与其同题材的电影、小说、动漫等；还可以用来描述古今中外新老各
种媒体的交互：古本图书和历史中各版本的小说、近代的光碟、电视、电影、网
络、手机等。④ 孟姜女传说中的媒介间性，主要反映在说唱文本（媒介）间性和建
馆庙的空间媒介间性上，其演绎生产的方法几乎与现代媒介间性的结构一致，这
里可以看出，中国古代民间传说中的现代图示。

　　《孟姜女传说》原本是杞梁妻对待亡夫表现的得体行为，却唤醒了百姓的认同，
在数千年的传承中进行文体间的转换，生成意义的教化。在认同过程中，十二月
时令的知识体系与之同构，不仅确保了农耕文明自然知识的传播，同时又在孟姜
女作为角色的过程中，对应到古代社会女子"从夫"的地位问题。这种多样化的
生产，正是沃尔夫的媒介间性理论的效用，他的"媒介间性转向"是指在文艺作
品中，先前相互独立的媒介之间开始出现交叉和混杂，媒介多样化和数字化日渐
影响文化实践和意义生产。⑤ 孟姜女的自我意识反映成千上万传统女子的诉求，经
过媒介塑造混杂地方化的语言，走向共同存在的不同形式，包括较为成熟的宝卷、
江苏民间小调形式，并随着传唱而逐渐地缘式媒介间性，出现以孟姜女为原型的
修庙、建祠馆的方式，促进了主体交互的经验化。通过对十二月调的传唱，女子
的自我意识被引导到民间"从夫"从一而终的忠诚思维，同时也进一步熟悉四季

　　① ［德］埃德蒙德·胡塞尔、［德］克劳斯·黑尔德编：《生活世界现象学》，倪梁康、张廷国译，
上海：译文出版社,2002 年，第 54 页。
　　② 《辞海（中）》，上海：上海辞书出版社，1999 年，第 3138 页。
　　③ 雷蒙·威廉斯：《关键词：文化与社会的语汇》，刘建基译，北京：生活·读书·新知三联书
店，2005 年，第 299 页。
　　④ 王怡周等：《媒介"间性"概念考辨》，《中国科技术语》，2010 年第 6 期，第 48 页。
　　⑤ See also Werner Wolf, *"Towards a Functional Analysis of Intermediality:The Case of Twentieth-Century Musicalized Fiction"*, in Walter Bernhart,ed., *Selected Essays on Intermediality by Werner Wolf(1991-2014)*, Leiden:Brill,2018, p.38-39.

的时令特征。人与自然万物相处的过程中，人有目的的吸收外部世界的规律，在发展自我意识的同时反复通过交往产生相通的意识与行为的社会关系。巴赫金在其对话理论中进行哲学化的表述："一切有意义的东西都可以集中到一个意识里，使其服从于一个统一的重点。"①哈贝马斯的社会交往理论中也体现了主体间性的关系："'自我'是在与'他人'的相互关系中凸显出来的，这个词的核心意义是主体间性，即与他人的社会关联。唯有在这种关联中，单独的人才能成为与众不同的个体而存在。离开了社会群体，所谓自我与主体都无从谈起。"②民间哭唱的习俗，经过孟姜女哭夫传说的传播，"表达各种空间是内心的创造（代码、符号、'空间话语'、乌托邦计划、想象的景色，甚至物质构造，如象征性空间、特别建造的环境、绘画、博物馆及类似的东西），它们为空间实践想象出了各种新的意义或者可能性"。③福柯说"表现最能发人深思而诡谲多变的理论世界的，是'地理学的创造'，而不是'历史的创造'"。④因此，看似普通的传说文本，却惊奇地展现出现代理论方法中的结构，原本历史性质的文本，却通过文本的改变，在不同的地理时空传播过程中，生产同一种文化"认同"，传播得以持续的关键是基于人情现实中对于人伦情感的深刻洞察。⑤

四、孟姜女传说中的多重空间互文结构

许多方志都把孟姜女说成是本地人，临淄、同官（铜川）、安肃（徐水）、山海关和潼关都有孟姜女的庙馆或墓冢，这似乎可看出是空间叙事的结果。龙迪勇在其《空间叙事学》中提出"线性、并置、分形"式的空间叙事，用这三种结构对应孟姜女的传说，能够增加对故事传播演变结构的理解。他认为中国文化侧重视觉和空间，中国人的思维特点偏重"视觉思维"，是一种典型的"象思维""图像思维"或"自觉思维"。因此，中国古代的叙事文本多呈现某种"空间性"的特征。⑥孟姜女传说的线性空间叙事反映在地点的移动上，《左传·襄公二十三年》表述在齐国"莒"，现今山东日照莒县，杞梁墓既然在临淄齐故城南墙外郎家庄

①　[苏联]米哈伊尔·巴赫金：《陀思妥耶夫斯基诗学问题》，白春仁、顾亚玲译，北京：生活·读书·新知三联书店，1988年，第125页。
②　[德]哈贝马斯：《重建历史唯物主义》，北京：社会科学文献出版社，2000年，第336—337页。
③　[美]戴维·哈维：《后现代的状况——对文化变迁之缘起的探究》，阎嘉译，北京：商务印书馆，2003年，第276页。
④　[美]爱德华·W.苏贾：《后现代地理学——重申社会理论中的空间》，王文斌译，北京：商务印书馆，2004年，第1页。
⑤　王进：《"天伦"与"人伦"：儒家伦理建构的两维》，《中华文化与传播研究》，2017年第2期，第353页。
⑥　龙迪勇：《空间叙事学》，北京：生活·读书·新知三联书店，2015年，第27页。

东，那么孟姜女哭夫的主要地点也应在此处。《山东通志》载："杞梁墓在临淄县东三里，齐庄公袭莒杞梁死焉，其妻迎柩而哭，事见《檀弓》。"叙事发生事件地点的迁移：崩坍的地方由杞城而莒城而梁山而长城，故事传播地点的迁移，传说基本情节的确立，体现了杞梁文本置换的互文性规律：在一个文本的空间里，取自其他文本的各种陈述相互交叉，相互中和。[1] 在相同地名的语音中，随着传唱的观念认同，地方性塑造孟姜女形象的意识也逐渐迁移，这样一来相关联的姓氏和地名被星相合空间化增效，并走向用并置空间补偿传播点与点的叙事维度。将 12 月的节气特质并置在一个文本中，用超长的互文词调进行空间转场。时间跨度上用十二月小调串联传唱，既体现线性叙事特征又有并置的空间叙事特质。空间上从长城开始建造的秦时实体空间，在传说叙事中链接故事对象之地域和历史。美国学者保罗·莱文森提出"补偿性媒介"（remedialmedium）的概念，他认为新媒介都是对旧媒介的补偿，其内涵与媒介间性相同。[2] 孟姜女姓名的塑造、十二月时令、一夫一妻的结构、因恩爱而哀，包括配合孟姜女之夫的万喜良（杞梁、杞良、范喜良）的姓名演绎等叙事情节，均可视为是对杞梁妻原文本的补偿。由于原文本迎合了民间百姓对忠诚、礼制、美德的彰扬，对战争的控诉和悲哀的心理，逐渐获得地方性的空间互文传播的机遇，从不固定的传唱，到固定的空间实体的建构，在依据每个空间实体而分形叙事，孟姜女的传播形式得到彻底性的长时空的空间互文。现当代文旅产业的发展，历史而来的传播形式也进一步发展为景观叙事。在东至上海松江、山东涌泉齐长城风景区都建有相关孟姜女故居纪念馆、孟姜女文化园等场景，西至山海关也发展出"孟姜女之乡"，还有湖南常德嘉山。清末上海拓建马路时曾于老北门城脚掘出一石棺，中卧一石像，胸有"万杞梁"三字，乃明嘉靖年间上海建城时所埋。

十二月调中的节气也继续着媒介间性的延展，从送寒衣到寒衣节、再发展为北方凭吊已故亲人的节俗。甚至当代著名的学者也对孟姜女的故事进行了再叙事，顾颉刚先生研究的孟姜女以及著名作家苏童以孟姜女为原型的小说《碧奴》均可看到，中国古代民间百姓演绎而出的叙事，是与官方文化并驾齐驱的知识传播结构，与梁山伯与祝英台的演绎改编的结构相似，均从官方历史正本走向民间文化，正本文化以伦理教化为特质，民间文化则因地制宜地结合神话记忆、地方风土利用媒介间性的原理，生产出贴近生活逻辑的叙事，表现出更为活跃的文本互文和跨地域的时空媒介间性，极大补充了传统中国文化在儒道等官方文本传播结构中

---

① Julia Kristeva, *Le texte clos*, Sèm éiô tikè. Recherches pour unesémanalyse, 1969,p.113.
② ［美］保罗·莱文森：《莱文森精粹》，何道宽译，北京：中国人民大学出版社，2007 年，第 4 页。

的形式，用防御性的长城作为传播符号，也是北方民族生存世界的场景再现，总之，"由于原编码建立在经典文本和集体无意识留存的原型思维上，这一原生事件在人的感知下成为一种记忆⒃的意识观念"。①《孟姜女哭长城》是用爱情叙事作为掩护，实则展现了中华民族向往农耕定居乐业的生活、遵循四季时节规律、尊重伟大长城工程、追求男耕女织秩序文明的意愿，其超长时空的跨媒介主旋律互文叙事结构，在世界文化传播路径中发挥着人类文明交流的现代价值。

经过历代改编后，至明朝时与长城结合，强化了战争与劳役暴政对民生的摧残，宣示民众的反抗心理。因此，晚唐五代时在敦煌发展出《曲子词》，南宋时演变为《孟姜女贞女戏文》，在戏文的广泛串演过程中，各个地方均结合民风民情超然想象地改编，元明清时拥有戏曲、讲唱文学、十二月调等不同的文本演绎。

追溯唱作为表情达意的源头，源自婴儿出生的啼哭，人的本能表述，这一本能传统至今仍旧流传在少数民族的民族史诗、山歌之中。《诗经》中的风是古老传唱方式的文学化，唐诗宋词中均保留了这一结构形式，因此诗经、唐诗、宋词既是官方的文学叙事，又是可以传唱的文本。在民间百姓的生活之中，也同样使用这个结构进行教化式的记事。叙事要达到经久不衰的传承结构，往往需要制造惊奇，这在四大民间传说中均存在此特征。以《十二月调》为例，倘若只是12月的节气特征的传播，那便是教科书式的单调。而采取围绕主人物在12月里开展的各种不同工作，则有利于跨地域时空传播12月的特征，更何况孟姜女还是"至善"的代表，这是中国传统社会伦理宣扬的主题，四大民间传说本质对应的正是这"至善（孟姜女）至爱（梁祝）至孝（牛郎织女）至情（白蛇传）"之道。

综上所述，中国古代民间的传说，在流传中从历史叙事中走来，经过地理时空与时代的更迭，百姓借助原文本的正义捕捉出叙事点，以增加合乎逻辑的情节，针砭时弊。回避文字传播中由于古代受教育层次的参差，而衍化出特殊的"十二月调"，既是农耕十二月节气的知识传播，又是一种出自中华文明整体文化文本中底层社会的伦理教化之声。正是一种"由传而通、由通而化"的传播智慧。② 不仅在时空历史的长河中跨媒介演绎真挚情感，又因为文本从《国语》原文本中持续改编，而互文在诸如《诗经》等不同的文化文本中，彼唱此和呼应中复生间性。这种智慧的传播结构使其拥有着强烈的"现代性"，凸显中国文化的继承性基因。这或许能够对现当代的民歌民谣的生产提供一种生产性的启发。

---

① 熊承霞:《梁山伯与祝英台传说的互文性媒介叙事》,《艺术与民俗》,2022 年第 4 期, 第 63 页。

② 钟海连:《传播的境界: 由传而通、由通而化》,《中华文化与传播研究》,2023 年第 1 期, 第 1 页。

信仰、人本情怀与礼乐：中国巫医文化的发展源流

Faith, Humanistic Sentiments and Rituals:
The Developmental Origins of Chinese Witch Doctor Culture

吉庆琳 *

Ji Qinglin

摘　要：中国巫医文化是中国古代医学文化的起源，其信仰体系、诊疗理论与治疗方法对中医发展历程产生着持续性的影响。除了以治病为主的本职工作外，巫医文化还是以信仰为前提的精神疗法，有着以人为本的情怀治愈力。其医道遵循着独特的礼乐规矩，在医者与医者、医者与患者以及患者与患者之间建构起交流网。研究巫医文化的发展，能领略并赓续其精华，舍弃其糟粕，挖掘其未来趋势，兼而有之。本文通过对巫医文化的历史与源流进行探析，试图理解信仰、人本情怀与礼乐制度在巫医文化传播中发挥的作用，揭示巫医与患者间的感性联系及巫医被信仰的根本原因。

Abstract: Chinese witch doctor culture is the origin of ancient Chinese medical culture, and its belief system, diagnostic theories, and treatment methods have had a continuous impact on the course of Chinese medicine. In addition to their primary job of treating illnesses, witch doctor culture is also a spiritual therapy premised on faith, with human-centered emotional healing power, and its way of healing follows unique rituals and rules, constructing a network of communication between healer and healer, healer and patient, and patient and patient. Studying the development of witch doctor culture enables us to appreciate and continue its essence, discard its dregs, and tap its future trends, all at the same time. By analyzing the history and origin of witch doctor culture, this essay tries

---

*　作者简介：吉庆琳，女，重庆人，西南政法大学新闻传播学院硕士研究生，研究方向：文化传播。

to understand the role of faith, humanistic sentiment, and ritual system in the dissemination of witch doctor culture and reveals the emotional connection between witch doctors and their patients and the underlying reasons for witch doctors' beliefs.

关键词：中国巫医文化、信仰、人本情怀、礼乐

Keywords: Chinese witch doctor culture; faith; Humanistic Sentiments; Rituals

一、巫与巫医

巫是华夏文化中重要的习俗，既深入民间，又传通祎旨，具备通天人之变的媒介特质。巫是一种传说，《山海经·大荒西经》中有对灵山十巫的记载："大荒之中……有灵山，巫咸、巫即、巫盼、巫彭、巫姑、巫真、巫礼、巫抵、巫谢、巫罗十巫，从此升降，百药爰在。"《山海经·大荒南经》中载有："有巫山者，西有黄鸟。帝药，八斋。黄鸟于巫，司此玄蛇。"对于此处所说的帝药，郭璞将其解释为天地神仙之药，即有长生不老功效的药。马克思·韦伯将巫的神通功能概括为克里斯马（Charisma）一词，克里斯马初现于《圣经·新约》的《哥林多前书》，韦伯用克里斯马指代平常中超凡的一切人物和事物。巫有着与神交流的灵媒功能，这种功能被认为是蒙受神灵眷顾的天赋，并且可以通过遗传或继承等方式尽可能无限地延续下去，具有强烈的克里斯马特质。

巫为当时的人们提供了寄托信仰的容器，指出了一条或许并不理智，但极富情绪感染力的求生通道。重庆城口县有名为"搭红"的民俗，该民俗在大巴山区广为流传，是典型的巴蜀民间巫文化，当地"人无神灵，寸步难行"的俗语流传至今。《周易》中说："兑为口为巫。""搭红"以红布为寄托情感的媒介，试图在人和他们所崇拜的自然神明中间搭建桥梁，将祝祷送往更高处。红象征着古时候人们对旺盛生命力与生俱来地崇拜，而崇拜则是支撑信仰产生的源头，红不仅有强视觉冲击，也印证了巫崇拜中发挥作用的强感性思维。《后汉书·南蛮西南夷列传》中记载："廪君死，魂魄化为白虎。巴氏以虎饮人血，遂以祠焉。"廪君为土家先祖，土家族是巴人的子孙。廪君死后化身为白虎，土家先民因白虎饮血，于是将其奉为信仰。追根溯源，巴人将廪君奉为先祖，是因为他化为白虎，而虎之所以被土家人奉为神明，则是因为它能饮血，是饱满生命力与绝对战斗力的象征。可见当时巫的信仰崇拜，并不局限于虚构的神灵，反之其敬叩的对象更偏向于有实体的祖先。中国古人并不吝于在祖先崇拜与神明崇拜中建立一致性，二者之间的边界若有似无。在中国宗教规模渐起后，祖先崇拜甚至大比分将天神崇拜压倒，因此

两派之间的差别在中国人眼中可谓微不足道。① 巫以包容的态度接纳人们许下各种愿望，以笃定的姿态祝祷这些愿望实现，以坚决的情感维护先祖有求必应的形象，从而形塑出受众心中与其无限接近，甚至等同于神灵的话事人形象，成全了人与鬼神交通的欲望。鲁迅在梳理中国鬼神志怪之书时感慨其数量不胜枚举，提出中国人本就信巫的观点，因秦汉以来，神仙之说盛行，汉末又大倡巫风，而鬼道愈炽。后来小乘佛教传入中土，也水到渠成般传播开来。②

古人热衷于追随巫，将其作为信仰崇拜，这一特质使得巫不可避免地与王权交织在一起。《说文解字》中记载：灵巫。以玉事神。③ 在古人眼中，玉不仅是模样姣好的装饰物，还潜藏着不可言语之神力，能辟邪治病，是巫与神鬼沟通的媒介。《楚辞·九歌》曰："楚人名巫为灵。"这里的灵巫即巫也。《礼运》曰："三公在朝，三老在学，王前巫而后史，卜筮瞽侑，皆在左右，王中，心无为也，以守至正。"可见当时巫与史官同等重要，为王权保驾护航。同时，王更是巫的首领，例如夏朝开国君王大禹有一种禹步，形似巫舞。"禹步者，盖世夏禹所为术，召役神灵之行涉。"（《洞神八帝元变经·禹步致灵》）能够召唤神鬼做出某些特定的行为，可见古时王权与神权的相关程度高出常人想象。李泽厚学者提出，由巫入礼是中华文化的关键所在，巫认为中国商代，巫与政治有密切的关系，氏族、部族的王通常是地位最高的巫，是政治、伦理与宗教三方面的领袖。丁山学者考据，在《君奭》篇君称为巫咸、巫贤。《君奭》所称的伊陟臣扈，在卜辞也称为陟戊，学戊；然则，当时以戊为号的名臣属于巫觋之流，可见将商代中叶的政治称为神权政治是有理有据的。④

在中华文明中，医与巫同根同源，而又形成了相互独立的脉络。"醫"，治病工也。换言之，医就是治病的人。⑤ 北京大学医学院教授谢少文指出"医"字在中国古文字中写法有二，其一为"醫"，其二为"毉"。前者主张用工具以酒治病，后者则以巫为治疗手段。张舜徽学者在《说文解字约注》中解释："古者巫与醫皆所以除疾，故醫字亦或从巫作毉。"以巫为主的治疗方法倾向于西方的灵学，即冥冥中鬼神的心灵沟通，非科学公例能解释。⑥ 古代中医的情志治病理论认为七情与五脏相对应，心主喜，肝主怒，脾主思，肺主忧，肾主恐，人的心理活动与生理

① 陈梦家：《殷虚卜辞综述》，北京：中华书局，1988 年，第 562 页。
② 鲁迅：《中国小说史略》，上海：上海古籍出版社，2019 年，第 67 页。
③ （东汉）许慎：《说文解字》，汤可敬译，北京：中华书局，2023 年，第 201 页。
④ 丁山：《商周史料考证》，北京：中华书局，1988 年，第 64 页。
⑤ （东汉）许慎：《说文解字》，汤可敬译，北京：中华书局，2023 年，第 6402 页。
⑥ 杜恺健：《子不语怪力乱神——交流观的招魂术视角与民国报刊中的"心灵交通"研究》，《华夏传播研究（第七辑）》，北京：九州出版社，2021 年，第 124 页。

机能的健康有着密切关联。^①《灵枢·天年》中记载："五脏已成，神气舍心，魂魄毕具，乃成为人。神志为人所特有，中医的神志学以精气、阴阳、五行为根基。"^②即便巫医分家，对心理、社会等因素的考量也一直为中医诊治疾病所强调，中医文化遵循天人一贯，也强调形神合一。^①

中国古代医学常被称作"岐黄之术"，"岐"为岐伯，"黄"为黄帝，初唐四杰之一的王勃在《黄帝八十一难经序》中写道："昔者岐伯以授黄帝，黄帝历九师以授伊尹……浮沉人间，莫有知者。"文中《难经》历代传授路径的真伪有待考证，但值得注意的是医经被归入了象征权力的官学体系。^④周朝时出现的"医师""天官"等职位，证明医已经成了与巫切分开来的独立角色，当时"医师掌医之政令，聚毒药以供医事"（《周礼，天官冢宰》）。^⑤孙思邈在《备急千金要方》中讲："古之善为医者，上医医国，中医医人，下医医病。"医者不止理清病因，修复身心，还能扶正国家。可见中医的学术体系建立在疾病、身心、社稷之上，华夏文明中的医，是使万法回归至应然而正确的轨道。而后历朝历代，对医的重视只增不减，形成了百家医术争鸣的景象。虽巫医分家，但对鬼神的祭祀仍为周人所重视，故曰："天下之礼，致反始也，致鬼神也，致和用也，致义也，致让也。致反始，以厚其本也；致鬼神，以尊上也；致物用，以立民纪也。致义，则上下不悖逆矣。致让，以去争也。"（《礼记·祭义》）"物本乎天，人本乎祖"（《礼记·郊特牲》）敬天与祭祖都是中华民族的传统思想风尚^⑥，让中华民族建立起上通下达的华夏根系。可见中华文明中的巫文化，祭天地更祭先人。有返还本初、报本尊先的真切情感与积极思想，蕴含着中华民族独有的尊重彼岸之旨意，实践此世之璀璨的文明，在现实与神鬼间搭建起微妙的平衡与沟通。

本文将讨论的巫医，以巫为先决条件，医为限定要求。巫医是基于巫的传说、信仰和地位特质，能够精湛熟练地运用医这种方术的人群。他们事通鬼神，将巫术操作以严密的规范运用于医药领域当中。巫术礼仪是儒道两家，乃至华夏文化的根。李泽厚学者列举阴阳五行，"金、木、水、火、土"间生、克、乘、悔，最

---

① 张慧、柳红良、赵志付：《古代情志致病理论在中医心身疾病诊治中的应用》，《中华中医药杂志》，2015 年第 3 期，第 653 页。

② 杨凤珍、烟建华：《〈黄帝内经〉神志理论论要》，《中华中医药杂志》，2017 年第 6 期，第 2408—2409 页。

① 张慧、柳红良、赵志付：《古代情志致病理论在中医心身疾病诊治中的应用》，《中华中医药杂志》，2015 年第 3 期，第 652 页。

④ 李建民：《从中医看中国文化》，北京：商务印书馆，2016 年，第 48 页。

⑤ 苟天林：《中医药与中华文明简述》，北京：中医药出版社，2019 年，第 230 页。

⑥ 杜恺健、蔺晨羿、吴一帆：《"落叶归根也有期"：文化创伤、移民传说与想象重构——洪洞大槐树传说的历史记忆研究》，《华夏传播研究（第十一辑）》，北京：九州出版社，2023 年，第 332 页。

终达成平衡一贯。他指出亦物质亦精神、亦伦理亦自然的，象征着万物之精髓的气、代表中国辩证法的度，四种源于巫的华夏文化典例，论证巫的发展于中国文明中筮卜、礼制的发展是齐头并进、紧密相关的。[①] 类比来说，巫医在道医，乃至整个中国医学的发展中都起着举足轻重的作用。正所谓"巫医相连"，巫医是中国传统医学的源流，从客观来看具有心理疗法溯源、使用与满足的感性影响、受众态度与行为等研究价值。

二、巫医基于信仰的作用原理

巫术可以被理解为是一种被赋予特殊含义的顺势而为，能够融入宗教的内容，且并不局限于人这一主体，它与自然规律密切相关。詹姆斯·乔治·弗雷泽认为自然法则体系是理论巫术，需要遵守的戒律是应用巫术，对不解科学之意的巫师来说，巫术就是他征服自然的技艺。《说文解字》中解释巫，将其视为能斋肃神明者，且在男曰觋，在女曰巫。即男性巫师通常被叫作觋，女性巫师则被叫作巫。《荀子·正论》中记载："出户而巫觋有事，出门而宗祝有事。"意为当天子出门时，巫师与主祭祀之官便有事可做了。《礼运》曰："三公在朝，三老在学，王前巫而后史，卜筮瞽侑，皆在左右，王中，心无为也，以守至正。"即天子身前有巫官，身后有史官。巫是能帮助天子不被杂绪烦扰的正职，与史官并行于天子前后，有较高的职业地位。[②] 清代蒲松龄在《聊斋志异·崔猛》中写道："但我所言，不类巫觋，行之亦盛德。"后期，通常将男女合称为巫觋。在中国古代，巫医是方士所行数术其一，《后汉书·伏湛传》中如此注解"艺术"一词，艺为书、数、射、御，术为医、方、卜、筮。可见医、方、卜、筮在当时都是术士的技能，反映了巫与医间千丝万缕的联系。[③]《山海经·大荒西经》中记录我国有十巫，他们来去于灵山，百药在此处生长。十巫分别为巫咸、巫即、巫盼、巫彭、巫姑、巫真、巫礼、巫抵、巫谢、巫罗。[④] 近代学者通常将"十巫"视为巫文化、盐文化与药文化的推广者，而灵山则是这些文化的发祥地。灵山就是巫山，为今重庆巫溪宝源山，巫溪傍巫山流转，可见巫是一种身份、职业或地位，他们事通鬼神，飘飘如鹤鸣九天，沉沉如鱼潜于渊，而医则是他们在其位所掌握的技术。《吕氏春秋·审分览》中写道："巫彭作医，巫咸作筮。"东晋郭璞在《巫咸山赋》注中记载："巫咸以鸿术为帝尧医，能祝延人之福，愈人之病。"可见巫彭与巫咸都是技艺精湛之医。

———————

① 李泽厚：《由巫到礼 释礼归仁》，北京：人民文学出版社，2022 年，第 51—54 页。
② 吕思勉：《先秦史》，上海：上海古籍出版社，2021 年，第 643 页。
③ 吕大吉：《宗教学通论新编》，北京：中国社会科学出版社，1997 年，第 504 页。
④ 廖平：《诗说》，上海：华东师范大学出版社，2017 年，第 233 页。

　　人的思维方式与行为模式，通常由他们所处的社会与传统文化决定，万物有灵的观念，使得巫极易在中国获得信任与受到追随。用巫术治疗疾病，或达成某种目的，是世界各民族处于文化低级时代的普遍现象。巫医之所以能获得信任，究其原因是当时古人对超自然能力的崇拜，笃信神灵存在并能影响天地人的运势。周奇认为，巫术不仅是一种外化的行为模式，更是一种内在的思维方式和观念体系。① 巫术观念在中国的经典医学古籍中均有体现，其中以《黄帝内经》为代表。古代中医思维以象数思维为主，也称象思维，中医有"取象类比"之说，类似于举一反三，即将一类或几类事物的象进行积累，进行类比、推理等步骤后，得出最终定论。象思维与形象密切相关，强调观察事物的整体性、动态性与直觉性，具有充沛的感情与丰足的诗意。巫术起作用通常在一个瞬间，一个时间点，具有较强的爆发力和冲击感特征，并且其产生的影响又具有周期性，呈时间段覆盖。形象思维与概念思维相对，它的灵活性更甚，不受现实拘泥，观念体系更动态。象思维通常在"象之流动与转化"中进行，具有隐喻特征。象思维将万物联系为相互渗透的媒介，锻炼人们从实体抽象虚拟的能力。象思维与《周易》也密切相关，《周易》以卦象发散出吉、凶、悔、吝等基本判词，二者都是直觉、形象与逻辑思维的复杂渗透，都体悟出"天人合一"的道理，并理解阴阳五行的此消彼长、相生相克，继而达成平衡的动态关联。② 陈邦贤在《中国医学史》中这样解释道："中国医学的演进，始而巫，继而巫和医混合，再进而巫和医分离。以巫术治病，为世界各民族在文化低级时代的普遍现象。"

　　在古时，巫医类似于一种全科医生，见多识广，既谙晓自然节气，也熟知饮食药理，更明白人体脏腑与气象之呼应与循环，将对症用药与因地制宜进行最大限度的发挥，甚至能见缝插针地施展请福祝祷等技能。《周礼》这样描述古代医者的诊治流程："以五味、五谷、五药养其病，以五气、五声、五色视其生。两之以九窍之变，参之以九藏之动。"五味指的是酸、苦、甘、辛、咸，五谷为麻、黍、稷、麦、豆五类谷物，五药包括草、木、虫、石、谷这些药材。而五气来源于五脏，能够反映五脏的健康状况，伤则病，绝则死。肺气热，心气次之，肝气凉，脾气温，肾气寒。③ 五声指医者能通过听病人说话的声调判断其患病情况，即言语的宫、商、角、徵、羽五种声调。五色指的是病人的脸色，通常有青、赤、黄、

---

　　① 周奇：《中医药中的巫术遗存及其影响》，《山西大学学报（哲学社会科学版）》，2023 年第 3 期，第 83 页。

　　② 张其成：《文化先行》，北京：中国文史出版社，2023 年，第 80 页。

　　③ 周公：《周礼》，徐正英、常佩雨译注，北京：中华书局，2022 年，第 223 页。

白、黑五种颜色。^①而九窍（耳、目、鼻各二窍，口一窍。尿道一窍，肛门一窍。为七个阳窍，两个阴窍）的开闭在诊治中是非常需要重视的因素，九脏（肺、心、肝、脾、肾、胃、膀胱、大肠、小肠）在内，其健康状况主要与每个脏器对应的脉至或不至相关。巫医不止强调病灶，也重视病人全身各器官整体的运化情况，贯彻通调整治的思维，这是中国传统医学特有的治疗习惯。五在古时似乎是天人交感中重要的数字，形成了华夏文化中"同类相召"的五行图思维，具有浓厚的象思维，即联想、感性、动态、创造的。华夏文明中所理解的五行，有感性内核，也有实用理性的外衣，正如《淮南子·览冥训》中所言："夫物类之相应，玄妙深微，知不能论，辩不能解。故东风至而酒湛溢，蚕咡丝而商弦绝，或感之也。画随灰而月运阙，鲸鱼死而彗星出，或动之也。"天论是不言之辩，天道是不道之道，这其中的奥秘不需要过于明了的解释，而重在用心感受那些内在的精神。精神往往形于内里，不会私自偏向也不会擅自疏远任何人，是不传之道。

三、巫医基于治疗的人本情怀

巫医将象征性的歌舞或咒语赋予了治疗疾病的意义，并使病人信服、配合如若病症在事鬼神后得到了好转或康复，便使得本是虚无缥缈的神迹象征实体化。巫医本身的功效性和普适性，也增强了它在人民选择中的生命力，让患者产生了求助与求生之欲。巫医在治疗方式上赋予的神灵意义是道德深层的，是难以从理性渠道加以定义与认知的。阿赞德人强调巫术与巫医的不可分割性与巫医的疗愈作用，唯有考虑到巫中信仰所占据的重要地位，巫医的效能才能得到承认，将巫医视作对巫术负影响的抵抗。^②在绝大部分情况下，巫术主施咒，巫医主化解。在巫医压倒给人带去不幸的巫术的过程中，病人能够获得病痛与健康的两重体验，这不仅会加强巫医这一精神象征在其心目中的显现，还会让他体会到一种内心的丰盈，这种丰盈包含着他对未来病症会好转更多的期许和感慨自己万幸的愉悦。《书·伊训》记载：敢有恒舞于宫，酣歌于室，时谓巫风。可见巫的风俗就是，当遇到人力难以解决的问题时，便尝试以歌舞通灵接神。歌舞的行为富有张力，将患者渴求好病的欲望外化，甚至夸张化，为巫医的行为蒙上诡谲而神秘的面纱，使其超脱寻常，似乎令人不得不拜服，以此维持巫医被信仰的程度。原始社会的

---

① 周公：《周礼》，徐正英、常佩雨译注，北京：中华书局，2022年，第224页。
② ［英］E.E.埃文思-普利查德：《阿赞德人的巫术、神谕和魔法》，覃俐俐译，北京：商务印书馆，2010年，第483页。

人们认为巫医在降神会上的舞蹈，即便需要走上一段路，也是值得前来观看的。[①] 巫医的行为大都以治病救人为最终目标，其内容形式十分广泛。古人缺乏科学常识，病症通常被视为冲撞神鬼后遭降下的惩罚，巫医恰好以鬼神为突破口，将驱邪祈福等迷信活动塑造为医治疾病的必要手段。邓超学者认为，巫医所运用的巫术，并不是单纯的巫师做法术，其中寄托着医患共同期望疾病消失的情感，巫医指导患者与其在治疗的时刻拥有共同的信仰，从而齐心协力达成某种目的，这一信仰针对的事物或神灵并不唯一。[②] 巫是知识分子阶层中的一员，很大程度上参与了远古文化的诞生与发展，他们不仅受到百姓的重视，在权贵中也炙手可热，是当之无愧的社会精英群体。詹姆斯·乔治·弗雷泽总结，在社会发展过程中，巫师或医师是最古老的人为设立的职业阶层。

巫医治病手段的最突出特点为事鬼神，即为患者请求某种不寻常力量的庇护，或要求患者不能触犯某种禁忌，从而达成使其康复如初的目的。巫医在治疗疾病的同时进行着宗教行为，播撒着宗教意识的种子，构建出超脱于现实生活的精神氛围，从而对患者乃至在场人群产生范围较广的冲击，增强巫医治病疗效的传播效能。法国人类学家克劳德·李维史陀将巫术视为古人在无法解释宇宙时产生的病态思维。他认为在神话、图腾或仪式等信仰具象物中，人们能够通过归纳总结出一系列符号变化，从而整理出一套系统性的隐喻范式，用于反映人类头脑中如何思考的深层模式。古人愿意选择巫医为自己治病，通常源于他们对未知天然的崇信，这种崇拜与信仰是无法用理性和逻辑来解释与控制的，也是不受地域局限的。德国神学家鲁道夫·奥托于1917年在《论"神圣"》中谈到，上帝道德深层的神圣性是难以用三言两语说清的，也是没办法通过理性来认识的。宗教是神这一虚构形象与人在情感上的情感共鸣，人对神的敬畏、虔敬与神对人天然的吸引力相互交织，将神与人的内在欲望统一，塑造了宗教在信教者心中的核心地位。[③] 由此可见巫医与患者之间的关系也是复杂的，他们被对抗疾病这一现实因素联系在一起，也延伸出更深层的人本情怀，使医患关系更紧密，巫医仿佛成为患者与生俱来的信仰，患者对巫医产生多层次的感性情绪。祝由疗法是极富心理特质的治疗手段，它常用多元化的形式实施祝祷这一内容，为病人祈求康复，对施术的巫医与请求帮助的患者有着诸如敬畏、忠诚、坚定等较强的主观情绪要求。《祝由十三

① [英] E.E.埃文思-普利查德：《阿赞德人的巫术、神谕和魔法》，覃俐俐译，北京：商务印书馆，2010年，第318页。
② 邓超：《中医中某些巫术思想残留的分析》，《自然辩证法研究》，1992年第9期，第48—51页。
③ 吕大吉：《宗教学通论新编》，北京：中国社会科学出版社，1997年。

科》中解释祝由为："祝由者，古之巫医也。原人疾病，三祝而愈。其愈病者，祝由而已。""有祝病者，对天祝告其由，故名曰祝由科。"《辞源》这样介绍祝由科："古人迷信以符咒治病者。……元明太医院分十三科，有祝由科。"《三国志·张鲁传》详细记录了请祷的方法，需要书病人姓名，说服罪之意，作三通，其一上之天，著山上，其一埋之地，其一沉之水，谓之三官手书。可见祝由对施祝由者与请祝由者都有较高的信念感要求，必先静心诚意，嘴念真言再配合手画灵符，以气助推祝由术的成功。祝由术是巫医治疗手段中有充沛心理暗示的方法之一，意在通过神秘引导来疏通患者郁结的心灵，这种秘而不言、秘而不泄的特殊疗法证实了心理与感性在病患与疾病抗争过程中也占据一席之地，具有独特的历史价值。

巫医为患者带来的疗愈效果通常以系列的形式呈现，患者的情绪起伏由高到低，而巫医的感召力事实上呈现出增强趋势。因为巫医对病症的有效抑制帮助患者形成自己重获新生的认知，这种切实的转变比口头的传教更具传染力。巫医为患者提供了瞬时的欣喜，以及后续庆幸的余味，尽管这种情绪态势逐渐趋于平缓，但其影响更深远，它就像是依附于情绪生长出的记忆，能够在特定的场景下被唤醒，拥有用不起眼的涟漪掀起心灵深处惊涛涤荡的能力。

四、巫医基于医道的礼乐制度

《说文解字》中解释礼为履，首义为以致福为目标而祭拜神灵，开明东"六巫"中有名巫礼的巫医，所以巫医必定是在治疗过程中为患者祭神祈福的人。灵山"十巫"中的巫谢，也是开明东"六巫"中的巫相，他善于为人为己祷告忏悔，是主卜筮与礼赞的巫师。巫医向道医的转变，古人在医学漫长发展史上的辩证思考，有着厚重的哲学思想底蕴。《史记·扁鹊仓公列传》中记载："信巫不信医，六不治也。"扁鹊认为放弃医道而相信巫术的人，是很难治好的。发展到后期，宗教神话给巫带来的强势影响在逐步削弱，而医术的客观影响力却仍旧在增强中。礼乐指的是一种安定的社会秩序，以及百姓建立在稳定制度上的被普遍认同的价值体系。春秋时期，孟子曾描绘当时的情形为："世衰道微，邪说暴行有作。臣弑其君者有之，子弑其父者有之。"(《孟子·滕文公》)细究起来，礼崩乐坏这个说法最早应出现在《汉书·武帝纪》中，"今礼坏乐崩，朕甚闵焉。"意为政治、社会、文化、信仰等诸多方面的行为规范与阶级制度都不被遵守，清代章炳麟在《与简竹居书》中写道："中唐以来，礼崩乐坏，狂狡有作，自己制则，而事不稽古。"表达世人自由散漫，不再研习从古流传至今的礼数与规矩。近代郭沫若认为礼是由德逐步衍化而成的，道也与德相关，礼可以用来约束身体行为，乐可以调整心理状态。所谓礼者，人之道也。乐者，天之和也(《礼记·乐记》)。唯有礼乐相须，才能达成万物有序，社稷安乐的景象。

巫医治病的医道中，有执医的先决条件，还有许多必须遵守的礼乐制度。经验是中医的沉淀，是通览全息的证明，是达成疗效的前提。岐伯曰："验于来今者，先知日之寒温、月之虚盛，以候气之浮沉，而调之于身，观其立有验也。"（《素问·八正神明论》）还有在以歌舞事鬼神时，巫医需要准备的祭品和患者及在场者需遵守的规矩，或是配药时需要参照的君、臣、佐、使的组方原理，患者在服药时需注意药量、时间、忌口等细节，这些需遵守的制度都是保障巫医行医效果的关键条件，与患者能否好病息息相关。唯有在治疗过程中"承礼启仁"，才能将疗效最优化，使医患关系保持和谐，避免折损患者对巫医信仰的忠诚度。

巫医认为在先决条件准备充分后，药物的疗效才能完全发挥。法国社会学家、民族学家列维·布留尔总结得出：一切客体、存在物、人工制品都有可被感受到的神秘属性和力量，这种神秘的力量能够通过接触、传染、转移作用于其他存在物。且神秘力量起效果时，必须是一定的人，在一定的时刻，念着一定的咒语，借助一定的工具，逢一定的月相等。不如此，药将无效。由此可见，巫医施展医道与严苛的限制条件有关，即有特定的礼乐规矩。不仅巫医有礼乐原则，由巫医发展而成的中医也有礼乐原则。《金匮要略》有言："春不食肝，夏不食心，秋不食肺，冬不食肾，四季不食脾。"古人认为肺气在秋季最盛，秋季吃肺容易使肺气过旺，克伐肝气。清代陆以湉在《冷庐医话》明确忠告患者："韭、蒜、椒、芥等耗目光，并宜远之。"因为这些刺激性的事物通常使人的眼睛有流泪、疼痛、不适等现象。巫医通常以是否顺应五脏六腑之运化为条件，给这些巫术禁忌合理的解释，并敦促患者遵守。巫医中的祝由之法在实施时颇为讲究，祝由全称为黄帝祝由神科，在给患者采用药石针灸等疗法时，还需搭配特定的仪式，向轩辕老祖祝祷，对症画秘字符咒一道，仪式完毕后烧成灰，让患者随药方一同服用。祝由术认为以符咒发药，才能灵验，且这样的治疗方法不能用不求甚解的态度深究，因为仅凭药理和医理也无法完全解释祝由为何生效。但巫医在施展祝由术时搭配的许多药方，的确是对症下药之选，如遇饱胀气郁时将陈皮配酒喝下，遇伤口则用血竭草与纸灰搅拌均匀后涂抹，遇喉咙痛可服用薄荷汤，遇头痛则饮川芎汤等。①

子曰："君子欲讷于言而敏于行。"（《论语·里仁》）孔子认为君子在言语上可略显木讷，但一定要成为行动派，君子其实就是孔子反复强调"礼、乐"的样本。《墨子·兼爱下》中也提到："言必信，行必果，使言行之合，犹合符节也，无言而不行也。"旨在强调言出必行，行必果决，犹如合验兵符那样，杜绝光说不做的行

---

① 龚鹏程：《道教新论》，北京：北京大学出版社，2008 年，第 617 页。

为。"言必信，行必果"还曾出现在《论语·子路》中，可见言行合一于华夏民族作为道德准则的重要性。美国物理学家理查德．费曼认为巫医所持有的复杂概念皆是在短时间内创造出的，不具备经受长期检验的能力，因此他将巫医类比为现代的精神分析学家和心理学家。与西方学者的观点迥然不同，巫医的确具备强悍的精神感染力与心理暗示性，但并不缺乏实践。根植于华夏大地上的医学系统普遍认为巫医在治疗过程中也强调实践，即对寻找材料与检验疗效的重视，这需要巫医具备不厌其烦的实践与锲而不舍的精神。① 上文提到《山海经》中载有："有灵山，……十巫，从此升降，百药爰在。"即十巫身边携带百药，这从侧面印证了巫医有持续性的采药习惯，且会在日常治病中运用药材，检验其疗效。更不用提中国家喻户晓的神农尝百草传说，还有李时珍经过长年累月的丰富实践活动后写成的达两百万余字的《本草纲目》。继承巫医之精华而生的道医也有许多与实践密不可分的治疗行为，道教典籍《太平经》中提到按药物切身疗效所分类的"帝王草"、"大臣草"、"人民草"等草药的称呼方法，帝王草为十十相应，大臣草为十九相应，还有根据治愈患者所用时长命名的"立愈方""一日愈方""二日愈方""三日愈方"。这些根据药效给草木贴标签的行为佐证了当时巫医用药的审慎，如果不能保证八成以上的把握，其药则不可再用。② 《太平经》中还记载了针灸时互相契合的脉象与天相，这些灸法与天相间的千丝万缕关联，也是在无数道医专家共同实验的努力中观察、总结出来的，是华夏医学宝库中不可磨灭的智慧。"神农尝百草之滋味，水泉之甘苦，令民知其避就。当此之时，一日而遇七十毒。"（《淮南子·修务训》）炎帝即便冒着中毒的风险，也挨个实验草药功效，可见巫医知难而进之魄力，"行必果"这一礼乐原则在巫医职业生涯中何等的重要。然后，尽管巫医具备一定的行为条例与道德操守，仍与儒医存在着无法忽视的距离，《二十四史·卷四百六十一·列传第二百二十·方技上》中记载："然而天有王相孤虚，地有燥湿高下，人事有吉凶悔吝、疾病札瘥，圣人欲斯民趋安而避危，则巫医不可废也。后世占候、测验、厌禳、禬，至于兵家遁甲、风角、鸟占，与夫方士修炼、吐纳、导引、黄白、房中，一切煮蒿妖诞之说，皆以巫医为宗。"可以看出巫医在消除疾病的祭祀、日常修行、卜卦驱邪等活动中都有方技规矩，在科学思维尚未出现，各方面条件都落后的当时，巫医是王公百姓都无法舍弃的必需品。但"儒以纲常治天下，岂方技所得比"（《元史·列传·第十二》）。综上所言，诚然将巫医的医道体系用礼乐制度来概括有拔高之嫌疑，因为巫医的迷信本质使其难以企及儒家思

---

① 詹石窗：《道教文化十五讲（第二版）》，北京：北京大学出版社，2019年，第350页。
② 詹石窗：《道教文化十五讲（第二版）》，北京：北京大学出版社，2019年，第172页。

想中的修身齐家治国平天下的高度，但巫医的礼乐制度确实是对这个群体自身医道与患者行为的约束，以期取得更明显的治疗效果。

余论

与道教、佛教、伊斯兰教、基督教等宗教同样，巫也是一种宗教信仰，只不过巫的信仰更为广泛，它更倾向于一种虔诚的范式，没有固定唯一的教义，且通常不受组织或群体的束缚。巫医则是在这样自由的信仰中生长出的医者，有职业有地位，是古时能侍奉于天子身前的人。直到今天，辽阔的中国大地、绵延的溪流山川深处，巫医与祝由术的身影也时常出现。内蒙古的鄂温克族每个氏族都有自己的起源动物，音译为"嘎勒布勒"。信仰巫的人常信仰与动物、植物或类似于山水的非生物有关的图腾，野蛮人宁肯饿死也不会伤害他们的图腾，因为那被他们视为祖先。总言之，巫医在中国古代史上确有其地位，救治了不少病患，对道医和中医药文化的未来发展产生了不可否定的影响。吕思勉曾在《中国文化史》中写道："一切人为的事都包括于文化之中。"[①]巫与医跳脱出技艺之狭，拓文化之宽，它们都是中国传统医学文化中不能忽视的部分。巫医的确有神人不分的迷狂情绪，但在礼乐制度的调和下，又过渡到了颇具人文关怀的理性环节。巫医独有的祖先崇拜，以及他们以神作功的施术方式，摒弃了西方宗教中全然献祭的观点，将神灵视作媒介，鼓励患者自我肯定，从而达成治愈效果。在现代西医传入中国后，科学观念的强化使得巫医文化在华夏大地上也变得水土不服起来，成了只有落后时期与低等族群才笃信的不切实际之物。但不能否认的是，随着历史发展，巫医文化在华夏文化的不同时间段中展演着不同的角色，它作为华夏医学文明根源的身份是不容置喙的，为中国传统医药与医学的回归提供了港湾，其产生的影响是隽永且值得研究的，我们需要正视巫医文化并给予其正当的评价。

---

① 吕思勉：《中国文化史》，北京：北京大学出版社，2010年，第9页。

城市祠堂的重建与组织体系重构

——以广州猎德村宗祠为例[*]

The reconstruction of ancestral temples and the organization system: Case of Liede Village in Guangzhou

曾颖仪　姚锦云^{**}

Zeng Yingyi　Yao Jinyun

摘　要：在现代化发展中，源于宗族文化的祠堂被认为是传统的、乡土的，但这难以解释城市中"高楼之下立宗祠"的现象。本文以广州市猎德村的宗祠为研究对象，把祠堂作为媒介，运用深度访谈的方法，探究了祠堂重建和文化传承的关系，以及城市祠堂何以继续发挥实际功能。研究发现，城市祠堂的物质性再造离不开宗族文化的影响，但祠堂及宗族活动仍不断被赋予新的解释。祠堂的组织体系在不断重构之中，如今发挥着连接私人关系，维系村落往来，促进社区参与的媒介功能，祠堂作为一种共享的文化在新的社会实践中经历着被修改和改造的过程。

Abstract: In the process of modernization, ancestral temples, rooted in clan culture, are often regarded as quintessentially traditional and rustic, which does not adequately explain the phenomenon of "establishing ancestral temples beneath high-rise buildings" in cities. This study focuses on ancestral temples in Liede Village, Guangzhou City, as its subject of research, utilizing the ancestral temple as a medium and applying in-depth interviews to explore the relationship between the reconstruction of ancestral temples and

---

　　* 基金项目：本文系暨南大学"挑战杯"等学生课外学术科技创新创业竞赛立项项目"古村·新城：城中村改造、建设和治理中的多主体联合与博弈——基于广州猎德村的田野调查"的阶段性成果。

　　** 作者简介：曾颖仪，女，广东广州人，暨南大学新闻与传播学院硕士研究生，主要研究方向：华夏传播、传承人类学；姚锦云，男，浙江长兴人，浙大城市学院新闻与传播学院副教授，硕士生导师，主要研究方向：中国传播史、媒介与文化传承、媒介技术与文化变迁。

cultural transmission, as well as the ongoing practical roles of urban ancestral temples. The study finds that the material reconstruction of urban ancestral temples is inseparable from the influence of clan culture, yet the temples and associated clan activities are continually re-interpreted. The organizational system of the ancestral temples is in a constant process of reconfiguration, now functioning as a medium that connects personal relationships, maintains village interactions, and promotes community participation. As a shared cultural institution, the ancestral temple is experiencing a process of adaptation and transformation within new social contexts.

关键词：祠堂；猎德村；媒介；文化传承；华夏传播

Keywords: Ancestral temples; Liede village; Medium; Cultural transmission; Huaxia Communication

祠堂是产生于中国社会的独特建筑形态，在历史上作为中国宗族文化的典型代表①，其长期以来被认为是传统的、乡土的，而非现代的、城市的。然而，随着城市化发展，一些地区却出现了"高楼之下立宗祠"的现象，即在现代商业区和居民区之间，传统祠堂赫然矗立，并仍然发挥着实际用途，其中最具代表性的便是被称为"广州旧村改造第一个吃螃蟹者"②的猎德村。③猎德村改造过程中对五座宗祠进行了重建，并于 2009 年落成，这五座宗祠位于广州的中央金融商务区（CBD）之内，且沿用至今。那么，为何祠堂这一传统建筑能在高楼林立的城市中得以重建或保留？城市祠堂在当下社会生活中扮演着怎样的角色？本研究以猎德村的宗祠为个案开展进一步考察。

一、文献综述

（一）祠堂：组织和关系的物质载体

祠堂，亦称家庙，《辞海》中解释为旧时同族子孙供奉并祭祀祖先的处所。"祠"起初作动词，表春祭、祭祀，后逐渐演化为名词，代表"祭祀的场所"。祠

---

① 林耀华：《义序的宗族研究》，北京：生活·读书·新知三联书店，2000 年，第 48—70 页。

② 冯善书，《聚焦广东旧改典型案例｜猎德村：广州旧村改造第一个吃螃蟹者》，南方网，2019 年 9 月 22 日，https://static.nfapp.southcn.com/content/201909/22/c2645302.html，访问时间 2024 年 5 月 15 日。

③ 在新的城市规划中，猎德村不再是一个行政村，但这一称呼仍在广泛使用，含义没有改变，笔者在文章中也延用这一称呼。

堂一般有宗祠、支祠之分，"一族合祀者为宗祠，分支各祀者为支祠"。①

民间修建祠堂兴起于明代，科大卫在对珠江三角洲地区的研究中发现，在嘉靖年间，私人建家庙得到允许，民间祠堂开始合法化，到了明末清初，建祠活动发展更加迅速。② 传统祠堂曾广泛存在于全国各地，但在中国北方的大部分地区及四川省，因久经战乱，宗族关系遭到极大破坏，因此祠堂大都难以保留。而处于南方的广东宗族组织较为发达，大量祠堂得以建立和保留。③

在以往的研究中，祠堂通常作为宗族的集中体现被关注。它是宗族的"一个最大的特征"，是"宗族中宗教的、社会的、政治的和经济的中心，也就是整族整乡的'集合表象'"。④ 祠堂与族田、家谱一同被视为联结家族的物质⑤，具有重要地位。

祠堂的功能一般也是在宗族内得以发挥。祠堂的最原始功能是祭祀。林耀华在《义序的宗族研究》中指出，祠堂包含四大基本功能，即祖宗祭祀、迎神赛会（娱乐功能）、族内法政、族外交涉，其中祖宗祭祀是祠堂的核心功能。⑥ 但随着社会变迁和宗族发展，其功能不断拓展。到 20 世纪上半叶，祠堂的功能"既有传统的祭祀和族务处理，又负有团结、教导、帮助族人在新时代立足于社会的使命"。⑦

在宗族发展影响祠堂变迁的同时，祠堂也对宗族产生影响。族房长之所以能实现组织化，是因为"有了宗祠之后，成文的庙规成立"。⑧ 随着祠堂的独立和扩大，也为"宗祠族长的族权"提供了必要条件⑨，由此形成了一种身份等级。祠堂的存在进一步完善和巩固了宗族的管理，起到了组织宗族的作用。

20 世纪 50 年代以来，传统宗族文化、祠堂建筑在一系列社会运动中遭到否定、冷落或破坏。自 20 世纪 80 年代以来，社会上出现"宗族复兴"⑩的现象，"一度被压抑的村落家族文化和家族意识得到强化，其功能的上升给家族意识带来社

---

① 徐扬杰：《宋明以来的封建家族制度述论》，《中国社会科学》，1980 年第 4 期，第 99—122 页。
② 科大卫：《祠堂与家庙——从宋末到明中叶宗族礼仪的演变》，《历史人类学学刊》，2003 年第 2 期，第 1—20 页。
③ 邵建东：《浙中地区传统宗祠研究》，杭州：浙江大学出版社，2011 年，第 11 页。
④ 林耀华：《义序的宗族研究》，北京：生活·读书·新知三联书店，2000 年，第 28 页。
⑤ 徐扬杰：《宋明以来的封建家族制度述论》，《中国社会科学》，1980 年第 4 期，第 99—122 页。
⑥ 林耀华：《义序的宗族研究》，北京：生活·读书·新知三联书店，2000 年，第 48—70 页。
⑦ 冯尔康：《18 世纪以来中国家族的现代转向》，上海：上海人民出版社，2005 年，第 220—221 页。
⑧ 林耀华：《义序的宗族研究》，北京：生活·读书·新知三联书店，2000 年，第 30 页。
⑨ 左云鹏：《祠堂族长族权的形成及其作用试说》，《历史研究》，1964 年第 Z1 期，第 97—116 页。
⑩ 戴五宏、张先清：《当代中国宗族复兴研究：回顾与反思》，《晋阳学刊》，2014 年第 2 期，第 9—14 页。

会聚合、联系的契机。"① 祠堂因此得以修葺或重建，并重新发挥其功能。但同时，随着社会经济发展，祠堂所维系的宗族关系进一步被解构，宗族文化面临衰落的危机，这让祠堂也面临"生存危机"。近年来，虽然城市宗族的研究逐渐推进，但关于"宗族"在现代化背景下何去何从的问题，无法完全解释"祠堂"在现代城市中的功能和作用。

（二）作为媒介的城市祠堂

祠堂的研究往往依附于宗族的研究，但如果把祠堂视为主体，现有对祠堂的研究以历史学、建筑学、人类学及社会学居多，主要从三种视角展开：

第一，作为建筑实体，祠堂的布局、形制、结构、装饰等本身就蕴含着丰富的信息。另外，从祠堂在村落的位置，与民居的呼应，也能够窥探其布局的意义。

第二，作为文化资源，祠堂蕴含着文化研究价值和审美价值，一些祠堂成了文化遗产、旅游资源，甚至变为了一处景点，相应地就需要思考"怎么保护、怎么开发"的问题。

第三，作为文化载体，祠堂集中体现了"中国古代的宗教观念、宗族制度、伦理道德，以及人们在社会生活和审美趣味方面的许多特点与个性"。② 从微观而言，祠堂内的堂号、楹联、碑刻等会成为被解读的对象，以揭示其文化内涵。从宏观而言，通过对祠堂相关活动、组织形态等的探究，由此发现祠堂所承载的观念和意识。刘黎明意识到了祠堂作为"象征物"的可能性，他称其为"血脉的圣殿"。③ 钱杭将其象征意义视为所有功能表现的真正基础，"在某种意义上甚至可以说，祠堂所具有的特殊的象征意义，完全可以脱离那些具体功能而存在"。④ 然而随着社会的发展，祠堂的象征意义必然发生改变。

另外，虽然祠堂的研究往往与宗族相关，但还有其他不同类型的祠堂也代表着不同的文化特点和社会意义，如明末清初出现的徽州女祠，代表了封建社会末期女性的觉醒⑤；清代广州的合族祠与宗族概念完全脱离，而是成了一个加强城乡联系的社会组织⑥。

---

① 王沪宁：《当代中国村落家族文化——对中国社会现代化的一项探索》，上海：上海人民出版社，1991年，第65—66页。

② 蔡丰明、窦昌荣：《中国祠堂》，重庆：重庆出版社，2003年，第1页。

③ 刘黎明：《祠堂·灵牌·家谱——中国传统血缘亲族习俗》，成都：四川人民出版社，1993年，第5页。

④ 钱杭：《中国宗族史研究入门》，上海：复旦大学出版社，2009年，第168页。

⑤ 毕民智：《徽州女祠初考》，《安徽大学学报》，1996年第2期，第62—66页。

⑥ 黄海妍：《在城市与乡村之间：清代以来广州合族祠研究》，北京：生活·读书·新知三联书店，2008年，第223页。

在面对城市祠堂的问题时，前两种视角往往预设了这是城市化影响下的被动结果，祠堂首先成了被改变的对象，其次才进行解释。把祠堂视为一种文化载体，或进一步而言，视为一种媒介，可以强调其能动性，城市祠堂的存在不仅仅是一种结果，而是其作为"有意义的符号形态被创造、被理解、被使用这一实实在在的社会过程"。①

一方面，传统祠堂固然是在"孝""祖先崇拜"等观念的指引下，形成的物化形态。②祠堂作为媒介的功能和作用体现在物态文化和仪式活动两方面，族人之间、族人与祖先的"对话"通过祠堂的物件、在祠堂里举行的活动来实现。③那么，城市祠堂又具有怎样的媒介特性与功能？是否与传统祠堂有所区别？

另一方面，回到祠堂最基本的物质属性看，其有着"传递"（transmission）的特性，区别于传播（communication），传递强调了时间维度上，价值与知识在代与代之间的传送。④作为一种建筑物，祠堂一般都用坚固的石材做成，因此具有耐久的特性。伊尼斯详细区分了时间偏向媒介和空间偏向媒介，其特性的不同也导致了不同的文明形态。⑤建筑物显然是一种时间偏向的媒介，其更倾向于相对稳定的政治集权，有利于宗教的传承和帝国的持久稳定。德布雷认为物质是一种"大脑外部记忆"，即使个体生命逝去，"由于保留了痕迹，才会使个体的记忆客观化，具体表现出它的社会性，并在不同的个体中体现出来"。⑥"传递"并非一种机械复制，而是每一代人在前人基础上的重新认识、创造。德布雷认为，用于"传递"的媒介包含着组织性的物质和物质性的组织两个层面，前者是物质化、工具性的可见部分，后者则是不可见的部分。⑦祠堂从乡土走向城市，其"组织性的物质"和"物质性的组织"是否发生了变化呢？

---

① ［美］詹姆斯·W. 凯瑞：《作为文化的传播——"媒介与社会"论文集》，北京：中国人民大学出版社，2019 年，第 29 页。

② 石奕龙、陈兴贵：《回顾与反思：人类学视野下的中国汉人宗族研究》，《世界民族》，2011 年第 4 期，第 35—43 页。

③ 谢清果等：《华夏传播研究：媒介学的视角》，北京：社会科学文献出版社·社会政法分社，2019 年，第 83 页。

④ ［法］雷吉斯·德布雷：《媒介学引论》，刘文玲译，北京：中国传媒大学出版社，2014 年，第 3—32 页。

⑤ ［加拿大］哈罗德·伊尼斯：《传播的偏向》，何道宽译，北京：中国人民大学出版社，2003 年，第 27—50 页。

⑥ ［法］雷吉斯·德布雷：《媒介学引论》，刘文玲译，北京：中国传媒大学出版社，2014 年，第 21 页。

⑦ ［法］雷吉斯·德布雷：《媒介学引论》，刘文玲译，北京：中国传媒大学出版社，2014 年，第 129 页。

二、研究对象和研究方法

本研究以广州市猎德村的宗祠为研究对象，猎德村至今已有约 900 年历史，在 20 世纪 80 年代前仍位于广州郊区，属于农村，90 年代后随着城市的扩张逐渐变成"城中村"①，1997 年后因珠江新城征地建设，猎德村田地全部被征用。2010 年猎德新村建成后，猎德村已位于城市的中央金融商务区（CBD）之内。

猎德村曾是一个杂姓聚居村落，据《猎德村史》统计，历史上原存在 30 座祠堂，与民居交错布局。但因为猎德村的城市化改造工程受规划限制，原有宗祠拆毁后不能一一复建，因此进行合并。有五座宗祠最终得到重建，集中于一处，北面有（东村）李氏大宗祠、（西村）李氏宗祠，南面有林氏大宗祠、梁氏宗祠、麦氏宗祠，位置处于猎德大道与海月路的交会处，位于猎德西门牌坊的北面，独立于复建的小区。

笔者自 2022 年 1 月开始进入猎德村开展田野调查，与猎德村民、干部、社区服务人员接触，于 2023 年 7 月—8 月在猎德社区服务中心"猎德人家"开展志愿服务并进行田野观察。

选择猎德村作为田野地点有以下原因：第一，猎德村作为广州市第一个旧改的村落，在祠堂保留、村集体改造、引入社区服务等方面都具有探索性，现今相比于改造中或改造刚完成的村落，其发展形态更为成熟。第二，猎德村地处位置更为特殊，CBD 是城市经济高度发达的中心区，而祠堂作为仅供当地村民使用的传统建筑，并无明显的经济效益，因此传统与城市二者的张力更为凸显。

在研究方法上，本研究主要采用深度访谈法进行。猎德村宗祠及当地习俗极富特殊性且具有故事性，深度访谈这一同质化研究方法，能够更加接近当地人原始的表述。毕竟，"社会，如同生活，包含了其自身的解释，一个人只能学习如何接近它们"。②

根据研究主题，访谈围绕宗祠复建、宗祠集体活动、私人宴席等展开。研究共对 21 人进行半结构式访谈，其中 3 名为猎德村宗祠管理人员，5 名为猎德村公司工作人员或退休干部，3 名为猎德社区的工作人员，10 名为现猎德社区居民（包括原本的猎德村民）。

三、何以重建：祠堂的象征性与物质性

猎德村至今历经近 50 年从农村走向 CBD 的变迁，现有的五座祠堂于 2009 年

---

① 李培林：《巨变：村落的终结——都市里的村庄研究》，《中国社会科学》，2002 年第 1 期，第 168—179 页。

② ［美］克利福德·格尔茨：《文化的解释》，韩莉译，南京：译林出版社，1999 年，第 534 页。

重建完成，采用砖木结构，材料上沿用了旧青砖、瓦片。据参与宗祠重建的村民回忆，宗祠重建的资金来自猎德村拍卖土地的拍卖款。[①]但在宗祠的装修上，猎德村没有动用已经预留的装修资金，而是动员海内外的宗族族人捐资，以姓氏为单位自费装修宗祠。事实上，社会变迁使宗族意识淡薄、关系疏离是宗族面临的普遍境况，在这一背景下，猎德村宗族族人捐资建祠的动力是什么？

（一）祖先崇拜与祠堂重建：观念的物质性延续

传统祠堂作为宗族联结的必需物，作用体现在上层建筑和意识形态方面[②]，能对"祖先崇拜"的观念巩固和强化。对于宗族而言，"祖先崇拜既是宗族成员之间在权利与义务方面的一种互动关系，同时也具有一种显示宗族认同的文化意义"。[③]猎德村宗祠的重建符合当地人的普遍意愿，村民们认为宗祠代表了"祖先""根"，是"我们的传统"，强调了以血缘为基础的系谱关系；或者认为那是"老祖宗的东西，拆了就应该还回来"，强调祠堂作为祖先的财产而应得到保护。尽管祖先崇拜不可能产生实际效果，只是一种朴素的人本主义思想的体现[④]，但这为祠堂的重建提供了重要的合法性。

由此，重建的祠堂为宗族仪式的延续提供了物质基础，其作为符号化的物质，"既是现实的表征，又为现实提供表征"。[⑤]虽然在猎德村民中，迷信的思想普遍被摒弃，重男轻女的观念也有所改善，但参加宗族仪式已然成为村民的生活习惯被保留下来，而重建后的祠堂又为他们的生活习惯提供了实施场所。正如一位村民（S3，60岁）对于祠堂祭拜仪式的认识，他说："既然有祠堂在，为什么不去拜？不拜也行，但拜了心里舒服一点。"这也体现了物质性的祠堂对于传承的重要性。

猎德村的宗族仪式主要有祭祖仪式和添丁仪式两方面，虽然在传承过程中有所简化，但仍保留至今。祭祖仪式在春节的宗亲团拜日和清明节两个时间举行，均会在祠堂内开展，清明节祭祖还需到族坟扫墓，从祭祀的准备到实施，主体都以中老年人为主，在祭祀过程中，中老年人会带上家中的年轻人、小孩前来祭拜，后者一般只需负责行拜礼和上香。在添丁仪式中则更多由已生育男丁的年轻人参与，传统的添丁仪式操作繁琐，"要专门买发芽的莲藕、慈姑吊在红色大灯笼上，

---

① 拍卖款不直接进入猎德村集体账户，除猎德村整体改造的启动资金外，其余款项进入广州市财政局，然后再转拨至天河区财政局，由区财政局进行拨款，村里要用钱须先打报告做计划。

② 徐扬杰：《宋明以来的封建家族制度述论》，《中国社会科学》，1980年第4期，第99—122页。

③ 周建新：《人类学视野中的宗族社会研究》，《民族研究》，2006年第1期，第93—101页。

④ 吉成名：《论祖先崇拜》，《湘潭大学学报（哲学社会科学版）》2015年第4期，第141—144页。

⑤ ［法］雷吉斯·德布雷：《媒介学引论》，刘文玲译，北京：中国传媒大学出版社，2014年，第27页。

再把灯笼挂到祠堂的横梁上，寓意'添丁'。"（S3，60岁）不过，当下仪式的操作逐渐简化甚至改变，对此村民解释道："让年轻人做那些传统的仪式，是比较难实现的，所以要简化一点。主要是人们有心过来祭拜祖先，向宗亲示意，有这个形式就可以了。"（S4，39岁）在人们的实践中，发展出了"既得古之礼意，也可行于今之现实"①的办法。

祠堂作为一种"象征的物质化"需要三个条件：第一，"产生某个地方"；第二，"使其得以延续"；第三，"使事物形成群体"。②观念需要物质载体，物质使精神的传承得以可能，但事实上存在着众多因城市化变迁而没有重建的祠堂，仅靠精神的力量似乎不足以推动祠堂的重建。

（二）新祠堂与宗亲宴：族人"面子"的新表达

祠堂的保留不仅具有"传递"的一面，也有"传播"的一面。祠堂是一个宗族兴衰的象征，作为宗族的"面子"，其实也向外族传播了宗族族人能力、财力的信息。重建或翻新，是祠堂的基本命题，"事实上中国人已经如此自由自在地重建了上千年"。③猎德村的宗祠花费巨额成本，使用昂贵材料重建，实则体现的是宗族的财力，以此彰显族人的生活境况良好。

从祠堂活动的角度，也更能证实这一观点。猎德村的宗亲宴在2010年旧村改造完成后倏然兴起，宴席通常会安排在春节期间，一个宗族约有300—600桌，由宗族的"话事人"联系餐饮集团备好酒席，祠堂内、祠堂外的大片空地都会摆上饭桌，铺满猎德宗祠区的整个广场。村民对此的解释是："宗亲宴以前不经常办，因为以前大家穷，近年大家才开始有钱了，就愿意办了。"（S14，63岁）村集体、村民的经济状况成了宗亲宴的推动因素，也是一种重建祠堂的延伸。

表面上，宗亲宴类似于古代宗族的族众会餐，"族会提供了宗族互动的时间空间，化解了散居隔绝、血缘淡薄导致的人情稀疏，使'形同路人'的族众可以'面目以时相亲，情愫以时相感'，面善相亲而后有宗族归属感……某种程度上，族会比血缘关系更能增进宗族的和谐"。④按照这一功能，宗亲宴为当下宗族个体疏离的情况提供了重新弥合的可能，但事实证明，其对宗族关系的连接作用微乎其微。

---

① 陈壁生：《礼在古今之间——"城市祠堂"祭祀的复兴》，《开放时代》，2014年第6期。第99—110页。

② ［法］雷吉斯·德布雷：《媒介学引论》，刘文玲译，北京：中国传媒大学出版社，2014年，第27页。

③ 崔金泽：《破题——刍议中巨文物古迹的物质性再造问题》，《中国文化遗产》，2017年第2期，第16—27页。

④ 赵克生：《明清时期的族会与宗族凝聚》，《史学集刊》，2018年第3期，第16—23页。

特别是其中的年轻人，并不关心宗亲宴的准备过程，只是"负责吃饭"（S16，23岁）。虽然整个过程需要宗族的召集和组织，但随着电话、微信等现代媒介的介入，这个过程也变得更为简便，从而削弱了凝聚族人的作用。所以，让宗亲聚集一堂的宗亲宴，固然有"乡愁"的驱使，但过程中营造出的共同就餐的热闹场面，如今更多发挥了向外传播的作用。

四、组织之变：祠堂的"现代化"身份与功能

虽然宗族文化在祠堂重建过程中发挥重要作用，但与之相对应的宗族组织却处于式微状态，这与一些学者所说的宗族适应了现代化的发展[1]相悖。而与宗族衰落不同的是，城市祠堂似乎在现代化变迁中焕发了新的生机。

（一）连接私人关系：作为宴席场所的城市祠堂

在传统社会中，祭祖是祠堂活动的最主要内容，成为凝聚族人的基本要素，也是其他活动得以开展的先决条件[2]。但在猎德村却呈现出另一番景象：除了每年春节的宗亲日、清明节进行宗族的集体祭拜外，其他时间都不会有大规模祭拜。在日常的时间里，反而是个体举办的宴席占据了祠堂使用的大部分时间。

20世纪50年代前后，就有村民会选择在祠堂摆私人宴席，但那时候并不常见。当时祠堂的功能主要为宗亲议事、集体团拜，强调宗族集体的性质。只有在族群里足够有名望的人、宴席的事情足够大，才会在祠堂举行。因此，这一宴席通常要请族群中所有人参加，以示隆重。这无形中体现了宗族的等级，因为身份、资金能力，大多数族人都无法在祠堂举行宴席。到五六十年代，祠堂原有的功能被瓦解，取而代之的是成为生产队部、仓库等，同时，个体间身份的等级被打破，人们开始在祠堂举办宴席。此后，祠堂虽然成为了村民设宴的地点选择之一，但并不频繁。因为在70年代后，经济模式发生变化，饭店、酒楼逐渐兴起，而且当时猎德村仍为农村，各家几乎都有院子，村里也有空旷的场地，设宴的地点多样。

在祠堂重建后，祠堂里的私人宴席越来越频繁。这也让祠堂宴席呈现出更多的个性化，在日常生活的维度消解了祠堂的庄严性，适应了现代个体的表达方式。这体现在祠堂宴席的安排布置上，村民说："以前大家说去祠堂设宴，那就只是吃一顿饭，不会搞其他仪式。现在我们在祠堂设宴是会搞仪式的，中式西式的都有，有精心的装饰，有请宴会主持，很精彩。"（S19，27岁）

---

① 周建新：《人类学视野中的宗族社会研究》，《民族研究》，2006年第1期，第93—101页。
② 冯尔康：《中国古代的宗族和祠堂》，北京：商务印书馆，2013年，第115页。

私人宴席作为一种"仪式性场合"，体现了"一个人能够动员的关系资本"①，现代化的私人关系早已超越了在地的范围，私人宴席拓展了祠堂所能触达的社会范围，作为宴席的场所被个体所认识和使用。

（二）维系村落往来：村集体管理下的城市祠堂

回顾猎德村宗族的历史，虽然在改革开放后顺应了"宗族复兴"的潮流，但村集体已经凌驾于宗族之上开始管理宗祠了，同时，在猎德村集体担任干部者，通常也容易成为各宗族中的"话事人"，拥有较高的威望，也是其他宗族活动的重要人物。

猎德村的端午节龙舟习俗"游龙探亲"每年仍在祠堂举办，但其从一项宗族活动变为了村集体活动，并在维系村落关系中发挥作用。"游龙探亲"是猎德及其他相关地区的传统，在兴起时，是由宗族各自组织开展，按照姓氏划分"探亲"队伍，各宗族的人们通过珠三角地区发达的水系，以龙船为交通工具，互相探望拜访，以促进宗族各分支间的交流。"游龙探亲"一般分为"招景"和"趁景"，"招景"的宗族应备好茶水、点心，等待同宗或同姓的宗族前来"趁景"，也会有不同宗的宗族前来拜访。

如今，"游龙探亲"习俗由村集体组织，却成为村民最为依赖的模式。自从 20 世纪 50 年代的农业集体化运动，使行政村、自然村的概念被广泛接受，宗族的概念逐步式微。在六七十年代，因社会运动，龙舟习俗被禁止。直至 80 年代末，习俗开始恢复，那时起就改为由村集体组织"游龙探亲"，从此就按片区划分，没有宗祠的猎德村民也可以参与活动中。2010 年改造前，猎德村在管理上分成东村、西村、中约三大片区，龙船由三个片区的生产队来管理，红龙（船身为红色）属于西村，五色龙（船身为五色底加花纹）属于东村，花龙（船身为红色底加花纹）属于中约。目前猎德村仍保留三种花色的龙船，但村民划龙船时不会分片区，而是按照村集体的统一安排。

同时，由于村集体对"游龙探亲"的组织能力不断加强，这项祠堂活动也逐渐为村集体所用，成为猎德村与周边村落交流的平台。在端午节前夕，各村之间发展出"游旱龙"的活动，即新老村干部通过陆路交通前往各村派发"游龙探亲"的请帖，实际上是方便村落之间的政治关系维系。传统的祠堂活动被现代的行政力量所收编。

---

① 阎云翔：《礼物的流动》，李放春、刘瑜译，上海：上海人民出版社，2016 年，第 59 页。

（三）促进社区参与：从本土走向公共的城市祠堂

现代化的发展也意味着外来人口进入本土，据《猎德村志》记载的数据显示，2019 年，该村人口约 8000 人，外来暂住人口 1.2 万人，[①] 外来人口数量远超原住民数量。因此，当前实践中的祠堂与宗族、村落可能并非完全对应关系，[②] 城市祠堂逐渐具备了外群体属性，从而走向公共转型。[③]

猎德村宗祠的宗族祭拜、宗亲宴、游龙探亲等重大活动，仅由本土人口统筹和参与，具有一定的排他性。但在日常活动中，却已经有外来人口的参与。猎德村为传承武术、醒狮、龙舟等技艺，向当地小学生开设了相关课程，开课地点位于李氏大宗祠。课程原是为猎德村本土居民开设，"但后来发现一些外地的孩子也很愿意学习，也就收纳进来了"（S4，39 岁）。此外，从 2021 年开始，社工团队通过政府购买服务项目入驻猎德社区，在接受村集体领导下，其服务对象涵盖猎德社区的所有居住人员，社区的融合也自上而下地展开。其中，祠堂凭借其文化特殊性，成为开展社区活动的新场所。部分外来人员得以进入祠堂，进行学习、交流，猎德村宗祠也能够为他们所共享。

这不仅仅是祠堂的功能转变，而是祠堂随历史变迁而发生的性质转变。变迁中的祠堂实际上意味着一个嵌入社会的生活实践过程，[④] 体现现代化治理逻辑的社区组织进入祠堂，祠堂内外群体的互动仍在继续。

结语

祠堂源自宗族，其物质性再造离不开宗族文化的影响，物质性的延续也为观念的现代化实践提供基础。但在城市化浪潮下得以保留的祠堂不仅是观念传承的结果，祠堂及宗族活动的实践仍不断被赋予新的解释，从而获得新的生命力。

然而，宗族并非祠堂的终点。在"后乡土中国"[⑤]，宗族组织面临衰落、终结，但人们的日常生活在不断重构之中，祠堂与现代化的文化、实践持续互动，适应着城市的变迁。现代化的祠堂发挥着连接私人关系，维系村落往来，促进社区参

---

① 广州市天河区猎德街道猎德村志编纂委员会编：《猎德村志》，北京：方志出版社，2021 年，第 1 页。

② 陈晓阳：《再造祖先图像：一项华南宗族民族志的考察》，北京：社会科学文献出版社，2022 年，第 24 页。

③ 张龙：《祠堂研究中的内群体假设及其超越》，《广东社会科学》，2023 年第 3 期，第 211—222 页。

④ 张小军：《"韦伯命题"与宗族研究的范式危机》，《山西大学学报（哲学社会科学版）》，2014 年第 6 期，第 100—106 页。

⑤ 陆益龙：《后乡土中国的基本问题及其出路》，《社会科学研究》，2015 年第 1 期，第 116—123 页。

与的媒介功能。一方面，随着个体行动者的介入，祠堂承载着更多个性化的意义，祠堂的可达性随私人关系拓展而不断延伸，从而被更广泛地认识和解读；另一方面，祠堂象征的组织体系处在动态变化中，从宗族到村集体，祠堂进入现代行政体系；从村集体到社区，推动了现代化城市发展中本土与外来行动者的不断融合，形成了一个共享文化被"创造（created）、修改（modified）和改造（transformed）"的过程。① 如果说，研究传统的意义在于要如何照进现实，并为未来创造一种可能性，那么，祠堂在城市中的功能该如何挖掘和利用，是仍然值得深究的问题。

---

① ［美］詹姆斯·W.凯瑞：《作为文化的传播——"媒介与社会"论文集》，北京：中国人民大学出版社，2019 年，第 40 页。

作为文化中介的"河洛郎"

——论河洛中原文化对闽南文化的初肇与闽南"河洛风存"

As a cultural intermediary, "Heluo immigrant": on the beginning culture of Minnan(Southern Fujian) from Heluo's transmitting as well as the existence of "Heluo scenery and custom" in Southern Fujian

宁 威 *

Ning Wei

摘 要: 河洛文化与闽南文化均属典型的具有代表性的地域文化,闽南文化初肇的基因是河洛文化,二者均具有辐射和中心影响作用,河洛地物文明高浓度势位扩散为中原文化,中原人口南徙入闽后,形成以漳、晋、泉为中心的闽、粤、台等地的泛闽南文化。永嘉以来人口南迁以及唐代以降陈元光、王审知等人率众入闽的"开漳""开泉"活动,使闽南文化与中原文化之间存在显著的宗亲联系。"河洛郎"及其后裔作为河洛文化流散传承的能动和中介载体,在背山面海"半封闭半独立"的闽南谷地和山海交接平原,与原住民共同初肇了带有河洛中原文化基因内核和文化"风存"的闽南文化。闽南文化中"河洛"民系的血亲认同和"开漳圣王"庆典、"福佬话""河洛语"(Hokkien)中的"唐音迹痕"、歌仔戏中的"锦歌"桥段、带有"河洛郎"崇祖意识的厝居建筑等闽南民俗、音语与风物,以及"闽学"对"洛学"的承扬,都实证了"河洛"中原文化对于闽南文化的形成作用。

Abstract: Heluo culture and Minnan culture (southern Fujian culture) are both typical and representative regional cultures,The original gene of Minnan culture

---

* 宁威,男,博士,山西稷山人,洛阳师范学院新闻与传播学院教师,研究方向:区域文化与历史地理。

is the Heluo culture,both have radiation and central influence effects.The high concentration potential position of Heluo land civilization spreads into the Central Plains culture,after moving south into Fujian,Forming the extensive-Minnan culture of Fujian, Guangdong and Taiwan with Zhang, Jin and Quan place as the center. Since Yongjia period. the population moved south and in the Tang Dynasty, Chen Yuanguang, Wang Shenzhi led the people into Fujian,making a significant kinship relationship between Minnan culture and Central Plains culture."Heluo people" and its descendants, as active carriers of the inheritance of Heluo culture,in the "semi-closed and semi-independent" valley of southern Fujian and the mountains and sea,creating southern Fujian culture having the core and "wind" of Heluo Central culture together with the aborigines, the "Heluo" civilian family of blood relatives identification in Minnan culture,Tang notes in "Heluo language" (Hokkien), The "Jin song" bridge in "Gezai" drama,As well as the "Cuo" adjacent house buildings and "Holy King" celebration and other southern customs and folk customs,in addition of the promotion of "Min learning" to "Luo learning",all of these have proved the role of "Heluo" Central Plains culture in the formation of Minnan(Southern Fujian) culture.

关键词：洛阳；永嘉移民；"河洛郎"；陈元光；中原文化；闽南文化

Key words: Luoyang; Yongjia immigrants; "Heluo immigrant"; Chen Yuanguang; Central Plains culture; Minnan(Southern Fujian) culture

一、河洛文化相对闽南文化的的根祖性和扩散性

（一）"谁谓弗彰？河洛是仪"

左思《三都赋》对河洛文化的根祖性有"河洛开奥、符命用出"的精论。

河洛"居天下之中"（《史记·周本记》），故"河洛"一词，周代以前也代指"中国"（"何尊"铭文）或泛指以豫西、晋西南为核心的晋陕豫黄河金三角文化高密度区。作为华夏民族的早期繁衍地，上古传说中的"龙马负图"之河图与"著龟背书"之"洛书"皆出于此地域。伏羲之女溺于洛水，是为洛神；后，黄帝部落也在这一带活动，今洛阳新安的青要山即黄帝密都之所在；五帝之一的帝喾曾生活在今洛阳偃师境内。河洛之地也是禹、汤部落的活动领域，"商周时期的王权

文明成为河洛文化的核心内涵"①，《史记·郑世家》记载："和集周民，周民皆说，河雒之闲，人便思之。"

清末经学家王闿运在《皇中宪大夫侯官陈君墓志铭》中说："谁谓弗彰？河洛是仪"，所谓"仪"是指"范"与"典"，河洛地区（洛河和黄河之相夹流域）的范典性有如"中国之'两河流域'"（指河洛文化的创制性堪比西亚图兰地区的两河流域）。

从考古情况看，河洛地区丰富的新石器时代文化遗存迄今为止发现有 200 余处，主要分布在黄河两岸和洛水流域的伊水、瀍水等地，包括距今约八千年的母系氏族公社时期的裴李岗粟作农业文化，距今约 7000—5000 年的仰韶彩陶文化（豫西渑池），制陶业的发达显现了河洛原生部落已经具有了大规模工具化制造和生产复制的经验与能力。河洛地区还有距今 4800—4100 年历史的、以洛阳王湾和登封王城岗遗址以及陕县三里桥遗址为代表的龙山文化，此时的河洛地区已经较早地进入了父系社会，"由于河洛地区最早进入阶级社会，最早具有国家机构，才使河洛地区出现突飞猛进的发展，使河洛地区成为当时最先进的文化区域"②，洛阳东部的夏"二里头文化"，以及再往东辐射过去的商"二里岗遗址""商城遗址"等，是追溯夏、商历史文明逐步形成的重要线索，夏、商、周三代，河洛范围一直是王畿所在，两汉隋唐封建社会的高峰期，河洛地区也是经略海内的中心，《文选·班固〈西都赋〉》中记有"盖闻皇汉之初经营也，尝有意乎都河洛矣"，唐张说在《龙门西龛苏合宫等身观世音菩萨像颂》一文中也有"天下之大都有五，而河洛总其中"的说法。

（二）河洛地物文明高浓度势位扩散为中原文化

自然界的流体物质因其密度或浓度的差异，有从高浓度区域向低浓度区域渗透和扩散的物理特性，人类的地域文明也是如此：优势文明类似于无形的高浓度流体，会扩散、覆盖甚至遮蔽、隐匿劣势文明，而达到自身生命力的繁续。华夏文明的母体是黄河文明，黄河文明孕育的地域核心就是夏、商时期晋陕豫交界的"黄河金三角"，作为黄河中游重要支流的洛河、汾河流域是黄河文明、黄土文明发生、发展的典型区域，而河洛三角地带有如"新月地区"，作为文明之核，恰又处于中国地理第二阶梯向第三阶梯向东倾降的大开口地带，从豫西陕县向东，晋陕黄土塬的海拔逐渐下降以及秦岭余脉邙山、伏牛山等山川夹谷的喇叭口式、向

① 徐心希：《试论殷商文明与河洛文化之关系——兼论商周时期的王权文明是河洛文化的核心内涵》，载陈义初《河洛文化与殷商文明》，郑州：河南人民出版社，2007 年，第 19 页。

② 朱绍侯：《河洛文化与河洛文化圈》，《寻根》，1994 年第 1 期，第 22 页。

东俯冲、敞开的地形，决定了河洛东部和东南部的黄泛平原、黄淮流域的文明必受其影响，且后二者作为接承地和跳板，使得中土文明继续东扩和南徙，到达东夷、楚蛮的吴越、荆湘之地。

黄河冲出晋陕大峡谷的风陵渡拐弯处的晋豫陕交界大三角是黄土文明和黄河文明的曙光初照之地。夏代以降，华夏政治中心基本上已经从山西西南部（今运城夏县、稷山一带）转移到豫西，此处的大河洛地域是黄河文明的孵化地之一，从西周周公旦营造洛邑，到周平王东迁洛阳，从东汉光武中兴到隋唐洛阳建都，洛阳是文明的读本，河洛文化表现出了文明的原创性和宗法的正统性，而且具有稳定的传承延续性。

河洛文明的高浓度区域在东汉初期就已不仅局限于河洛金三角了，而承扬为黄河文化和中原文化，唐宋时期的河洛文化圈涵盖河南省全部地区，西至今潼关、华阴，北抵济源、运城，向南已经越过伏牛山，抵达桐柏山，到达汉水、淮水流域，不仅包括豫南的宛邑（南阳）、汝南、光州，还包括东到豫东的归德府（今商丘）、兖州的济宁府以及皖北亳州、淮北，鄂西北的襄阳等地，在后世的发展中，在华夏宗教与哲学（河图洛书、程朱理学）、文学（如两京赋）、艺术（建筑、雕刻）、史学、教育（太学、洛学）、科技等方面，河洛文化都具有作为中心文化的辐射性，"建安七子""竹林七贤""金谷二十四友"都曾云集于此，河洛中原文化作为"芯文化"和基因型文化，直至宋初，都是具有渗透力的、多向辐射和扩散的根文化、祖文化。

（三）闽南文化的原生和闽南民系的形成

闽南文化是以闽南地域为核心的，统摄潮汕、台湾地区的一种区域型文化类型，区别于浙江、江西等传统意义上的"江南"，又称为"下南文化"，是河洛中原文化南迁后，形成的一种以闽、粤为聚居地的近海文化。

闽南原住民最早是瓯雒族群，是生活在山地丘陵间刀耕火种的土著人群，属于百越中的西越大支，在周代时他们已形成"七闽"七大部落，其中就包含了东瓯，闽越等大大小小的山闽、海闽和山越等部落政权。中原河洛先民到此之前，这里已经有瓯、雒族群在此生存，有一些部落方国存在于此，部落方国在首领的安排下，族众除了渔猎，还采取半人工、半自然的"雒田""鸟田"的耕作方法种植驯化稻，中原和江南汉民大批到来后，这批山民中的一支又越过海峡，形成台湾地区少数民族，而留在浙西南的则形成畲族。

闽南最早的开化是在秦统一六国之后，秦开通灵渠，连接起了长江与珠江的交通水系，人们从湘水入漓江，再经桂江进入西江流域，再折向东北而进入闽越，可直插今闽南沿海地区。秦军占领闽越时，在今福建地区设置闽中郡，郡治在今福州屏山东南。秦时虽然设有郡治，但其间尚有西越、东瓯等原始方国和一些山间部落，蛮武的原住民尚未被完全征服，这些土著政权仍然存在，秦政权虽得闽中，但是不能行郡县之事，且当地十分落后，没有城郭邑里，汉代以降，依然如此，刘安《汉书·严助传》上说："闽越乃方外之地，自三代之盛，胡、越不与授正朔。"

秦汉时期对闽地土著族群聚居的未开化之地，采取"羁縻"体制，一方面以"羁"的手段，占领、威服当地后，化绥当地土著部落或方国的首领，利用当地的头目，以封"藩王""土侯""邑长"的形式，采取以夷制夷的手段，纳入中央的政治与军事的二元管理和间接控制之中，清文史学者钱大昕在《潜研堂文集·秦四十郡辨》中对此记述到：（闽）"虽有郡名，仍令其君长治之"；另一方面用"縻"和"抚"的手段，以经济和物质的利益输出对当地民众给予牵引、抚慰。通过这种政策，便宜地处理中央与番地少数民族的关系，以维系中央集权对边远闽地的统治。晋代以降，中原王朝的统治逐渐向闽越一带进一步渗透，晋武帝太康三年（282年）在闽地设晋安郡，治所侯官（今福州）。嗣后，各代位居中原的朝廷逐步谋涉、经略闽南，闽地文化随着"两晋南朝、隋唐五代中原河洛汉人的南下与闽南原住民交流融合而形成，再经宋元不断吸收阿拉伯等外来文化而臻于成熟"。[1]

闽南文化是一种具有明显地域特色和块状分布的半开放式、辐射型文化，20世纪30年代广东学者罗香林把它定义为民系（the branches of nationality）文化或"次民族"（sub-nation）文化，闽南学者胡沧泽则称之为"少种文化"，即"亚种文化"——其"种内"分支具有同类的语言，在族籍上存在血缘纽带关系，在文化与风俗的特定事物上相互认同，族群之间往来密切。

罗香林认为，自晋至唐，汉族由于征战和灾荒而不断南徙扩散，已经逐渐分化成北系汉人和南系汉人两支。南系汉人在五代之后，因武陵、雪峰、南岭、武夷等山系造成的山水区隔，在地理上从北到南，在历史上先后分化为五个不同的民系，各民系的分化与形成，始于唐，型于宋。后唐与五代时期形成的第四个民系"闽海民系"，即今被外系所称的"福佬民系"，就是后世闽南文化的主脉正枝，"福佬民系"即"河洛民系"，"佬"为"洛"的谐音或融后转音，"福佬人"是河洛人在闽南、粤东等地千百年近海生活、地理同化后的后裔；而第五个形成的民系是"闽赣民系"，是部分闽南"河洛郎""福佬系"以闽西的汀州、龙岩为跳板而间接抵达今江西、广东而形成的"闽赣粤客家系"，是明清时期由于闽南沿海地

---

① 胡沧泽:《关于闽南文化研究的若干思考》,《漳州师范学院学报》, 2011年第1期, 第103页。

区地少人多，又因海禁和战乱，大批"山海化"的河洛中原后裔再次扩散、移居到潮汕、浙南、赣南的结果。

闽南"河洛郎"后裔，在华南闽、粤、台和东南亚华人圈逐步由"福佬民系""闽赣民系"而最终形成"泛闽南民系"和泛闽南文化，血缘认同的种群联系和区域化的聚居共生，使以"河洛郎"为"种核"的闽南文化既具有全体汉民族民系文化的共性，又有区别于国内其他地区汉民族文化的小区域民系的鲜明地方化特征。

二、"永嘉之乱""蛮獠啸乱"与河洛中原族群的步步南迁

西晋时期中国的文化政治中心在洛阳，晋惠帝后，贾南风擅权乱政，汝南王司马亮、楚王司马玮、赵王司马伦为争夺皇室权柄，在中原开启了长达十六年的王族混战，这场"昭阳兴废，有甚奕棋，乘舆幽絷，更同羑里，胡羯陵侮，宗庙丘墟"的"八王之乱"，使得西晋朝廷"王气尽收"。公元304年，司马颙部将张方攻入洛阳，十三岁以上男子全部征役，在混战过程中，民间米价贵到一石万钱，河洛中原流民甚重，《晋书·张轨传》载，惠帝末年"河东、平阳、弘农、上觉诸流人之在颍川、襄城，汝南、南阳者数万家"。

永嘉二年（308年），归降匈奴的东莱人王弥，在洛阳南部的伊水之北兵逼洛阳，祸起伊阙，永嘉四年夏，中原"大旱，江、汉、河、洛皆竭"，"幽、并、司、冀、秦、雍六州大蝗，食草木、牛马毛皆尽"（《资治通鉴》），永嘉五年（311年），王弥攻下洛阳，洛阳城空，《晋书·王导传》云"俄而洛京倾覆，中州士女避乱江左者十六七"；公元316年，匈奴人后赵中山王刘曜俘晋愍帝，西晋祚亡，"海内大乱，独江东差安"（《资治通鉴》），河洛百姓因兵、旱、蝗三灾而大量逃亡，这是历史上第一次中原汉人大规模南迁浪潮，以至河洛荒废。

从"永嘉之乱"至北魏拓跋焘攻南朝刘宋，依《晋书·地理志》记载计算，河洛地区按一户五口计，共有人口七百余万；而南迁人口达到九十万，占八分之一。谭其骧在《晋永嘉乱后之民族迁徙》一文中则认为北方人口南迁达近百万；来学斋认为，西晋末"历东晋一代，到刘宋大明八年（464年）为止，大约持续160多年，全国移民总数为30万户，占西晋时全国总户数（377万户）的十二分之一，占迁出地区总户数（50万户）的二分之一"[①]；陈寅恪在《魏晋南北朝史讲演录》中说，除了黎民百姓，"南来的上层阶级为晋的皇室及洛阳的公卿士大夫"，如王敦、王导家族、卫瓘、卫玠家族、祖逖家族等，百万民众在代表封建正统阶级的士族人

---

① 来学斋：《洛阳历代人口发展考索》，《河洛春秋》，1991年第2期，第26页。

口的影响下纷纷南迁，还有一部分族群继而又南迁入闽。

东晋政权偏安江南，在北周、北齐等蛮族政权的南向扩张和挤压之下，中原汉民和河洛正统文明继续越淮水、长江而向南扩散。待到唐高宗总章二年(669年)，通过中原大谷关直下江汉，继而沿长江—赣水—武夷山—九龙江一线（南线）进入赣闽、到达漳州、晋江一带的河洛中原族群不断增多，并与通过浙、越一线（东线）到达闽南块状平原的中原人群接合，闽南地域的中原移民数量逐渐增多，河洛后裔因人口发展、土地不足继而再向闽中山区的待开垦区扩散，此时便与丘陵山岳地带的闽越原住民族群发生交集，双方因势力、地盘和生存机会而不断发生争斗。唐高宗初年，骁勇彪悍的闽越后裔畲人、山越人和从岭南，今广西东南部、广东南部、福建西部等一路迁徙而来的西瓯、雒越族群与迁徙而来的河洛后裔发生冲突，史称"蛮獠啸乱"，归德府将军陈政率"府兵"——地方子弟兵3000前去戡乱，起初因战事不利，其子元光、敏、敷，及其妻又先后继续召集"府兵"子弟和河南流民从军入闽，陈政、陈元光入闽剿蛮胜利后，朝廷于唐垂拱二年(686年)按陈氏议，在贯通福建南北的九龙江下游置漳州府，府治漳浦(今云霄西林)，陈元光宗族因战功得以主理、开发以漳州为核心的闽南地域，始设闽南三十六堡，招抚流亡，烧荒屯垦，倡汉蛮杂居、通婚，对归顺者设"唐化里"施行安抚自治，以此治民靖海、绥政教众。

唐中期"安史之乱"和唐末威武军节度使王审知（中原光州人）出任"闽王"时期，黄河流域又有大批汉民南迁。而"在每一次北方人南迁的潮流中，河洛人都占绝大多数"（朱绍侯《河洛文化与河洛人、客家人》）。王审知是继陈元光之后第二位"开闽人祖"，扩福州城、设甘棠港、通海上贸易，司马光《资治通鉴·卷二百六十七》对王审知经略福建赞道"审知性俭约，常蹑麻屦，府舍卑陋，未尝营葺；宽刑薄赋，公私富实，境内以安"，清初五代史学家吴任臣在《十国春秋·九十卷·闽》中，称王审知"致君愈勤，述职无怠"，因其治闽功绩卓著而被后世称为"开闽圣王"。

两宋相交时期，"中原板荡，漳、泉边民渐来台湾，而以北港为互市之口"，河洛人后代再次移民台湾，屯垦殖田，形成了台岛的河洛郎后裔的聚落。元时，海洋贸易的出现，也使大批"河洛郎"进入南中国海，移徙以马六甲为核心的南洋；17世纪中叶，明代亡祚之时，又有大批闽南河洛郎后裔家族化、规模化地迁移到台湾，特别明末清初的30年间，跟随郑氏（成功）武卫镇和虎卫镇渡海到台湾的"福佬籍"兵士、平民，在台岛初辟时，形成带有"河洛"血缘、籍缘、地缘关系的有组织的同宗聚落，而郑成功祖上亦是来自河洛文化圈的光州，《漳浦营里郑氏族谱》记载，"唐僖宗光启年间，郑芝龙祖上随王潮、王审知从光州固始入闽",后居晋江安平。郑氏兵民以河洛先祖"开闽融夷"的精神,经略台岛 20 余年,使还处于原始刀耕火种、瘴疠蛇虫横行的台岛得以初次大规模的开发。

三、作为河洛—闽南文化中介载体的"河洛郎"

一般来说,一种特定亚文化类型的形成,有三个因素,一是因地理区隔而形成的半封闭自然环境;二是可追溯的族群血缘或宗亲联系;三是在民系区域中的共通语言。

(一) 闽地山形水势与闽南"河洛"(福佬)民系的形成

法国历史学家布罗代尔说:"没有地理,就没有历史。"闽南文化与福佬民系的形成与其半封闭而相区隔、又相互独立的地理环境有关。

闽南地域自北向南由丘陵地带过渡到沿海低地,海拔落差较大,气候也呈垂直立体分布,因山川阻隔的山形水势形成的地理区隔和小区域物候,形成了一个个独立的原初河洛民聚居区,加之武夷山、南岭等山脉导致交通险阻、道路闭塞,正是这种狭小而又区隔的"独立"区域,虽然使更大地域范围内的经济与文化交流受到限制,却相反激发和促进了今福建本地区域内的河洛外来移民的族群交往和文化认同,尽管存在地理区隔,但在文化圈的意义上,整个闽南区域在地理上是统一的。闽南地区在地域上既远离江南文化,又远离广府文化,恰恰是这种因素,使之不易受到异质文化的影响,在半封闭意义上相对独立又相互"联系"的保持上,使各小区域在文化上,既保有来自河洛文化的原生性,也不易受粤、浙、赣等外来文化的浸染而导致文化全然演变,不留一丝痕迹。

闽南地区负山面海。狭义的闽南专指晋江流域和九龙江(漳州河)流域(因各代政区划分的不同,广义闽南还包括毗邻的粤东一部分),狭义上的"闽南"地区以漳州、晋江、泉州为中心,这里是闽中浅山、丘陵、河谷地带逐步过渡到近海狭条和小块状平原的区域。福建武夷山系因其南坡的三明、南平等地地势逐渐向东南缓降,海拔逐步降低,其间的闽江、九龙江既是河洛先民跋涉于闽北、闽中、闽南的通道,其间因河流冲积而形成的河谷平原也是河洛先民最初的落脚之地,平坦地形是河洛人采取与山间原住民刀耕火种不同农作方式所必需的地形条件,这是因为河洛人本是平原农作,更南一点近海的闽南,因其"靠山借海"的山形水势,形成的泉州、漳州等地的近海狭小平原,与河洛地区的地形较为类似,而且东海水汽向西北扩散时,迎武夷山系高耸的南坡而抬升、团聚、冷凝、顶降,形成的充沛迎坡降水,也是保障各狭小地区作物正常年产量,维系人口繁续的重要保证,闽南成为河洛郎先祖落居的首选之地。

河洛先民入闽后带来了先进的中原农作技术"畎亩法"，即开辟陇、畎、圳等农田人工设施，保证排、灌两便。畎亩法始于黄河金三角的河东晋南地区（发明者为弃，即后稷，并由善迁的商族带到东夷和西南地区），最初是晋豫陕黄土塬区域普遍采用的农作方法，通过"畎亩法"可人为地改善土壤墒情，保证作物产量，这种成熟的农耕文明经由河洛先民流转到闽南地区，改变了当地海闽和山越人"垦食山海"以及以"鸟田""雒田"等依靠自然力而进行生产的较原始的农作方式。

除了沿海较大块的平原便宜农作，从武夷山以及丘陵地带发源、下泄的众多河流形成的山谷间狭小平地——"瓯"（"瓯"：本义为平底盆状器物，引义为丘陵山谷间冲击而成的斜度较缓或趋于水平的小块狭长谷地或盆地），也适合人居并发展农作，成为河洛郎北上、西徙进入闽西北的过渡地带，河洛先民由此过渡到闽西汀州、龙岩定居，进而又向西北和西南再过渡到赣南吉安、赣州和粤东潮汕、梅州等丘陵与平原间杂地带，并与后来数百年间从北方再次迁来的客家人逐渐融合。

福建由于武夷、天姥等山系、山脉的阻隔以及丘陵地带的广布，只有河流入海处有面积大到几百平方公里的三角洲平原，加之陆路交通的曲折、艰难，最初到来此地的河洛移民只有向九龙江、晋江及其支流所形成的闽南狭小平原和闽中、闽西山间盆地发展，形成小区域的河洛郎聚居地。而闽南沿海遍布诸多天然海湾，加之东海对闽南渔业捕捞的天然补给，河洛郎到此之后，除了以原有农业产业维系休养生息之外，还为繁续人口、互通有无、多元生存而逐渐形成了以农、渔、林以及内商与海贸并行的多种谋生途径，初肇了后世"福佬"民系的生存方式。

（二）闽南地区的河洛姓氏与宗祖文化

1. 闽南地区"河洛血缘姓氏圈"的形成

西晋末年，"河洛'八姓入闽'开启了'河洛郎'南迁的序幕"[①]，这一点后人多有承认，北宋时期路振所撰《九国志》云"晋永嘉二年，衣冠始入闽者八族，林、陈、黄、郑、詹、邱、何、胡是也"，其中前四姓人口最多，《闽中记》对此也记有："永嘉之乱，中原士族陈、郑、林、黄四姓先入闽。"

除了永嘉之乱导致西晋末年大批河洛族群逐步辗转、迁徙到闽南地区外，唐初陈政长子陈元光任漳州刺史时，其所率籍众亦留在此地屯垦安家，唐《开元录》对这批属于河洛文化圈的光州籍兵士记载道，闽州（最初）有五姓，谓光州林黄等是其裔，光州素有"河洛重镇，吴楚上游"之称，是河洛中原南迁的重要南北

---

① 张新斌：《河洛文化与闽南文化关系初论》，《黄河科技大学学报》，2014 年第 5 期，第 16 页。

通道，在今河南潢川、固始等光州旧地以及今福建漳、泉等地，都不约而同地建有"开漳圣王"陈元光的坛庙，并有族谱延续。

以"八姓"中"邱"姓为例，今洛阳偃师的缑氏镇邱河村，依然是全球"邱"姓共认的祖籍地所在。第一批"邱"姓人口于西晋末期来闽，主居闽南莆田，后迁至闽西长汀、上杭。龙岩市上杭"邱"姓大族，祖籍亦为河洛，在其 1450 年《初修三五郎公族谱序》中记有："谨按先世自东晋五胡云扰渡江而西，继入南闽，家于汀之宁邑。"第二批邱姓人口，为唐代迁入。唐初随归德府将军陈政、陈元光父子"开漳入闽"的光州 87 姓、3000 府兵中，位阶为第 63 名次的"队正"丘安道，被举为唐以来闽南"邱"姓鼻祖（丘姓因避讳孔丘而后异为邱）。[1]闽南"邱"姓祖祠"崇本堂"位于漳州市龙海区榜山镇洋西村渡头社，其后裔主要分布在今漳州漳浦、龙溪、海澄和闽中南靖、闽西龙岩和台湾。

作为国内人口排名第 73 位的姓氏，"邱"姓人口共认周代丘穆为其开姓鼻祖，今其姓氏分布呈现"密度板块型"的特点：台湾是国内邱姓密度最高的地区，在大姓中排名第十八位，占台湾省人口的 1.4%，台湾邱姓现有人口 40 余万，后裔不乏名门高官。在大陆，有粤赣闽台、川鄂湘两大邱姓板块，"邱"姓人口在岭南和武夷山以南的密度最高，广东、福建大约占邱姓总人口的 39%，另一个"邱"姓大省四川，多为湖广填川时迁去。

唐代中叶安史之乱后，李氏皇权已经无力全揽边疆，唐末，各藩镇节度使觊觎长安中央政权，威武军节度使（前身为福建观察使，领福、泉、汀、建、漳五州）王潮及其弟王审知拥兵自重，率豫南流民，于唐光启二年（886 年）带兵攻下泉州，并以此为根据地，先后占据漳州和福州，建立闽国，历经三代，"仅仅这一批的北方移民，就占了唐代福建总人口的 1/5，他们之中的大多数人定居在泉州、漳州。从泉州的族谱来看，许多人是随王潮与王审知南下的"[2]，北兵大量入袭，导致"宋初的闽南人口较唐元和年间净增三倍"。[3]清光绪《漳州府志·兵纪》列有随王审知入闽的"132 名将士姓氏、方志与家谱，涉及的陈、戴、丁、蔡、方、郭、韩、何、李、廖、林、柳、卢、潘、沈、石、汤、萧、许、薛、颜、杨、姚、余、赵、钟、庄等姓氏，均称其先祖来自光州"[4]，据《漳州史志·兵纪》各代将士封册中的记载，除了四大姓、八大姓外，一些小姓，如福建"宁"姓，也追认其祖为陈元光的内室宁瑶，宁瑶在后世朝代曾被四次追封，谥号"密佑夫人""寅恭

① 康熙：《漳州府志卷十七》，见《兵纪上》，第 12—13 页。
② 徐晓望：《闽南史研究》，福州：海风出版社，2004 年，第 22 页。
③ 徐晓望：《福建通史（第二卷）》，福州：福建人民出版社，2006 年，第 57 页。
④ 李乔：《"闽祖光州"现象研究》，郑州：中州古籍出版社，2011 年，第 44—45 页。

协肃善助济夫人"①，是闽南"宁"姓的"妈祖"。

2. "河洛郎"族群在闽南文化圈的人口流布

除了漳、泉、晋等地狭义近海闽南区域外，河洛中原后裔人口在福建分布比例较高的县，主要分布在武夷山南麓的丘陵地区，以南平、三明、龙岩等地为主，这里半封闭的地理环境更有利于保存血脉、传继文化。南平和三明既是中原先民经大谷关一路南迁，继而越过武夷山，进入福建的第一站，亦是河洛人较早落居的中转站和栖息地，闽西宁化、武平、永定、沙县、南平、将乐等县，纯河洛后裔人口比例极高；福州连城、明溪、平和、诏安、崇安等地，河洛后裔的比例较高；粤东和粤东北一带，以梅州、潮汕为基地，兴宁、五华、平远、连平、龙川、仁化、赤溪、英德、翁源的河洛中原后裔比例也较高。

50 年代的台湾档案文书在记载籍贯、户属时，还习惯于把明末清初时期来台的闽粤后裔相区别，分为来自福建的"河洛人"和来自广东的客家人两种，在台湾至今还存在自称是河洛郎后裔为主聚居的县市，主要分布在台南，如桃园、高雄、彰化、新竹、屏东等地，据 1953 年台湾户籍资料统计，当时"台湾全省户数在 500 户以上的 100 个大姓中，有 63 个姓氏的族谱中均记载其先祖来自河南光州，这 63 个姓氏共 670512 户，占当时台湾总户数 828804 户的 80.9%"②，这些地域的河洛后裔称其先辈大多来自闽南，且是由晋末和唐代入闽开漳、开泉的中原"河洛郎"闽南后裔历经几代辗转渡海而成。

还以邱姓为例，来看河洛中原后裔的人口流布：始祖为邱正的汀州邱姓来到长汀余屋坪后，落居于此，后代流布扩散至闽西丘陵各地，一部分到达晋江、福州，"自第十一世祖淑敏公后，谱牒用字（35 代）依次为：行健忆丰功，毓秀群材集，为灵九有通，宏图人正望，佑启世称雄，洪业熺堪录，源模灿在铺；晋江邱氏自二十一世祖起，谱牒用字（30 代）依次为：承志庆新元、忠启永奕瑞、孝友世宗锦、祖德焕国华、孙谋振家声、美景添再辉"③，传用至今。福州邱氏一支的宗祠位于长乐玉田坑田村，建于清雍正四年（1726 年），谱牒也遵照上者。

中原邱氏后裔由闽南再次流布到赣西、赣南、粤东后，各建祠堂，各有堂号，江西萍乡"邱"姓宗祠名为"立本堂"，"立本堂"于乾隆时修订的《邱氏族谱·卷三·一·八二·姜太公源流世次民籍》中记载："始祖公穆公，周成王三十六年壬戌

---

① 《颍川开漳陈氏云霄族谱》，第 304、327 页。

② 大豫讲坛网：《姓氏文化：中华民族的血脉之根》（来源：河南日报）2019 年 9 月 10 日，http://www.dayujiangtan.com/2021/11-12/141030.html，访问日期：2024 年 6 月 22 日。

③ ANXIERA 安世代系统云端大数据中心：《百家姓 - 邱氏渊源》，2024 年 6 月 22 日，https://www.anxiera.com/i_surname_show?id=233，访问日期：2024 年 6 月 22 日。

封于营邱，郡号'河南'，支子以地为邱姓。"道光时期重修家谱的江西万载"河南堂"《邱氏族谱》也以穆公为肇祖，以宋代邱烋为始祖，邱烋（烋秀公）为邱穆（宗祖）五十六世孙，其先祖河南光州，这一支亦为莆田邱姓之脉，邱烋之子为粤东"河洛开潮（州）"的"邱"姓始祖。邱烋第14代孙、清人邱诗泰（邱四公）为"邱"姓"迁台祖"，以桃园为落辟地，开枝散叶，台湾邱氏后人谥邱诗泰为"良善公"。

自中原南迁的华夏汉人按历史年代"先到为主，后到为客"，前者形成以闽南和台湾为主要居住地的河洛（福佬）民系，后者形成遍布闽南、闽西、粤东、赣南的客家民系，长汀和龙岩是河洛（福佬）民系演变为客家民系的大本营、跳板和集散地，"今居住在粤东梅州等地的客家人，其祖先多聚居在闽西的汀州和赣南的赣州"①，多为河洛人后裔；龙岩与"占台湾人口73％的闽南（河洛）人和占12％的客家人，即85％以上的台湾人有着全方位的血缘关系。而且，由于古龙岩州地处泉州、漳州、潮州之间，与汀州、梅州、赣州的客家人比邻，始终褒有隋唐时期被称为'河洛郎'的称谓，与台湾称明清年代迁台的闽南、潮州人为'河洛郎'相同"②。

（三）带有唐音迹痕、流布闽粤台的闽南语（福佬话）

在英语中，"闽南语"二字有专门词汇"Hokkien"相对应，"Hokkien"实为"河洛"的音译，特指河洛人或"河洛郎（福佬）"的古言。"河洛语"（福佬语）最早通行的区域为闽南的古漳州、泉州（含今厦门）和粤东潮、汕濒海的区域。闽南语的根源为陈光中和王审知等唐时将领率部籍入闽开漳、入闽开泉时的唐音，带有泛河洛化的用词和音韵特征；后，虽然自宋以来，豫东宋音成为各地官话和士绅模仿的流行语音，而闽南唐音却因山水隔阻在漳、泉等地独存，成为闽南方言的种籽而留存至今。

从语音学上讲，闽南"河洛古话"的形成其实是一种声音变调、变读的现象，包含"白话音"和"文读音"两种音韵体系，同一个字常有文、白两种甚至三种读音，"白话音"用于生活中使用，"文读音"用于书生阅诵书经，而在日常应用中，二者读音则互借，例如，生活用语"吃"字在闽南语中至今还念"食"，有文言的特征。除此之外，上古汉语中的19个声母，流传到闽南后，保留了15个之多；传到闽南的河洛音还保留了"无轻唇音""无舌上音""多舌音"等古汉语发

① 丘权政：《客家的源流与文化研究》，北京：中国华侨出版社，1999年，第79页。
② 张惟：《龙岩与台湾全方位的"五缘"》，《闽西职业技术学院学报》，2009年第3期，第2页。

音现象；在声母中，存在 f 与 h 不分、t 与 ch 不分、d 与 zh 不分、l 与 n 不分等读音现象，例如，闽南语的"你"字读音类似读"恁（ng 音）"（介于 nei 与 nen 之间），和中原话的"你"发音相似；在韵母中，闽南语完整保留了中古音 6 个复音韵的韵尾，还有塞音、浊音、擦音、边音、鼻音之分，例如，"我"字闽南语本念"gua"，出现塞音后，"g"不发音，异读成"ua"。

"'河洛'闽南方言的形成呈现出不同时期汉语的层叠性表征"①，其复杂性反映了从河洛语到闽南语的阶梯性融合和地域演化过程。"闽台河洛话的语音系统与隋朝陆法言《切韵》一书的语音规则基本一致，保留着中古时期河洛故国之音。《切韵》所反映的中原河洛古音从某种程度上说，就像语言'活化石'被保留在河南固始和闽台方言之中。"②二者在某些字词的发音方面完全相同或极为类似，例如，"国"叫"guai"，"没"叫"mo"，"百"叫"bie"，"才"叫"qia"，章太炎曾对保留在闽南、粤东的土语作过研究，他选取了 63 条当地方言，用《说文》《尔雅》《方言》《礼记》《毛诗》等古代典籍中出现的词语加以对比，用以印证这些地方的河洛语和客家方言与古汉语的同源性，实证河洛语留有唐时音韵和使用语法的痕迹。

闽南语有广义、狭义之分，广义的闽南语是泛指福建地方方言土语的集合，还包括粤东潮汕、粤西南雷州等地的土语，而狭义闽南语则专指福建沿海和台湾的闽南语，如今漳、泉、厦的民间土话，闽粤其他地区亦把分布在这些地方的土话叫做"学佬话"，也即"学洛话"，即"福佬话"。例如在"学佬话"流行的广东汕尾，以海城话和东海话两支为代表，亦叫"海陆丰土话"，属于闽语传至粤东的分支，是闽南漳、泉中原族群在明末清初迁入海陆丰地区的文化遗存，虽然粤东"福佬话""学佬话"流行地域接近于粤中及梅州的东江流域地区，在交流上也多与广府接触，并相互之间多有词语借用，但汕尾等粤东"福佬话"因其迁粤发展历史相对较短，还未完全从漳、泉河洛方言中独立出来，未受广府话和后来客家话的影响，这里也是古代中原河洛古音保留相对较多的语言沿袭地。

以彰、泉古言为特征的古河洛语在闽南、闽西和粤东开枝散叶后，几地"河洛郎"虽同源同祖，但因这些中原后裔长期聚居于相互较远的不同地域，因山海地理的区隔，加之千百年历史流转中语言因袭、变异与传承衍化受到特异化地域的影响，古河洛语后又产生分化，分为"闽南片"和"潮汕片"两种。仅拿"闽南片"来说，因历代行政区划以及行政统辖范围所致的乡村集镇、物产集散地、

---

① 林枫、范正义：《闽南文化述论》，北京：中国社会科学出版社，2008 年，第 94 页。
② 欧潭生：《三探台闽豫祖根渊源——方言民俗探微》，载尹全海等著《中原与闽台渊源关系研究三十年 (1981—2011)》，北京：九州出版社，2012 年，第 54 页。

府治中心的逐渐固定,"闽南片"河洛语后来又分成了两支不同的亚系,即古河洛语(福佬语)和客家语,"今'客话'区人民还称闽语(方言)为'(黄)河洛(河)话',称说闽语的人为'河洛人'"。①

在台湾,除了中部山系的高山族等少数民族地区外,台岛大部地区都通行闽南音、通用闽南语汇。台岛中北部偏泉州腔,台南高雄等地则偏漳州腔,"台胞素以'河洛郎'自称,并称大陆祖居地为"唐山","唐山"指横贯闽南、粤东的"长山"山脉,因闽南、粤东之地大规模地开发始于唐代陈元光时期,故称"唐山","长"因与"唐"闽南话同音,故"长山"即为"唐山",在闽南东山岛和粤东南澳岛上,现还存有彼时通商港口"长山尾"的古地名,是闽南语、河洛话中古地名的实证。

四、闽南风物中的"河洛风存"

受河洛郎代系传承的影响,在闽南文化的宗教信仰、节庆民俗、戏曲和建筑形制中存留有诸多的古河洛元素,形成与周边其他汉族民系相区别的民俗传承与行为惯习。

(一)宗祭

如果说,西晋以降魏晋南北朝之时只是河洛流民为了生存而跋涉、逐渐迁徙至闽,才开始与闽南原住民共生、互融,那么唐初归德府将军陈元光家族以漳州为根据地对闽南的"唐化"治理以及唐末威武军节度使王审知家族以泉州为基地对福建沿海"招夷渡商"的经略,则促使闽南的生产力和文化基础有了跨越式的发展,前者陈元光被尊为"开漳圣王",后者王审知被誉为"开闽尊王",后世宋太祖又封王为"八闽人祖"。陈、王二人可称"兵缠四海英雄得,圣出中原次第降"(王安石《金陵怀古四首》之三)。从唐初陈元光始,以漳州为核心的南迁汉人与"当地土著士族逐渐融合。元光死后,其子陈珦、孙陈丰、曾孙陈谟,相继担任漳州刺史,为漳州的发展奠定了重要的基础"②,陈氏家族治下的闽南实行怀柔政策,政局稳定,当地土著畲、瑶等族受到中原先进文明的影响,逐渐同化、互婚,在河洛中原文化荫护下,河洛郎的后代们保有对祖先河洛的崇乡敬祖之情,重信守义、重祭拜,同一族群的认同感,形成了从彰、泉、潮、汕到台湾岛的河洛族群活态化的宗祭遗风。

现今闽南各地依然隆重举办对陈元光和王审知的"人祖崇拜",仙游、福安、

---

① 黄典诚:《寻根母语到中原》,《河南日报》1981年4月22日,第4版。
② 汤漳平、林瑞峰:《论陈元光的历史地位和影响》,《福建论坛》,1983年第4期,第74页。

福清等地有祭祀陈元光的威惠庙、威惠王祠，漳州浦南镇至今保有陈元光墓，台湾南投、云林、新竹的陈将军祠、惠济宫、福兴宫、广济宫，均祀陈元光。据统计，福建境内供奉陈元光"开漳圣王"牌位的庙宇在各地文管所登记在册有 251座，而在台湾则高达 360 多座，信众达 500 余万人，台湾近 80 座祭祀陈元光的宫庙组织了"开漳圣王庙团联谊会"，每年定期组织成员前往漳州龙文区檀林镇的威惠王祖庙进行朝拜。"以创建'海峡两岸交流基地'为契机，挖掘开漳圣王文化核心内涵和特色，开展对台文化交流活动，可以不断提升开漳圣王文化传播力和影响力，拉近两岸关系。"① 而王审知作为闽王，从五代时起，其府邸就被开辟成"闽王祠"，从宋至清，历代供奉，五次大修；王审知墓位于福州市北郊莲花峰，"文革"时期也未受破坏，福州的忠懿王庙也专祀王审知，"闽王王审知信俗文化"在2017 年成为福建省非物质文化遗产，2018 年"闽王文化园"被列为福建省对台交流基地，2021 年，"福建、浙江、台湾的宗亲与信众代表，共同参与了'纪念开闽三王入闽 1136 年暨辛丑年闽台共祭开闽三王大典'"。②

宗祭文化是闽南河洛文化遗存的重要表征，相比于中原地区，海峡西岸经济发达的闽南地区，宗亲与祖祭的文化氛围反倒十分浓厚，每逢重大的农历节庆时节，敬天祭祖的仪式隆重盛大，几乎全民自发参与，宗祭文化所代表的"初属群体"（人出身的那个群体）文化是一个族群历史及文化的重要表征，反映的是族群的心意信仰、集体意愿，"对内成为族群成员的'集体记忆'，对外则成为彰显族群特征的重要标志"。③ 闽南人重视宗族团结和亲情勾连，重视家祠、宗法，每年都要修缮祠堂、编修族谱，召开宗族会议；每年高考上榜的 18 岁以上优秀子弟都要披红挂彩进入祠堂祭拜先祖，举行认祖归宗仪式，每年在村落公所、祠堂举办的优秀学子、乡贤的表彰活动以及在民俗节庆日进行的祭祖、孝亲仪式，都是一种仪式化的文化传播，族群内部受众，会产生耳濡目染的神圣化"增魅"效果。在这种仪式下，人们被笼罩、被裹挟、被震撼，这是一种"活"的文化真实，以群体养成教育，"无声、自动"地维护族群一体化，形成使族群和谐持久以及社群内部稳定性得以保障的公约化意识，继而可以形成价值观相通意义之上的文化共同体、命运共同体和责任共同体。

———————

① 　许黄子仰：《赓续精神 继往开来——2022 年陈元光文化与中华文明传播学术研讨会综述》，《华夏传播研究（第十辑）》，北京：九州出版社，2023 年，第 370 页。

② 　光明网：《两岸宗亲信众连线共祭开闽三王》2023 年 6 月 12 日，https://baike.baidu.com/item/%E7%8E%8B%E5%AE%A1%E7%9F%A5?fromModule=lemma_search-box#6_3，访问日期：2024 年 6 月 24 日。

③ 　庹继光：《民俗传播要素简论》，《新闻大学》，2012 年第 4 期，第 7 页。

（二）节庆

闽南民俗，是由河洛郎和当地原住民相互借鉴，共同创造和享有的民间生活文化，因此具有根于黄河流域正统风俗类似的内容，如上元节、上巳节、朔祭、社祭等，也具与山越、海闽文化相融合后的表征元素，闽南不同民族、民系的节庆民俗在融合传播初期存在较大的文化差异和群体认同的隔阂，对河洛文化在"一定程度上构成了传播障碍，为了消解这些传播障碍，主流文化族群倾向于采取'多元文化'政策，非主流文化群体则采取整合策略"[①]，最后达到互嵌、共生。

闽地山越人本"被发文身，以象鳞虫"，东汉高诱注："被，剪也；文身，刻画体内，鲸其中"，东汉许慎《说文解字》中解："闽，东南越，蛇种。"闽南原住民本属东瓯大系中的山越和海闽，其土著化的原生图腾本为蛇。在闽西，蛇王神被视为"听断严明、主持公正"的象征，闽西长汀西门外至今保有"蛇王宫"，供奉蛇神。与中原汉族祭祀的对象多为人物以及把动物（如龙）"人格化""神格化"相异，山越、海闽原生民俗表现出瓯越原住民多取蛇、虫等简单自然物为图腾的特点。清代地理学家郁永河《海上纪略》中记有："凡（福建）海船中必有一蛇，名曰'木龙'（活蛇），舟船成日即有之，平时不可见，亦不知所处，若见'木龙'去，则舟必败。"清代施鸿保《闽杂记》也有记载："福州农妇多戴银簪，长五寸许，作蛇昂首之状，插于髻中间，俗称蛇簪。"

闽南节庆民俗的形成，约是在五代至宋初，是在习俗融合的变迁中，中原民系与闽地原住民共生、共创的结果。例如源于古闽越族的舞蹈遗存、后用于迎神赛会的闽南民俗舞蹈"拍胸舞"（亦叫打花绰、乞丐舞），表演者头戴蛇形草圈、赤足裸胸，双手强烈拍击前胸、两胁，双脚反复顿地，其动作样式无疑带有土著特色；而起源于汉晋中原地区的"筛鼓"的"车鼓弄"（筛鼓：筛声与鼓声。指军乐：与唐军入闽有关）游街仪式，游行仪式中较为整齐的队伍排列更具有中原仪典规矩化的特征。

流行于福建晋江的端午传统民俗"嗦啰嗹节"，是中原民俗与闽南山海文化结合的典型产物，"嗦啰嗹节"也叫"采莲节"，"嗦啰嗹"本为佛教梵语，用以驱邪祛瘟，本为农历四月雨季开始时举办，其中的"铺兵""旗手"角色源自唐时的入闽官兵。"嗦啰嗹节"举行时，"以木刻龙头、鼓锣，迎于人家，唱歌谣（每句句尾带"嗦啰嗹"助语），（人家）劳以钱或酒美"，"嗦啰嗹"这种游街活动中的"抬龙"仪式不同于闽南土著的蛇祭仪式，这种"由蛇到龙"为崇祭偶像的转变，反

---

① 谢清果、孙于晴：《以质为媒：唐代跨文化传播的独特形态及其运作机制评析》，《华夏传播研究（第五辑）》，北京：九州出版社，2020年，第77页。

映了自唐以来，中原官方正统图腾文化的入袭和浸染；游行仪式中"进到人家祈福"和"索取钱物点心"的募化方式，又与北方汾渭平原和晋陕豫河洛大三角地区的社火习俗中的募化方式如出一辙、完全一致。再例如闽南舞狮，舞狮文化在唐代从中原地区随移民活动传到闽南地区，后来舞狮活动与入闽的陈元光、王审知等中原军旅阵法结合，形成了与其他地方舞狮仅为娱乐性表演不同的、独具闽南地方特色的"阵法+武术+弄狮+娱乐"为一体的"闽南狮阵和拳法"，直到现在，"这些历史记忆在一代代舞狮民众的身体展演中得以传承，在舞狮文化社交圈中得以巩固与延伸，无疑增强了宗族血缘认同、文化生活认同，从而构成精神共同体的有效凝固剂"。①

（三）戏曲

在闽南，南北文化的融合与繁衍使得多种戏曲剧种并存，歌仔戏、梨园戏流传至今，"英歌舞"受众众多，"南音""南戏"被东南亚地区冠之以"乡音"。

歌仔戏在闽南地区也被称为"芗剧"，"芗"即故乡之"乡"，歌仔戏中常见的"都马调"（神仙五调），也被称"河洛一调"，这是典型的例证之一。"芗剧"起源于福建漳州芗江（芗江：九龙江支流龙溪，今漳州龙海区）一带，芗江是福建九龙江流经漳州时的异称，九龙江，是福建第二大河流，最早名"柳营江"，因六朝以来南迁的"戍闽者屯兵于龙溪，阻江为界，插柳为营"故名。九龙江是从武夷山西南山麓直下漳州平原的最佳通路，是中原先民入闽的捷径，漳州龙溪（芗江）也是北人在九龙江流域最初落脚的地方。歌仔戏（芗剧）是由起于龙溪的"歌仔"，结合中原车鼓小戏之表演身段与闽南地方歌谣小调结合发展而成，最初只为简单说唱艺术。

歌仔戏（芗剧）的另一根源可追溯为"锦歌（乞食调）"，"锦歌"今流行于漳州、厦门、晋江，有"倻歌""杂凑歌""乡音"以及"歌仔"等不同称谓，为中原北人仓促来闽时，因迁徙所带乐器不足，由简单伴奏的哼唱歌谣转生而来。南宋后，闽南"锦歌"继承了南词小调的许多曲牌，进而逐步丰富，这些南词小调多为中原人南迁到太湖流域时产生的杂曲，宋郭茂倩在《乐府诗集·杂曲歌辞一》中说"杂曲者，历代有之，或心志之所存，或情思之所感；或叙离别悲伤之怀，或言征战行役之苦"，"锦歌"杂曲逐渐在闽南演变为较为雅致的"弦歌""锦曲"，在漳州芗城城西至今存有"百里弦歌"坊。传到粤东的"锦歌"，也叫"潮州歌"，

---

①　郝童童、张永宏：《历史记忆·文化认同·民族精神共同体构建——基于闽南舞狮运动传播台湾的文化考察》，《中华文化与传播研究（第十二辑）》，北京：九州出版社，2022 年，第 178 页。

其单人表演、七字为韵、间或用竹板击节和语言诙谐通俗的特点，颇似中原"散花乐"（散花乐：源于唐、五代时期，是具有募化性质的唱导音乐，最早为庙会佛事的"唱导"曲，后进入民间成为沿门驱疫、"赞祝"、讨物的即兴募化表演），在潮安、揭阳有广阔的民间演出市场。

梨园戏为"搬演南宋戏文唱念声腔"的"闽浙之音"，距今已有八百余年的历史，被誉为"古南戏、南音的活化石"，保有自唐宋以来的河洛古音和念白。潮阳"英歌舞"是中原汉族"大鼓子"秧歌与山越祭祀仪式融合的产物，特点是既保持了人扮"高偶"、持蛇跳祭、不乏凶煞之气的傩祭风格，又吸收了来自中原孔祭、关（羽）祭、陈（元光）祭等先贤与祖先崇拜的规范化仪程。集中呈现了先辈与后辈之间、同时代人之间的血缘联系、情感沟通、价值共享、理想构建，最终成为构建精神共同体的组成要件与促进要素。

（四）建筑

西晋末年，河洛世家和平民避乱南徙，从江南、夷越、东瓯，一路辗转至闽南休养生息，在山环水绕、适合人居的新辟居之地，河洛人因怀恋旧国而命名晋安郡当地的江名为晋江，当地民歌传唱：晋江之水来"天津"，相传南渡东晋人，此"天津"即为中原洛阳洛河上的"天津桥"，李白诗《洛阳陌》对"天津桥"有证，"白玉谁家郎，回车渡'天津'。看花东陌上，惊动洛阳人"。另外，今泉州洛阳江"万安古渡"上最早、最长（834米）的跨海梁式石桥"万安桥"，又名"洛阳桥"，是采用"筏形基础""种蛎固基法"跨江接海、便利外海船只往来的古石桥，是纪念中原祖地、寓意万古安澜的千年名桥。

闽南民居的"厝"文化也是一种思亲形式的建筑表达，"厝"，最早见于《诗经》，其小篆字形从"山"、从"水"，从"昔"，除了"山、水"有闽南气候与地理地形的内涵之外，"厝"字本身还有"磨刀石"和"停放棺椁"之意，其"昔"字部首还含有"旧"与"久"的意义，故而，一，"厝石"既指原住民开辟原野、开山凿土的石锛、石铲等"厉石"，也指披荆斩棘、刀耕火种时，用于磨砺刀、铲、犁、锄等农具的磨石；二、"厝"本身具有的"停放""安置"之义，也指最初迁徙到闽地的河洛先民就地取材，"以厝为具"，开辟新野，劈石为材，建造"厝居"之意，还有在闽南地域"安居、安心、安放、安葬"的入土归流的含义，河洛人的"厝居"可意为：既然祖先在此新辟之野已经入土安葬、长留此地，那么这里也便是后代繁根、续叶的久居、安定之居所。

河洛中原的移民后代根据闽南潮润的气候环境和自身对于家族人丁"聚合、生力"的独特理解，在"厝居"形制上采取纵向延伸、带状排列的聚居形式，在南北民居的形式互借和融合上，河洛中原人发明的"厝居"借鉴了原住民"寮"（本义：小窗、带窗小屋）的串联、通风样式，普通人家长条形的"手巾厝"院内房屋呈层进样式，与许慎《说文解字》中对"寮"的描述"从穴、从牙，为穴与穴'贯通'交错之义"一致；大户人家"官式大厝"的正屋前墙两侧带小窗的"榉头"（厢房），专用于入大门时的遮阳纳凉和抖擞雨尘之用，以保证厅堂整洁，而厅堂后以及后进院落小窗暗蔽的内室、可折合的木门更利于通风除湿。无论是轩敞格致的"官式大厝"还是紧凑简洁的"手巾小厝"，都具坐北朝南的格局，用以明"正朔"，"光厅暗屋"格局中，"明厅"用于奉祀祖先、神明，合院式样和层进套居，则体现了作为中原后裔的闽南人崇祖、重迁的家族体制以及作为移民"重一体"的家族共存观和"重繁衍"的心理愿望。

唐代以降，来自中土的各种建筑样式开始逐步取代闽南原生民系的寮居样式，各种中土建筑开始普及，特别是官式建筑，例如，遍布闽南的佛光寺就是一例，漳州东山、龙文，厦门思明、霞浦等地有十四座佛光寺，均为大型官式建筑。闽南后续所建的佛光寺与唐初（705 年）中宗李显（佛光王）为纪念玄奘而建的佛光寺形制一样，在斗拱、雕塑、壁画等建筑元素的构成上，也与唐宣宗大中十一年（857 年）在山西五台山复建的南台佛光寺和周证圣元年（695 年）在坍塌的武则天东都"天堂"原址上建造的洛阳佛光寺一致，同属唐代"大歇山檐式"宫庙风格，这都是中原宗教和建筑文化南传的结果。

（五）学术和教育

除了西晋末年河洛人的南迁给闽地带来正统的诗书、仪礼之外，唐初陈元光和唐末王审知"开漳""建闽（国）"以文教民，重视并积极发展教育，当时州有州学、县有县学，乡僻村间设有私塾，"幼已佩于师训，长者置国库"。王审知还采纳祖籍为京兆的福建莆阳大族、礼乐名家翁承赞和唐乾宁进士、"四门博士"莆田人黄滔等人的建议，除了在所属各州、县广设庠、序以授生徒，还在福州设立高等官学"四门学，以教闽中之秀者"，使闽南教育呈现从乡村蒙学到高等教育的多层次的建制。

宋代以降，劝教读贤、开科取士的概念风行闽南，闽南泉州是文教兴盛之地，在科举考试中，从北宋起，进士科每次都有数名举子中榜，南宋绍兴六年（1136）晋江一次就产生进士 30 名。在民间，即使年轻后生以掷骰子游戏赢得次第，也分别以状元、探花、进士、举人、秀才等的"等第"为名，并以"等第"次序获取大小不同月饼的"望月""望乡"的"博饼"游戏为模，这种游戏模式既是寓教于乐的书生游戏形式，更是独存于闽南地区寓俗于众、潜移默化的思乡、念祖的教化形式。

北宋时期文官主政，一些闽籍政治家宰政中央、经略南北：泉州晋江人曾公亮，历任仁宗、英总、理宗三朝的参知政事、宰相、尚书等要职，为"昭勋阁二十四功臣"；建州浦城人章惇恢复"熙宁新法"，力主对西夏作战，筑堡开边，积极保卫宋西北边疆，福建邵武人李纲则是宋金交战之际南宋主战派首领。这一时期也是豫、闽两地文化交流频繁的时期。从北宋周敦颐创办"濂学"、开宗"理学"以来，理学的发展历经从张载"关学"到"二程""洛学"再到南宋朱熹"闽学"的过程，理学以儒道为基，以对老子"无极、太极"、五行阴阳以及庸、礼等学说的熔改，阐解伦理道德，定义三纲五常，发挥"六经""四书"之义理，教倡世人明天理、修圣德、重师道、崇礼乐。兴于伊洛二水之滨的"洛学"，经洛阳"二程"、邵雍之后，实践流转至南宋朱熹时，逐渐向哲学本体论靠拢，朱熹在福建继承了程颐的理论，开馆授业，门生众多，成为"闽学"。

在"洛学"到"闽学"从北到南的师门承扬中，"程颐（河洛人）-杨时（祖籍弘农，北宋剑州、今三明人）—罗从彦（剑州、今南平人）—李侗（南平人）—朱熹（剑州尤溪人）"的"程朱理学"一系，与"程颢（河洛人）—陆九渊（属江右民系，是为东晋初年在九江一带安置的中原移民后裔）—王阳明"的"陆王心学"一系，成为宋代以降知识社会中最为重要的思想体系。

结语

"闽南文化是衍生于中原地区的汉民族文化，经由移民的携带，南徙入闽后形成的闽文化在闽南地区发展的亚文化形态"[①]，河洛文化与闽南文化有着强烈的亲缘关系，在学术上属于"人—地"文化传播学范畴，"河洛郎"及其后裔是这种亚文化过渡和延续的传承中介体，也是中原正统文化在华夏边陲开枝散叶、交流融通的纽带。

从西晋末期永嘉之乱河洛难民南流开始，历史上河洛中原向南较大规模的移民有五次之多，1700年来，中原人口不断南迁，中原民众将相对先进的农耕技术、教育文化带到了闽南、闽中，并扩散到闽西丘陵和粤东，并与闽越土著交杂融合，同化和吸收了当地东瓯、雒越等土著民族的风俗和信仰，既保留了中原河洛主流文化，又传承并生发了为以河洛中原文化为精髓的新的闽南文化，此间"河洛"文化成为衔接中原文化和闽越文化的历史载体和人文中介，是中原文化在闽越、东瓯之地生根散枝的基因源头。唐代以来光州氏族大家的南进，大批中原兵民的

---

① 刘福兴：《河洛文化与闽南文化之比较》，《商丘师范学院学报》，2006年第6期，第80页。

入迁，使闽南自秦汉设郡以来不成型的政治治理和文育、教化不断得以充实完善，推动了闽南民系文化的正式形成，"河洛郎"后代的繁续，以及向赣南、粤东、台湾的再次推衍的过程，也是泛闽南地区中原化发展最迅速的时期，逐步形成了以漳、泉、晋、潮汕、台湾为核心，并向四周辐射的闽南文化。

　　"永怀河洛间，煌煌祖宗业"（陆游《登城》），从黄土中原迁徙到近海闽南顽强留存下来的"河洛"中原文化，出现在一代代后裔的口头与文字的传承中，从晋金谷园的"日暮""落花"（杜牧《金谷园》）到唐厚载门的"玉楼金阙"（宋·朱敦儒《鹧鸪天·西都作》），从洛浦之滨的"归棹"秋风（唐·韦应物《初发扬子寄元大校书》）到"铜驼陌雨"的河洛故坊，在"河洛郎"的代系传承中都留下对祖地、根系的记忆刻蚀，2006年连战访问大陆在北大演讲时提到，"在台湾，我们有原住民，有客家人，我们大多是'河洛郎'——从大陆渡海入台的'河洛郎'"a，特别是对台湾2800万"河洛郎"来说，这种记忆刻蚀也是促进和平统一的巨大感召和精神凝聚力。

---

①　福建省政协：《从入闽开漳到开台的"河洛郎"》，《政协天地》，2006年第6期，第22页。

风水·定居：同安文庙形制变化中的文化传播与关系生成

Geomancy and Dwelling: Cultural Communication and Relational Production in the Evolution of the the Architectural Form of the Tong'an Confucius Temple

李嘉鑫　谢清果 *

Li Jiaxin　Xie Qingguo

摘　要： 本文通过对同安文庙形制变化历史的研究，阐述了文庙这一空间媒介具身传播的形式、机制与内容，并就其机制的来龙去脉进行了梳理。在同安文庙这一空间内，人依托风水能够对文庙这一空间媒介产生儒家之"理"，即诚敬的具身认知，而"共在"搭建了人与空间之间风水之"气"的关联。"共在"观是一种关系性、活动性、过程性、生成性的共鸣，植根于儒家传统中的"正名观"，使人能够在文庙空间内生成自我与他者的关系，亦即实现此在与共在的统一。这种统一对应了海德格尔"定居"的建筑哲学中"天地神人四重整体"汇集的人与空间关系生成的过程，在人具身认知的基础上，叠加了一层人与空间互相映射并赋予意义的过程，是一种对身体性的"此在"的重新审视。文庙形制的变化实则暗含"不变"，恰恰反映了中华民族整体多元一体格局下，中华优秀传统文化传承与传播的可行路径；从诗学的角度出发，作为空间媒介的文庙则指涉了儒家"正名观"与现代人诗意栖居之间的关联。

Abstract: The study focuses on the historical evolution of the the architectural form of the Tong'an Confucius Temple, elaborating its form, mechanism, and content, as space media for embodied communication. Furthermore, we trace the the conditions and

---

　　* 作者简介：李嘉鑫，厦门大学新闻传播学院本科生；谢清果，厦门大学新闻传播学院副院长、教授，博士生导师，华夏传播研究会会长，研究方向：华夏传播研究。

impacts under which the mechanism works. Within the space of the Tong'an Confucius Temple, subject realizes "Li" by the interaction with geomancy of the space, i.e. Confucian principles of sincerity and reverence. Coexistence is the connection between the geomantic "Qi" in the space and subject. Rooted in Confucian traditional "correct name" opinion, the concept of "coexistence" embodies a relational, dynamic, processual, and generative resonance, which enables subject to establish relations between self and others in the Confucius Temple, achieving unity in "dasein" and coexistence. The unity corresponds to Heidegger's architectural philosophy of dwelling, where the process of subject-space relations formation converges with the four gathering parts of sky, earth, divinities, and mortals. Built upon embodied cognition, the process adds the process of subject-space mutual reflection and sense making, offering a reevaluation of bodily "dasein". The "inconsistency" of the architectural form of the Confucius Temple subtly implies somewhat "consistency", reflecting a viable path for the inheritance and communication of Chinese excellent traditional culture, in the context of diverse and integrated Chinese culture. From the perspective of poetics, Confucius Temple, as a space media, indirectly conveys the relationship between Confucian "correct name" and modern poetic dwelling.

关键词：文庙；空间媒介；具身传播；海德格尔；建筑现象学

Keywords: Confucius Temple; Space Media; Embodied Communication; Heidegger; Architectural Phenomenology

同安文庙为五代县令陈洪济始建，从南宋到清代按其旧制经过八次较大的维修，期间还有若干次的增修、调整与迁建。[1] 将文庙作为一个空间媒介，如何把握其中周而复始的、不断复现的形制变化元素与动机，并以此与当前的状况进行对话，是媒介考古研究所好奇的内容 [2]，也应是文庙研究的重要议题。过往将文庙视作空间媒介的研究关注了文庙在地理空间上对国家话语的传输功能，在建筑空间上对儒家思想的传播功能，以及在交往空间上的对官民沟通的协调功能，维系了以儒家思想为代表的中华民族传统文化的延续 [3]。从建筑学和建筑现象学角度解读，过往研究从文庙的空间现象出发，发现文庙建筑空间在承担教化民众、兴学

---

① 颜立水：《同安文庙》，同安县委员会文史资料工作组编：《同安文史资料 第四辑》，福建：同安县委员会文史资料研究委员会，1984 年，第 108—109 页。

② 施畅：《视旧如新：媒介考古学的兴起及其问题意识》，《新闻与传播研究》，2019 年第 7 期，第 33—53 页。

③ 张兵娟、孔孟剑：《作为空间媒介的元代文庙：民族交融与文化共同体构建》，《传媒观察》，2023 年第 8 期，第 56—63 页。

育人功能的基础上，还承载着更丰富的中华传统文化精神向度上的意蕴。[①]但正如前文所叙述的，过往研究更多聚焦于文庙静态的空间整体功能，但忽略了其中反复出现的形制动态变化与生长的过程，文庙形制生长、变化背后的动机也值得进一步的探讨。同时，人作为能知觉的主体，通过身体与世界的接触能够得到朦胧的知觉经验，从而获得一种具身性的体验，这种具身性的体验又以一种身心统一的整体结构展开时间、历史和世界。[②]梅洛·庞蒂在海德格尔对此在界定的基础上，以身体图式（body image）对身体与此在的关系加以概括，认为"我的身体是在世界之中（in-the-world）的一种方式"。[③]而文庙作为人所处的环境，也是最能被身体直接感知的知觉对象，则必然存在一种作为空间媒介的具身传播特性。那么，人们在文庙中获得了怎样的具身认知，其背后的机制为何亦值得探索。因此，本文提出两个主要的研究问题：文庙形制变化背后的动机是什么；人们在文庙形制生长过程中获得具身认知的机制是什么。

为了回答研究问题，研究引入了风水理论以及海德格尔的建筑哲学，结合史料对同安文庙形制变化的过程进行历史考察，以解释其变化背后的动机以及从中获得具身认知的机制。一方面，中国传统村落常以"天人合一"理念和"风水"理论为主导进行组织布置，蕴含着深层次的生态学内涵[④]，因此结合风水理论对文庙形制生长进行分析具有一定的合理性；另一方面，海德格尔的建筑哲学中人与自然、人与社会的整体和谐并持续发展的观念与中华传统有一定的意义共通空间[⑤]，引入海德格尔的建筑哲学有助于反思和关照中华传统的风水理论，实现中外理论话语的对话。

一、文献回顾及问题提出

（一）文庙形制研究：建筑的修筑特征与文化的空间映照

从建筑学的视角出发，文庙建筑群中包含了楼、阁、殿、堂、亭、门、桥等单体建筑形制，具体分类则可以分为三类典型的文庙建筑形制，分别是以牌坊、

---

① 邓凌雁：《空间与教化：文庙空间现象及其教育意蕴的生成》，《河南大学学报（社会科学版）》2017年第5期，第132—139页。

② 季晓峰：《论梅洛-庞蒂的身体现象学对身心二元论的突破》，《东南学术》，2010年第2期，第154—162页。

③ 姜春雨：《梅洛-庞蒂本己身体观对笛卡尔身心二元论的超越》，*Advances in Philosophy*, vol. 12, no. 2 (February 2023), pp.352.

④ 史利莎、严力蛟、黄璐、许智钇：《基于景观格局理论和理想风水模式的藏族乡土聚落景观空间解析——以甘肃省迭部县扎尕那村落为例》，《生态学报》，2011年第21期，第6305—6316页。

⑤ 邓波：《海德格尔的建筑哲学及其启示》，《自然辩证法研究》，2003年第12期，第37—41页。

先贤祠为代表的寓意于形的祭祀建筑，明伦堂、尊经阁等筑以载道的教学建筑，以及文昌阁、魁星楼等祈祝文运的建筑。① 与其背后的儒家文化意义相联系，祭祀建筑反映的是对前代圣贤及有德之人的尊重；教学建筑则凸显了儒家文化对知识传授与经验传承的重视；祈祝文运表现的则是对文脉传承、文化自信的愿景。② 这种尊崇之义正是通过在文庙单体建筑形制下的活动而展现出来，其产生的文化意义不仅寓于人与人互动中，更是特定场域中人与空间的互动结果，表达出一套严谨、自律的空间与尺度控制手法，暗含着遵从准则与规范的内在逻辑。③

除了考察单体建筑形制，文庙建筑群作为一个整体俨然也有其形制的特点与文化意义。文庙建筑群通过"院"的修筑与布局，整体形成了对称分布、纵深铺展的格局，突出居中为尊与统一有序的特点，从文化象征上看，则是折射出中国古代儒家的礼制思想，集中体现了儒家守序、中正、和合的思想。④ 后续研究通过更大范围地对清代都城文庙与各级府、州、县文庙的统计分析，也证实了文庙建筑体系中的规划布局、院落配置以及建筑形式的类似内在逻辑。⑤ 作为儒家思想的重要载体，文庙建筑群的空间规划严格遵循了古代中国空间方位的尊卑观念，并与城市建筑等级制度紧密相联系，反映了儒学礼制思想与因其教化所形成的空间秩序，在自然环境与人文环境的关联性上，也存在对自然和谐、天人合一理念的反映。

这些针对文庙单体建筑或建筑群形制进行的历史的或实地考察，反映了文庙建筑在设计与布局上的内在逻辑，同时也结合文化背景对其背后的文化意义进行了进一步的解读。但这些研究所选取的文庙建筑个案大多位于北京地区、山东地区等北方地区，其他地区的文庙建筑缺少更具针对性的研究。另一方面，现有的关于文庙形制特征的研究，多集中在建筑的文化寓意、建筑布局、营造特征等方面。而在空间转向与物质转向的思潮背景下，物质空间、社会空间⑥、基础设施、

---

① 徐磊：《明清山东地区府县文庙营建特征研究》，硕士学位论文，北京建筑大学，2018 年，第 47—54 页。

② 房伟：《文庙祭祀与儒家道德信仰》，《廊坊师范学院学报（社会科学版）》，2017 年第 4 期，第 110—116 页。

③ 齐尧、林源：《明代陕西地区文庙大成殿建筑特征及营建逻辑研究》，《建筑学报》，2023 年第 4 期，第 109—113 页。

④ 王慎、王配：《文庙：儒家文化的象征——以宁远文庙为考察对象》，《中华文化论坛》，2017 年第 8 期，第 16—21 页。

⑤ 魏崊晨晓：《基于方志舆图分析的北方城市文庙研究》，硕士学位论文，北方工业大学，2020 年，第 114—115 页。

⑥ 刘娜、张露曦：《空间转向视角下的城市传播研究》，《现代传播（中国传媒大学学报）》，2017 年第 8 期，第 48—53 页。

传统技术等①，均可以被视作与大众媒介相互嵌入的传播介质和平台，以其为基础可以进一步考察空间和物质在传播活动中的价值生产、意义建构的作用。因此，现有的文庙形制研究亟需补充空间媒介的研究视角，将文庙作为一种空间性、物质性媒介进行研究，考察儒家文化在其中如何进行意义建构与再生产；从传播学研究角度上看，文庙建筑作为儒家文化历史上重要的载体和传播之所，从空间媒介维度考察文庙空间形制变化所具有的媒介性与传播性，勾勒出人们在其中与历史的互动与实践，亦是传播学本土化研究的应有之义。

（二）空间媒介研究：虚拟空间的偏倚与实体空间的遮蔽

英尼斯在《帝国与传播》中提出了"空间性媒介""空间偏向的媒介"等一系列概念，将空间作为一个重要维度引入传播学研究之中。列斐伏尔则进一步在《空间的生产》中提出"空间三元辩证法"，认为对空间的认识应包含物理、精神、社会等三个层面，说明空间不仅是物质运动的存在方式，还存在着社会属性。那么，空间就不只是物理意义上的"场所"，它还蕴含于实践或互动中，作为一种"潜能"（capacity）存在于人们的行动当中。② 置于传播学的视角下，媒介中介的传播行为本身就关涉主体间的互动，那么媒介与空间存在联系便是自然而然的。在电子媒体发展的语境下，电子媒体本身就是一个空间的过程，同时蕴含着物质和象征的实践与互动③；随着电子媒介的发展，移动性通信、技术融合、交互性的发展也为"新形态跨越、模糊边界"的交往与传播创造了条件，保罗·亚当斯（Paul C. Adams）和安德烈·杨森（André Jansson）由此提出"传播地理学"这一概念，将传播与空间从学科发展角度勾连起来。④ 这些研究在电子媒介时代洞察了空间与媒介、传播的互构关系，传播既指涉空间也构筑空间，反过来，空间也塑造着不同形态的传播，进而形成特定的社会生活"纹理"。由此可以推出，传播既是空间动态的成因，也是其表征。⑤

然而，若是单纯将传播视作空间的表征，则会使空间内的主体与客体相分离，

---

① 王鑫：《历史、语境与通路：当下媒介与传播研究的几个关键问题——对戴维·莫利教授的访谈》，《国际新闻界》，2021 年第 11 期，第 130—142 页。

② Alberto Corsínjiménez, On Space As A Capacity, *Journal of the Royal Anthropological Institute*, vol. 9, no. 1 (March 2003), pp.137-153.

③ Nick Couldry, Anna McCarthy, *MediaSpace: Place, Scale and Culture in a Media Age*, London: Routledge, 2003, pp.1-18.

④ Paul C. Adams, André Jansson, Communication Geography: A Bridge Between Disciplines, *Communication Theory*, vol. 22, no. 3 (August 2012), pp.299-318.

⑤ 潘忠党、於红梅：《阈限性与城市空间的潜能——一个重新想象传播的维度》，《开放时代》，2015 年第 3 期，第 140—152 页。

因而无法说明经验、实践、身体等因素在认识过程中如何起作用。在西方"物质转向"和"身体转向"的影响下，物质性和具身性逐渐成为媒介与传播地理学理论建构的核心概念，其关联在于媒介使用过程存在身体与空间的互动及多感官体验，在社会层面体现为媒介物质性促进的社会空间再生产。[①] 近年来元宇宙、虚拟现实（VR）、增强现实（AR）等技术的出现，也引起更多关于虚拟具身、虚拟空间身体等[②]，虚拟空间中身体与空间互动的探讨。从数字制图术角度来看，空间媒介中人身体的日常移动在实践过程中又经由空间媒介转化为空间数据，虚拟空间中技术、社会、空间三者交汇构成了"中介化的空间性"[③]；5G 技术则使都市物理空间与网络社会的交往被重新激活，重构了身体与城市空间之间媒介化意义。[④] 在信息技术空前发达的今天，这些研究敏锐地捕捉了媒介在建构物质性的城市空间与象征性的虚拟空间之间的关联，并且强调了虚拟和现实空间从疏离走向融合的过程。[⑤]

然而，上述这些新近的研究聚焦于对信息技术下人与虚拟空间互动的考察，而传播与实体空间或虚拟空间互动的区分是伴随大众媒介兴起的晚近事情，这就导致主流传播学如上所见地偏移虚拟空间研究，而遮蔽了实体空间所具有的重大意义。[⑥] 但显然，在古代某一实体空间内的传播则是浑然一体的，文庙场景下的人们的互动，如各类仪式、接受教育等，构成了民众的公共生活一部分；另一方面，西方具身性思想与中国哲学语境中的体知观本身就存在话语接合与融通之处。[⑦] 因此，从"物质性"和"具身性"角度考察文庙这一"空间媒介"在古代如何与人互动，使人获得关于儒家文化的认知，并反过来为人进行空间再生产，亦是可行的探索路径。

① 王维涛、张敏：《地理媒介与第三空间：西方媒介与传播地理学研究进展》，《地理科学进展》，2022 年第 6 期，第 1082—1096 页。

② 王智慧：《寻找不确定性：智能时代运动社会学的研究转向——基于对人工智能最新发展的思考》，《西安体育学院学报》，2024 年第 2 期，第 194—204 页。

③ 黄显：《数字地理研究中的媒介和传播：人与技术的会遇》，《新闻记者》，2021 年第 6 期，第 15—27 页。

④ 白龙、骆正林：《身体、空间与城市：5G 时代智能城市的媒介化重构》，《新闻与传播评论》，2021 年第 1 期，第 26—34 页。

⑤ 王鹏：《城市传播的空间媒介观建构——基于列斐伏尔"空间三元辩证法"理论》，《东南传播》，2022 年第 7 期，第 78—80 页。

⑥ 复旦大学信息与传播研究中心课题组、孙玮：《城市传播：重建传播与人的关系》，《新闻与传播研究》，2015 年第 7 期，第 5—15 页。

⑦ 李爽：《承载三十年光荣与梦想，启续中国传播学自主知识体系建构新篇章——第三届华夏文明与传播学中国化高峰论坛会议综述》，《华夏传播研究（第十二辑）》，北京：九州出版社，2023 年，第 18—33 页。

二、"风水"：同安文庙形制变化中人对空间的具身认知

具身认知实际上指涉了一种"涉身性"，即认知主体利用躯体、感知器官、视觉系统等进行认知，他们有来自周围环境的直接体验，其认知行为是涉身的。[①] 具身还涉及身体与环境的嵌入性与交互性，强调身体、心智以及环境三者的一体。[②] 作为一种空间媒介，文庙与文庙风水本身具有"环境"的性质无可置疑，而在这一空间中个体的身体、心智如何嵌入与交互仍需进一步探讨。马林诺夫斯基的文化功能论为探究同安文庙形制变化中人与空间的交互过程与关系生成提供了理论视角。马林诺夫斯基认为文化"包括一套工具及一套风俗——人体的或心灵的习惯，它们都是直接的或间接的满足人类的需要"[③]，以此将文化的范畴扩展到了物质层面和精神层面的社会存在，并从人的需求维度展开文化功能的分析。[④] 人的需求包括强加给每种文明和其中所有个体的生物性决定因素，即基本（生物）需求，人类对分工合作、共处秩序、文化传承和政治威权的衍生（社会）需求，以及人类对知识、信仰、文娱、艺术的综合（精神）需求三个层次，人们对这三种需求的回应构成了复杂的文化体系。

文庙不仅是居住场所，也是进行文庙祭祀活动、传播儒学的场所，在社会教育与文化发展上起着重要的推动作用。因而，文庙作为一种空间媒介，无论是其静态的建筑形态，还是动态的形制变化，都必然不是仅仅为了满足主体基本需求的存在。作为文化传播的载体，同时也是文化的一种符号象征，文庙在满足社会方面的衍生需求，以及精神方面的综合需求上必然也起到了一定的作用。因此，本文在马林诺夫斯基的文化功能论框架下，对文庙空间中个体的身体、心智如何嵌入与交互进行探讨具有一定的合理性。

（一）作为自然存在的风水："宜居"基本需求的满足

毫无疑问，文庙"堪舆"十分讲究空间的"藏风得水"，历史上有过不少因地势或水文等风水因素不佳而将文庙迁走的事例。[⑤] 同安文庙儒学最初建造在登龙坊，位于同安县东南，宋建隆二年（公元961年）被邑令林滂迁至县西北，又在祥符

---

① 刘晓力：《交互隐喻与涉身哲学——认知科学新进路的哲学基础》，《哲学研究》，2005年第10期，第74—81页。

② 刘海龙、束开荣：《具身性与传播研究的身体观念——知觉现象学与认知科学的视角》，《兰州大学学报（社会科学版）》，2019年第2期，第80—89页。

③ 马林诺夫斯基：《文化论》，费孝通译，北京：中国民间文艺出版社，1987年，第14页。

④ 唐婷：《马林诺夫斯基的文化功能理论研究》，硕士学位论文，黑龙江大学，2018年，第29页。

⑤ 参见邓凌雁：《空间与教化：文庙空间现象及其教育意蕴的生成》。

九年（1016 年）迁至县东南，宣和年间迁回登龙坊旧址，并于绍兴年间迁至现今的位置①。风水本身在文庙迁移的过程中呈现为一种自然存在，最基本的是为了满足儒学兴办中"宜居"的要求。在短短五十年中，文庙选址由同安县西北又迁回东南，在很大程度上与"风水"的自然存在以及"宜居"的基本需求相关。一方面，同安县东、西、北三面傍山，一面临江②，选址于东南角有"来龙"和"得水"的优势；另一方面，同安县"清明以后以南风为常，霜降以后以北风为正……（飓风）俱至南乃息"③，也就是说选址于东南角亦有"藏风"和"聚气"的优势。因此，无论从"藏风得水"还是"来龙聚气"考虑，同安的东南角相较于西北角都更"宜居"，而对于一县儒学之所在也更为重要。

在自然存在的基础上，"风水"的规定性被人不断地以社会存在的方式覆盖到自然属性之上，通过实践将"风水"本身自带的因果性与人的目的性统一在这一存在中。④在文庙的增改制中，"风水"作为社会存在本质特征的目的性最为突出。从自然存在中抽离，"风水"满足的也不只是宜居的"基本需求"。同安文庙作为儒家思想观念传播的空间载体，其增改制过程中"风水"因素的社会存在部分也必然满足了人的"社会性需求"。

（二）作为社会存在的风水：复合社会性需求的满足

回顾同安文庙的增改制过程，从社会性需求角度亦可以洞悉同安文庙建筑风水的存在。其中最为典型的改制即是名宦乡贤祠合一与分立的变化。嘉靖年间，名宦乡贤祠"改建于教思堂后，并祀名宦乡贤。万历三十二年，……分名宦、乡贤前后堂列之，……康熙三十二年，移祀于文公祠，合乡贤名宦为一堂。乾隆二年，……（改祀名宦乡贤于学宫右），仍分名宦、乡贤而前后列之"。⑤在名宦乡贤二祠合一或分立的形制变化中，风水的存在并非仅为了满足纯粹自然存在因素的"基本需求"，反而与秩序、政治权威、文化传播等社会存在的"社会性需求"紧密相关。考察二祠分立的形制会发现其带有浓厚的"官本位"色彩⑥——名宦始终列于前堂而乡贤列于后堂，与风水中"明间""暗间"的说法相对应，居于前堂的名宦祠显然是处在更主要的地位上，这也暗合了维护政治权威与社会秩序的社会

① 吴锡璜：《同安县志》，北京：方志出版社，2007 年，第 426 页。
② 吴锡璜：《同安县志》，北京：方志出版社，2007 年，第 51 页。
③ 吴锡璜：《同安县志》，北京：方志出版社，2007 年，第 23 页。
④ 俞吾金：《存在、自然存在和社会存在——海德格尔、卢卡奇和马克思本体论思想的比较研究》，《中国社会科学》，2001 年第 2 期，第 54—65 页。
⑤ 吴锡璜：《同安县志》，第 433 页。
⑥ 沈旸：《东方儒光》，南京：东南大学出版社，2015 年，第 213 页。

性需求。

此外，风水在同安文庙增改制的过程中也满足了文化传播的社会性需求。以苏公祠为例，考察其在同安文庙内的增制伊始，朱熹于教思堂后改忠义、荣义二坊为丞相坊，建苏公祠纪念苏颂①；后来苏公祠又屡遭迁建，明成化间被推官柯汉改建于明伦堂左，知县张逊又以"其地卑湿"为由将其迁走重建。②在苏公祠流变的过程中，一方面，苏颂作为一种符号替代了"忠义"和"荣义"，带着其为儒家所认可的"道德博闻"等品质进一步被传颂和传播。另一方面，苏公祠因其址不合适而迁建也是官方儒家文化和民间风水文化的碰撞与结合。③从祠堂作为"阴宅"的一种化身来看，其位置的挑选蕴含着一种"理气"，既是对先贤的责任义务之"理"，也有人伦之"理"以及情感自然表达之"气"④；而从祠堂作为文庙祭拜活动的空间载体来看，这种祭拜行为遵行的是一种"道统"而非以血缘为纽带的"宗统"，这种"公共之气"是"生者之精神"与"祖考之气"之间的"神气交感"，可以将"血缘之气"也囊括在内。⑤但无论是从"阴宅"角度考虑，还是从祭拜活动的空间上思考，苏公祠承载的这种"公共之气"归根结底来说都是一种"诚敬之心"，既连接了血缘与道统，实现敬祖和敬贤的统一，又使朱熹理学思想与民间阴宅风水思想相互关联，成为其中的一个"联接节点"。⑥也就是说，风水满足了人与社会秩序共存的社会性需求——维护秩序、政治权威、文化传播，它集中体现在对"理气"的遵循，其本质为一种"诚敬之心"。

（三）"共在"：空间媒介具身传播的内在机制

进一步考察苏公祠这一空间内的祭拜活动，若将传统祭拜仪式中的血缘纽带，即"血统"，看作子孙与祖辈的交感"共在"，那么"道统"则是文庙内祭拜仪式中"后学慕道"与"圣贤先师"的"共在"。⑦中国古代对于"共在"的追求可以追溯到孔子所言的"祭如在"之中，通过适格的逝者象征物完成沟通想象、拟想互动的建构，其关键在于逝者的表征与在场。⑧而海德格尔论及"共在"也强调，

① 吴锡璜：《同安县志》，北京：方志出版社，2007年，第108页。
② 吴锡璜：《同安县志》，北京：方志出版社，2007年，第432页。
③ 曾甜：《冲绳的风水文化研究》，硕士学位论文，广西师范大学，2023年，第25页。
④ 张瑞：《朱熹风水思想的历史学研究》，博士学位论文，山东大学，2014年，第182页。
⑤ 李纪祥：《"孔庙世界"的存在本质》，《长安大学学报（社会科学版）》，2016年第2期，第1—12页。
⑥ 张瑞：《朱熹风水思想的历史学研究》，博士学位论文，山东大学，2014年，第184页。
⑦ 李纪祥：《"孔庙世界"的存在本质》。
⑧ 张放：《祭如在：中国传统民间家庭祭祀的沟通想象建构》，《国际新闻界》，2023年第3期，第109—129页。

"共在"就是作为"此在"的人与其他存在共同处于流变的活动过程中，而其他存在即为我们所感知的事物，一定是以某种关涉我、为我所及、为我所用的方式出现。①这也无形中暗合了"祭如在"中作为此在的个体，与感知逝者在场之间想象沟通的建构。在祭拜活动中，同安文庙增改制及其背后"风水"的道理在满足人的自然和社会双重需求的同时，更重要的是使人获得一种共鸣，有一种关系性、活动性、过程性、生成性的"共在"。这是一个具身认知的过程，并非纯粹"人的内在感知"，也并非纯粹经验感知的对象，而是充当了空间媒介与人的身体、心智之间建立关联的纽带，是一种对人本身综合需求的回应与满足。

　　总而言之，此部分依照马林诺夫斯基提出的三种文化功能——基本需求满足、衍生需求满足与综合需求满足，对于同安文庙增改制中"风水"——这一人对文庙空间产生直接体验的媒介进行了考察。由此，研究得以揭示同安文庙这一空间内，人对文庙及其风水这一空间媒介具身认知的内在机制，即"共在"搭建了人与空间之间风水之"气"的关联，其本质也是一种儒家之"理"，即诚敬。

三、"定居"：同安文庙形制变化中人与空间的关系生成

　　正如前文提到的，"共在"具有关系性、活动性、过程性、生成性的特点。在此基础上，此部分将进一步考虑祭拜之外更普遍的情况下，文庙形制变化中人与风水的"共在"是如何生成的，以及"共在"带来的人对空间的具身认知又会走向何处。

（一）"正名"：此在与共在统一的一种解释

　　笛卡尔的"我思故我在"肯定了人是认识和思维的主体，但是"我思"只能说明关于世界的知识图景，却不能说明事的世界的创造和运作，因为事的世界由多边的互动行为构成，显然不能简单还原为思的问题。因此，我们寻找了另一个形而上学原则以分析事的世界——"我做故我在"。②"做"（to do）实则就是此在与共在的统一，它一方面创造了"我在"，即此在；另一方面还同时创造了我与他人的"共在"。反观上文对同安文庙增改制具身认知问题的考察，研究借助祭祀仪式的例子将"共在"解释为文庙空间具身传播的机制，而进一步思考"共在"的形成，则很难忽视其中含有"做"的因素，毕竟祭拜的行为本身也是一种"做"。那么更进一步讲，文庙形制变化中人与风水普遍意义上的"共在"又是如何"做"

---

① 易小明：《共在的伦理之维——兼及共在作为社会财富共享的一种依据》，《齐鲁学刊》，2020年第6期，第85—98页。

② 赵汀阳：《共在存在论：人际与心际》，《哲学研究》，2009年第8期，第22—30页。

出来的呢。为进一步对此做出清晰的解释，此部分将着重考察同安文庙形制变化中明伦堂复建的历史。

嘉庆三年，王增錞为高以彰倡导修建明伦堂作记。在记中，他点明了重修明伦堂的核心在于"明人伦"①——表现在当地淳朴的风俗以及颇有成就的治理教化效果。一方面，以明伦命名，契合孟子所说的"人伦明确于上，百姓和睦于下"，是要使父子、君臣、夫妇、长幼、朋友各尽其道，凸显一种尊卑有序的儒家伦理观念。另一方面，高以彰修建这座明伦堂，也是彰显当地以儒家文化教化百姓成就的象征符号。重建明伦堂的过程本身就包含功名的象征符号和等级的尊卑有序双重意味，这也再一次印证了人在其中获得的具身认知是一种儒家之"理"，即对诚敬的具身认知，而空间对双重意味的指向为人所认知才促动了人与空间的"共在"。

同安文庙内建筑形制的变化在不同层面上彰显了人对空间的能动作用。但不可忽视的是，形制变化所要表达的诸如人伦、功名的彰显则都需要指向他者。更简明地说，建筑增改制带来政绩彰显的传播效果无论对于上级还是平民来讲，都是从其与空间"共在"的过程中获得的。而之所以"他者"能从共在中获得一致的体验，正是由于其背后存在儒家"正名"观反映的名实相符、名分有序的观念。再比如修建朱子祠的意味在于"夫政之得民速，不如教之及民远也"②，此时形制的变化亦可以凸显治理者治理的成效与功名；孔公俊"（建殿以奉先圣，）作戟门于殿之外，又为棂星门"③以象征祭孔如同尊天，这类文庙形制变化则强调尊师重道，加之孔公俊是孔子五十三世孙，其形制的变化就又有指涉名分尊卑有序的意味了。无论是具有彰显治理功名的形制变化，还是彰显名分尊卑的形制变化，二者最终均指向了儒家的"正名"观。用胡塞尔的话来说，意识本质上是有指向的，是向世界敞开的。④这种"共在"的形成本质指向了儒家传统中的"正名"，它是身处其中的人们对自身的有限性进行的想象性补充的超越⑤，为文庙空间内此在与共在的统一提供了可能的解释。

（二）"汇集"：文庙建筑规制内的主体关系

伯梅的天气现象学认为，基于身体在场以及具身知觉，周遭环境、自然风景

① 吴锡璜：《同安县志》，北京：方志出版社，2007年，第125—126页。
② 吴锡璜：《同安县志》，北京：方志出版社，2007年，第108—109页。
③ 吴锡璜：《同安县志》，北京：方志出版社，2007年，第110页。
④ 莫里斯·梅洛-庞蒂：《知觉现象学》，姜志辉译，北京：商务印书馆，2001年，第255页。
⑤ 莫里斯·梅洛-庞蒂：《知觉现象学》，姜志辉译，北京：商务印书馆，2001年，第256页。

都成为了"我们身体—感官感觉的相关物"，借鉴此观点，我们也可以从客观环境、感性经验以及与他者身体的"共在"中重新审视身体性的此在①，并进一步理解"共在"的文庙空间。从文庙这一空间媒介本身出发，在客观环境上看，文庙形制变化的过程实质上就是一个建造的过程，而因为"共在"与"此在"的统一，建造本质上要追求人之所"是"（而非建筑之所"是"）。此在指向的并非某种存在方式，而是"人"这一存在者本身，"其存在方式是'生存'（Existenz），而非其他'现成存在'（Vorhandensein）式的存在"。②因此，建造本质是追求一种生存意义上动态的"定居"——建造即定居是人的生存方式。③从感性经验上讲，人对同安文庙空间产生的具身认知及其背后指涉的儒家正名观已经在前文详细论述过了，在此就不再赘述。

而从文庙空间角度探讨与他者身体的"共在"则是一个有着丰厚意蕴的议题。建造过程实际上是一种"汇集"，海德格尔认为建造（或者说定居）聚集的是"天地神人四重整体"，而在"人"进入时，建造的客体才有了意义。建筑/定居本身承载了"天地神"三者，天和地可以看作"风水"的同一物，而此在与共在的统一也提示了"人"在定居中的核心地位。那么，要探析同安文庙形制变化中人与空间的关系生成，就需要进一步理解定居过程中所汇集的"神"的意义。

前文关于"祭如在"和同安文庙内祠堂形制变化的论述似乎把先贤置于了文庙空间内"天地神人"中神的存在地位。但是，海德格尔所说的神并不是某种存在者，也不是神化的人，而是对精神贫困、思考真理无能、生存无根、处于困境中的人的召唤④，强调一种"神圣的"神性。陈小文在阐述这种神性的时候，提到了自由女神像中暗含美国人神圣的"自由"，埃菲尔铁塔暗含法国人神圣的"浪漫"，长城暗含了中国人神圣的"不屈不挠，团结一致"。⑤以此类推，置于文庙的情境之中，"神性"的指向正是儒家"正名"的观念，来自存在居有"迟疑着的拒绝提升"⑥——并非一种真正的拒绝，而是对人们探求"神性"的召唤与引领。更进一步地，这种"神性"应当从何而来，去向何处？神性的召唤来自建筑的建造与人的定居，而在此之前，"自然"是先行的存在，它"先行于一切事物，先行于

---

① 王旭：《新现象学的气氛概念及其哲学潜能》，《中国社会科学院大学学报》，2023年第9期，第51—63页。

② 俞吾金：《形而上学发展史上的三次翻转——海德格尔形而上学之思的启迪》，《中国社会科学》2009年第6期，第4—19页。

③ 邓波：《海德格尔的建筑哲学及其启示》。

④ 朱清华：《最后的神的面目》，《现代哲学》，2018年第1期，第106—113页。

⑤ 陈小文：《建筑中的神性》，《世界哲学》，2009年第4期，第84—91页。

⑥ 朱清华：《最后的神的面目》，《现代哲学》2018年第1期，第84—91页。

一切作用，也先行于诸神"①，也就是说，在"天地神"的体系中，天地是神得以召唤与指向的先行条件，在文庙这一空间内，天地意味的就是"风水"，这也再一次论证了上文对于此在与共在统一解释的合理性，并进一步将风水的自然存在也纳入"共在"的体系中。

最后不可忽视的是，集齐"天地神"三者的建筑空间不但需要存在，也需要人——把"神性"的指向涵盖进存在者中，在共在和此在之间沟通二者，用圣经的说法来说，它是存在自身"道成肉身"②，能够与人能够相互映射。这亦是一种提示，即"共在"并非单纯的人的具身认知过程，它还包含着一层互相赋予意义，人与空间关系生成的过程亦即"人宅相扶，感通天地"。

结论与讨论

通过对同安文庙增改制历史的考察，本文回答了最初提出的研究问题，并在此基础上进行了扩展和解释。一方面，同安文庙风水带给人们的具身认知驱动了其形制的变化。作为自然存在的风水满足了人们"宜居"的基本需求；作为社会存在的风水则满足了维护权威与秩序的复合社会性需求。在此基础上，更重要的是同安文庙增改制使人获得一种共鸣，有一种关系性、活动性、过程性、生成性的"共在"，风水在其中充当了空间媒介与人的身体、心智之间建立关联的纽带，进而回应了对人本身综合需求的满足。"共在"搭建了人与文庙空间之间风水之"气"的关联，其本质也是一种儒家之"理"，即诚敬。建立于与他者拥有共通意义空间的"共在"，其形成本质上指向了儒家传统中的"正名"观，它是身处其中的人们对自身的有限性进行的想象性补充的超越，并使文庙空间内此在与共在能够自觉地统一起来。从客观环境、感性经验以及与他者身体的共在省思文庙空间中身体性的此在，可以窥见与海德格尔"定居"建筑哲学的联结——建筑对"天地神人四重整体"的汇集亦是一种"共在"，并且人与风水之间还存在相互映射的关系，互相赋予意义，"人宅相扶，感通天地"。

总之，通过对同安文庙形制变化的历史考察，研究较为系统地阐述了文庙这一空间媒介具身传播的形式、机制与内容，并就其机制的来龙去脉梳理。在此基础上，本文想结合南北方文庙形制变化的多元一体特性，呈现中华民族多元一体格局下中华优秀传统文化的传承与传播路径；并进一步与西方哲学思想进行对话，探讨中国传统文化语境下风水学说与儒家文化能够为现代人实现"诗意栖居"提供怎样的启示和贡献。

① 海德格尔：《荷尔德林诗的阐释》，孙周兴译，北京：商务印书馆，2000年，第68—69页。
② 林子淳：《"最后之神"即海德格尔的基督？》，《世界哲学》，2015第1期，第62—71页。

（一）多元一体：南北方文庙形制变化的比较

南北方文庙在形制与文化意义上展现出既相似又相异的丰富图景，展现了中华文明多元一体的特性。与本文提及的闽南地区同安文庙相照应，北方文庙的形制也受到风水理论的影响，追求人与自然的和谐共存。例如，安徽寿县孔庙建筑在美学上讲究对称，中轴至上，在理念上遵循自然和谐、天人合一的观念[①]；以北京传统建筑为首的中原单体建筑形制比例也凸显了天、地、人和谐的文化观念。[②]然而，地域的差异也赋予了它们独特之处。北方文庙总体上循规制而建，受古代官式建筑型制制约，北方不同地方的装饰构件色彩趋于华丽，但雕刻手法较为朴实、端庄。南方文庙形制也呈现出不同的面貌，如潮州孔庙的大部分空间都使用官式彩画，但在拜祭孔圣的后殿，彩画则变为地区式祠堂的图纹[③]；云南地区文庙建筑则呈现出外来建筑文化与地方建筑文化融汇的典型特征，文庙的建筑形制特征在云南和中原地区之间，云南内部各地区之间，均存在显著的地方化特色差异。[④]这些地方化的文庙建筑特色，丰富了文庙形制的同时，也使其成为文化交流和融合的重要场所，既是儒家思想的物质载体，更是国家文化与地方特色相互交融的见证，呈现出地理环境、社会经济条件以及中央规制与地方文化适应再生产等多重因素的动态交互过程。

中华文化的多元一体特性是中华民族多元一体民族格局的映射，呈现出很强的综合性。[⑤]在文庙的建筑形制变化和文化实践中，北方文庙的规整与华丽、南方文庙的灵活与多彩，均体现了中华文化多样性的特征；即便所在地域不同，但作为文化的象征与社会教育的重要场所，二者对儒家思想文化的具身传播形式、机制与内容上则是共通的，呈现出形制背后意义的一致性。可以说，在多元一体的格局下，文庙的文化传播与关系生成路径在形制变化中亦有"不变"，在地域不同中亦有"相同"。置于当代文化传承的语境下，研究文庙形制变化的内在意蕴与作用机制，有助于更好地理解中华优秀传统文化传承与传播的内在激励，为中华文化的传承与传播提供了新的可能路径。

---

① 张何迎：《安徽寿县孔庙建筑形制研究》，第 13 页。

② 王南：《规矩方圆天地中轴——明清北京中轴线规划及标志性建筑设计构图比例探析》，《北京规划建设》，2019 年第 1 期。

③ 郑红：《潮州传统建筑木构彩画研究》，博士学位论文，华南理工大学，2012 年，第 239 页。

④ 胡炜：《云南明、清文庙建筑实例探析》，硕士学位论文，昆明理工大学，2003 年，第 62，164 页。

⑤ 方堃，明珠：《多民族文化共生与铸牢中华民族共同体意识》，《河南师范大学学报（哲学社会科学版）》，2020 年第 5 期。

（二）诗意栖居：中国语境下人的生存尺度

现代社会的社会时间不断加速，生活节奏的加快也加剧了现代人内心的价值真空，科学和技术的发展也为我们的世界观提供了一种能够操纵自然的自由感和控制感。然而科学与理性在自身发展中也遇到矛盾，它也会创造新的威胁、新的暴力，这也是在提醒我们，人不能单靠着理性而存在。[1] 在这种背景下，人们越来越渴望寻找到一种生活的诗意，一种超越物质追求的精神寄托。海德格尔在荷尔德林的诗句中发现了诗人与诗意居住之间的密切联系，认为"诗"是人类能够不单靠理性而得以存在的一种可能，作为一种提供超越现实世界视角的艺术形式，使诗意栖居成为可能。[2] 里尔克（Rilke）认为"内在空间"不可见，却唯有它能贯穿所有存在，将艺术与世界"敞开性"地结合，冲破一切时空的局限，得以永恒。[3] 与里尔克的时空观念相联系，可以说，海德格尔的诗性指涉的正是心灵的内在时空，当它超越可计算的理性时空后，在其中人才能真正栖居，并且这种心灵的栖居必然是诗意的。[4]

海德格尔将诗意的栖居框定在了诗的范围之内，而进一步考察同安文庙的风水及其形制变化，我们则可以将人的诗意栖居扩展到更大的范围内衡量，将神性视作衡量人类存在的尺度。如果不单将建筑作为一个居所，而是作为泛指的艺术品来看待，那么对于海德格尔来讲，"艺术的本质就是存在者的真理自行置入作品"。[5] 值得注意的是，海德格尔强调的"诗意"并非惯常所指的浪漫意涵，而是"用人文精神、灵魂回归来稀释僵硬的生存系统"，因此他引申出"神"，以神性度量自身。那么置于中国语境之下，这一"存在者的真理"即是儒家的"正名"观，这一点也是文庙空间内神性所指涉的，而自然的"风水"就是神性的先行存在了。因此，人要在其中真正达到栖居、"共在"，就需要用"正名"观来衡量自己，"正名"观则是超越此在的，从有限扩展到无限中去。而"正名"观又隐藏在文庙形制的不断变化之中，透过文庙这一空间媒介潜移默化地使其中的人能够获得这样的具身认知。这也正应和了荷尔德林的诗：

"*Was du suchest, es ist nahe, begegnet dir schon.*（你梦寐以求的近在咫尺，已经与你照面。）"

---

① She Shiqin, *Hölderlin : critique de la raison et habitation poétique de l'homme*, Thèse de doctorat, Université Toulouse le Mirail - Toulouse II, 2012, pp.248.

② She Shiqin, *Hölderlin : critique de la raison et habitation poétique de l'homme*, pp.254.

③ 艾士薇、杜青钢：《时空之思与物我之辨——里尔克的诗学透视》，《外国文学研究》，2014年第2期，第154—161页。

④ She Shiqin, *Hölderlin : critique de la raison et habitation poétique de l'homme*, pp.258.

⑤ ［德］海德格尔：《人，诗意地安居》，郜元宝译，上海：上海远东出版社，2011年，第99页。

华夏传播与铸牢中华民族共同体意识研究

以盐入贡：盐媒介下的中华文化共同体研究 *

Offering Salt as Tribute: A Study of the Chinese Cultural Community through the Lens of Salt as a Medium

赵　晟 **

Zhao Sheng

摘　要： 本研究试图以盐作为媒介视角去探究多元一体的中华民族是如何跨越地域和文化的阻隔熔融到一起的。着重关注盐政盐运和盐商集团围绕盐的产销而形成的权力格局，分析中国特色的政治传播与管理制度是如何主导了自上而下的文化共同体演进。最后也讨论了民族地区借由盐的互市与物流网络所形成的文化交流与经济一体化渠道，揭示盐作为中国共同体文化的重要组成部分影响深远。

Abstract: This study attempts to explore how the multi-ethnic Chinese nation transcends regional and cultural barriers to fuse together, using salt as a medium perspective. It focuses on the power structure formed by the salt administration, transportation, and merchant groups around the production and sales of salt, analyzing how the unique Chinese political communication and management system has dominated the top-down evolution of the cultural community. Finally, it also discusses the channels of cultural exchange and economic integration formed by the inter-market and logistics network of salt in ethnic areas, revealing the profound influence of salt as an important component of the Chinese community culture.

关键词： 盐；媒介；共同体；政治传播

Keywords: Salt, Medium, Community, Political Communication

---

* 基金项目：本文系广西高校中青年教师科研基础能力提升项目"盐媒介视域下的广西文化记忆与话语重构研究"（项目编号：2022KY0038）阶段性成果。

** 作者简介：赵晟，男，广西桂林人，广西师范大学文学院 / 新闻与传播学院副教授、研究生导师，厦门大学文学博士，研究方向：华夏传播研究、具身传播研究。

需要特别申明的是，盐作为一种自然界天然存在的矿物质，绝非自动就成了媒介，"而是说它只对某种特定物种，以某种特定方式，通过某种特定技艺才成为媒介"。[①] 彼得斯将媒介视为自然与文化两者的拼接，而在拼接的交汇处是媒介的仪式在撬动自然禀赋与文化价值取向之间的平衡。针对盐媒介而言，这种特定的方式或者说媒介仪式，肯定也包括了盐政及其延伸出的政治管理方式。再度引用凯瑞的话，"传播并非只指信息在空中的扩散，而是指在时间上对一个社会的维系；不是指分享信息的行为，而是共享信仰的表征。从这个意义上说，传播本质上就是一种以团体或共同的身份把人们吸引到一起的神圣典礼"。[②] 盐媒介的政治管理仪式，其实质就是用以维系中华民族大融合，九州大一统的神圣典礼，盐的入贡是向内凝聚的仪式，盐的跨文化调度是向外生根的仪式。中华文明的政治传播与权力机制就在这样的媒介仪式中得以展现。

而要观察人类社会交往方式的转变，对于权力转移的观察是一个非常好的视角，也是传播学一贯的历史研究范式。传播学研究中最经典的权力转移案例就是文字自口语社会中的诞生，使得过去依靠着自身记忆力掌握了最多知识的老人，将手中的权力逐步交接给依靠文字的记录能力掌握了更多知识的新兴士族阶级。并以此观照了文字媒介的相关特性。在过去，这样的媒介史研究范式只局限于对口语文字、广播电视这类传统认知下的媒介的考察。但如果将目光放得更宏大长远，则会发现中国历史上"大禹治水"的传说故事就是一个很好的案例，即鲧、禹父子通过治理水患的技术与成就，从而获得了极高名望与政治地位，得以从神权那里接过了统治华夏的合法性，开创了中国古代国家历史的开端。其中对于治水技术实质上也是一种基础设施型媒介，极大的形构了中国整个社会历史与文化的构成与发展。于是，使用类似的权力视角观察盐与制盐技术的发展，也同样可以重新发现盐作为媒介的特性，以及盐对于人类社会与文化的嵌入机制。

一、盐的入贡仪式

先秦史籍《世本》中记载"夙沙氏煮海为盐"，得以位列华夏文明之祖而享祭祀。舜作五弦之琴以歌《南风》、舞《咸池》，《礼记》记述："昔者舜作五弦之琴以歌《南风》，夔始制乐以赏诸侯。……《大章》，章之也。《咸池》，备矣。《韶》，继也。《夏》，大也。殷周之乐尽矣。"[③] 同样含有着丰富的权力流动脉络。《梦溪笔

---

① ［美］约翰·彼得斯：《奇云：媒介即存有》，邓建国译，上海：复旦大学出版社，2020 年，第 57 页。

② ［美］詹姆斯·凯瑞：《作为文化的传播》，丁未译，北京：华夏出版社，2005 年，第 7 页。

③ 王文锦：《礼记译解》，北京：中华书局，2016 年，第 482 页。

谈》记载："解州盐泽之南，秋夏间多大风，谓之盐南风。……解盐不得此风不冰。盖大卤之气相感，莫知其然也。"[1] 由此可知《南风》和《咸池》都是用以歌颂诸夏之起源地的盐池，在公开的祭礼上引唱其实就是一种在后世中华更熟悉的祭祀天地祖先的仪式。就像是泰山封禅祭告天地先祖是一种古时皇帝的特权一样，舜歌《南风》、舞《咸池》祭告先祖这华夏兴起的盐池还在子孙后代的掌控中没有失去，另一方面也是向所有参加祭礼、得见得闻祭礼的人表示，其统治的合法性承袭自华夏正朔，已在祭祀的沟通中得到天地与先祖的认可和授权。

《南风》和《咸池》虽说是宫廷雅乐和宫廷舞蹈，但并不禁止民间也仿效来歌舞，反而可以说是鼓励民间这么做。因为礼乐是相辅相成的，承袭了乐的文化传播，自然就对于带着观训制约之礼的文明传播敞开了心防。祭祀与歌舞总是密不可分，都是用于庆祝节日的必需仪式，而每一次这样盛大仪式的举行，与仪式之后对歌曲舞蹈的广泛传播和模仿，都为诸夏子民们留下了深刻的印象和记忆而也可以被称之为古代中国的媒介事件。媒介事件与媒介仪式的联系来自"总体的行动框架的组织功能，也就是使得发生在很多地点的大量行为聚合起来，并可被称为一个'媒介事件'的这样一种事实或是建构起来的事实。这一事实是，通过那个媒介事件的叙事框架，社会的集体属性被确认、强化或者维系。换句话说，媒介事件是一种大规模的、专注于媒介的社会过程，通过对媒介仪式迪尔凯姆式的解读得出的价值或者至少是假想的价值，是这个过程的总体组织框架，通过这一社会过程确认社会凝聚力。所以，在媒介事件的框架下，会发生很多可以被称为'媒介仪式'的本地性行为，因为行为框架把这些行为与媒介展现的价值联系在了一起"。[2] 借由盐媒介的广为接受性，夏朝的统治者设计了盐的歌舞仪式，聚集起祭祀的节日，在诸夏子民的精神世界中凝聚起了诸夏部落都共同参与的盐媒介事件。而盐的价值，包括盐的重要使用价值、盐标榜的强大与胜利、盐蕴含的勤劳与苦难，都借之以广泛的传播。围绕着盐池而兴的诸夏子民又再一次确知了彼此间的凝聚力，社会的集体属性以及夏朝统治者的政权合法性与权威性也就一再被确认、强化或者维系。这其实联系下今天就很好理解了，今天的中国人每天都能在学校、企业和政府的广场观看升旗仪式，或听或唱国歌，一些较为肃穆的场合还会悬挂国旗国徽，佩戴党徽团徽；这都是通过在不同时空下借助国家的统一视觉修辞，执行同样的媒介仪式，共同组合成了爱国主义教育这一媒介事件。而一模一样的事，也曾发生在古代中国人对待盐文明的传播上，这便是盐的媒介仪式

---

① 张富祥译注：《梦溪笔谈》，北京：中华书局，2009 年，第 262 页。

② ［英］尼克·库尔德里：《媒介仪式：一种批判的视角》，北京：中国人民大学出版社，2016 年，推荐序第 5 页。

的价值，其通过事件而高效传播，而事件其实就是仪式在不同时空中的模仿和重复。传唱天下的《南风》和《咸池》是盐的媒介事件，一视同仁的盐税也是事件，遍布全国的盐栈盐仓还是事件。中华文明就寓于中国盐文明的传播之中。

到了周天子时期，可以看到另一种有趣的权力运作体系，即入贡体系。入贡体系说得简单一些就是通过地方向中央上缴实物税或财税，表达地方对于中央统治权的承认，再由中央进行物资与钱财的统一分配，再平衡各个地方的发展水平和需求紧迫性后进行中央转移支付。《周礼》原文记载：

大宰……以九贡致邦国之用。一曰祀贡；二曰嫔贡；三曰器贡；四曰币贡；五曰材贡；六曰货贡；七曰服贡；八曰斿贡；九曰物贡。[1]

郑玄的注疏曰：已上所贡之物皆据禹贡而言。[2]

可见周朝对于入贡具体实物的要求其实是一种礼节性的。禹贡时期，诸夏入贡其实是一种部落联盟式的物质交流，部落首领是确实需要实物入贡，也只有通过划分并分享这些贡品实物来确立统治地位并满足诸夏部落的生存所需，是一种低生产力下的劳动分工，所必需的交换与分配环节。最典型的就是青州盐的入贡，是支撑整个诸夏部落沿黄河流域迁徙繁衍的必需，盐池的出产早已无法支撑膨胀了无数倍的人口规模。而到了周代，在生产力已经有了较大发展之后，对于入贡的看法就完全变了，从一种必需的物质分配环节变为了权力的再确认环节，入贡物品是否依循禹贡旧制的礼仪，旧制没有规定的地方对入贡物品是否精挑细选，是否能代表该地方最有普遍代表性的物产，才是最被看重的。入贡就成为了一种媒介仪式，每每因循旧制的入贡就成为了受众习以为常的媒介事件，共同构成了文明的传播。《周礼》记载宴会宾客时的用盐标准：盐人掌盐之政令，以共百事之盐，祭祀共其苦盐散盐，宾客共其形盐散盐，王之膳羞共饴盐。[3] 可见周天子要求的入贡依旧有青州盐，青州入贡的散盐已经属于普及了的日常产品，周朝的祭祀用的是池盐，而周王室的餐桌与宴席则使用西域的石盐。青州海盐的产出当然是很重要，但属于那种文明之基业的重要，而非紧急状况马上就能事到临头的重要，因为周代显然已经解决了盐的多元化来源，甚至已经因为盐而开始将征服与扩展的目标瞄准了出产美味怡盐的西域。青州入贡的实物盐已经不是周王室关注的重点，其入贡的行为本身，以及盐税的上缴才是重点，因为周王室进行中央对地方的转移支付时，使用的已经是货币而非实物了。这其实很好地说明了盐媒介作为后勤型媒介，作为文明的基础设施，在历史的长河中一步步转入幕后，渐渐不再

① 阮元：《十三经注疏》，北京：中华书局，1980年，第648页。
② 阮元：《十三经注疏》，北京：中华书局，1980年，第648页。
③ 阮元：《十三经注疏》，北京：中华书局，1980年，第675页。

成为统治者与精英士人的显要议程的过程。传播学强调媒介拥有着独特的媒介赋权功能，权力的确知、流动和接续传承都需要媒介赋权予以确认。中国人说国之大事唯祀与戎，祭祀就是媒介赋权。

这其实可以引申到另一个很有意思的话题，就是世界史学界和国际关系学者们都很喜欢探讨——中华文明圈的朝贡体系。西方学者们一向喜欢傲慢地从自身的侵略与殖民历史的思维惯性出发，认为中华文明圈的朝贡体系不过就是"中华帝国"殖民周边地区之后，对于它们物产和财富的掠夺，用以供奉并维系中央帝国的存续和扩张，并从这样的角度认定中国是一个"帝国"，认定中国在近代以前是封建国家。但其实拥有一个皇帝的帝制国家和"帝国"一词在当代的文化传播研究概念上完全不是一回事，"帝国"在现在通常与帝国主义联系在一起，早已经不单单指代疆域广阔、人口众多且奉行君主制的国家了。而是指拥有强大的扩张与垄断企图的国家实体，包括对领土和文化上的扩展，也包括资本主义出现后资本的扩展和垄断，也就是西方列强国家疯狂殖民世界的行径。并且帝国主义是与封建也就是分封贵族制联系在一起的，派驻总督、成立殖民掠夺公司都是分封贵族制的管理办法。西方学者凭着朝贡体系，想将近代中国认定为是帝国和封建制度的国家，就是为了将中国拉到跟他们一样的殖民者的列强地位，从而否定中国受欺凌和压迫的被殖民身份，从道义上将中国所遭受的近现代苦难的根源归结到列强争霸的失败上去，从而洗脱自己侵略并试图殖民中国的犯罪历史。但借由盐媒介，穿透历史的帷幕，看明白了自诸夏而华夏的中华文明对于入贡的历史和制度设计之后，就明白了朝贡制度是堂堂礼仪之邦的中央与地方之间的关系建构与维系手段。

诸夏入贡表示遵夏礼循夏制，便能成为华夏的一员，参与共同的劳动分工和产品分配。这样的逻辑随着时间的流逝，虽然在表现形式上有所变化，分配的从实物产品变成了一般等价物货币，但这种先汇总再分配的逻辑是不变的，是一种中央和地方之间的关系，是中央施行调控平衡地方的手段，是一种郡县制的管理办法。这与封建制指向的分封贵族执行的利益分配完全不是一回事。而到了近代，西方人观察到的中国与周边中华文明辐射范围内的小国家所形成的朝贡体系，其实精神内核处依旧是遵循这样的一套逻辑，这是拥有历史的国家才具备的文明制度。其集中表现处，就是厚往薄来的朝贡原则。由于周边小国比较于自诩天朝上国的中国来说，其自然禀赋与生产能力肯定都是差距极大的，那么无论是如何精挑细选、价值万金的贡物，只要遵循先集中再分配的逻辑来看，就一定是这些称臣纳贡的小国能获得远超付出的分配额度，也就是回报远大于付出。朝贡体系甚至都不能称之为一种贸易体系，因为其很难说是讲什么公平交易原则的。处于朝贡体系中央的中国朝廷，其实所赚取的只是一种礼仪上的收益罢了，当然如果从文明传播的立场上看，确实也推进了一定的文使天下明的终极目的。

所以近代西方人所看到的朝贡体系之中，是中国总以数年不得入贡来惩处某些小国，而以可以纳贡的资格作为对另一些小国的表彰，周边小国们总是表现出想要积极纳贡的跃跃欲试之心。这与西方人殖民世界的历史经历有一丝半点的相似之处吗？这样的历史现实难道还不足以说明究竟谁是文明，谁是野蛮吗？对朝贡体系形成的历史渊源、真实实践和时代意义有了正确认识后，其不仅证明了中国绝非一个帝国主义国家，甚至是凭借中华文明的先进程度，在近现代之前就围绕中华文明圈形成了实质上的亚洲基础设施投资银行与"一带一路"倡议的古代版本，小国入贡实质上是以遵循倡议为前提条件，来申请贷款发展本国基础设施。这才是朝贡体系真实的一面。也是经由盐媒介的中介，才令后世得以看到的历史真相。

二、由盐中介的权力转移

前边讲述了借助盐媒介进行的赋权和华夏正朔统治权的继承，这里还可以来讲述朝廷之外的权力转移话题。

2003 年，山西省文物考古研究所发掘了寺里一坡头遗址附近的清凉寺墓地，有一系列的重要发现。这座墓地位于中条山深处，位置偏僻，却是近些年来中原内地发现史前时期殉葬人数最多、随葬玉（石）器最丰富的一处墓地。清凉寺墓地的发掘者认为，该墓地第三期的墓葬破坏了早期的墓葬，并经过一定的规划，将墓葬南北并列，从西向东成排分布，并有较多的殉人迹象等，说明社会性质开始出现变化，甚至出现了以销售盐池食盐为主要职业的氏族集团或相应的管理集团或机构。清凉寺墓地的厚葬习俗、特别是随葬大量外来输入玉器的现象暗示，此地曾居住着一个生活富裕、文化多元、性质特殊的群体。河东盐池距清凉寺墓地仅有 15 公里，由此南行 20 公里即黄河古渡口，向南行销运盐的商旅都要途经这条古道。史前时期的自然条件较差、交通路途的不便，加之还要驮运携带货物，也就是两天的行程，清凉寺所在的位置恰恰是最为适合中途打尖休息之处。可见，埋葬在清凉寺墓地的那些"土豪"们很可能就是史前时期掌控这条"潞盐"外销通道的其一特殊群体，他们控制了这条穿越中条山的交通要道，通过对食盐的运输和销售的控制，聚敛了大量财富，继而通过使用外来奢侈品和厚葬的习俗炫耀其富有和特殊。有学者推测，假如清凉寺墓地确如发掘者所言为控制路盐外销氏族群体的墓葬，那么这些外销人员根据目前的资料分析，便意味着陶寺邦国并不直接控制运城盐池，也不直接管理清凉寺墓地的"盐官"。[①] 用更简单的话直截了当地说，远自夏朝时期，就已经存在脱离于中央集权控制之外的盐业开采和贩运的"盐官"集团了。他们或通过直接控制盐产，或通过控制盐运的关键隘口，侵夺了原属中央的权力，并攫取了超量的财富利益。可以看到，围绕盐而形成的权力游戏在华夏大地上是早已有之，源远流长了。

结合前文引《周礼》的记述，盐在周代除了食用和祭祀之外，也有昭示权力、身份与社会地位的功能。其中提及的"形盐"，其实就是将雕琢成"虎"形的盐块以"宾客"或"朝事"，"以献其功"，说明盐在当时有象征身份和地位的重要含义。中原地区历来缺乏盐业资源，加之人类对盐的迫切需求，前文讲述的夏商周的故事其实都凸显了河东盐池所在地理区位的重要性，其一直在中原王朝的政治经济生活中一直扮演着难以取代的关键角色，漫长的华夏历史上晋南地区也一直被各方势力所觊觎，哪怕是在中国上古的神话传说中都多有反映。围绕盐的战争和权力互动，对于古代中国人来说只怕是已经见怪不怪了。而到了春秋战国时期，晋国凭借河东盐池这一重要资源积累了巨大财富，并很快发展成中原地区的超级大国。而齐国的管仲更是提出官山海施行盐铁专营专卖，一下子将围绕盐的权力争夺从统治所有权的角度，拓展到了对于经营权和经济收益权的竞争范畴。盐税的创新极大地强化了盐对于国家实力增长的影响力，秦国能脱颖而出自然也与盐分不开关系。自年轻的秦孝公启用商鞅，实施变法，其中一个重要举措就是学习管仲的做法，由国家官山海控制山林川泽，统一盐税。随着秦国的不断壮大和强力扩张，特别是在吞并巴蜀以后，将西南地区的井盐、石盐资源悉数纳入囊中，极大增强了秦国的经济实力，为日后秦王一扫六合、统一华夏打下了扎实的基础。再往后，汉代制盐产业有突飞猛进的发展。汉武帝时开始改革盐政，实施专卖制度，在全国设立 35 处盐官，盐业从此被纳入国家管理体系，这也成为中国盐政史的重要转折点。改革中最重要的内容是将盐铁买卖所得由宫廷的少府转向了国家的大农，此举也象征着盐铁成为国家财政收入的命脉，而非少数贵族的"私房钱"。[②] 自汉以降，中国历朝历代的朝廷政策中，关于盐业生产和盐政管理的细则会时不时出现一些微调，以适应技术的进步或者各地方民生与产出情况，但在国家管控盐产盐税这一点上从来就没有发生大的改变。因为盐象征着权力与正朔。当然了，在民间官盐与私盐明争暗斗的激烈博弈在历史上从未停止过。毕竟所有权和统治权在数千年的郡县皇权制度中已然无可挑战，但是关于经营权和收益权

---

① 李水城：《中国盐业考古》，成都：西南交通大学出版社，2019 年，第 170—173 页。
② 李水城：《中国盐业考古》，成都：西南交通大学出版社，2019 年，第 180 页。

上，还有极大的空间可供活动与争抢。

举一蜀地盐神李冰的例子，《华阳国志》记载"周灭后，秦孝文王以李冰为蜀首。……又识齐水脉，穿广都盐井，诸陂池。蜀于是盛有养生之饶焉。"[1] 在司马迁的《史记》之中，李冰本是以治水留名，但在巴蜀的地方志里却又记载了其开凿盐井的历史功绩，且被蜀地民众尊为盐神而得享祭祀。可见在巴蜀民众的心中，制盐是与治水同等的巨大贡献，因为同样使得巴蜀民众收获了巨大的经济利益。《华阳国志》还记载自李冰始，及至秦始皇克定六国时的蜀地已经"家有盐铜之利，户专山川之材，居给人足，以富相尚"。[2] 川盐开始声名大噪，不仅历朝历代都是国家的重要收入来源，更是催生出了民间专营私盐"擅盐井之利"的巨富，而导致民间出现"以富相尚"的社会风气。

川盐都如此，更遑论两淮盐业，巨量的盐产出与堪称暴利的盐利，宋元时期开始流传有两淮盐区盐产量"独当天下之半""两淮盐税甲天下"的说法。关于盐商所象征的财富权力，元末的著名诗人杨维桢留下了《盐商行》的诗篇：

> 人生不愿万户侯，但愿盐利淮西头。人生不愿万金宅，但愿盐商千料舶。
> 大农课盐析秋毫，凡民不敢争锥刀。盐商本是贱家子，独与王家埒富豪。
> 亭丁焦头烧海榷，盐商洗手筹运握。大席一囊三百斤，漕津牛马千蹄角。
> 司纲改法开新河，盐商添力莫谁何。大艘钲鼓顺流下，检制孰敢悬官铊。
> 吁嗟海王不爱宝，夷吾策之成伯道。如何后世严立法，只与盐商成富媪。
> 鲁中绮，蜀中罗，以盐起家数不多。只今谁补货殖传，绮罗往往甲州县。[3]

其中的诗句充分表达出了一种对于盐商财富的肯定，认为人生做官也好，富贵也好，都远不如经营食盐的盐商。盐商尽管出身很微贱，但最终可以与为官者争比财富之高低。甚至是能运筹帷幄影响司纲改法开新河，自从管仲策定的以商战立国的道路后，又能有什么国家立法会去约束和管制盐商呢？毕竟货殖的往来，物质的供给还全要仰赖盐商的帮助呢。由此反映出，中国传统社会中的权威由官员向经营着盐铁之利的豪商巨贾转移的自然倾向。

在《史记》中与陶朱、范蠡并称的猗顿，正是以盐业发迹，书曰"猗顿用盬盐起，而邯郸郭纵以铁冶成业，与王者埒富。"[4] 猗顿做盐商做到富可敌国，甚至能在为帝王公侯作传的《史记》中留名，凭借的正是盐的特殊性。与猗顿同为河东

---

① 刘晓东点校：《二十五别史：华阳国志 九家旧晋书辑本》，济南：齐鲁书社，2000年，第30—31页。

② 刘晓东点校：《二十五别史：华阳国志 九家旧晋书辑本》，济南：齐鲁书社，2000年，第33页。

③ 邹志方：《杨维桢诗集》，杭州：浙江古籍出版社，1994年，第66页。

④ 安平秋主编：《二十四史全译：史记》，上海：汉语大词典出版社，2004年，第1542页。

人士的柳宗元曾赞之曰："猗氏之盐，晋宝之大者也，人之赖之与谷同，化若神造，非人力之功也。……家获作咸之利，人被六气之用，和钧兵食，以征以贡。其赍天下也，与海分功，可谓有济矣。"[①] 将盐与谷并列，将盐的重要地位完全凸显，一方面与果腹的粮食同等重要，另一方面又需要仰赖如猗顿这样的盐商才能实现从开采、运输、消费到完税的整个产业链条。盐商起到的作用，可以与产出盐的海（自然界）平分功劳，共同完成了经世济民的功业。从这样的评价之中，也可以窥见技术要素对于社会人文的强大形塑作用，盐的自然属性与技术（人类劳动）属性共同构成了其后勤型媒介的特性。并且如柳宗元这样的士人也早已在潜意识中意识到了，盐业包括其中重要组成部分的盐商，已经是整个中华文明得以存续的基础设施，如果不能从重视谷物粮食产出的角度重视盐产盐商，那么政权的延续和百姓的生活都会受到不可想象的破坏。而在赞叹之外，显而易见便能够联想到的，其实是士人阶层对于豪富盐商的集体警惕。毕竟士人阶层的权力来源于对知识的垄断和朝政的把控，知识的积累是他们唯一依仗的东西，如果放任豪富盐商腐蚀朝廷中央对于权力的垄断，逐步就会出现金钱的积累替代掉知识的积累成为权力的主要来源。或者用更现代的话语来复述，就是资产阶级和新贵族的出现，资本贵族将替代掉知识贵族对于政治权力的垄断。当然了这一时期的生产力发展还非常落后，实质上还不足以形成一个资产阶级同盟或具有指导性价值的主义思想和行动方针。但显然主要由富裕盐商构成的商贾群体，已然自秦汉以降就愈发地显示出的攫取权力的能力和野心，早已引发了士人群体的集体警觉。

后世对于儒家思想治天下中的诸多不满中，有一项很醒目——"重士农抑工商"思想的提出。这其实是可以被解读为，士人群体的执政者争夺权威的举措。在"士农工商"的划分区别之中，将从商放在了最后，甚至在一些历史朝代之中，商贾之子是不被允许参加科举从政的。财富的力量已经如此巨大，哪怕是整个家族从商就不得从政的背景下，巨富盐商都能够形成对于国家政策的极大干预。那么如果再从其中出现身居庙堂之高位者，难以相见会对于已经极为稳定运行数千年的郡县制古代中国造成何等巨大的影响。即便从今天的政治经济学视角回望，"士农工商"的政治地位划分也是有其合理性和必要性的，在生产力还极大不足的时代，第一部门的农业才是最重要的基础，第二部门的工业紧随其后是发展生产力保卫国家和民族的依靠。而以巨富盐商为代表的商贾群体，本身已经享有财富带来的各种收益，在帮助其财富增殖的生产力增长没有触碰到生产关系的天花板之前，其实也并不是那么在乎什么政治地位这样的虚权，因为他们本就可以通过

---

① 柳宗元：《柳宗元集》，北京：中华书局，2006 年，第 424—425 页。

财富交换实权。以政治地位的虚权下降，交换财富收益的实权获得，知识精英与财富精英达成了相互妥协。在"万般皆下品惟有读书高"社会价值观的舆论引导中，权力得以重新平衡，各个利益群体的关切都得到了一定的保障，整个社会的运行才又得以行稳致远。

其实上述都可以看作是盐媒介所开创的以权力平衡——生产部门与非生产部门相平衡——为特征的中国特色政治文化。这对于今天的社会治理也不乏启示。从麦克卢汉说"媒介即讯息"，到波兹曼说"媒介即隐喻"，再到彼得斯说"媒介即存有"，其实都在警醒人们媒介技术强大的社会形塑能力。人类自然地沉湎于媒介技术所开创的一个个新世界与新权威，远的有"以富相尚"的中国盐商，近的也有落入"自然资源陷阱"的巴西与中东产油国，却都忘记了媒介技术诞生之初的价值与意义，是以人为主体、人性为目的的。如果没有一种基础设施主义的媒介视野，真正关注到文明的基源性问题——秩序。那就将如老子所批判的"五色令人目盲，五音令人耳聋"一般，被宗教之应许、资本之厚利、媒体之娱乐所蒙蔽，让文化权威、社会权力受到裹挟与钳制。纵有许多国人在今天回望历史，会扼腕资本主义的萌芽出现过却没有在中国得到茁壮，我们也应该明确的知晓其归根结底在于生产力的发展在古代中国还并未抵达生产关系的上限，萌芽未能茁壮其正是因为萌芽本身并不健康。古代中国历史上，由盐商所代表的巨贾群体，其财富主要来源于垄断专营，其增长主要依靠对于官府权力的进一步赎买和垄断，而只有很少的一部分可能依靠生产技术的进步。这样的盐商群体虽然富有，却远非勿用的潜龙；而那些在讲述古代中国的文艺作品中，看上去皓首穷经以至集数千年王朝腐朽于一身的腐儒，在他们的时代中也远未及物壮则老的境地。秩序的稳定与平衡才是文明发展最好的土壤。这也是来自盐文明传播的智慧。

三、盐政盐运与文化共同体

在将盐媒介视作中国社会用以管理权力和时空的基础设施后，重新审视盐运与盐政，就可以发现其在空间与时间上的社会影响力。一方面，是盐运在空间上极大地拓展了中华文明的广度；另一方面，则是盐政跨越朝代的惯性所形成的中华文明的厚重深度。可以说中国盐运和盐政的历史流变重构了社会力量的组合方式，并决定了一个时代、一个地区或一个民族的主流风貌。而对于盐媒介历史的研究，少不了要进行媒介域式的全面观照，即"旨在说明传递技术及其制度配置如何被牵连进信仰的改变，也就是社会秩序的确立和改变"。[①] 盐的开采是人类劳

---

① 陈卫星：《传播与媒介域：另一种历史阐释》，《全球传媒学刊》，2015 年第 1 期。

动与技艺的体现，盐的运输与经营管理也同样是媒介技术的表征，研究中国盐业对社会时空管理的参与，实质上就是研究文化这一象征现象与盐作为物质技术环境之间的互动关系。

提及中国的盐政，齐桓公与管子的官山海之辩必然是绕不过去的历史名篇。《管子》记载：桓公曰："然则吾何以为国？"管子对曰："唯官山海为可耳。"桓公曰："何谓官山海？"管子对曰："海王之国，谨正盐策。"[①] 可见官山海之策实质上就是对于盐的流通进行管理。管子要求正盐策，正是要用盐来计税，通过税收使国家富强。其可行性在于管子所说的"十口之家十人食盐，百口之家百人食盐"，盐是百姓生活的必需品，借助于对盐的精细管控就能够像进行了人口普查一般，对国境内应征税的户籍有了较清晰的掌握，进而可以直接对用盐征税而不会激起过大的民愤。管子的正盐策之所以被其认为既能够"百倍归于上"，同时又"人无以避此者"，正是由于这种征税方式与今天的消费税类似，是一种间接税，而非所得税那般直接且容易引发抵触。实质上就是借助盐的媒介特性而进行的一种社会信息管理。而这样一种信息的搜集与处理方法，随着官山海、盐铁论被一个又一个朝代所接受并采纳为国策，自然地形成了一种社会管理上的路径依赖。

这种盐的专卖制度，其实也是为了维护国家统一、加强中央集权制的大政策服务的。由国家来实行经济干预，调节中央与地方之间的财富再分配，进行宏观调控，防止地方和私人的过分利得，损有余而补不足，抑制豪民的兼并，打击奸商的投机。且除了在分配环节上调整中央和地方，财政税收与商贾利益分配的比例外，还可以对商品的生产、流通和价格发挥一定的调节作用。而且盐的生产虽然艰苦但实质上并没有什么技术门槛，一旦供需失衡其实很容易造成盐价高企或崩盘，让国家组织规划各地的生产额度并统购统销，显然是可以避免生产过剩或不足的极端情况发生。另外由国家规划的在各个地区之间建立的固定盐供应关系、商业联系，显然也是可以促进地区之间的收支平衡与文化交流的。再有以盐作为计量计价的媒介，让税收直达个人，实质上也就是让国家的利益、权威与管理能力直达基层。对于统治者来说，这就是训练了一支基层管理队伍，让中央的声音被最基层的百姓听到，这其实正是中国郡县制对比于封建贵族制的最大不同。而反过来在民众的一端，其实也通过缴纳盐税这种类似于个人税的社会训练，感受到了国家权力正加诸于每一个人的存在感，拥有了一种对于民族的认知，对于共同经历的体认。历朝万代的路径依赖不断延续，就自然而然地使一种共同体的意识在中国社会之中诞生。"天下兴亡匹夫有责"与"水能载舟亦能覆舟"，分别是

---

① 孙波注释：《管子》，北京：华夏出版社，2000年，第382页。

自下而上与自上而下地描述了这样一种共同体的意识。这种共同体甚或说大一统的意识，从历史的广度上看，就像是中华文明的黏合剂，始终给予中国社会一种分久必合的原动力。而这就与以分封制度而形成邦联国家的西方世界形成了极为深刻的不同。

再说到盐运。许多学者都认可巨大而复杂的古代中国盐运网络，是许多中国独特文化气候风貌形成的根本原因。也是很多独特文化风貌在历史的长河之中逐渐消亡被同化于中华民族的集体之中的根本原因。据《后汉书》记载，四川古代巴人的先祖及这个民族起源和流变的历史与盐产盐运息息相关：

巴郡南郡蛮，本有五姓：巴氏、樊氏、暉氏、相氏、郑氏，皆出于武落锺离山。其山有赤、黑二穴，巴氏之子生于赤穴，四姓之子皆生黑穴。未有君长，俱事鬼神，乃共掷剑于石穴，约能中者奉以为君。巴氏子务相乃独中之，众皆叹服。又令各乘土船，约能浮者当为君，馀姓悉沉，惟务相独浮，因共立之，是为廪君。

乃乘土船，从夷水至盐阳盐水，有神女谓廪君曰：“此地广大，鱼盐所出，愿留共居。”廪君不许。盐神暮辄来宿，旦即化为虫，与诸虫群飞，掩蔽日光，天地晦冥，积十余日。廪君思其便，因射杀之，天乃开明。廪君于是君乎夷城，四姓皆臣之。廪君死，魂魄世为白虎。巴氏以虎饮人血，遂以人祠焉。①

反映了西南地区世居民族长期累积的与盐产盐运紧密关联的族群记忆。传说故事将巴人族群的迁徙、延续、发展兴旺与当地的盐业资源相结合，并以神话的形式记录下来，足以看出盐对于一个民族的时空感知的巨大影响。据说巴人族群还是四川又称巴蜀的缘由，但在今天似乎很难再听到哪个四川人会自称巴人，只留下灿烂的文明记忆在蜀地流传，显然巴民族早已融入中华民族的主体中去了。而盐运在这文化和族群的融合之中出力不少。就如川鄂盐道的贸易，主要以西部的盐和中部的粮食、布匹与农器等为主的物资交易与商业贸易。四川盐场的雇主们雇佣盐夫，把盐交付给中部盐商，而后又从对方盐商处购买交换物资背回，以此实现物资的流动与商贸的往来。四川盆地内外的盐粮贸易实际上是一种平常的生活必需品交易，其发生的频次与参与者们视之为日用平常的程度一定都是出乎一般人意料之外的。由于盐和粮都是人类不可或缺的生活物资，因此在川鄂盐道陆路沿线，就形成了相对密集和持久的贸易网络，甚至是形成了盐场民众“饮食旋给，不忧冻馁。不织不耕，恃盐以易衣食”的繁荣景象。② 既然是自身不织不耕，衣食都仰赖一方的情况，那可以肯定的是物质基础上的被齐同，一定导致文化上

---

① 范晔：《后汉书南蛮西南夷列传》，北京：中华书局，1965 年，第 2840 页。
② 杨亭：《川盐古道与社会整合、国家统制的关系研究》，北京：科学出版社，2021 年，第212 页。

的靠拢和意识形态领域的同化，所谓经济基础决定上层建筑嘛，或许会有许多非物质文化遗产存留于特定的节庆仪式之中，但真正活生生的生活文化是一定会融入中原的主体文化中的，这是拥有强大基础设施支撑的文明传播的底气。

贵州也是一个很有意思的例子，道光《大定府志》记载：

> 贵州各府，近湖广者食淮盐，近四川者食川盐，不通商，不颁引，小民就近负贩而输税于官，布政使、粮驿道兼理之，统隶于贵州巡抚，课入岁七千六百十有五两有奇，此则贵州盐政之略。①

可见在清代时，贵州是一个特殊区域，经济落后，交通不便，又属新开苗疆，中央对贵州政策的重点在于稳定，食盐销售政策上没有硬性规定，川盐、淮盐、滇盐、粤盐都可以在贵州市垲上销售，只要向官府缴纳税银。从某种程度上可以说是得到国家默许的。② 极大地促进了贵州与省外世界的交流与融通。这显然也是中央朝廷考虑到了贵州少数民族杂居聚居，文化风貌与众不同的缘故，试图强化贵州与中原各地方的联系。据史料记载，在清代时期苗人与汉人的贸易关系，主要有"妇女亦知饲蚕，惟不晓育种。春间侯民间蚕出，结伴负背笼以货物易之……面所重牛，所窃亦惟牛，然不任耕种，供口腹资贸易而已"③，讲述了每当到了春天养蚕季节，苗族妇女都会背着背篓装上本地的特色物产与手工制品，来到汉族对寨交换孵化出的幼蚕。文献还反映了苗人养牛是为了当作食品，也当商品出售换取钱财之用。虽说"苗工所需农具……皆自为之，能通其用"，但是"日用常具多不足，今则市可得而易矣"④。即是说凡是苗人家庭自己不能生产的居家用具和物资，在市场上都可以通过贸易获得。关于具体交易的品类，史料上也有记载：

> 苗民入市与民交易，驱牛马负土物如杂粮、布绢诸类，以趋集场。粮以四小碗为一升，布以两手一度为四尺。牛以拳数多寡定价值，不任老少，其法将竹篾箍牛前肋，定其宽侧，然后以拳量竹篾，水牛至十六拳为大，黄牛至十三拳为大，名曰拳牛。买马亦论老少，以木棍比至放鞍处，从地数起高至十三拳者为大，齿少拳多价差昂，反是者为劣，统曰比马。届期毕至易盐、易蚕种、易器具，以通有无。初犹质直，今则操权衡咬锱铢甚于编氓矣。⑤

可见贵州的少数民族如苗族，是非常需要且依赖于与汉人的互市的，苗人每

———————

① 黄宅中：《道光大定府志·卷四十二·食货略第四下·盐法》，载黄家服、段志洪主编《中国地方志集成·贵州府县志辑48·道光大定府志（一）》，成都：巴蜀书社，2006年，第614页。

② 马琦：《清代贵州盐政述论——以川盐、淮盐、滇盐、粤盐贵州市场争夺战为中心》，《盐业史研究》，2006年第1期。

③ 严如熤：《严如熤集》，长沙：岳麓书社，2013年，第564—565页。

④ 严如熤：《严如熤集》，长沙：岳麓书社，2013年，第565页。

⑤ 严如熤：《严如熤集》，长沙：岳麓书社，2013年，第565页。

到赶市集的日子，都非常积极地驱牛赶马，背负杂粮、布匹、绢帛等物品与汉人商贩交换盐、蚕种和器具。其中蚕种和器具的重要性显然是不低的，是作为再生产的工具和资料的，但盐则作为生活之必需品更胜一筹，按史料中描述的生动情境，就是"得盐宝之，各以一撮置掌中，舔之以为美。近日均相贸易盐，始达于远寨。"① 可以看出盐媒介在历史上，为贵州嵌入到中原文化大家庭之中，所发挥的重要作用。

盐在广西独特文化气候的形成上也起着类似的融合中介作用。宋代的周去非在《岭外代答》中描述广西北部湾地区的盐业："盐场滨海，以舟运于廉石康仓。客贩西盐者，自廉州陆运至郁林州，而后可以舟运。"② 即海湾附近自产的海盐经由官府集运石康、中屯等两个配馆，再配售至廉州府属的各小埠及广西各商埠。从而在广西南部的沿海地区形成了自给自足的食盐供给。但由于广西境内江河几乎都是东西走向，舟船运输的海盐几乎无法运往广西北部的地区，于是广西北部成了以陆地运输而来的川盐、滇盐供给区。这种差异使得桂南地区形成了与桂北地区截然不同的文化气候，而地处岭外边疆的地理禀赋又使得这两个相邻的文化区块时常因为不稳定的供应而互市，"盐"于是成为一个联系桂南与桂北文化融合的独特媒介。通过"盐"所建立起的不仅是桂南文化与桂北文化的交流，更是在广西的民族自治区内，汉族与少数民族之间的民族交流与融合。

结语

中国盐文化源远流长，盐政、盐商、盐路的悠久历史及其独特文化不仅构建了盐业自身的价值，更作为中国文化的重要组成部分影响深远。从媒介史学的角度看，盐是可以构筑基础设施，从而揭示人类存有的后勤型媒介。对盐业的构建与维护，正是国人关注基础建设思维的历史文化渊源，而这样一种关注也从人口增长与社会意识的凝合两个方面给予了中国社会最为丰厚的回报。可以说中华文明文化之绚烂多姿，正是根植于对"盐"这样后勤型媒介与盐业基础设施的关注，以及政治资本与技术资本的多重持续投入上。而这也是对中国人在治国理政上"为腹不为目"式"无为而治"思想的最好注脚，只要保证了人民群众的生命安全与生存发展的基石，"四个自信"就会自然而然地伴随着国家民族的复兴而涌现。这样的一种基层视野、底线思维，正是对中国人以"工程师思维"进行"基础建设治国"的文明传播模式的最好阐释。

① 严如熤：《严如熤集》，长沙：岳麓书社，第 568 页。
② 周去非：《岭外代答》，屠友祥校，上海：上海远东出版社，1996 年，第 12 页。

婚姻传播与体识互构：铸牢中华民族共同体意识视域下的儒家文化传播情势

——以汉藏联姻为中心

Marriage communication and interactive construction of understanding: the spread of Confucianism in cultural contests with the consciousness horizon of building a stronger community of the Chinese nation: Han-tibetan marriage as the center

颜 亮 加 措[*]

Yan Liang Jia Cuo

摘　要：历史上和亲制度作为铸牢中华民族共同体的现实持存，不仅横贯前轴心时代、轴心时代、后轴心时代整体的时空维度，而且以婚姻传播为核心的联姻将儒家文化播散于中华文明动态扩展、融合的地域空间。汉藏两族间的和亲现象，自上而下分布社会肌体，生成了儒家文化生成创序的构素、构式与构境，使得儒家思想成为汉藏历史上铸牢中华民族共同体意识的重要意识形态构建。

Abstract: Historically, the practice of heqin (marriage alliances) has played a significant role in solidifying the Chinese national community. This practice spans the entire temporal dimension, from the pre-Axial Age, through the Axial Age, to the post-Axial Age. Central to heqin is the dissemination of Confucian culture through matrimonial unions, which facilitated the dynamic expansion and integration of Chinese civilization

---

　*　作者简介：颜亮，男，甘肃兰州人，文学博士，复旦大学新闻传播学博士后，西藏大学文学院副教授，博士生导师，主要研究方向为文艺学、中国古代文献与文化、文化传播等；加措，男，西藏日喀则人，西藏大学 2023 级文艺学硕士研究生，主要研究方向文艺学、民间文艺。

across various regions. The phenomenon of heqin between the Han and Tibetan ethnic groups permeated different strata of society, creating foundational elements, structures, and contexts for the generation and evolution of Confucian culture. Consequently, Confucian thought emerged as a vital ideological construct in the historical context of reinforcing the collective consciousness of the Chinese national community among the Han and Tibetan peoples.

关键词：中华民族共同体；婚姻传播；儒家文化；汉藏民族

Keywords: Chinese national community; matrimonial dissemination; Confucian culture; Han and Tibetan ethnic groups

婚姻作为人之社会生活中重要的伦理构成，从其字源生成角度讲"'婚'，金文由'昏'和'女'（女子）组成。'昏'指傍晚时分。婚，黄昏时分，男子迎娶新妇。《说文解字》：'婚，妇家也。'婚，本义为女子出嫁到夫家，引申义有结婚。'姻'，金文由女'（女子）和'因'组成。金文的'因'像人躺着睡觉的席子，引申义为依靠。姻，女人依靠的根本。在父系氏族社会里，女人处于从属地位，男人是女人的依靠。《说文解字》：'姻，婿家也。女之所因，故曰姻。'姻，是男方的家，是女子的归宿，因此称为'姻'"。[①] 从前轴心时代伊始，婚姻从其原始动物性趋向人之"化性而为"的伦理体系，展现为以"合族之礼道"[②] 为中心的多维向人之体化"持存"。既有时间纵向述行中的制度演变；空间横向中与政治、经济、文化的耦合；又有具象展现的不同形态、礼仪习俗，如若从传播学视角而言，其整体构境系统中存在复杂的传播与接受现象，具有铸牢中华民族共同体及共同体意识功能。中华文明体的聚合演化过程中"和亲"是为跨族系与地域政体间的"宏大婚姻述行"，其表征与意涵融扩的内容与意义典型而多义。中华民族中的和亲又称联姻、合戎、合蕃，意指"中原王朝宗室与边疆少数民族首领之间缔结的姻亲关系"[③]，而"汉藏两个民族之间在历史上的和亲，不仅创造了当时相对稳定的社会环境，而且，也推动了唐蕃两个不同民族的政权之间的经贸活动和文化交流。也正是汉藏之间的和亲，使得儒家文化及其伦理思想直接而深入地进入到吐蕃社会的高层，对吐蕃社会的发展和进步、对促进汉藏民族的融合起到了相当积极的作

---

① 胡礼明：《循词问道：教你如何真正读懂汉字》，北京：中国书店，2019年，第56页。
② 吕思勉：《中国文化史——一部中国古代文化的说明书》，北京：商务印书馆国际有限公司，2015年，第6页。
③ 李江、夏建国：《交通中国》，上海：上海教育出版社，2019年，第38页。

用"。① 这种积极的作用从铸牢中华民族共同体意识来看，其一显现出对中华民族共同体的现实性、自生性、生物性的构建与融合，中华民族共同体作为长期交往交流交融形成的多元一体化联结性民族实体和聚合关系实体，其中以婚姻传播为媒介的交往交流交融方式在历史长河、历史现场、历史语境下持续发挥着重要的作用；其二附着于汉藏民族婚姻传播行为与内容在一定程度上实际上显现出中华民族共同体意识的内生性特点，即婚姻关系、在地性、家园构织了汉藏民族铸牢中华民族共同体意识内生的存续，这一存续以实在的婚姻关系不仅仅联系的是空间、人文、阶层、习惯的聚合，而且最重要的是物化形态的婚姻生活以显隐性方式构建了以"家""家园""家国"为序列基础的共同的认知体验、共同的情感归属以及共同的伦理价值。其三汉藏民族的婚姻传播作为内外在交互创生的历史持存，在其动态化的发展过程中助力体识互构的同时，本身也被不断赋能赋意，从而生成了文化学意义上的以婚姻传播为主体的历史记述、神话传说、儒家文化物质/精神传播。

一、时空构织与传播述行：历史文本中的古代联姻与藏汉婚姻传输

和亲联姻作为一种古代政策，一种婚姻传播在古代政治高层较为频繁的现象，其内在显示出一种中华文明体动态运行中中原与边地、汉室与他族之间意识域的链接，而其外在实践空间述行中又构式出差异性的功能与传播构序。其核心代表着"中国古代帝王对少数民族上层采取的安抚笼络"②，功能异化为"通过和亲政策，安抚少数民族上层"③和"达到'以夏变夷'的目的"④，而其历史演进在不同时期纵向述行的同时在横向空间与政治、经济、文化展开多维向的传播互渗，"不仅深化了汉族与各少数民族之间的情感，更推动了汉族与各少数民族文化的进一步融合"。⑤ 时空述行中最早的和亲出现在前轴心时代神话叙事中"尧为了联合拉拢舜的部落，把两个女儿娥皇、女英嫁给了舜。这是中国史'和亲'的最早滥觞"⑥，而在中华民族生成的基座时期"夏商周和亲政策具有直接性的特点，即由帝王本人直接与有实力的民族方国首领的女儿联姻，因为他们'为天下君'的地位还比较间接和不稳定，还需要通过与其他有实力的民族建立比较直接的婚媾关系，以

① 余仕麟：《儒家伦理思想与藏族传统社会》，北京：民族出版社，2007年，第198页。
② 郑汕：《中国边疆学概论》，昆明：云南人民出版社，2012年，第282页。
③ 郑汕：《中国边疆学概论》，昆明：云南人民出版社，2012年，第283页。
④ 郑汕：《中国边疆学概论》，昆明：云南人民出版社，2012年，第283页。
⑤ 余仕麟：《儒家伦理思想与藏族传统社会》，北京：民族出版社，2007年，第198页。
⑥ 许晖：《身体的媚术：中国历史上的身体政治学》，北京：北京图书馆出版社，2007年，第106页。

获得直接的支持"。[1] 作为华夏民族共轴协同演进过程中重要的策略传播，"和亲"二字于春秋战国屡见《礼记》《周礼》《左传》等先秦古籍，其意涵既有各诸侯联姻之意，又有中原王室与边际少数民族贵族通婚之情，其共性指涉为"从社会资本的角度来看，都是封建帝王希望通过联姻作为一种投资，来构建一种社会网络，从而增进相互之间的信任与合作，并最终得到和睦共处所带来的好处"[2]，但其内在意涵更为丰富与多维。学者崔明德认为中国历史上的和亲政策至少有四种目的"首先，监督、影响统治阶级上层实行比较稳妥的民族政策。第二，直接调整和亲双方的关系……第三，传播文明与先进技术……第四，繁衍后代，加强文化交流，增进民族融合"。[3] 和亲青史之载始于春秋战国，其《左传》记载"申之以盟誓，重之以婚姻"[4]，诸侯纵横相连，布展中华轴心时代"融合"基座的同时，政治化的"盟誓之外，增加婚姻联系，以血肉之躯来担保，要比神灵的监察和道德的约束更为实际"[5]，于是从春秋战国开始中华民族共同体中就展现出现实多维的"和亲"景象和婚姻传播现象。

唐朝的和亲基于前代的持续性发展，从纵横传播上看，其空间上的和亲式婚姻传播已经辐射周边各族少数民族；从时间纵向上看几乎贯穿了唐朝始终。"在唐代 289 年间。周边民族向唐朝皇室求婚的活动达 40 余次之多，而唐王朝则确定用 20 位公主与 10 个不同的民族进行和亲。其次数之多、范围之广、影响之大，都超过了前代。唐与周边诸族的'和亲'是从唐高祖统治时期开始的，经过太宗、高宗诸帝，到唐僖宗时基本结束。"[6] 唐朝的和亲意涵也随着时空述行的不断发展而显现出"既可以是中原王朝的'公主'出塞，嫁给少数民族，也可以是少数民族的公主入塞"[7]，具有了婚姻传播的双向性。从婚姻传播的发生源来看，唐朝和亲制度的继续扩展源自：其一，宗法血缘制度的伦理基础，"通过婚姻所建立的血缘亲属关系是中原农业社会维持国家统治秩序的重要基础"[8]；其二，源自"德治"观念的政治基础，唐朝延续中原自古"德治"传统，"怀柔远人，义在羁縻"[9]"要荒蕃服，

① 尤中:《中国民族史研究（第 1 辑）》，昆明：云南大学出版社，1997 年，第 246 页。
② 金明善:《经济学家茶座（第 33—36 辑）》，济南：山东人民出版社，2009 年，第 47 页。
③ 金明善:《经济学家茶座（第 33—36 辑）》，济南：山东人民出版社，2009 年，第 47 页。
④ 中国通史编委会:《中国通史（第 1 卷）》，北京：中国书店，2011 年，第 226 页。
⑤ 何新华:《中国外交史（从夏至清）上》，北京：中国经济出版社，2017 年，第 82 页。
⑥ 王双怀:《史林漫笔》，西安：三秦出版社，2014 年，第 231 页。
⑦ 余仕麟:《儒家伦理思想与藏族传统社会》，北京：民族出版社，2007 年，第 199 页。
⑧ 范香立:《唐代和亲研究》，西安：陕西人民出版社，2017 年，第 28 页。
⑨ 马大正:《中国边疆经略史》，武汉：武汉大学出版社，2013 年，第 199 页。

宜与和亲"①；其三，源自"大一统"的思想基础，"隋唐统治者除推行羁縻、恩抚、怀柔政策外，还积极实行和亲政策，力图将周边各民族政权纳入唐朝的版图之内，以完成大一统的宏愿，因此，大一统是和亲的终极目标"②；其四，源自汉代以来和亲政策的历史基础。秉承意识域和亲理念的中原唐朝在地域空间中展开了婚姻传播情势，其传播述行囊括北方、东北、西南、西北少数民族政权。唐与北方民族和亲包括突厥、铁勒、回鹘；唐与东北民族的和亲包括契丹、奚和；唐与西北各民族的和亲包括西突厥、吐谷浑、突骑施、宁远、于阗；唐与西南民族的和亲包括吐蕃、南诏。以和亲为媒介所进行的中原—边地的婚姻传播，既有其婚姻"内结构"上的隐性传播，又有其"外结构"的显性传播，其"内结构"传播上自"唐代自李渊建国到唐末，与周边民族政权和亲始终未曾停止"③，"庙策重和亲"④规模之巨、影响之深、可谓空前。其具体特征表现为（一）具有政治目的和政策延续性，唐朝建立之初，以怀柔、羁縻的民族抚远之策，提出"要荒蕃服，宜与和亲"⑤，并以政策性制定将其延续内传承与外实施，唐中宗以为和亲是"御宇长策，经邦茂轨"⑥，而穆宗则认为制戎夷"重之以和亲"⑦"累圣弘略，载于国章"。⑧（二）具有层次及层序性，一则基础性目标在于"唐统治者出于解决即时的或者短期内的民族问题或边疆问题而欲达成的目标"⑨，例如高祖时期的"和亲"目的为配合其"远交近攻"策略的实施；二则其"理想目标是建立中原王朝与边疆民族的君臣关系"。⑩（三）婚姻传播规模大、持续性强。从数量上看"有唐一代，和亲民族主要有突厥、吐蕃、回纥、吐谷浑、契丹、奚、薛延陀、契芯部、突骑施、宁远国、于阗、南诏等 12 个少数民族政权"⑪；从空间上看呈现出从中原到遍地，囊括游牧民族和农耕民族（南诏）横向空间的广泛"播撒"；纳含仪式传播的和亲过程往往人数众多，如与回鹘和亲"遣伊难珠、句录、都督思结等以叶护公主来逆女，部

---

① 徐杰舜、罗树杰、许立坤：《中国民族政策简史》，银川：宁夏人民出版社，2011 年，第 130 页。

② 范香立：《唐代和亲研究》，西安：陕西人民出版社，2017 年，第 32 页。

③ 范香立：《唐代和亲研究》，西安：陕西人民出版社，2017 年，第 178 页。

④ 曹寅、彭定求：《全唐诗（第 76 卷）奉和送金城公主适西蕃应制》，北京：中华书局，1960 年，第 823 页。

⑤ （唐）许敬宗编、罗国威：《文馆词林校证（卷 664）武德年中镇四夷诏》，北京：中华书局，2001 年，第 246 页。

⑥ 李昉：《太平御览（第 7 卷）》，石家庄：河北教育出版社，1994 年，第 443 页。

⑦ （宋）宋敏求：《唐大诏令集》，北京：商务印书馆，1959 年，第 196 页。

⑧ （宋）宋敏求：《唐大诏令集》，北京：商务印书馆，1959 年，第 196 页。

⑨ 范香立：《唐代和亲研究》，西安：陕西人民出版社，2017 年，第 180 页。

⑩ 范香立：《唐代和亲研究》，西安：陕西人民出版社，2017 年，第 181 页。

⑪ 范香立：《唐代和亲研究》，西安：陕西人民出版社，2017 年，第 182 页。

渠二千人，纳马二万、橐它千。四夷之使中国，其众未尝多此"①，而且持续时间横贯唐前、中、后不同时期。（四）和亲制度及其实践现实具有多义性，不仅具有政治目的的考虑，施加政治影响，而且富含和平意愿的外交及礼仪规范，往往"仪物未备"②，遵守儒仪嫁娶。

叙事传输作为传播学中重要理论，其原意为"故事是一种强有力的说服方式。人们会通过文字、电影、图片等载体，将自己融入故事剧情之中，不自觉地沉浸在故事的想象情景中，产生对故事中角色或场景的认同、正向情感的反应"③，而从历史文本记述而言，汉藏婚姻的叙事传输作为历史时空中的"文本事件"，通过神话故事、历史文献、民间传说、绘画叙述等多元的媒介载体予以呈现，不仅展示了汉藏共同体通过婚姻传播进行体识互构的叙事现象，而且也体现了汉藏民族意识域的"共在性"融结与"家"之共情。（一）文成公主的典型叙事传输。公元618年，唐高祖李渊以长安为都建立大唐帝国，公元629年，"松赞干布最终完成了对整个西藏高原的统一大业，为促进西藏地区的民族融合和社会进步作出了历史性的重大贡献"④；贞观八年也就是公元634年唐王朝与吐蕃王朝建立联系，吐蕃松赞干布"始遣使者来朝，帝遣行人冯德遐下书临抚"⑤；贞观十年公元636年，吐蕃再次"遣使，携带大量金银财宝入唐求婚"⑥，但遭唐太宗婉言谢绝，随唐蕃关系紧张，松赞干布致书唐太宗"若不许嫁公主，当亲提兵五万，夺尔唐国，杀尔，夺取公主"⑦，唐太宗在谨慎防范之余，洞悉松赞干布与唐交好诚意，逐于贞观十四年公元640年，松赞干布再"遣使臣献黄金器千斤以求婚"⑧，唐太宗欣然允许。贞观十五年公元641年，文成公主由李道宗护送，婚嫁吐蕃。（二）金城公主的典型叙事传输。唐高宗永徽元年公元650年，随着松赞干布的逝世，随着吐蕃东扩，唐蕃关系变化。公元659年吐蕃大相达延莽布支与唐将苏定方战于乌海之东岱，自此唐蕃发生了一系列的战事，如大非川之战、青海之战、良非川之战、素罗汗山之战等。但是"无论哪一方发动的战争，都不能从根本上破坏自古以来藏、汉

① 陈燕、王文光：《新唐书与唐朝海内外民族史志研究》，昆明：云南大学出版社，2016年，第120页。

② （宋）司马光：《资治通鉴（第255卷）唐纪七十一》，北京：中华书局，2009年，第8297页。

③ 汪萍：《叙事传输：基于体验的说服机制》，硕士学位论文，浙江大学管理学院，2013年，第26页。

④ 李国章、赵昌平主：《二十五史简明读本·唐书》，上海：上海古籍出版社，2018年，第114页。

⑤ （宋）欧阳修、宋祁：《新唐书·吐蕃传（第216卷）上》，北京：中华书局，1999年。

⑥ 曹国宁：《论文成公主入藏和亲的历史贡献》，《河西学院学报》，2013年第3期，第84页。

⑦ 索南坚赞：《西藏王统记》，北京：民族出版社，2000年，第68页。

⑧ （后晋）刘昫：《旧唐书·太宗本纪 下》，北京：中华书局，1975页。

之间密切的政治、经济、文化联系"①，在友好的历史主流下，尽管唐蕃战事不断，但是"蕃、唐双方的使臣往来依然频繁不断，吐蕃且数度向唐廷请求和亲"。②公元 707 年，"唐中宗当时为解除抗御北方突厥默啜可汗侵扰的后顾之忧，于当年四月辛巳，许以所养雍王守礼女金城公主妻之，是年，弃隶赞仅 11 岁"。③公元 709 吐蕃迎娶金城公主入藏，710 年 4 月，金城公主在杨矩等的护送之下，由长安启程入青海，经西宁、玉树去往吐蕃完婚。前来迎娶的吐蕃在越过悉结罗岭的地方特为金城公主开辟新道"逆金城公主道也"。④（三）历史文献中叙事分异传输。文成、金城公主作为唐蕃文化交往交流交融的重要"媒介"，其以"复数历史"叙事布展于汉藏史集之中，汉文文献：文成公主"记载主要保存于记录唐代政事的诸史籍中，包括《通典》、《唐会要》、两部《唐书》、《太平御览》、《册府元龟》和《资治通鉴》等，这些史籍对相关事件的记述高度一致"⑤；而金城公主则主要记述于《通典》《唐会要》、两部《唐书》、《册府元龟》、《资治通鉴》、《唐国史补》、《全唐诗》、《封氏见闻记》等，两位公主的记述皆遵循汉文重史范式，"体现了华夏史书之'四夷传'的典型笔法"⑥，注重唐蕃关系的描述，陈述取舍有度。而藏文文献基于其宗教化的知识谱系，以神话、传说演绎结合史实的方法对文成、金城公主予以陈述，其陈述分布文献包括《汉藏史彙》《西藏志》《西藏王统记》《西藏王臣记》《贤者喜宴》《青史》等，其佛教史观将两位公主联姻配置于因果等佛学思维中"构筑了藏文史学的基本框架，关于任何人物与事件的叙事都需要被置于这个框架中才能获得意义"⑦，而民间传说又基于宗教文献的叙事传输形成了更为世俗化、多样化的传播形式。

二、多元联姻与文化传播：婚姻传播理论视域中的汉藏儒家文化传输

身体传播儒家文化。梅洛一庞蒂认为人的身体是我们能拥有世界的总的媒介。"我的身体是所有物体的共道结构，至少对被感知的世界而言，我的身体是我

---

① 何耀华：《论金城公主入藏》，《云南社会科学》，1998 年第 4 期，第 49 页。

② 何耀华：《论金城公主入藏》，《云南社会科学》，1998 年第 4 期，第 49 页。

③ （宋）司马光：《资治通鉴（卷 238 唐纪二十四）》，北京：中华书局，2009 年，第 6610 页。

④ （宋）欧阳修、宋祁：《新唐书·吐蕃传（卷 216）》，第 19 册，1975 年，第 6103 页。

⑤ 王娟、旦正才旦：《历史书写中的文成公主兼论多民族中国的民族史叙事困境》，《社会》，2019 年第 2 期，第 190 页。

⑥ 王娟、旦正才旦：《历史书写中的文成公主兼论多民族中国的民族史叙事困境》，《社会》，2019 年第 2 期，第 195 页。

⑦ 王娟、旦正才旦：《历史书写中的文成公主兼论多民族中国的民族史叙事困境》，《社会》，2019 年第 2 期，第 197 页。

的'理解力'的一般工具"。① 儒家文化作为一种依存身体意识域和物质持存，由内而外影响人之日常行为的意识形态，其在汉藏古代交流交往交融史中，一方面作为一种"统摄性"的媒介存在，既表现出个体／族群之间全面、立体的接触与传输；又展现为以身体传播为基核的多元形式的传播方式。另一方面身体传播构成了婚姻传播中生理、交流等重要的子系统，"身体是一个感觉体，我们通过身体感觉世界，身体是感觉产生的必要条件"②，而且"语言、表情、动作是身体交流系统的主要外在表现方式"③"正是身体的交流系统成为人类交流、交往和传播的物质基础"④，同样也构筑了汉藏两族历史上将儒家文化由外而内进行深层次意识／无意识的基础，从而产生出儒家文化影响下的共性实存，连锁性的出现其他的传播与互融。首先，作为原初性媒介的身体，"人类前语言传播时代的主要传播媒介（身体）及传播方式（身体语言）依然具有基础性意义"⑤，深受儒家文化影响的文成公主、金城公主必然在其联姻过程中，因从小到大浸染儒风，深谙儒家知行合一，其身体行为所表达儒家文化情势，是中原文化"嵌入感官之中，先入为主地代表了一些似乎'天经地义'的东西。这种身体传播来自日常生活，是一种经验性的示范传播"。⑥ 其次，汉藏联姻中的身体传播具有持续性、开放性的特征，例如"文成公主在藏生活近四十年，备受尊敬"⑦；"710—741 年，金城公主在藏共计 32 年，一直为吐蕃与唐之间的和平孜孜不倦地奉献着自己的青春乃至生命"⑧，两位公主身体力行其言行中的儒学风范成为影响藏地的重要传播媒介。最后，古代汉藏联姻中的身体传播，具有身体传播与在场、意识主体、身体—主体、身体—客体多元的"中介"融合性，作为汉藏儒家文化的传播端口，文成、金城公主在藏数十年，其在传播中原文化的同时，亦受藏地文明的熏陶，由此两位公主通过交流使臣的身体传播，在自身融合汉藏文化的同时，进一步强化了儒家文化在汉藏两地的融合性传播。

---

① 庞蒂：《知觉现象学》，北京：商务印书馆，2001 年，第 300 页。
② 谢清果：《华夏传播研究（第 1 辑）》，北京：中国传媒大学出版社，2018 年，第 183 页。
③ 谢清果：《华夏传播研究（第 1 辑）》，北京：中国传媒大学出版社，2018 年，第 183 页。
④ 谢清果：《华夏传播研究（第 1 辑）》，北京：中国传媒大学出版社，2018 年，第 183 页。
⑤ 余艳青：《身体、体育比赛与电视传播》，北京：中国广播电视出版社，2017 年，第 32 页。
⑥ 谢清果：《光荣与梦想：传播学中国化研究四十年 1978—2018》，北京：九州出版社，2018 年，第 266 页。
⑦ 刑越：《隋唐盛世》，成都：天地出版社，2019 年，第 37 页。
⑧ 丁守璞、杨恩洪：《蒙藏文化交流史话》，北京：中国大百科全书出版社，2003 年，第 88 页。

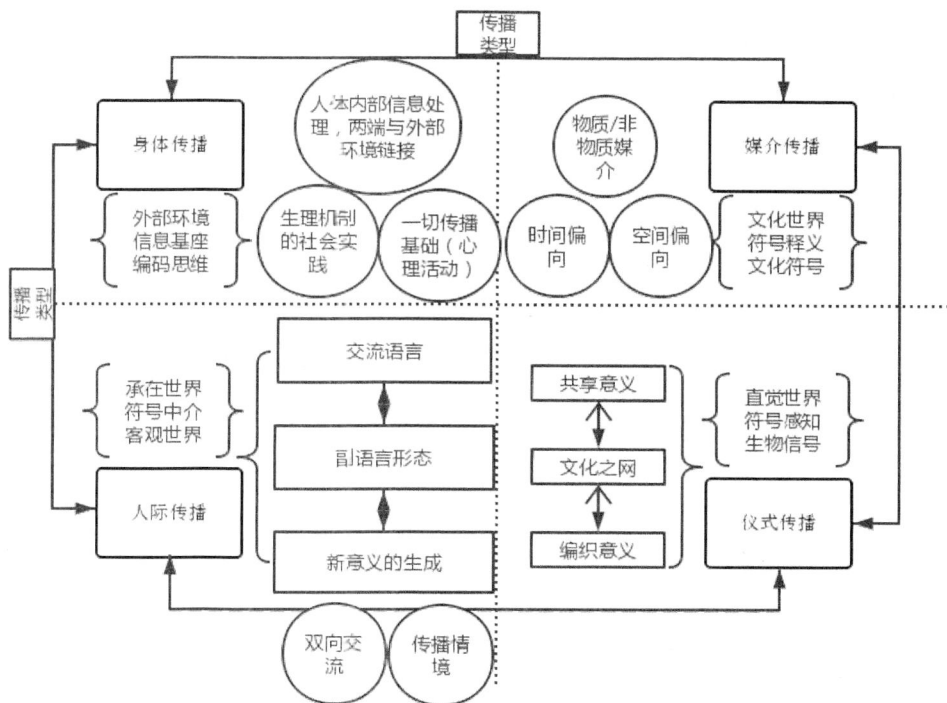

图　婚姻传播理论中的文化赋义内涵图

　　人际传播儒家文化，人际传播分为广义与狭义之说，狭义的人际传播是指人与人个体之间的信息交流与传播；而广义的人际传播则是"个体与个体、个体与群体、群体与群体之间通过个人化媒介进行信息交流，以实现良好的信息传递和彼此相互理解或共鸣为目的，是其他传播形式顺利进行的前提和基础"。[①] 历史上汉藏古代的交流交往交融中人际传播是不可或缺的重要传播方式，而其分异于古代汉藏联姻中的人际传播主体展现为：面对面的直接人际传播模式、扩散式人际传播模式以及间接式人际传播模式。面对面的直接人际传播模式不借助任何媒介，"以我为主体，展开与你的对话，以我为中心，建立与他人和世界的联系，因此，这种平等的对话关系与参与文化，可以视为是对人际传播模式的一种回归，并且是跨越了时空障碍的、扩大的、去中心化的、具有裂变式效果的"[②]，文成、金城公主联姻入藏其对直面所见之人的影响可谓人际传播，而其影响之人再次的传播在一定意义上具有裂变效果。而且"在藏彝走廊汉藏的长期互动中，通婚是实现汉

───────

① 陈柏霖：《身体与心灵的延伸：社交媒体中的人际交往与信息传播》，北京：中国广播影视出版社，2018 年，第 42 页。

② 童兵：《中国新闻传播学研究最新报 2018》，上海：复旦大学出版社，2018 年，第 247 页。

藏交融的重要途径。早在唐宋时期，汉藏通婚已经在藏彝走廊出现"①，清乾隆年间，周霭联入藏发现"自出打箭炉口，凡塘兵必坐蛮、丫头"②，"凡华人狎番女者，谓之坐丫头，其女为之炊、汲、缝纫、操作甚勤，并有以所蓄赀囊为之营运者"③，日常朝夕相处中的人际传播必然潜隐性存在儒家文化的影响。

仪式传播儒家文化，"仪式是一种象征性符号系统。意义或者文化的传播、传承需要载体，这个载体就是符号。在此意义上，作为象征性符号系统的仪式实质上也是一种文化。而传播实际上也是兼具物质外壳和精神意义的符号的传播，其实质也是文化"④，"作为仪式的传播是在仪式的意义上将传播视为一种仪式。仪式是文化的积淀和传承，其显著的功能在于对人类生存意义的确定，因而具有较为有效的社会整合功能"。⑤ 儒家礼仪中以仪式为"媒介"，其显/隐传播展现的儒学思想十分庞杂，涉及了个体/群体一生的成长过程，而其中"根据儒家经典的记载，我国传统的婚聘礼仪，最突出、最典型的是'六礼'，即纳采、问名、纳吉、纳征（或称纳成、纳币）、请期、亲迎"⑥，从汉藏交流史的高层和亲来看，文成、金城公主的迎娶皆以汉地富含儒家文化的婚姻仪式进行，而于藏地婚庆则采用本地风俗举行，但是汉藏婚姻仪式的"视域融合"产生了儒家文化传播的可能性，"礼仪"成为二者进行互渗互融的关键"媒介"。而从汉藏交往历史的普通老百姓婚姻而来，"在我国几千年的社会发展与民族演变的过程中，藏汉通婚有着悠久的历史"⑦，其在历史演进过程中不断互渗互融，彼此吸收了众多对象文化元素，这就使得汉藏婚姻仪式中的"儒家文化因子"不断的传输于汉藏族际之间，成为文化传播的重要持存。

媒介传播儒家文化，"介质是'传递信息的某种载体'。比如，语言是介质，图画、照片、乐器同样也是介质。任何传达含义和信息的载体或物体均可被认为是传播介质。媒介是介质的复合形式"⑧，而汉藏古代历史中联姻过程中存在很多富含儒家文化的"媒介"，这些媒介构成了儒家文化的媒介传播形式，即"媒介有

① 石硕、李锦、邹立波：《交融与互动：藏彝走廊的民族、历史与文化》，成都：四川人民出版社，2014年，第229页。
② 周霭联：《西藏纪游（第1卷）》，北京：中国藏学出版社，2006年，第8页。
③ 周霭联：《西藏纪游（第1卷）》，北京：中国藏学出版社，2006年，第22页。
④ 闫伊默：《仪式传播与认同研究》，北京：知识产权出版社，2014年，第40页。
⑤ 郭进萍：《中国红十字运动通史1904-2014（第5卷）》，合肥：合肥工业大学出版社，2018年，第72页。
⑥ 舒伯阳、周诗涛、徐静：《现代旅游礼仪与沟通艺术》，天津：南开大学出版社，2009年，第182页。
⑦ 黄维忠：《西藏民主改革60年·民生卷》，北京：中国藏学出版社，2019年，第411页。
⑧ [加拿大]迈克·加什尔、戴维·斯金纳、罗兰·洛里默：《加拿大传媒研究：网络、文化与技术（第8版）》，北京：中国书籍出版社，2019年，第16页。

三个基本的物理属性：传播符号、传播载体和传播方式。它们是媒介自身固有的物质特性，是媒介得以进行传播活动的物质基础。任何信息都必须通过一定的符号来表示，信息符号又需要用物质载体来承载和传递，而承载和传递信息符号的媒介技术的不同，形成了不同的传播方式"。① 从传播符号来看，汉藏联姻中存在大量有关儒家文化的文字性信息，而且如文成、金城公主入藏其嫁妆中也有"从内地带来了不少掌握大唐各方面先进生产技术的工匠和大量佛教、儒家、历史典籍以及有关农业、医术、历法、手工技艺等方面的书籍，大大促进了吐蕃的生产发展和社会进步"②；公元 710 年，金城公主"携带绣花、锦缎数万匹、工技书籍多种和一应使用器物入蕃，随行的还有工匠、音乐、杂技等专业人员。金城公主才华出众，深明大义，入蕃后曾资助于田等地僧人入蕃，建寺译经，并向唐朝求徕《毛诗》《礼记》《左传》《文选》等汉文典籍。此后有《礼记》《战国策》等古藏文译本传世，对吐蕃文化的发展起了极为深刻的影响"。③ 除了富含儒家特征的文字性符号传播外，服饰、身体行为等在汉藏交往过程中都进行了儒家文化的有效传播。

三、理论构筑与传输阐释：汉藏婚姻传播过程中的儒家文化互文性构式

文成、金城公主作为汉藏历史记载的真实人物，其以身体为媒介，在历史语境中所构筑的事件与记述，在随后的纵向历史发展中成为他者叙事传输，并以不同文本创造进行不断演绎的重要形象。1. 神话的叙事传输。"神话是远古人民口头创作的反映自然现象、社会形态、人与自然及社会的关系的具有高度幻想性的故事"④，但是神话又是历史的开启与影子，具有多元的象征与暗隐，而且"神话在传播流传过程中，从形式到内容的各个方面，包括语言、情节、人物甚至主题，都会发生变异。因此变异性是神话传播的另外一个重要特点"。⑤ 藏族学者群培、亚东·达瓦次仁、张云认为大约形成于 11 世纪藏传佛教后弘期的"佛教史观"，在其构建的空间叙事体系和因果链中文成公主成为其叙事框架因果链中的重要记述，并且获得了度母的身份，"在佛教史观下，'甲木萨'作为'绿度母'化身的身份

①　吴莉：《传播学视阈内的汉语国际教育研究》，长春：东北师范大学出版社，2018 年，第164 页。
②　方寄傲：《唐史原来超有趣》，汕头：汕头大学出版社，2016 年，第 102 页。
③　臧学运：《格萨尔的文化变迁研究》，长春：吉林大学出版社，2017 年，第 40 页。
④　老彭：《民间文学漫话》，重庆：重庆出版社，1987 年，第 43 页。
⑤　贾雯鹤：《神话的文化解读》，重庆：重庆大学出版社，2010 年，第 80 页。

是故事的核心，这与吐蕃在佛教世界体系中的自我定位是同构的"①，于是叙事传输演化出颇具神话色彩的藏文历史叙事，如《西藏志》记载文成公主通晓星象堪舆之术，降妖伏魔予以镇压之事。2.传说的叙事传输，"民间传说是指民众口头创作和传播的描述特定历史人物或历史事件、解释某种地方风物或习俗的散文体口头叙事文学，是劳动人民集体智慧的结晶。许多传说把比较广泛的社会生活内容通过艺术概括而依托在某一历史人物、事件或某一自然物、人造物之上，达到历史的因素和历史的方式与文学创作的有机融合．使它成为艺术化的历史，或者是历史化的艺术"。②文成、金城公主入藏之后，汉藏民间对其进行的口头传说创作持续不断，例如藏文典籍"《贤者喜宴》中就记载了双母夺子、宴前认舅等脍炙人口的故事"。③3.文学的叙事传输，无论是庙堂之高的文人创作，还是处江湖之远的民间文学，文学历史上对文成、金城公主的传颂经久不衰，其叙事传播的方式或直接或间接"通过唐诗和藏族文献歌谣的记录来重温这段历史"。④有唐蕃和亲，文成公主带入藏地的文化包括了医学、农学、建筑、艺术、手工艺等方方面面，这就为藏地的民间文学创作、传播带来了新的构素，例如《公主带来的曼巴》中传颂"求神打卦多年，疼痛总不离身，公主带来的曼巴（医生），治好了我的病根"⑤；"远从汉族地区，来了王后公主。把三千八百种粮食，带到咱们藏土。藏地从此开始，种上了各种粮谷"⑥；将文成公主尊奉为一些行业的"祖师"，并予以民谣创作进行口述传播和诗歌传颂，"从中至少可以反映出藏民对文成公主的热爱和怀念"⑦。"咏金城公主和亲的应制诗在《全唐诗》中共保存有17首，都直接以'奉和送金城公主适西蕃应制'或'奉和送金城公主适西蕃'为诗题。奉旨赋诗的既有政坛要人，也有诗坛能手，如崔日用、李峤、张说、苏颋、沈佺期、郑愔、崔泥等"⑧，这些诗歌以创作主体的想象、拟化，基于真实事件和情感的"视域融合"，

---

① 王娟、旦正才旦：《历史书写中的文成公主兼论多民族中国的民族史叙事困境》，《社会》，2019年第2期，第197页。

② 胡梦飞：《中国运河文化遗产概论》，郑州：黄河水利出版社，2020年，第212页。

③ 王东：《牧歌流韵—中国古代游牧民族文化遗珍（吐蕃卷）》，兰州：甘肃人民出版社，2015年，第108页。

④ 刘洁：《从唐诗和藏族文献歌谣看唐蕃联姻的影响及意义》，《西北民族研究》，2008年第3期，第148页。

⑤ 本书编委会：《中国少数民族文学作品选（第四分册）》，上海：上海文艺出版社，1981年，第6页。

⑥ 王沂暖、唐景福：《藏族文学史略 第六章（第一节）》，《西北民族学院学报》，1984年第7期，第4页。

⑦ 刘洁：《从唐诗和藏族文献歌谣看唐蕃联姻的影响及意义》，《西北民族研究》，2008年第3期，第149页。

⑧ 李小凤：《从唐诗看金城公主入蕃和亲》，《西北第二民族学院学报》，2005年第1期，第129页。

"既反映了人们对和亲政策的思考，也反映了人们对和亲公主命运的深切关怀"。^①
4. 绘画的叙事传输，"绘画是视觉艺术，是静态艺术，是在二维的空间，在画布、墙壁、纸张的表面上用点、线、面、形、光色等造型手段创造的艺术"^②，这一艺术形式亦成为历代汉藏民众描绘叙事文成、金城公主进藏汉藏联姻重要传播展示方式。例如，西藏拉萨布达拉宫法王洞和大昭寺皆有文成公主进藏壁画和金城公主照容图，其中"在布达拉宫，有大型连环壁画《松赞干布迎娶文成公主》。壁画将整个迎娶过程——从长安到逻些——完整描述下来"^③。唐卡作为西藏地区传承悠久的绘画艺术，其在表现汉藏和亲的艺术叙事往往是将文成公主（绿度母化身）、金城公主作为构素，通过唐卡艺术视觉表现汉藏和亲故事，这属于"一些表现历史、民风民俗的唐卡画卷。与重大历史事件有关的，如反映吐蕃时期汉藏联姻的文成公主《入藏故事图》、金城公主《宴前认舅图》"。^④ 5. 戏剧的叙事传输。戏剧是指以语言、动作、舞蹈、音乐等形式达到叙事目的的舞台表演艺术的总称。在汉藏戏剧的发展历史中取材文成公主和金城公主人物形象及故事传说的戏剧很多，而且不断完善异延，流传于世。"17世纪中叶，五世达赖罗桑嘉措时，由于其对藏戏的钟情，藏戏得到了空前的发展并且开始有了脚本，藏戏的传统剧目中最有名的是八大藏戏"^⑤，其中藏戏《文成公主》不仅传播向汉地，而且创编为中华国粹——京剧形式、话剧形式得到更广泛的传播。近现代历史上有关金城公主的故事也被广泛创编为不同的戏剧形式予以展演，例如豫剧中就有非常著名剧目《金城公主》。

汉藏联姻中持续性叙事传输的儒家思想，在汉藏族群个体／群性"意识三域（Three of Conscious Field）"，即无意识、潜意识和意识都占据了个体心理环境的一部分区域"^⑥，从而在日常时间的不断强化下，日益影响着儒家文化的接受者——藏族人民。（1）孝道思想的叙事传输。儒家"孝"文化经历轴心时代、后轴心时代、新轴心时代深刻浸润到中国文化肌体当中成为巩固家庭、稳定社会、维系国家^⑦重要的意识形态构素，而在汉藏文化传输中，藏族原有的"重壮贱老，母拜于

① 陈景春：《从唐诗看和亲公主的命运及其民族关系》，《贵州大学学报》，2015年第3期，第159页。
② 韩禹锋、杨阳：《艺术创作与社会价值观》，长春：吉林美术出版社，2019年，第165页。
③ 周德仓：《西藏新闻传播史》，北京：中央民族大学出版社，2005年，第69页。
④ 袁晓文：《中华民族文化大系：雪域之光 藏族（下）》，上海：上海锦绣文章出版社，上海文化出版社，2017年，第74页。
⑤ 曹凤英：《中国西南精华游》，广州：广东旅游出版社，2011年，第279页。
⑥ 鞠鹏：《管道心理学导论》，北京：九州出版社，2017年，第31页。
⑦ 杨力：《孔子哲学大智慧》，北京：华夏出版社，2017年，第162页。

子，子偃于父，出入皆少者在前，老者居其后"①习俗，逐渐被转换，在松赞干布时期，赞普基于十善法戒，融贯儒佛思想，延伸出十六人事准则，即"敬奉三宝、修持正法、孝敬父母、恭敬有德、承顺贵种及长辈、待亲友以诚、利济乡人、存心正直、取法上流、饮食财物应知有节、有恩当报、勿用伪度量衡器、持平为怀、不生嫉妒，不听妇人之言、出言和气、善于辞令、任重量宏"②，而这一转变的实施，改变了以往的风俗，所以"吐蕃'重壮贱老'观念的转变受助于汉藏频繁的交往，尤其受益于自唐太宗开始的汉藏密切交往"。③除此之外，孝道观念在汉藏交往过程中愈发实践化，金城公主入藏再次强化了汉藏之间的儒家文化交融，《迭部县志》《拔协》记载，藏地历史上本无祭祀、服孝习俗，"在金城公主后不久的时代，已有吐蕃人行七七斋的事实，也就是说金城公主将七七斋传入吐蕃的可能性很大，或者说在金城公主入藏之后不久，吐蕃人已经接受了'七七斋'的仪式"④，随着这种"倡兴七日祭"⑤的做法在藏地的传播，与之配套的富含儒家思想的祭祀仪式行为作为一种传输媒介，便持续在藏地产生传播影响。（2）儒学思想的文本传输。由汉藏联姻所传播的儒家思想或多或少进入了藏族文学格言诗的叙述理念当中，使其成为儒学思想在藏地传输的重要媒介。其中最为典型的文本即《萨迦格言》《水树格言》《国王修身论》。由萨迦班智达所著，出现于公元十三世纪，用于"社会迫切需要一种新的伦理道德协调人与人以及人和社会间的关系"⑥的经典著作《萨迦格言》，"《萨迦格言》是藏族格言诗的开宗之作，共9章，包括观察学者品、观察贤者品、观察愚者品、观察贤愚间杂品、观察恶行品、观察正确处世方法品、观察不正确处世方法品、观察事物品、观察教法品9大内容。计有457首格言诗"⑦，其儒学思想贯穿始终，纳含了仁政施行思想，如"世上的国王虽多，遵法爱民的却很少"⑧；为人处世思想，如"自己不喜欢的事情，也不要让别人去做"⑨；勤学好问思想，如"蠢人把学习看作羞耻，智者把不学习看作羞耻；因此智者即使年迈，还要为来世勤奋学习"⑩；修身养性思想，如"听从圣者的教诲，哪怕

① （后晋）刘昫：《旧唐书年第（第16册）卷191至卷200下（传）》，北京：中华书局，1975年，第5220页。
② 第五世达赖喇嘛：《西藏王臣记》，北京：民族出版社，2000年，第17页。
③ 余仕麟：《儒家伦理思想与藏族传统社会》，北京：民族出版社，2007年，第221页。
④ 王启龙：《国外藏学研究（第1辑）》，上海：上海古籍出版社，2017年，第128页。
⑤ 拔塞囊：《拔协》，成都：四川民族出版社，1990年，第4页。
⑥ 蔡晓苦：《藏族格言诗哲理新探》，硕士学位论文，中央民族大学哲学与宗教学院，2008年，第36页。
⑦ 余仕麟：《萨迦格言与儒家伦理思想》，《西南民族大学学报》2008年，第13页。
⑧ 萨迦·贡嘎坚赞：《萨迦格言》，拉萨：西藏人民出版社，1985年，第43页。
⑨ 萨迦·贡嘎坚赞：《萨迦格言》，拉萨：西藏人民出版社，1985年，第74页。
⑩ 萨迦·贡嘎坚赞：《萨迦格言》，拉萨：西藏人民出版社，1985年，第80页。

要危及生命，也要始终信守不渝"。[1] 写于 400 多年前的《格丹格言》，作者为佛界明哲班钦·索南扎巴。《格丹格言》共 125 首，致力于智者与愚者的分辨，被称作警世格言或醒世格言。《水树格言》作者孔唐·丹白准美（1762—1823），全书主要包括两部分："水"的格言和"树"的格言，分别有 139 首和 100 首，两本格言蕴含了风雨的人生哲理，具有极强的教育教化色彩，例如《水树格言》中以政为德，以民为本的思想记述为"坏人即使当上国王，还是会干下流勾当；怪柳即使向上生长，叶子仍然低垂下方"[2]；《格丹格言》中以群体和谐伦理观的表述为"官民一致不怕敌犯，各行其是事情难办；滚滚江水骏马难渡，分成支流绵羊也敢"。[3] 敦煌文献《礼仪问答写卷》中集体体现了吐蕃对汉唐儒家文化的吸收与融合，其写卷思想主体分布体现为：

表　《礼仪问答写卷》思想分布示意

仁之思想	卷第 11、33、35、36、42、53、54 条[1]
礼仪思想	卷第 26 、36、66 条
仁爱思想	卷第 54
智识思想	卷第 53
家庭伦理	卷第 57、58、59、60、61、62
道德实践	卷第 19、22

结论

"婚姻是人类社会特有的文化形式"[2]，这种文化形式自古到今具有鲜明的传播特征。历史上华夏文明的交往交流交融中婚姻传播作为一种传播方式，在物质域与意识域的双重互渗与构筑中发挥了重要作用。其一，从前轴心时代——轴心时代——后轴心时代的历史文本记述中"和亲"、"联姻"作为政治高层予以互联、地域空间互动、文化互渗重要的手段长时间生成与发生，并在不同历史时代展现传播信息差异化的特点。其二，婚姻传播是以"婚嫁"为媒介，在婚姻整体存续过程中所发生的一切与传播有关联的实存现象，这一现象本身蕴含着复合多维的传播意涵，具有身体、人际、仪式、媒介传播特性。其三，中华文明体中汉藏两

---

[1] 萨迦·贡嘎坚赞：《萨迦格言》，拉萨：西藏人民出版社，1985 年，第 96 页。
[2] 梁斌：《藏族格言文化核心价值观述评》，《西部学刊》，2019 年，第 121 页。
[3] 孔唐·丹白准美：《水树格言》，拉萨：西藏人民出版社，1986 年，第 4 页。
[1] 王尧、陈践译注：《敦煌吐蕃历史文书》，成都：四川民族出版社，第 1988 页。
[2] 殷晓蓉、刘蒙之、赵高辉：《社会转型中的演变：当代人际传播理论研究》，上海：复旦大学出版社，2014 年，第 145 页。

族文化的交往过程中"婚姻传播"，不仅扮演了重要的传播"角色"，而且以婚姻传播协同式传输了中原儒家文化于边地，进一步联系了中原——边地，强化了多元一体化格局，同时也铸牢了中华民族共同体意识。其四，汉藏婚姻传播过程中的儒家文化互文性构式，展现为汉藏叙事传输中的联姻事件、汉藏艺术化差异性文本中的叙事传输、汉藏联姻叙事传输中的多样态儒家文化以及汉藏联姻儒家文化传输中的意识域思想。

论中原历法在黑龙江沿岸部族社会的传播 *

On the Spread of the Central Plains Calendar in the Tribal Society along the Heilongjiang River

杨 光 万 利 *

Yang guang　Wan li

摘　要：黑龙江沿岸部族主要包括黑斤（赫哲／那乃）、尼夫赫、奥罗奇、埃文基、乌尔奇人、乌德盖以及涅吉达尔人等。在黄河流域已经广泛流行的太阳历、月令历等历法传播之前，这些部族主要使用的是传统物候历，其主要包括植物候、动物候、气象候；随着黑龙江部族对自然界的认识增多、社会生产力的提高、民间科技水平的提升以及与其他民族的交流与交往，中原历法逐渐传播到黑龙江沿岸部族社会，并结合当地渔猎生产生活的特点，融合为符合本土的、颇具特色的"渔猎节气"。此后，随着渔猎生产的衰落，中原历法逐渐占据主流，指导着黑龙江部族生产与生活，发挥着重要的作用。本文拟从以上三个时期深入探讨中原历法在黑龙江沿岸部族的传播过程与特点，从而揭示华夏文明在黑龙江沿岸部族的演进规律，探索并开发民间科技与生态智慧。

Abstract: The tribes along the coast of Heilongjiang mainly include Heijin (Hezhe/Nanai), Nevh, Oroc, Ewenki, Urqi, Udege and Nie Girdhar. Before the solar calendar and monthly calendar, which have been widely popular in the Yellow River basin, these tribes mainly used traditional phenological calendars, which mainly included plant climate, animal climate and meteorological climate. With the increase of Heilongjiang

---

* 项目基金：2022 年度国家社会科学基金：黑龙江沿岸世居民族传统物候历研究（项目号：22BMZ074）；2024 年度教育部人文社会科学项目：礼乐文化与周代铭文书研究（项目号：24YJA751014）。

** 作者简介：杨光，女，汉族，黑龙江牡丹江人，哈尔滨商业大学商业经济研究院，研究员，博士，博士生导师，研究方向：黑龙江少数民族历史与文化。万利，男，汉族，江苏扬州人，哈尔滨商业大学在读研究生。

tribes' understanding of nature, the improvement of social productivity, the improvement of folk science and technology level and the exchanges and exchanges with other ethnic groups, the Central Plains calendar gradually spread to the tribal society along the coast of Heilongjiang, and combined with the characteristics of local fishing and hunting production and life, it merged into a local and distinctive "fishing and hunting solar term". Since then, with the decline of fishing and hunting production, the Central Plains calendar has gradually occupied the mainstream, guiding the production and life of Heilongjiang tribes and playing an important role. This paper intends to discuss the spread process of the Central Plains calendar in the tribes along the Heilongjiang River from the above three periods, so as to reveal the evolution law of Chinese civilization in the tribes along the Heilongjiang River, and explore and develop folk science and technology and ecological wisdom.

关键词： 中原历法；黑龙江沿岸部族；物候历；传播

Keywords: Central Plains calendar; Tribes along the coast of Heilongjiang; Phenological calendar; spread

　　我国是世界上最早发明天文历法的文明古国之一，我们的祖先，被称为"全世界最坚毅、最精明的天文观测者"。远在距今五千年，我们的祖先就已经知道观测天象，根据日、月、星辰的运转和气候的变化以及草木的荣枯和鸟兽的生亡，创造了独特的历法，据传黄帝时期就已经确立了历法。因为具有其重要性，自古以来天文历法都是历代王朝所十分关注的。历法的创立、修缮、运行都历经若干年的检验才得流传，代表着高水平的中原历法也是如此，它是上古先民顺应农时，通过观察天体运行，认知一岁中时令、气候、物候等变化规律所形成的知识体系，指导着中原农耕民生产与生活，是农耕文明的产物。

　　以二十四节气为代表的中原历法传播之前，黑龙江沿岸部族长期使用的是物候历，即自然历。实际上在历法尚未传入之前，人们判断季节更迭，仅利用植物的生长和动物的行踪情况这些标准，这也是早期农业生产和渔猎、采集所必备的知识，直到新中国成立时，我国某些边远的少数民族还有以物候历为历法依据。

一、中原历法传播前黑龙江沿岸部族传统的物候历

　　我国从黄帝历开始到太平天国的天历法，一共有 102 种历法。[①] 当中原农耕民族在三四千年的历史中，已经逐渐产生"太阳历""大明历""大衍历"以及"天

---

①　陈遵妫：《中国天文学史》，上海：上海人民出版社，2006 年，第 21 页。

历"等古代良历之际，此时的黑龙江沿岸地区却依然在使用原始的自然历法即物候历作为历法依据。物候历是以观测动物、植物、天象变化规律来推断时间的演变。

这一段时间即为物候历时期，在此时期内中原历法尚未传入，对本地区人民的日常生活也未产生任何影响，黑龙江沿岸部族在这段时期内仅使用代代相传的物候历以纪年。

"物候历是大自然的语言"，我国是世界上编制和应用物候历最早的国家。黑龙江沿岸部族对物候历的认知到应用也是个漫长的岁月，长久以来黑龙江沿岸部族对于时辰节气的概念，都是模糊不清的，其物候认知往往依据老一辈人的经验进行判断。

我国早在 3000 年前就有许多关于物候观测的记载于殷墟甲骨文中。西周时代，人们能够用土圭定方位，并能够用雨、旸（晴天）、燠（热）、寒、风五类气象状况的反常，预测农时。①

清康熙六十年（1721 年）当中原农耕民族太阳历已经确定并广泛使用的很长一段时间，流人吴桭臣的《宁古塔纪略》风土记录里，记载当地部族仍旧是"其人不知岁月，不知生辰""'削木裂革'记事"。②虽然黑龙江沿岸部族没有独创历法，但是其物候历发展却十分成熟。

基于对自然界长期而细致的观察，黑龙江沿岸部族已经掌握了一整套物候方面的知识，最初是基于直接观察物候中的气象变化来判断时辰。如黑斤、那乃人把东方破晓，看作是一天的开始；太阳落山，就是一天结束，日出而作、日落而息。

对于节气时令，黑龙江沿岸部族则观察朝阳坡上的积雪，融化了即表示春天到了；当雪花飘扬，江河里的水都结冰了，漫长而寒冷的冬天到来了。如锡伯族的《四季歌》，描写天地、日月、风雨、四季万象。③由此可见，黑龙江沿岸部族最初是以物候历中的气象候来判断四季轮替，而气象候中又以天文候为最初观测对象。

正如天文是所有世界各民族科学中最早、最发达的学科原因一样，抬头仰望星象的斗转星移、身体感触大气的变幻莫测、直接观察物候的万千变化，不受仪器工具、固定场所、社会因素所限，简单古朴的观象授时，却对古代人类实际生产、生活有着莫大的关系。因此恩格斯在《自然辩证法》所说，"必须研究自然科

---

① 章雨伦、覃兴雯：《气象的秘密》，长沙：湖南科学技术出版社，2017 年，第 132 页。
② 吴桭臣：《宁古塔纪略》，载于《龙江三纪》，哈尔滨：黑龙江人民出版社，1985 年，第 239 页。
③ 关捷：《东北少数民族历史与文化研究》，沈阳：辽宁出版社，2007 年，第 130 页。

学各个部门的顺序发展。首先是天文学——游牧民族和农业民族为了定季节，就已经绝对需要它"[1]，实际上渔猎民族也是如此需要，方向变迁、节气转变、气候变化、物种变迁，是直接涉及黑龙江部族生存繁衍的大事。

恩格斯这里所指的天文学，实指实用天文学[2]，其与历法紧密相连，如我国《周礼》中的冯相[3]就是擅长实用天文学。虽然黑龙江世居部族直接观测月五星的行度、日月食发生等天象历史久远[4]，却并未形成独创的历法，但其气象候以习惯法、民间谚语、歌谣的形式流传，如"月晕预示着天气转暖和将有雨或者雪；日晕和极光的出现，预示着天气转寒冷；夜空星光灿烂预示着阴暗"[5]，至今仍旧发挥着重要的作用。

由于黑龙江沿岸世居部族一般分布在黑龙江两畔或支流，地域多江河湖泊支叉，因此相较于中原山地民族，在物候历中的气象历观测内容中，水纹候征的内容较多且丰富。从江水封江速度到文开江、武开江，从菱形纹、渔网纹、浪花纹的水波纹，都是观测、预测的对象，这些考古文化也反映在新开流文化遗址中。[6]

除了气象候外，黑龙江沿岸部族也利用植物候来直接观测节令。埃文基人看到树梢蜷缩则预示着天气转暖；偃松的枝干在冬末舒展起来，则表示春天已来临。赫哲、那乃人看到当树木枝叶繁盛至把地窖子的门都遮挡了，判断夏天来临了；若是草木由原来的青翠变成五颜六色，那就预示着秋天而至。

作为渔猎民族的黑龙江沿岸部族，对动物的生理周期习性掌握得十分擅长，因此动物候在其物候历中所占的比重最大。埃文基人听到布谷鸟叫，则预示春天已来临；泰加深林里众鸟不喧，预示着坏天气将要来临，而在阴天里众鸟争鸣，预示着很快就要放晴；松鼠在低处树枝上储备食物，预示冬季里雪不会很多；松鼠在高处树枝储备食物，预示冬季里雪会很多；松鼠窝筑得很保暖，预示着冬季将会很寒冷，反之，冬季将是温暖的；松鼠储备了大量的食物，预示着冬季将是漫长的，反之，冬季将是短暂的。

黑龙江下游、乌苏里江的乌德盖人在长期持续物候观测基础上，对日夜时辰

---

① 恩格斯：《自然辩证法》，《马克思恩格斯全集》第 20 卷，第 523 页。
② 与实用天文学相对应的是天文观测学，往往与天文占候术、占星术紧密相连。
③ 冯相是周代官名，《周礼·春官》之属，相传他的工作是登高屋以视天文之次序；专门候测日月五星的行度，重在推算。
④ 这在大兴安岭岩画以及宝清北斗七星台中予以展示当时日月星辰的变动。
⑤ 张嘉宾、卢贵子编著：《黑龙江流域的通古斯人》，哈尔滨：哈尔滨出版社，2004 年，第 44、53 页。
⑥ 吕秀莲等：《黑龙江简史》，哈尔滨：黑龙江人民出版社，2007 年，第 18 页。

的物候理解相对更为具体而丰富，即：

早晨：天开始放亮（格亚瓦纳尼）—出现朝霞（祖格达拉·伊年基尼）—日出（苏·加赫帕尼）—日出到中午之间的时间（苏·莫·杰卢伊尼）。

白天：中午和午后，即日中和偏西。

傍晚：开始日落、日落和黄昏（苏杜列涅伊尼）。

夜间：黄昏后（西基耶尼·西基耶基尼），即从天空出现第一颗星星—午夜（多格鲍·杜兰格基拉），满空繁星—直至拂晓。

由此可见当时的乌德盖人传统物候历已经从最初简单的"太阳升起即为清晨"一个物候观测对象"太阳"丰富为三个物候观测对象"天亮""朝霞""日头"；并且相对来说其早晨时间段较长，包括凌晨和上午这与乌德盖人地理位置更为偏东，见到日出与开始捕鱼作业更早有关，这是黑龙江沿岸部族物候观测逐渐走向成熟的阶段。

在直接物候观测经验充分发展基础上，黑龙江沿岸部族开始运用物候表征的方式替代物候观测对象，来推断时日，这种物候观测，可以脱离物候观测对象的束缚，随时随地且便捷。有的是把物候观测对象的一部分作为表征，来代替物候本体，进行间接的观测与计算；有的是采用物候寓意或物候活动来作为表征，替代物候本体，进行观测与计算。

最具有代表性的则是黑斤人以吃了多少个大马哈鱼头来作为年岁的记录，以至形成大马哈鱼头串成串，挂在地窨子前。若别人一问年岁，即数一下赫哲族往往数一数房前倒挂着的大马哈鱼头即可，这源于"不知岁月朔望，问年，则数食达莫嘎鱼次数以对"[1]，即利用大马哈鱼汛期一年一次这一物候规律[2]来纪年，所以每年的大马哈鱼渔汛期时收集一个最大的大马哈鱼头当作计年单位就形成了惯例。其表征联系如下：

"吃了多少次大马哈鱼"="经历了多少次大马哈鱼汛"="挑选多少个最大的鱼头"=年龄是多少岁。

从1721年吴桭臣笔下的"不知生辰"到1885年曹廷杰笔下的"食达莫嘎鱼次数以对"，一个半世纪的黑龙江部族物候历发展可见一斑。

---

① 吕秀莲等：《黑龙江简史》，哈尔滨：黑龙江人民出版社，2007年，第18页。

② 大马哈鱼一般在固定的时段，即每年的农历8—9月间从鄂霍次克海洄游至黑龙江、松花江和乌苏里江，在黑龙江沿岸形成大马哈鱼汛。另外，有的史志记"鲢鱼鱼头"。

　　在查阅黑龙江部族的民间历法中可以看到利用大马哈鱼的洄游规律来判断年岁的物候历法，在黑龙江沿岸的尼夫赫人、那乃人、乌尔奇人、涅吉达尔人的物候月历上都有一定的反映，当然也少见于其他的鱼类物候判断年岁，但是黑龙江部族的民间历法却没有出现任何与捕猎海兽有关的月份、年岁的名称，这是源于对海兽的一种原始信仰。

　　如"逆戟鲸"在黑龙江中游部族被认为是崇拜的海兽，不但不能作为捕猎的对象，而且还被认为是"海神"施展"法术"，是预告物候特征开始活动的标志，"每逢逆戟鲸在黑龙江江口出现时，基里亚克人就说，大马哈鱼快来了，当逆戟鲸走了之后，渔汛便告停止"。①

　　除了以物候客体"鱼"的一部分"鱼头"作为物候表征对象外，也有不少黑龙江沿岸部族用吃过的狍子头、鹿头、野猪肩胛骨、蹄类动物的膝盖骨等数量多少作为年岁计数的对象。至于用鱼类还是兽类的身体部位来作为纪年对象，并非取决于该部族经济生产是以渔业为主还是以猎业为主。

　　如鄂伦春人虽然长久以来以猎业为主，但他们也是"根据红鱼——大马哈鱼的汛期来计算年代的。假如要告诉人家某人二十五岁了，他们就讲那人已经吃过二十五次红鱼了，假如要告诉人家某件事情发生在二十年前，他们就讲从那时候到现在，红鱼已经又过去二十次了"②，而以渔业为主的赫哲族也往往用动物的肩胛骨作为纪年用具。

　　在黑龙江沿岸地区以物候历纪年的时间里，黑龙江沿岸部族根据自然现象，季节变化，动物周期等发展出了越来越成熟的纪年方法，这些历法与黑龙江沿岸部族日常生活息息相关。人们可以根据自然现象的变化采取相应的生产，捕猎行为，为黑龙江沿岸部族人民的生活提供了相当程度的便利，在还未曾发展理论的情况下，已经将实际生活经验整理完备了，为后来中原历法的传入打下基础。但同时也应该看到，这种以生活经验，口口相传的物候历法在精确度上稍逊一筹，不能满足日益发展的生产生活需要，中原历法的传入为黑龙江沿岸部族人民把握农时，优化农事活动，提高农业生产效率提供理论基础。

二、中原历法传播至黑龙江沿岸部族并被本土融合时期

　　随着社会生产的发展，民族交流交融的加强，尤其是内地移民大量涌入东北边疆，中原历法逐渐传播到黑龙江沿岸地区，这一段时期即为中原历法与本地物

---

① 闫超：《从萨满教的崇拜看其生态环保因素》，《东北史地》，2006年第8期，第15页．

② ［苏联］伊凡·И.纳达罗夫著、译者不详：《〈北乌苏里边区现状概要〉及其他》，上海：上海人民出版社，1975年，第28页。

候历法融合时期，在这段时期里，黑龙江沿岸部族人民既不单独使用本民族物候历法，也不仅仅使用中原历法，而是在本民族物候历法的基础上结合中原历法，融合出具有两方特点的历法以纪年。最先被传入的是月历，一年被分为若干个月，为了纪月方便，有的黑龙江部族甚至用自己的身体作为纪月对象的表征，每个身体的部位象征着各个月份，如图 1 所示。①

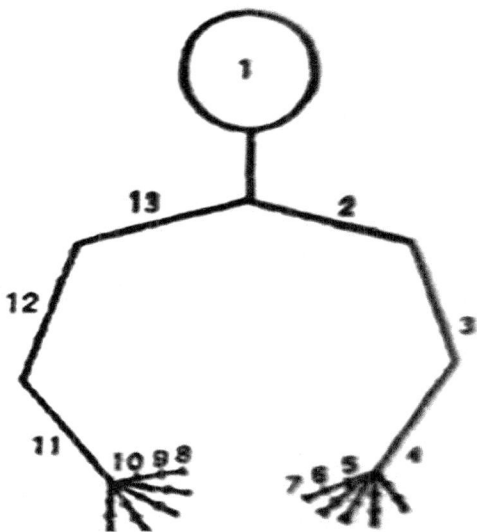

图 1　埃文基人十三个月民间历法图

当纪月时，埃文基人就顺着头和手，把十三个月份的名称全部都数出来，即图 1 中的 1—13。

第一个月，"索那亚"（头或尾之意）。

第二个月，"埃乌利米拉"（左肩，即下行开始）。

第三个月，"依其颜"（左臂肘）。

第四个月，"比利颜"（左手腕）。

第五个月，"乌恩木"（左手指关节）

第六个月，"恰拉托开"（左手指中关节）

第七个月，"奥给托卡"（左手指下关节，指尖，又称"爪"）。

注意年中以下，从左手指尖移动到右手指尖，向上依序而行，且左右名称相对。

第八个月，"奥给托卡"（右手指下关节，与上"左"相对，下同）。

① 　［苏联］伏·阿·图戈卢科夫著、白杉译：《西伯利亚的埃文基人》，呼伦贝尔：呼伦贝尔电子激光排印中心，2000 年，第 70 页。

第九个月，"恰拉托开"（右手指中关节）

第十个月，"乌恩木"（右手指关节）

第十一个月，"比利颜"（右手腕）。

第十二个月，"依其颜"（右臂肘）。

第十三个月，"图库其利米拉"（右肩，为止）。

由此可见，埃文基人以身体来纪月的方式更具有物候的寓意性。第一个月为开端，即头部、首，埃文基语"索那亚"即元始、开端；由左至右，肩、腕、指，分别依次递进，相互对应。从直接观察斗转星移来判断月份到结合身体器官的月份表征，反映了埃文基人历法从物候历到日月历的发展变迁，在没有其他物质用于纪月条件下，用身体纪月不失是一种可行的方法。

当以月令为计时是历法发展的重要时期，黑龙江沿岸部族的"月令历"并不是纯粹地以月亮圆缺盈亏作为历法原则，而是在此基础上紧密融合当月的物候表征，因此可以说是黑龙江沿岸部族的"月令物候历"。如在尼夫赫人和乌尔奇人的"月令物候历"中，融合了"乌鸦、鹰、鹁鸪飞来了，某种花儿开了""可食性植物采摘"等自然物候现象。除了融合物候表征外，还与渔猎业、采集业等生产活动有着重要的联系。而长久以来黑龙江沿岸鄂温克人围绕着以"鹿"为狩猎对象进行的经济活动，因此其猎民中形成了以"猎鹿"为特色的"月令历"：

诺勒吉：公历二、三月，是打鹿胎的季节。

农念：公历四、五月，此季节鄂温克猎民开始出猎。割鹿茸、挡鱼亮子。

允喀：农历六、七月，是猎人蹲碱厂狩鹿的好季节。

保罗：农历八、九月，是猎取鹿鞭、晒兽肉的季节。

西格勒：农历十、十一月，河水开始封冻，落雪不大，是狩猎的黄金时期。

土格：农历十二月到翌年一月，天气酷寒，雪深及腰，狩猎活动停止。[①]

从上述可知，鄂温克猎民的物候历是把一年分为六个季节，而非四季节，其原因在于当地大兴安岭的独特气候所决定的。即使是在现代气象学上对大兴安岭地区的气候也有不同于其他地区的划分方法。即把每年的 4 月至 5 月、6 月至 8 月、9 月至 10 月、11 月至 3 月分别划分为春夏秋冬四季，进行四季气候描述和光、热、水的分析，按照气候平均气温，升到 10℃ 为冬尽春始，高于 22℃ 为春归夏至，再降到 10℃ 为秋去冬来。总的来讲，是长冬无夏，春秋相连。所以，鄂温克猎民

---

① 孔繁志：《敖鲁古雅的鄂温克人》，天津：天津古籍出版社，1989 年，第 105 页。

的"月令物候历"更多反映狩猎"6 个季节",是符合实际的。

运用视觉、听觉、触觉来直接观测物候特征判断节令占黑龙江沿岸世居部族物候历发展中漫长悠久的阶段,并由最初偶尔不经意的直接物候观测,发展到持久专门的物候观测,并积累丰富的经验应用于指导生产上。

如 1895 年曹廷杰踏查黑龙江下游地区,见到了当地黑斤人、尼夫赫人利用江面上飞蛾的颜色变化来判断大概的月份,推测出"麻勒特"鱼[①]该送哪种鱼类到黑龙江"以裕民食",从而来转接各种捕鱼方式。

如江面上飞蛾变成白色时,断定正值是 5 月份的季节,应是"麻勒特"鱼送乌互路鱼入江,这时要采用捕捞乌互路鱼的渔具;如江面上飞蛾变成青色时,是 6 月份至 7 月半的光景,应是"麻勒特"鱼送七里性鱼入江,这时要采用捕捞七星性鱼的渔具;此后一段时间,江面上没有任何飞蛾出现,是要停产一段时间,这也是为了保护鱼类资源的繁衍;等到江面上再次出现小飞蛾时,达莫嘎鱼就要被"麻勒特"鱼入江了。[②]由此可见,19 世纪末黑斤人能够在某个江段上大约进行 3 个月以上的长期专门观测飞蛾的活动。

持久而专门的观测,更能够获得物候历的运行规律,从而不断地对物候观测对象进行充盈,这是直接偶尔物候观测的发展下一个阶段,即持续专门物候观测阶段。

而以渔业生产为主的赫哲族,起初物候历则显得比较简单,"一个经济年,分为时间大体相等的冬季期和夏季期两个部分。冬季期从阿穆尔河及其支流结冰时,从 10 月底到 11 月初开始,在开江时从 5 月初到 5 月中旬结束,大约持续半年的时间,夏至期大致与之相等。其些民族的历法中,生产中的间歇可持续到 7 月,直至北鳟鱼来,或到 8 月直至夏鲑鱼来,或到 9 月直到秋鲑鱼来"。

除此之外,黑龙江沿岸的赫哲族社会还把中原历法中的月令历与狩猎时节相结合,形成了关于狩猎活动的"月令历",即"入山狩猎,一年约分四次:在正月初五出发,二月十五左右回来,打火狸、獾、黄鼠狼、狍等兽……夏季四月初至六月底,打鹿茸、黑熊、野猪等兽……秋季八月十五至九月十五,猎狍、鹿、熊、野猪等兽;冬季十月初旬或中旬动身,十二月十五至迟年底归来,猎貂、獭、火狸、獾、黄鼠狼、狍、熊、野猪等兽"[③]。

虽然同属于一个部族,但是由于所处的地域不同,其月令历与狩猎活动结合

---

① 即大马哈鱼,学名鲑鱼。

② 曹廷杰:《西伯利亚东偏纪要》,载《辽海丛书》,沈阳:辽沈书社,1985 年,第 2284 页。

③ 凌纯声:《松花江下游的赫哲族》(上册),南京:国立中央研究院语言研究所刊印,1934 年,第 87 页。

也有一定的差异，如"大屯赫哲族一年出猎四回，第二回是从三月到六月，从夏季开始猎取鹿角"。[①] 这与鄂伦春族的狩猎物候期大致相仿，"一年分为四个时期，春节过后是鹿胎期，4—6 月是鹿茸期，7—9 月为鹿尾期，初雪到次年 3 月是打皮子期"。[②] 这是由于大屯的赫哲族大多受到当地鄂伦春族的影响而致。

黑龙江锡伯族社会经济更偏重于牧业，因此其在其月令历中增加了"米阔鲁（伊木纳节）：没有准确日期，一般在 5 月下旬举行。4 月至 5 月上、中旬，是接羔、保育、去势的季节，繁忙的劳动结束后，牧民们举行庆祝丰收的聚会，杀牛宰羊，祭祀'吉雅奇'[③]，以全羊供神"。[④]

另外不同是，"在那乃人中至今依然保留着以公历 11 月为岁首的痕迹。这说明：身为渔猎民族的黑龙江流域通古斯人，是以进入冬季，开始冬季狩猎为新年伊始的"[⑤]，这显然与内地的农耕文化的农历以春季农耕开始为岁首有着很大的不同。

由此可见以物候变化来判断月份的黑龙江沿岸部族"月令历"是在吸收中原月令历法基础上，与动植物界的季节性变化、地理、气候以及经济生产的因素紧密结合，并多以狩猎歌、渔猎歌和四季歌为形式代代相承，但如今却流传不广。在考察调研中可清楚看到，黑龙江少数民族年轻人对此知之甚少，这与社会生产力发展变迁有着莫大的关系。

值得注意的是，历法计算与数字紧密相连，中原历法的到来也带来数字的传播，随之数字计算技术传入黑龙江沿岸部族，很快运用到推算之中。如 19 世纪末曹廷杰在黑龙江考察中，注意到一个非常有趣的事儿，就是黑斤、尼夫赫人所说的"麻勒特"鱼。其身形巨大，"訇然有声，可闻数里"。从鄂霍茨克海口逆流而上，奔波喷浪，气势汹汹，离远一看很像似追撵其他江鱼群入黑龙江，被撵的鱼群不敢稍止，不停地游，确实很像是被"麻勒特"鱼赶入江。

当时就有人利用"每日逆流可游六、七百里"这个规律，在庙街发现"麻勒特"鱼赶着"乌互路"鱼群时，便立即用电话通知伯力渔民。第三天，这些"乌互路鱼"就会游到伯力下四百里处的南星水域，居住在伯力的黑斤人就能够捕捞

---

① 竹内虎治：《穿鱼皮衣的人们 三江省富锦近郊赫哲族采访记抄》，竹内虎治：载《满苏国境乌苏里江流域调查报告书》，满洲经济调查会，1935 年，第 110 页。

② 中国人民政治协商会议黑龙江省委员会文史和学习委员会编：《黑龙江少数民族 黑龙江文史资料第四十四辑》，哈尔滨：黑龙江人民出版社，2002 年，第 339 页。

③ "吉雅奇"即锡伯族保护牲畜之神。

④ 舒景祥等：《黑龙江省志·民族志资料编（上）》，哈尔滨：哈尔滨出版社，2005 年，第 193 页。

⑤ 赵仁成主编：《黑龙江流域文明与民族研究》，哈尔滨：哈尔滨出版社，2003 年，503 页。

这群鱼为食、交换俄货了，曹廷杰不禁感叹道他们的计算准确，"是其验也"①，这是较早时期利用数字与物候规律来推算收获的实例。

此 19、20 世纪之交，黑龙江沿岸部族已经接受了中原地区流行的一年有 12 个月的历法，而之前当地民间盛行的 11 个月或 13 月历法已经很少见，且当时黑龙江沿岸部族 12 月历法每月都与中原地区的纪月计算相吻合，但是如何来计算 12 个月？黑龙江沿岸部族就用狍子膝盖骨作为计算方式，每过一个天就把狍子膝盖骨在特制的铁杆上往左边拨动一个，30 天表示已经过了一个月时间，但随着黑龙江沿岸地区原生态的开发，猎取狍子的困难度越来越大，收集数 10 个狍子膝盖骨很不容易，于是干脆改为采集对木片为计日单位，把木片穿在长绳子上，由本族推选出来的德高望重的老人来拨动，过了一天拨过一个以表示一天过去了，这是赫哲族原木日历的雏形，即"一年分为 12 个月，月无大小，皆为 30 天。记日方法，用 30 根小木条或竹片，削成同样长、宽、厚，中间穿孔聚拢到绳的一头平挂起来，过一天向绳另一端移动一根，移完为一月。下月依上述方法再移向另一端。年、月份凭脑子记"②，如图 2 所示。

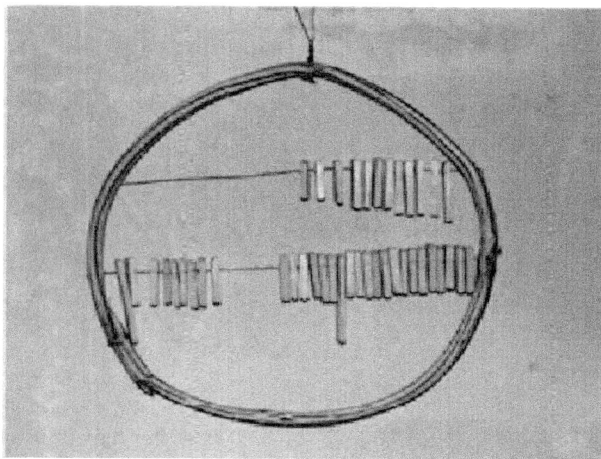

图 2　赫哲族原木日历图 ③

当铁器广泛流传到黑龙江沿岸地区后，赫哲族原木日历得以改良。将上下两列的绳用质地较硬的铁丝做成带回弯的环形，每个木条的顶端都镶上了一个小铁环，如此一来，铁丝穿过铁环，将木条悬挂起来，拨动方便，而且将木条拨到环形铁丝的上端，读取日期方便，不易混在一起，如图 3 所示。

---

① 丛佩远、赵鸣岐：《曹廷杰文集》，北京中华书局，1985 年，第 78 页。
② 高文德：《中国少数民族史大辞典》，长春：吉林教育出版社，1995 年，第 2421 页。
③ 图 2 拍摄于中国·赫哲族博物馆为，黑龙江省街津口赫哲民族乡。

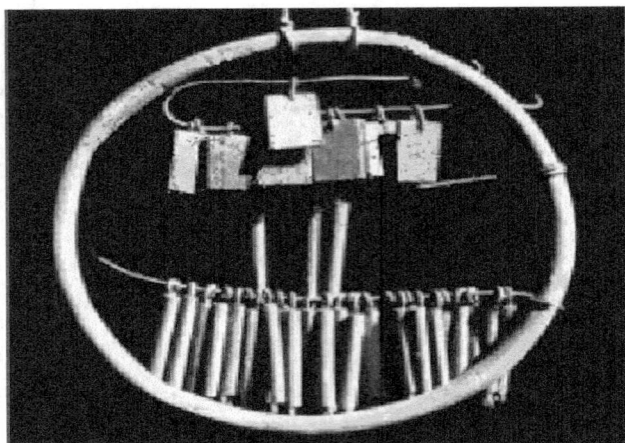

图 3　赫哲族铁木日历 [1]

鄂伦春族除了原始的结绳、刻木的方法计算日子外，"还有的用投米粒、拨木棍等方法，如拨木棍的方法是在一根绳子上穿 30 根小木棍，从正月初一开始，每过一天，从一头向另一头拨一根木棍，30 根拨完，即为一个月，拨 12 次即为一年" [2]，如图所示 4 所示。

图 4　"结绳记事"的木历 [3]

黑龙江沿岸部族民间日历期初比较随意，大多就地取材，五花八门。后来受到中原历法的影响而加以改进，在此基础上自制更为精确的一种日历。这种日历是根据汉族的农历，用木制成的。分成上下两列，上列木圆块代表月份，下列短木条代表日期，过一天拨一个短木条，并且还有大小月之分。

当黑龙江沿岸部族与其他民族接触，逐渐积累了很多中原历法知识，但在很长一段时间内，仍旧习惯以物候作为判断时节的主要标准，尤其是本部族年老者。尤其是当月相或季节与物候不符时，仍以物候为依据，采取置闰方法解决这一矛

---

① 图 3 拍摄于中国·赫哲族博物馆内，黑龙江省街津口赫哲民族乡。
② 韩有峰：《黑龙江鄂伦春族》，哈尔滨：哈尔滨出版社，2010 年，第 196 页。
③ 图 4 拍摄于黑龙江流域博物馆，黑龙江省萝北县。

盾。^①在 2023 年 8 月走访调研中，一些黑龙江江畔居住达斡尔老人依旧保留观察物候判定四季的习惯，当问到老人的年龄时候，则一摆手说到年龄大了，记不清了，好几年都没数（小木棒串了）。^②

这段中原历法与物候历法相融合的时期，处于中原历法刚刚传入不久，黑龙江沿岸部落人民对于中原历法的挖掘并不深入，只是浅层地将月份与生产生活活动相结合，并将本民族文化融入其中，发展出独特的纪月方法。相对于单使用物候历法来说，对于农时的把握更加精准了一些。并且由于中原历法的传入，黑龙江沿岸部族有了观测物候的意识，开始发展出持续且专门的物候观测，不断完善补充现有的历法内容。这段时期属于中原历法占据主导地位之前的过渡时期，将中原历法的精准程度与优势发扬光大，并逐渐传播到黑龙江沿岸各个部族之中，是中原历法在黑龙江地区最终被广泛承认必不可少的环节。

三、中原历法在黑龙江沿岸地区广泛传播并占主导

天文历法最能反映季节变化，讲究因时而行的中国古人，对历法修订与执行十分看重。由于我国两千年来，主要农业生产与政治活动中心多集中在黄河流域，二十四节气也就是以这一带的气候、物候为依据建立起来的，因此中原历法被广泛应用在农事生产以及千家万户的衣食住行方面。随着黑龙江沿岸部族与内地民众的交往不断加深，中原的天文历法也在黑龙江沿岸地区广泛传播，并逐渐占主导地位，尤其是汉族的二十四节气七十二候风俗已经深入到黑龙江沿岸边区，并应用于生产、生活之中。这一段时期即为中原历法占据主导时期，在这段时间里，黑龙江沿岸地区人民主要使用中原历法，而原始的物候历法已几近不可闻。当二十四节气传入到黑龙江沿岸地区，赫哲族则将二十四节气的元素与渔业活动进行融合，形成独具特色的"捕鱼节气歌"：

赫哲族的捕鱼节气歌 ^③

立春棒打獐，雨水舀鱼忙。

惊蛰忙织网，春分船验上。

清明草芽水，谷雨开大江。

立夏鱼群欢，小满鱼来全。

---

① 郝庆云、陈柏霖：《北方渔猎民族物候历的人类学阐释》，《黑龙江民族丛刊》，2004 年第 3 期，第 66 页。

② 2023 年 8 月作者于萝北名山采访达斡尔族 78 岁，女，周禹拓（音译）老人。一个小木棒代表一年岁，故过了多少年，串成多少个小木棒串。

③ 尤金良：《赫哲族拾珍》，佳木斯：佳木斯文学艺术联合会发行，1990 年，第 38 页。

芒种鱼产卵，夏至把河拦。

小暑胖头跳，大暑鲤鱼欢。

立秋开了网，处暑鲤鱼上。

白露鲑鱼来，秋分鱼子甩。

寒露哲罗翻，霜降打秋边。

立冬下挂网，小雪拦冰障。

大雪钓冬鱼，冬至网修理。

小寒大寒，渔具准备全。

鱼篓鱼满肉满迎新年。

这个以渔猎活动为表征结合二十四节气形成的物候历，并不满足于黑龙江世居部族，因其最为看重的大马哈鱼捕捞活动没有被突出，因此黑龙江沿岸部族的物候历有的又被细化为夏、秋两季进行渔汛期作业，"溯黑龙江上到尼古拉港口，鲑鱼（即大马哈鱼——作者注）一般根据时期分为夏鲑和秋鲑，夏鲑一般在七月十日前后开始到八月十日渔猎结束。……秋鲑通常在夏鲑鱼渔期结束了约二十日后开始，九月二十日前后结束渔猎"。[①]

以二十四节气为代表的中原历法在黑龙江沿岸地区传播后，很快应用到生产生活的纪时之中，如：

"三姓最北至寒，松花江，每岁十月，坚冰可行重车。然虽极寒，向阳处终有冰孔。立春后，冰孔乃全实，故刨参人于正月内，方沿冰用扒犁送米入山。至清明节前后，冰泮，但二月清明，则冰解反在节前，三月清明，则冰解反在后。历验不爽，其理殊不可解。"[②]

由此可见，当地人已经采用中原历法来作为时间标记，如上述所记的"立春""正月""清明节"等。又如 19 世纪徐宗亮在考察黑龙江风土时，就收集到黑龙江沿岸部族对气象候认知也是以二十四节气为时间节点来判定。

"卜魁城地近北极，几以北极为天顶，故黄、赤道皆似地平。日在黄道上，旋转与地平相近。是以夏至左右，日出早、入迟，较京师昼长夜短，冬至左右，这

---

① 水谷国一：《满洲主要鲑鳟族鱼类的生态ずる调查研究（第 1 报）》，"南满洲铁道株式会社调查部"，1945 年，第 39—40 页。

② 萨英额：《吉林外纪》，卷八·时令。

昼尤短，夜尤长。由卜魁北八千余里，则直以北极为天顶，夏无夜，冬无昼矣。"[1]

这里反映出卜魁当地人观测天象的时间段，也是以"夏至""冬至"等中原二十四节气为时间点。

20世纪初，除了几乎完全按照汉族的方法计算时间以外，还吸收了中原的传统节日风俗，在保留传统民族节日如路神节、乌日贡大会外，每当春节、元宵节、清明节、端午节、中秋节等节日到来时，黑龙江沿岸民众也都穿上节日盛装，欢天喜地，热热闹闹地庆贺节日，如下表所示。

表　赫哲族节庆礼仪表[2]

时间	节庆内容
新年元旦	是日早起先向祖先堂叩头、朝拜土地庙，吃过早饭后前往亲朋好友家致以新年的问候。从初一玩到初五，从初六开始工作。
正月十四至十六	同样向祖先堂叩头烧香，过元宵节。
二月一、二日	和元宵节一样祭祖先、拜土地庙，此日称作龙抬头，被认为是野虫开始出现之日。
三月三	那一年请萨满治过病的人带着礼物前往萨满家致谢。此时也是清明节。
四月八日	为佛诞日
四月十八	举行娘娘庙会
五月五日	为端午节
七月十五日	为中元节
八月十五日	为中秋节
九月九日	为重阳节
十月一日	为下元节
十二月十三日	举行灶君祭仪
十二月三十日	夜间向父母叩头。为了迎接灶神门前焚烧纸袋。

随着狩猎经济的衰落，黑龙江沿岸部族也渐渐地由原先最重视鹿神节发展到最重视过春节。与内地民众一样，他们过春节也忙碌而喜乐。自入腊月来，黑龙江沿岸部族不再为了打野兽一出去大半月而不归，而是为了欢度新春佳节而做准备，男子忙于冬捕猎鱼，或者在家附近打点野味；女子们则腌肉干、炒鱼毛，还要为过年穿新衣赶制鱼皮、狍皮衣裤；孩童们则剪纸花，玩嘎拉哈，好不开心。过年期间的礼仪也与中原汉族相同，"惟有春节过得最为隆重。除夕之夜要守岁、

① 徐宗亮等：《黑龙江述略（外六种）》，李兴盛、张杰点校，哈尔滨：黑龙江人民出版社，1985年版，第121—122页。
② 赤松智城、泉靖一：《赫哲族调查报告》，载大间知笃三著，迁雄二、色音译：《北方民族与萨满文化—中国东北民族的人类学调查》，北京：中央民族大学出版社，1995年，第40—41页。

祭祖、迎神，大年初一要相互拜年，节庆活动一直持续到过完元宵节"①。可见，赫哲族的节日礼俗大多都是从中原内地引进了如"二月二""清明""端午""中秋""小年"等传统节日。

此时流传千年的物候历已经逐渐淡出黑龙江沿岸部族的生产生活中，中原历法已经完全被使用，并都开始使用纸制日历，千百年来陪伴当地人民生产生活的木日历、数鱼头纪年的方式也逐渐落伍了。

中原历法传入并深度发展加上狩猎经济相对于农耕经济的劣势，以及中原历法对于农耕文明的巨大帮助，黑龙江沿岸部族逐渐由关注狩猎转而关注农耕，步入中原历法占据主导地位时期。随着二十四节气七十二候风俗的广泛发扬，黑龙江沿岸地区迅速将其应用到生产生活的纪时之中。中原历法为黑龙江沿岸部落人民精确提供农时信息，帮助沿岸部族安排农事活动，在相当程度上提高了农业的生产效率。帮助人们更好地观察和适应当地气候的变化，进而合理调节农业生产的方式和时间安排。中原历法的规范也有助于黑龙江沿岸部族社会的组织与协调，特别是在节庆活动方面，推动了当地的经济发展。

结论

应该看到黑龙江部族史料中物候记载的极端气候，是十分宝贵的物候资料。虽然"物候是有周期波动性的，其平均周期为12.2年"②，物候数据依历史消逝而变迁；而且部分黑龙江沿岸部族的物候历观测记录有明显出入，正如黄河流域民族的"七十二候"也有观测错误之处，这与科学实际显然不符合，如"鹰化为鸠，雀入水为蛤等"③，但是并不能否定其具有的科学参考价值；尤其近年来东北虎作为动物物候历的记载已经得到相关部门的重视。

黑龙江沿岸部族虽然没有创造本民族的天文历法如傣历、藏历、回历、彝历等，也并未形成黄河流域的七十二候为标志的物候历；由于仪器条件所限，土壤水质、气候等物候历呈欠缺状态④，留下的物候笔记也有未解之谜，如"山妖""鼠患"⑤，有些物候历的纪念仪式实为恶俗，如上元节黑龙江流域满族妇女具有藉卧冰上以"除晦气"的风俗，为此方拱乾为此进行抨击，但是黑龙江沿岸部族物候历

① 方衍：《黑龙江少数民族发展简史》，北京：中央民族学院出版社，1993年，第135页。
② 竺可桢著，施爱东编：《天道与人文》，北京：北京出版社，2016年，第150页。
③ 李芝萍、贾焕阁：《天文·时间·历法》，北京：气象出版社，2011年，第272页。
④ ［俄］T.IO.卢布钦科娃：《俄罗斯最著名的考察和探险家》，孙昌洪、税兰译，北京：中国财政经济出版社，2001年，第166页。
⑤ ［苏联］尼·纳沃洛奇金：《阿穆尔的里程》，江峨译，北京：人民文学出版社，1975年，第299页。

的演进不但对其生产、生活有着重要的影响，而且对传统文化也产生重要的作用，如表现在延续并发扬辽朝时四时捺钵制的传统体育文化以及黑龙江传统民族医学之中。

虽然黑龙江沿岸传统物候历蕴含独特的价值，但是中原历法具有的绝对优势是无法比拟的，尽管中原历法是以农耕文明为基础，与黑龙江沿岸渔猎文明有着明显的差异，因此传播过程中也与当地的渔猎文化紧密相连，形成更符合本土色彩的历法。如赫哲族的"二十四节气渔猎歌"，鄂伦春族的"狩猎月令历"，达斡尔族的"放牧节气谣"等，这些都是将本民族的生产内容与中原历法融合在一起，脱离了仅仅依靠观测物候变化来判断生产时节而采取按照节气变化直接来安排生产的时节。这样的优势在于，一方面可以不用再依靠丰富的物候经验，不用依赖感官的观测；另一方面中原历法更为准确、更为直接便捷，更容易被不同人群所接受，因此中原历法一经外来人口的传入，就很快传播到黑龙江沿岸边区。这是因为物候历虽然与太阳运动有关，但是由于气候的变幻莫测，不同年份相同的物候特征常常错位几天或者十几天，比起后来的观象授时要粗糙多了，而观象授时，即以星象定季节。但物候授时与观象授时都属于被动授时，等人们对天文规律有了更多的了解，尤其是掌握了回归年长度以后，就能够预先推断季节，历法便应运而生了，并以其实用性强很快传播到各地，并根据不同地域融合成不同的历法，反映了文化传播的互动现象。

正因为中原历法在黑龙江沿岸传播更具有本土化特色，因此历法的工具也颇具渔猎文化的色彩，如"鱼头串""肩胛骨串"以及"木日历"等。正如其他大多数文明的传播方式途径一样中原历法是通过外人移民传入黑龙江沿岸边区部族社会内，值得注意的是中原历法在黑龙江沿岸部族传统物候历传播过程往往是以上几个时期同时进行，并没有严格的时间段，传播也多为自发性而非强制性，并在生产生活中不断赋予其丰富的内容，凸显鲜明的地域色彩和丰富的生态智慧。同时我们也应该看到，中原历法传播至黑龙江沿岸部族社会的过程，也印证了文化人类学家 R. 林顿把文化传播过程分为三个阶段，即：

①接触与显现阶段。一种或几种外来的文化元素在一个社会中显现出来，被人注意。因为黑龙江沿岸部族，地理位置十分特殊，与俄罗斯隔江相望。除了中国的中原历法外，俄罗斯的天文历法也曾出现在黑龙江沿岸地区，如俄罗斯旧历，即儒略历，为尤里乌斯·恺撒所创，是东正教徒沿用至今的历法。此外，还有北方民间少数民族独创的历法，如蒙古族历法等。

②选择采纳阶段。对于显现出来的文化元素进行批评、选择、决定采纳或拒绝阶段。面对如此众多的天文历法，包括黑龙江沿岸管辖内的东北金朝政府，选

择了代表中原地区的宋朝天文历法，从《金史》文献中可以看到，金朝的天文历法机构与人才全部来自宋朝，历法也是在宋朝的基础上得以采纳发展演进的。由于金朝对天文历法的重视，当时的历法也是代表同时代的最高水平，这也在侧面上反映了中华文化的认同。

③采纳融合阶段。把决定采纳的文化元素融合于本民族文化之中。从地理空间看，文化传播是由文化中心区向四周扩散，根据传播途中信息递减的一般规律，离文化中心区越远的地方，越不能保持文化元素的原形。当一种文化元素传播到另一个地区以后，它已不是原来的形态和含义，在传播和采纳过程中已被修改过。因此，两地文化只有相似之处，完全相同的文化十分少见。

这反映在黑龙江沿岸部族社会的历法中，对于中原历法的接受采纳，并根据自身特点进行融合，尤其是黑龙江沿岸地区距离中原地区十分遥远，根据文化传播学的中心 - 边缘理论，文化传播的力量越弱，中原文化元素越淡薄，因此中原历法传播到边远的黑龙江地区其传播速度和传播内容，都与内地其他地区有很大的差异性。传播内容上除了前述融合了渔猎文化的特点外，传播速度不但慢，且有断续，更值得注意的是，传播还有反复性。

如黑龙江中下游有的部族与中原王朝互动频繁，历法也相对较先进，但是由于部族间战争、寻找食物的迁徙等原因，中原历法传播出现中断，甚至某些部族又恢复到原始的物候历时代。这与长白山女真社会中原历法传播情境一样，金朝时期长白山以东的女真社会接受了宋朝天文历法并不断改进，曾经一度辉煌过；但是随着元朝在长白山地区的统一，金文也被蒙文所代替，长白山以东的女真社会又恢复到原来的人类纪年、纪时的萌芽时代，这反映出文化传播的反复性特点。

综上所述，中原历法在黑龙江沿岸部族社会的传播并非一蹴而就的，而是随着生产力、社会文化的发展，传播载体的交流融合而不断反复传播。随着黑龙江沿岸渔猎资源的缩减，渔猎生产逐渐走向衰落，原有的社会经济主导地位也受到农耕文化的冲击而下降到次要地位，因此反映在民间历法上渔猎生产的色彩越来越淡化，反而蕴含浓厚农耕色彩的中原二十四节气越来越展现其生产、生活的主导作用和时间价值；中原历法传播至黑龙江沿岸部族社会可谓是历经弥久，横向、纵向双重传递，彰显中华文化传播之魅力。

本文得到黑龙江沿岸民族村（屯）少数民族老人的口述史采录支持以及黑龙江省民族博物馆专家的帮助，在此一并表示感谢。

中华民族共同体意识的集体记忆建构与传播

——以大型电视节目《中国影像方志·新疆篇》屯垦戍边为例 *

The Collective Memory Dissemination and Construction of the Chinese National Community Consciousness

——Taking the Presentation of the Story of Reclamation and Border Defense in the Large-scale TV Program *The Xinjiang Chapter of the Local Records of China* as an Example

方泽华　　张兵娟 **

Fang Zehua　　Zhang Bingjuan

摘　要： 铸牢中华民族共同体意识成为新时代党的民族工作的主线。要铸牢中华民族共同体意识，屯垦戍边集体记忆的构建具有十分重要的价值。《中国影像方志·新疆篇》以地方志的形式梳理新疆发展历程，其中屯垦戍边的集体记忆构建在记忆书写、场域构建、情感注入三个维度着手，以史为据、以点带面、以情动人、以忆为媒，展现了各地区、各民族人民共建美丽新疆的艰辛历程、丰硕成果，提升了人民群众对中华民族共同体的认同感与归属感，成为铸牢中华民族共同体意识的重要组成。

Abstract: In the new era, forging a strong sense of community among the

---

* 　基金项目：本文系国家社科基金重大项目："铸牢中华民族共同体意识的传播策略研究"（项目编号：22&ZD313）成果。

** 　作者简介：方泽华，男，河南南阳人，郑州大学新闻与传播学院传播学专业 2022 级硕士研究生，主要研究方向：新媒体传播；张兵娟，女，山西翼城人，郑州大学新闻与传播学院教授，博士生导师，华夏传播研究会副会长，主要研究方向：华夏传播、视听文化传播。

Chinese nation has become the main focus of the Party's ethnic work. To strengthen the sense of community among the Chinese nation, the construction of collective memory for cultivating and guarding the border is of great value. *The Xinjiang Chapter of the local records of China* outlines the development process of Xinjiang in the form of local chronicles. The collective memory construction of the reclamation and border defense starts from three dimensions: memory writing, field construction, and emotional injection. Based on history, using points to cover areas, touching emotions, and using memory as a medium, it showcases the generous epic of various regions and ethnic groups working together to build a beautiful Xinjiang, becoming an important component of forging a sense of community for the Chinese nation.

关键词：集体记忆；屯垦戍边；中华民族共同体意识

Keywords：collective memory；reclamation and defense of the border；community consciousness of the Chinese nation

在党的十九大报告中，习近平总书记指出："铸牢中华民族共同体意识，加强各民族交往交流交融，促进各民族像石榴籽一样紧紧抱在一起，共同团结奋斗、共同繁荣发展。"大型纪录片《中国影像方志》以"为时代而歌，为人民立传"为宗旨，以各地地方志为载体，折射出中华文明的源远流长和博大精深。其中，新疆篇共 18 集，涵盖新疆 18 个地区，内容上包括新疆不同地方的历史、文化、物产等板块，以各地区的历史演进、人民生活为主线，以不同民族的生活故事和文化传承为血肉，讲述着不同民族在新疆共同生活、和谐共处的动人故事。①

在新疆篇中，"屯垦戍边"集体记忆的塑造成为节目里浓墨重彩的一笔，在对历史的回忆中诉说着中华儿女艰苦奋斗的顽强斗志，一往无前的爱国情操。节目将新疆屯垦戍边事业的历史经过、发展成就巧妙融合于各地区的地方志讲述中，从而构建出对屯垦戍边事业的独特记忆。在对这份独特记忆的回溯和品味中，从小处出发，从历史着眼，为"铸牢中华民族共同体意识"增添了有益的注解。本文将围绕《中国影像方志·新疆篇》中对屯垦戍边事业的影像呈现，探究其建构与传播中华民族共同体意识集体记忆的具体路径。

一、屯垦戍边与集体记忆

中央政府在新疆地区大规模屯垦戍边始于西汉，以后历代相袭。中国历代中

---

① 《习近平：决胜全面建成小康社会 夺取新时代中国特色社会主义伟大胜利——在中国共产党第十九次全国代表大会上的报告》，中国政府网，网址：https://www.gov.cn/zhuanti/2017-10/27/content_5234876.htm。

央政府，在治理边疆、防范外敌时，都会将屯垦戍边作为一项重要的国策。屯垦既是一种国有土地制度，又是一种生产方式，主要分为军屯和民屯两种。作为维护祖国统一局面与稳定新疆的基石，屯垦对开发、建设新疆起到了重要的作用，加强了内地与新疆的文化交流。[①] 新中国建立后，屯垦戍边理论的发展和创新成为极具特色的一部分。当代新疆屯垦戍边的历史实践凝聚了以毛泽东主席为首的党中央第一代领导集体的屯垦思想智慧，科学吸收了历代屯垦经验和农战思想，是维护边疆多民族地区社会稳定的重要举措。[②] 为实现新疆的经济发展和社会稳定，新疆生产建设兵团应时而生，承担国家赋予的劳武结合、屯垦戍边使命。

"集体记忆"这一概念由法国历史学家、社会学家莫里斯·哈布瓦赫提出，即一个特定社会群体之成员共享往事的过程和结果。哈布瓦赫认为，通过个体意识与集体环境的互动，记忆被社会化，并在社会结构中被建构。[③] 学者戴维·莫利等认为："借助集体记忆，共同的传统以及共同的历史和遗产知识，我们可以保持集体身份的凝聚力。"[④] 集体记忆对于强化某个国家的人民对于该国家中的民族乃至对国家的认同有非常重要的作用。[⑤] 中华民族集体记忆的形塑与集体情感的触发，是铸牢中华民族共同体意识的有效切入点。

由此可见，通过对集体记忆的构建，中华民族共同体意识得以进一步强化和激发，而《中国影像方志·新疆卷》则通过构建屯垦戍边集体记忆，唤起人民群众对尘封往事的再度回忆，并在新疆人民生活翻天覆地变化的映衬下，在人们心中形成强大的情感认同。其构建屯垦戍边集体记忆主要从记忆书写、场域构建、情感认同三个维度出发，提升记忆回顾的仪式感、临场感、认同感，从而强化观众对各民族水乳交融、共同奋斗的屯垦戍边历史的记忆，推动铸牢中华民族共同体意识这一新时代党的民族工作主线。

① 王希隆、周生贵：《关于新疆屯垦史研究的几点认识》，《石河子大学学报（哲学社会科学版）》，2011 年第 6 期，第 9—12 天。

② 邹赞：《政治文化视域下的新疆屯垦历史变迁与兵团人身份认同》，《浙江学刊》，2015 年第 4 期，第 129—133 页。

③ ［法］莫里斯·哈布瓦赫：《论集体记忆》，毕然、郭金华译，上海：上海人民出版社，2002 年，第 68—69 页。

④ ［英］戴维·莫利、［美］凯文·罗宾斯：《认同的空间：全球媒介、电子世界、景观和文化边界》，司艳译，南京：南京大学出版社，2001 年，第 98 页。

⑤ 孙粤、吴玉兰：《集体记忆视角下历史题材文献纪录片叙事创新探索——以〈记忆的力量·扩美援朝〉为例》，《湖北社会科学》，2022 年第 2 期，第 164—168 页。

二、记忆书写：屯垦戍边历史的记忆构建

（一）多模态方式讲述屯垦故事

纪录片作为一种非虚构的"文献档案"，具有显著的历史认知功能，是保留和传递集体记忆最真实、最有说服力的影响载体。[①]作为集体记忆构建的重要基础，还原历史现场、强化观众的历史认知具有十分重要的作用，这也正是纪录片的优势所在。纪录片能够在一定程度上还原历史现场、塑造历史记忆。在这种可能性下，历史记忆成为连接过去、现在与未来的纽带，而书写历史记忆则成为铸牢中华民族共同体意识的一种重要策略与手段。[②]

唤醒尘封的历史记忆，需要一定的记忆基础，在现代化的信息管理和保存技术下，关于屯垦戍边集体记忆的文字、影像、图画，以及亲历者的口述，成为集体记忆得以书写的重要来源。节目里，第 841 集《新疆石河子篇》"军垦记"中提到，第八师石河子市自然资源和规划局的档案室里，珍藏着一份城市规划图，记述着石河子发展史上的军垦岁月，这为石河子的屯垦历史提供了回忆基础。1950年 1 月，政府工作人员来到玛纳斯河流域踏勘，准备在这里建一座新城，作为新中国西大门屯垦戍边的指挥中心，并制定了四条建设新城的原则："无水不建城""不坚不建城""无煤不建城""无地不建城"。如今，历经多代屯垦人的建设，石河子已经成为新疆生产建设兵团第八师师部所在地，实现师市合一的管理体制。除此之外，一批拍摄于 20 世纪 60 年代的胶片在节目中放映，热火朝天的劳动场面透过画面得以展现。屯垦戍边影像记录给予这段回忆以历史的厚重感，也让人透过屏幕直观感受到军垦战士们昂扬的斗志和乐观的心态，使得这份回忆更加真实、亲近。除了以影像记录的方式重现历史，节目组还在石河子军垦第一代老兵胡有才的带领下，来到当年他们的住所，"那时连床板都没有，就在地上打个通铺睡的"。在地面以下挖一个一米多深的坑，四周用土坯垒起矮墙，顶上横着支起几根椽子，搭上树枝编成的筏子，最后用泥巴盖顶，军垦第一代人的家在如今已经显得斑驳破旧，但军垦人吃苦耐劳、艰苦奋斗的精神历久弥新。

在节目中，泛黄的纸张记录、影像资料的放映、亲历者的口述，这些真实可靠的资料以多元模态讲述着那段屯垦岁月中的点点滴滴，通过对历史现场的还原和模拟，辅之以亲历者、专家对其意义的提炼与解读，共同构建出共建美好家园

① 孙寰、吴玉兰：《集体记忆视角下历史题材文献纪录片叙事创新探索——以〈记忆的力量·抗美援朝〉为例》，《湖北社会科学》，2022 年第 2 期，第 164—168 页。
② 王楠、王延隆：《书写、场域与认同：铸牢中华民族共同体意识的集体记忆》，《青海社会科学》，2022 年第 3 期，第 152—158、169 页。

的屯垦集体记忆，唤起观看者对屯垦戍边往事的想象与认同。

（二）"提喻式"呈现历史重要节点

新中国成立至今，中华民族经历了无数值得铭记的历史瞬间，有关新疆发展历史的史料更是数不胜数，仅凭借一档节目难以将历史的全貌完全呈现出来，而选择哪些具体议题直接关系到赋予观众怎样的集体记忆。《中国影像方志·新疆篇》采用了历史的提喻法的方式，"所谓'提喻法'，就是以局部代替整体，被提取出来的元素自然是全部事实的组成部分，但它在被用来代表整体时，也对全部事实的复杂性进行了有效的规避"。[①]

作为储存和呈现历史的传播者，节目组在多模态呈现历史事实的基础上，通过以点带面、点面结合的讲述方式建构记忆主体的屯垦戍边集体记忆。新疆的发展不仅是一部边疆开垦史，更是一部民族交融史，因此，节目组选择性地将屯垦戍边历史融入新疆各县市的方志讲述之中，以有限的篇幅最大限度地抓住了理解新疆发展史的关键。575 集《木垒篇》中提到，作为木垒的主要农作物，鹰嘴豆原产于西亚和地中海沿岸，曾经是古丝绸之路上商旅出行的必备食物，在新疆，鹰嘴豆的种植历史已达两千多年，清朝时期，政府决定在如今的木垒地区开始大规模进行屯垦种植，当时所种植的作物就包括了鹰嘴豆。新中国成立后，木垒的农业技术专家，在数十年间先后培育出木鹰一号、科鹰一号等多个耐寒、高产的新品种，并把它们免费发放到农户手中，政府的扶持成为鹰嘴豆在木垒大面积种植的重要原因。经过不断的培育和研究，木垒的鹰嘴豆已经逐渐生长成为一个地域性极强的优良农作物品种，不仅为木垒人带来丰厚的经济效益，更成为他们特色美食中不可或缺的食材。从木垒鹰嘴豆的培育故事中，我们得以从历史的视角、发展的眼光透视屯垦戍边事业的历程，感受到在这份事业不断推进的背后，也是新疆实现飞速发展，新疆人民生活从贫苦走向小康的历程。

更为重要的是，对屯垦戍边集体记忆的塑造，用历史和现实中的部分片段折射出时代发展的整体演进，并通过这段历史中真实可感的人物和故事，引出新中国发展和民族融合的壮阔背景，这样的提喻式讲述不仅使得历史记忆的构建更加重点清晰、逻辑分明，更在无形中塑造了受众对各民族共克时艰、艰苦奋斗的集体记忆，强化了他们对中华民族共同体身份的认同。

---

① 孙柏、严芳芳：《〈我和我的祖国〉：历史的提喻法》，《电影艺术》，2019 年第 6 期，第 44—47 页。

三、场域构建：物与仪式强化集体记忆

（一）场域符号唤醒集体记忆活力

哈布瓦赫指出，集体记忆具有双重性质——既是一种物质客体、物质现实，比如一尊塑像、一座纪念碑、空间中的一个地点；又是一种象征符号，或某种具有精神含义的东西、某种附着于并被强加在这种物质现实之上的为群体共享的东西。换言之，集体记忆能够借由各种媒介保存、强化或重温，通过实质文物及图像、文献、口述、仪式活动、身体实践等形式和途径呈现与流传，具有传递性和持续性。对集体记忆的唤醒与激活，同样要借助场景、建筑、仪式活动等场域符号。从心理学的环境互动视角看，记忆总是"积极地借助环境里的各种标识进行回忆"，记忆的各种意向在这一过程中根据精神过程按序排列，形成某种共享的记忆，即集体记忆。因此，场域媒介在集体记忆的强化过程中发挥着至为重要的作用。①

例如，节目中对屯垦时的建设成就、存留的房舍器具加以呈现，这些物质媒介作为屯垦事业的见证者，承担着赓续屯垦集体记忆、激活共同体身份认同的重要作用。在第 575 集《新疆木垒篇》中，节目提到，清朝中后期，陕西、甘肃等地的百姓来到新疆屯垦定居，木垒月亮地村便是当年移民们定居的村落。他们发现木垒地区雨水急骤，便参照陕甘地区的房屋结构建成了"拔廊房"。极具关中特色的拔廊房早已成为木垒移民文化的象征。月亮地村还建起了一座农耕博物馆，村民自发捐赠了 400 多件藏品，闲暇之余，村民也会带游客们参观这座博物馆，向他们讲述这里发生的变化。在对个体记忆的讲述中，时代背景默默彰显着它的厚重底色，月亮地村的农耕博物馆中，各家各户捐出的藏品正如无数个人记忆，在农耕博物馆的集中叙事下汇聚为集体记忆，爱国奉献、共同奋进的拼搏精神在其中扎根，在新时代焕发出蓬勃生机，强化了每一个铭记这段记忆的人的心中对中华民族共同体的认同感与归属感。

（二）虚实场域共塑"双重仪式"

有形的记忆载体可以作为一种实体场域，在人们的直接感触中推动着集体记忆的形成与巩固。相对应的，对共同经历的仪式化重现，塑造出不同于纪念碑、历史遗址等有形之物的虚拟场域，这种无形的场域同样成为储存和传递屯垦戍边集体记忆的重要介质，在观众的观看、互动中加固其头脑中对中华民族共同体意

---

① 王楠、王延隆：《书写、场域与认同：铸牢中华民族共同体意识的集体记忆》，《青海社会科学》，2022 年第 3 期，第 152—158、169 页。

识的信念感。

仪式是一种保存、展示、重塑和解释记忆的实践活动。① 媒介仪式概念凸显了作为社交中心接入点的媒介对社会的建构作用,即媒介仪式是媒介为媒介上呈现的事物、人、场所等举行的"加冕"仪式。② 《中国影像方志·新疆篇》每一集都会采取多个板块组成的布局,这些板块分别为引言、文化记、军垦记、当代记等,最后以画外音对该地区的发展进行总结、展望。这样的节目设置极具仪式感,正如节目引言部分的开场动画一般,历史的书页在齿轮转动中映入眼帘,节目组将地方志形象化为一本厚重史书,缓缓展开在观众面前,这种特意制造的仪式感能够让了解地方风情成为一项回忆的仪式,从而增加了屯垦戍边集体记忆的严肃性和神圣性,强化了人们对那段历史的敬重和认可。在《新疆石河子篇》中,有关屯垦戍边的故事被改编为话剧《兵团记忆》登上舞台,从而使集体记忆凝结于仪式化的"虚拟场域"之中,并经过《中国影像方志》节目再度被仪式化展演。这样的呈现方式塑造着一种"双重仪式",以线下的身体操演仪式传承与强化集体记忆,并借助影视图像拓展了仪式传播的边界,使屯垦记忆得以跨越时空,将根植历史记忆的"想象的共同体"转化为现场共睹的"在场的共同体"。③

四、情感注入:鲜活记忆活化共同体意识

(一) 融情叙事强化身份认同

中华民族共同体意识不仅仅是建构一种基于多数人在脑海中形成的共同的记忆文本,还是嵌入情感意识、价值判断的民族意识。中华民族共同体意识的产生至少包含两个范畴,即历史的知识和情感的认同。历史的知识表现为成员个体和群体拥有共同的过去,这是一个民族构建共同历史、现在和未来的前提。情感的认同呈现为个体和群体对民族的归属感、认同感、荣誉感。④

"情感在所有层面上,从面对面的人际交往到构成现代社会的大规模的组织系

① 王海洲:《政治仪式:权力生产和再生产的政治文化分析》,南京:江苏人民出版社,2016年,第252页。

② 刘建明:《"传播的仪式观"与"仪式传播"概念再辨析:与樊水科商榷》,《国际新闻界》2013年第4期,第168—173页。

③ 罗兰:《符号·记忆·情感:铸牢中华民族共同体意识的文化路径探析》,《深圳社会科学》2023年第5期,第115—121页。

④ 王楠、王延隆:《书写、场域与认同:铸牢中华民族共同体意识的集体记忆》,《青海社会科学》,2022年第3期,第152—158、169页。

统，都是推动社会现实的关键力量。"①由此可见，以情感叙事渲染集体记忆，能够增强受众的情感认同，从而产生影响社会现实的力量。《中国影像方志》以方志的形式讲述各地历史，以不同地区的历史记忆结合为新疆屯垦戍边的共同记忆，并保留了各地独特的军垦故事和民族文化，展现了不同民族之间对美好生活共同的向往之情，以共通的价值取向、相同的奋斗追求为共同体意识实现情感筑基。在《新疆伊宁篇》中，作为伊宁湟渠社区最年长的志愿者，木塔力甫·吐尔逊负责伊宁湟渠历史文化博物馆陈列展品的讲解，也向年轻人讲述老一代人修湟渠的故事，感慨当年"各个民族大渠上一块儿住、一块儿吃、一块儿干，我们民族团结太好了。"历史叙事与个人情感的有机结合，使家国同构、民族团结的共同体意识从宏观层面到微观层面相互贯通，以亲历者的娓娓道来、含情诉说丰富了集体记忆的内容，将其与个体的现实境遇相勾连，使"共同体"这一内涵在情感层面进一步升维，从而为构建中华民族共同体集体记忆的必要性与可能性提供了可靠的落脚点。

（二）生命体验填充记忆血肉

集体记忆的搭建既要以历史的眼光、宏观的视角撑起记忆骨架，也要通过个体经历的补充与阐述实现对记忆真实性与合法性的再现，这一点在记忆的媒介化再造与跨界域传播过程中显得尤为重要。在第 118 集《新疆呼图壁篇》中，回忆起那段建设边疆的日子，新疆呼图壁县青年干渠建设者王华都说道："在我们不远处，居然有四五十亩的稻田，我看到这种希望以后呢……也暗暗下了决心，苦就苦吧，既来之，则安之嘛。"修建干渠过程中，许多青年人的鞋被磨烂，脚被磨破冻伤，于是，他们学会了自制"皮窝子"，解决了穿鞋的问题。洒脱的支边青年用歌声慰藉同伴与自己。"每天晚上是女孩子们哭闹的时候，想家，唱那个《月儿弯弯照九州》那个歌，天亮了，起床了，就不哭了。"节目中，许多屯垦戍边亲历者的个人故事得到呈现，其所感所想通过个人口述等方式得到表达，这些饱含丰富情感的生命故事，从细微处融汇了个体记忆与集体记忆，从个人化叙事的角度激发观众的情感共鸣，赋予了历史记忆更多人情温度。宏大叙事和个体叙事的交织使历史、国家、民族对个人的统摄性影响得以与个体生命痕迹有机结合，激发观众与时代背景、历史人物的情感共振。②对于许多未曾了解过屯垦戍边事业的受众

---

① ［美］特纳、斯戴兹：《情感社会学》，孙俊才、文军译，上海：上海人民出版社，2007 年，第 2 页。

② 韩红星、张静彤：《百年党史的民族记忆与故事创新——基于 2021 年建党百年红色主题剧展演研究》，《中华文化与传播研究》，2022 年第 1 期，第 208—216 页。

而言，补充讲述屯垦亲历者的个人经验能够帮助他们更深刻地理解时代背景与个人生命的深度相嵌，再审视各民族之间相互团结、和谐共处的历史渊源与时代意义。同时，在宏观层面，对屯垦戍边集体记忆的回溯呼应了新时代下"构建中华民族共同体"的时代号召，在情感能量的滋润中，结合新疆人民因勤恳建设取得的可喜成绩，这份集体记忆在历史与现实的相互映照下正焕发出新的光彩。

五、中华民族共同体意识的集体记忆传播与建构策略

（一）以史为据：多元模态塑造集体记忆

《中国影像方志》节目一经上线，便采用"大屏联合小屏＋线上线下联动"的方式进行传播，即在电视、IPTV 等多终端同时播出，并借助微博、微信、海外媒体等各类渠道播放，为世界各地人民了解新疆发展的背景和历程提供了宝贵的参考。节目组在对新疆历史加以讲述之前，均在考证丰富的文字、照片、文物资料之外，与各省市史志办专家合作，从而真实、全面地呈现历史原貌，在此基础上以多样化的传播方式建构关于新疆屯垦戍边的集体记忆。[①] 此外，为将屯垦戍边历史故事以条理清晰、通俗易懂的方式打动观众，节目以丰富的视觉效果、悠扬的民族音乐、沉稳的画面解说，使得每集内容既充满浓郁的民族文化风格，又紧扣时代发展、民族团结的主题，让观众在舒适的文化浸泡中领会铸牢中华民族共同体意识的重要意义。

（二）以点带面：方志故事触发中华民族共同体意识

方志是地方历史的记录，而地方的历史往往和国家、社会的发展是离不开的，因此，通过方志故事的传播，《中国影像方志》能够将观众从新疆各地区的发展中体味时代发展的脉络。在《中国影像方志》这样的节目中，每集以一个地区的历史发展为主体，一集时长约为 40 分钟，节目组在有限的篇幅内，抓住了新疆地区屯垦戍边的历史记忆，以点带面，以屯垦戍边的历史故事引出各地区发展的过往历程，以新疆的繁荣发展穿插各民族和谐共处、共同奋斗的共同体意识，从而激发观众内心深处对中华民族共同体意识的认同。每集的《后记》中，创作者都会以寥寥数笔观照全篇，不仅勾勒出该县的总体样貌，同时以点带面，将家与国、局部与整体的关联表述尽致。[②] 这种"提喻式"的节目架构也同样体现在叙事手法上，

---

① 刘帆：《全媒体背景下〈中国影像方志〉的传播创新》，《电视研究》，2019 年第 7 期，第 87—88 页。

② 赵捷：《〈中国影像方志〉：为当代中国作传》，《电视研究》，2018 年第 2 期，第 28—29 页。

节目将个人故事的诉说与家国命运的结合，不仅促进了个人记忆与集体记忆的交融，更将每一个人的人生价值与民族复兴的伟大事业相链接，唤起人们心中对民族团结、命运与共的中华民族共同体意识的认同。

（三）以情化人：动人讲述强化共同体归属感

除了翔实的材料、丰富的传播形式之外，《中国影像方志·新疆篇》在对屯垦戍边集体记忆加以唤醒的过程中，在宏观的历史进程背景下，插入了丰富的个人故事和情感回忆，从而让集体记忆真正"有血有肉"，也让观众深刻感受到历史与自身的紧密关联，从而强化了观众的身份认同，进一步加深了自身对中华民族共同体的归属感。新时代下，铸牢中华民族共同体意识，更要注重"以情动人"。节目中对屯垦戍边集体记忆的建构与书写，正是在坚实史料的基础上，运用情感加以催化，无论是屯垦中留下的一件农具，还是屯垦战士对奋斗岁月的含情回顾，都以最饱满的感情为集体记忆注入了强盛的生命力。在情感的助推下，集体记忆对当下现实的意义得以彰显，中华民族共同体意识再度被唤醒，观众对中华民族共同体的归属感也得到了加强。

（四）以忆为媒：集体记忆中介群体互动沟通

作为一部在中央电视台等多个主流渠道播出的长篇方志纪录片，《中国影像方志·新疆篇》的受众群体不仅仅是身居新疆的人民，也面向全国各地乃至海外的中华儿女们。因此，《中国影像方志·新疆篇》对屯垦戍边集体记忆的构建，也同样填充着新疆之外的中华儿女们头脑中，对新疆历史或多或少的认知空白。新的时代下，铸牢中华民族共同体意识，促进各民族人民像石榴籽一样紧紧地抱在一起，不仅要在构建集体记忆的前提下，形成新疆内外人民交流的共同基础，更要在对集体记忆的共享与互动中，促进各地、各族人民群众利用新媒体手段充分沟通、互动。在这一层面上，集体记忆作为一种理解"他者"与"我者"之存在的重要中介，成为不同地区人民理解彼此关系的关键桥梁，以翔实的历史考证和丰富的沟通渠道，共同架构起中华民族共同体意识的历史指代和现实意义。

借助集体记忆的传播与建构，中华民族共同体意识得以不断得到强化，从而实现促进各族人民对中华民族共同体产生认同，建设更加团结的民族关系、更加和谐的社会环境这一根本目的。[①] 六十多年来，在新疆生产建设兵团的引领和保卫下，新疆的屯垦戍边事业取得了卓越的成就。现如今，为了铸牢中华民族共同

① 綦天哲、朱杰：《2022 年铸牢中华民族共同体意识视域下的中华多民族文化与艺术传播研究综述》，《华夏传播研究（第十二辑）》，北京：九州出版社，2024 年，第 365—384 页。

体意识，促进各民族人民和谐相处、共谋发展，回顾屯垦戍边历史记录，塑造屯垦戍边集体记忆，成为一条有效途径。屯垦戍边集体记忆的构建，在宏观与微观、国际与国内各个维度上，都促成了中华民族共同体意识的强化，对构建中华民族命运共同体起到了良好的推动作用。《中国影像方志·新疆卷》从方志出发，以个体记忆丰富集体记忆，以地区历史呼应时代号召，从书写记忆、场域构建、情感注入三个维度塑造屯垦戍边集体记忆，最终编织出全国人民携手同心、互帮互助，各民族人民和谐共处，共同推进中华民族伟大复兴事业发展进程的壮阔画卷。

学术动态

日本国家基金中巴蜀课题知识图谱历时研究及相关内容述评 *

A Study of Japanese scholars' textual visualization of Bashu Writing and Accounting

刘　岩　陈　芳　罗心雨 **

LiuYan　ChenFang　LuoXinYu

摘　要：巴蜀地区历史文化悠久、自然资源富饶、民族文化丰富，一直是日本研究中国的重要省域。本文以日本科学研究费助成事业数据库为研究数据源，辅以代表性日本学者的研究著述，运用可视化分析软件 CiteSpace 绘制日本学者巴蜀研究系列知识图谱。综合言之，日本学术界形成了巴蜀研究的学术群体，各研究机构间协同合作，研究主题脉络持续变化、研究领域不断拓展。日本学者巴蜀研究的主要内容聚焦在"区域文化""人物""佛教""语言""中国古典文学""少数民族"等热点领域，对巴蜀地区所蕴含的人文历史进行深入性研究，同时还十分注重在全球化背景下巴蜀地区的发展现状研究。通过对日本学者群体研译巴蜀文化的内容评述，对巴蜀地区优秀传统文化在海外的形象建构与传播具有重要的借鉴意义。

Abstract: Bashu Area has been one of the principal capitals Japanese focus on in their study because of its long history, abundant resources and rich culture. Based on KAKEN's research data sources and the narrations of some representative Japanese scholars, the paper used CiteSpace to draw the knowledge map based on Bashu study by Japanese

---

* 基金项目：本文系四川省社会科学重点研究基地区域文化研究中心重点项目"旅川日本人与巴蜀文化国际传播暨图文资料库建设"（项目编号：QYYJB2401）的阶段性研究成果。

** 作者简介：刘岩，男，吉林松原人，贵州大学外国语学院副教授，研究方向地域文化翻译与传播、中日近代交流史；陈芳，女，贵州麻江人，贵州大学外国语学院副教授，研究方向旅游翻译、中日民俗比较研究；罗心雨，女，贵州贵阳人，贵州大学外国语学院日语笔译研究生，研究方向典籍翻译与传播研究。

scholars. To sum up, an academic community focusing on Bashu Area is formed in Japan which cooperate with each other, change their research themes constantly and expand their research field constantly. In Bashu Area study, Japanese scholars focus on "regional culture", "figures", "Buddhism", "language", "Traditional Chinese Culture", "Minorities" and other hot fields, Other than Bashu Area's culture and history, they also pay attention to the development situation of Bashu Area under the background of globalization. The study of Bashu Culture by Japanese scholars can work as a reference for the image building and propaganda of Bashu culture overseas.

关键词：日本学者；巴蜀书写；演进脉络；热点主题；可视化分析

Keywords: Japanese scholars; Bashu writing; evolutionary lineage; hot themes; visualization and analysis.

引言

中华文化对外传播是树立中国国际形象、提高国家软实力的一项重要事业，中华典籍的对外译介又是向世界输出中华文化和中华精神内涵的有效途径之一。[①]随着我国国际地位的日益提升，翻译工作已经从向中国"翻译世界"，进入了向世界"翻译中国"的新阶段。"他者视域下的中国地域书写研究"是"讲好中国故事、传播好中国声音，向世界展现真实、立体、全面的中国，提高国家文化软实力和中华文化影响力"的重要途径，更好地在世界范围内共享中华文化符号，铸牢中华民族共同体意识，讲好中华民族故事。[②]同时，这一研究范式可以拓展与更新海外他者对中国民族故事的认知，进一步推进文化强国建设与文化海外传播的综合性目标。

巴蜀地区历史文化悠久、山川地理环境优越、多民族相互交流与共生，一直是日本学者在中国开展调查活动的重要区域。巴蜀地区中日交流史研究领域成果主要集中在从比较文学、形象学、传播学、历史学等跨学科视角考察近代日本在巴蜀地区的调查活动、日本学者四川研究文献整理与述评、西南民间故事在日本的译介与传播、巴蜀名人名著在日本的传播等。阅读先行研究成果发现存在以下问题：第一，重视个案研究，缺乏系统性、整合性的全景式研究；第二，侧重作品的深入描写，缺乏数字人文背景下海量海外文献的统合性分析；第三，检索方

---

① 庞恒田：《〈史记〉译介钩沉及其海外传播研究》，《华夏传播研究（第十一辑）》，北京：九州出版社，2023 年，第 275 页。

② 綦天哲、朱杰：《2022 年铸牢中华民族共同体意识视域下的中华多民族文化与艺术传播研究综述》，《华夏传播研究（第十二辑）》，北京：九州出版社，2024 年，第 365—384 页。

式上仅涉及"四川"文献，忽视了"巴蜀"的地理空间关联性，以及毗邻区域文化的交流与联动性。

在前人学者研究基础之上，本文以日本科学研究费助成事业数据库为数据源，以巴蜀地区"四川""巴蜀""成都"等空间地理、"四川料理""川剧"等地域文化、"羌族""彝族"等少数民族、"李白""杜甫""扬雄""《菜根谭》"等巴蜀名家名作为关键词进行检索，剔除重复性文献，最终整理出 582 项有效数据。由于 CiteSpace 无法分析日语文献①，需要转换与处理日本科学研究费助成事业数据库导出的原始表格数据。按照"Title= 课题名称、Author= 项目研究者、Organ= 研究机构、Keyword= 关键词、Year= 立项年份"进行文本改写，然后使用 CiteSpaceV.6.1 软件将日本学术界"巴蜀"研究课题分为 1974—1989 年、1990—1999 年、2000—2010 年和 2011—2022 年四个时间段，历时绘制关键词共现、关键词突现图谱，辅以日本学者巴蜀研究代表性著述与学术论文等，述评关键词聚类的详细内容，揭示其主题架构，追踪其研究热点，总结其演变轨迹，以期为今后巴蜀文化在海外传播等领域的研究提供可供参考的"巴蜀地区研究知识图谱"。

一、课题立项数量与研究机构

（一）课题立项数

年度立项数量的历时性变化情况能够较为系统地反映出日本学术界巴蜀研究的动态趋势和发展轨迹。图 1 是日本学术界巴蜀研究立项数年度演变趋势图。从立项时间看，日本学术界最早涉及巴蜀研究的课题是 1974 年冈山大学朝仓尚的"禅林中赞美诗的研究——赞美杜甫诗·赞美苏轼诗"。从立项时间的整体趋势来看，20 世纪 70 年代至 2022 年课题数量呈现较大波动，时间呈现连续性。2000 年以前课题数量主要在 10 项左右波动，1997 年突破 20 项。这一时期处于中日关系好转与改革开放的初期阶段，日本学者能够前往中国西南地区进行交流访问，多以小规模的学术交流与田野调查为主。2000 年以后日本学者巴蜀研究课题数量增长幅度较大，课题数量在 15—20 项之间浮动，2010 年突破 30 项。21 世纪以来日本学者一方面基于"文化寻根"的学术取向继续开展对巴蜀地区的民族调查与学术研究；另一方面伴随着西部大开发与巴蜀地区经济文化的快速发展、"一带一路"倡议提出与实施、四川考古的新发现等，无疑为日本学术界巴蜀研究提供了更多的学术增长点。因此 21 世纪以来日本学术界巴蜀研究的数量实现了大幅度增长。

---

① 王卓玉、袁磊、张文超：《基于 KH Coder 文本数据挖掘的中日 STEM 教育研究模式对比》，《现代远程教育研究》，2020 年第 32 期，第 56—63 页。

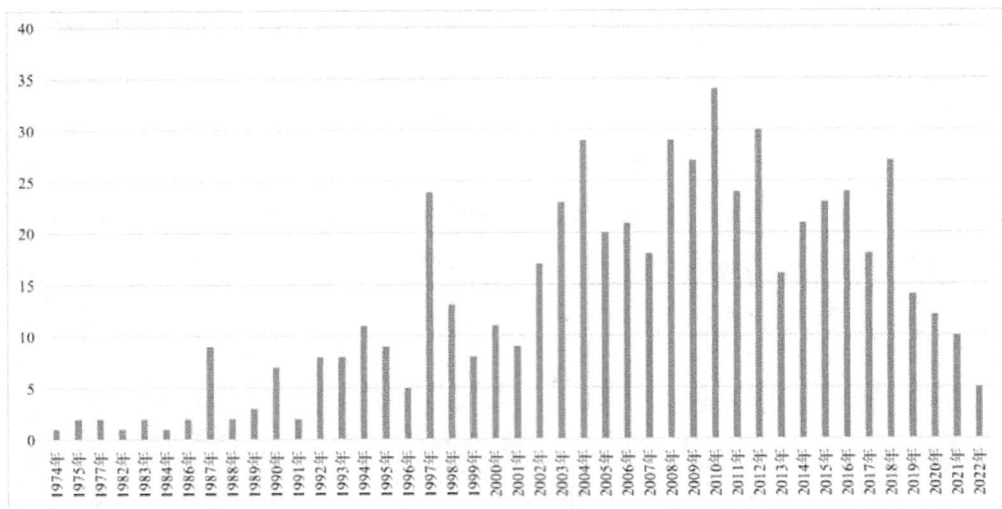

图 1　日本学术界巴蜀研究课题年度立项数趋势图

（二）研究机构

通过考察课题所在单位可以把握日本学术界巴蜀研究的核心机构群。从依托单位来看，20 世纪 70 年代至 2022 年共涉及 168 所机构单位，如表 1 所示。京都大学、东京大学、早稻田大学位居前三，立项数分别为 39 项、34 项、30 项，差异性较小，均在 30 项目以上，三所高校的立项数之和占总立项数的 17.70%。立项数在 20—29 项之间的研究机构仅有两所，分别是国立民族学博物馆、广岛大学，合计数量 42 项，占总立项数的 7.21%。立项数量在 10—19 之间的研究机构有九州大学、爱媛大学、筑波大学、关西大学、东北大学、广岛市立大学等六所高校，占总数的 16.29%。立项数量在 10 项以下的研究机构较多，共涉及 157 所研究机构，立项总数为 351 项，占总课题数的 60.30%。从机构性质上看，除了各大高校广泛参与外，国立民族学博物馆、东京国立博物馆、国际日本文化研究中心等机构参与其中，表明日本学术界巴蜀研究机构趋向多层次、多元化发展。研究机构合作方面，日本学者多以单一机构的研究模式为主，其中有 30 余项课题由不同机构的学者合作完成，多为日本高校抑或是研究所、博物馆等机构合作，如京都大学分别与奈良大学、埼玉大学、爱知大学、国立民族学博物馆、京都国立博物馆、大谷大学等机构合作；名古屋大学与二松学社大学、北海道大学、龙谷大学等高校合作；北海道大学、东京大学、筑波大学、龙谷大学、神户大学等机构合作。

表 1　日本学术界巴蜀研究核心机构一览表（课题 ≥ 10 项）

序号	研究机构	课题（项）	序号	研究机构	课题（项）
1	京都大学	39	7	爱媛大学	18
2	东京大学	34	8	筑波大学	13
3	早稻田大学	30	9	关西大学	13
4	国立民族学博物馆	22	10	东北大学	12
5	广岛大学	20	11	广岛市立大学	11
6	九州大学	19	—	—	—

资料来源：作者根据"参与巴蜀研究的日本核心机构"词条内容于 2023 年 8 月 12 日制作

二、日本学术界巴蜀课题知识图谱历时研究

历时视域下分析日本学术界巴蜀研究的研究热点与焦点演变可以有效把握日本学者巴蜀研究的时代性与内容变迁。本节以 1974—1989 年、1990—1999 年、2000—2010 年和 2011—2022 年为四个时间段，借助 CiteSpace 对每个时间段的巴蜀研究文献进行关键词共现、关键词突现等可视化分析，旨在厘清日本学术界巴蜀研究在不同时代的焦点演变与研究前沿。

（一）热点主题演化路径

关键词突现可以反映一段时间内影响力较大的研究领域。[1] 与此同时，还能够显示该领域研究热点的演化动态，以预测其发展趋势。"从知识理论的角度看，中心度和频次高的关键词代表着一段时间内研究者共同关注的问题，即研究热点。"[2] 图 2 中 Keywords 为关键词，Year 为数据检索年份，Strength 为突现强度，突现强度越大，则前沿越明显。Begin 为某一关键词研究热点的起始年份，End 为终止年份，关键词的突现年份，即该研究领域在某一较短时间段内追踪的热点。运用 CiteSpace 软件中的突现词分析功能，科学设置阈值，得到日本学术界巴蜀课题研究前沿数据统计结果。

1974—1989 年期间，1975—1976 年先后爆发了"巴蜀佛教""禅林""赞苏轼诗""赞诗""杜甫诗"等，反映出这一阶段早期主要关注宗教问题与苏轼研究。1977—1989 年时期内相继爆发了"羌族""藏族""少数民族"等民族研究、"大

---

① 安传艳、李同昇、翟洲燕、付强：《1992—2016 年中国乡村旅游研究特征与趋势——基于 CiteSpace 知识图谱分析》，《地理科学进展》，2018 年第 37 期，第 1189 页。
② 王娟、陈世超、王林丽、杨现民：《基于 CiteSpace 的教育大数据研究热点与趋势分析》，《现代教育技术》，2016 年第 26 期，第 5—13 页。

气污染""大气粉尘"等环境问题、"汉魏""六朝""后秦姚兴""后赵石勒"等历史研究、"中国方言""蜀语""词汇""资料"等语言研究，不同领域的研究热点层出不穷。其中"少数民族"突现值最大，"农耕文化""六世纪""巴蜀佛教""藏族"紧随其后，表明该时期日本学术界对巴蜀地区的少数民族、农耕文化、佛教等历史文化资源关注度很高。

1990—1999年期间，前期阶段除"苏轼"依旧是热点以外，有关"医学调查""环境保护""肺水肿""水质污染"成为日本学者关注的热点，这是因为当时"四川省血吸虫病疫情"较为严重，引起了当地政府的高度重视，于是日本学者前往巴蜀地区进行医学调查与研究。此后爆发了"杨贵妃""科举""朝鲜刊本"等史学领域，"稻作"等农耕文化领域，"佛教""菩萨""明王"等佛教领域，反映出研究范围和研究内容进一步扩大并呈现精细化特征。这一时期的关键词突现持续时间都比较短，"四川省""佛教"持续时间最长（1997—1999），体现了这一时期研究热点的"丰富性"与"更迭性"。

2000—2010年期间先后爆发了许多新的研究主题，突现持续时间较短，形成了较为多元的研究热点。这一时期的研究热点关键词既有"中国""云南省""四川省""长江流域""宁波"等空间地理名词，还有"汉籍""域外汉籍""古文""中国文学""宋调"等古文典籍、艺术戏曲领域，"家族""族谱""国民国家""信仰"等家国情怀研究，以及"少数民族""嘉绒语""羌族"等少数民族研究。值得注意的是，在这一阶段关于巴蜀地区的宗教研究仅出现关键词"道教""佛画"，反映出在这一阶段对巴蜀地区宗教研究的热度有所下降。从突现持续时间来看，"中国""信仰""中国文学""羌族"的持续时间最长，反映出这一时期热点研究主要集中在少数民族与中国文学研究领域。

2011—2022年期间，研究内容充分体现出其综合性、前沿性和现时性特征，在跨区域文化交流（上海、重庆、陕西省、地域社会）和地域文化挖掘（杜甫、杜诗、中国文学）中表现尤为突出。从学科领域来看，依旧是重视史学领域（如"近代教育""六朝时代""日本侵华战争"）、文学领域（"文选""杜诗""杜甫""白居易""汉诗"）、民族问题（"民族问题""回族"）等。另外，值得注意的是"杜甫"的持续时间最长（2019—2022），反映出日本学术界对巴蜀地区杜甫研究的重视，也反映出了杜甫对日本文学的影响。

Top 25 Keywords with the Strongest Citation Bursts

Keywords	Year	Strength	Begin	End	1974 - 1989
六世纪	1975	0.68	1975	1976	
巴蜀仏教	1975	0.68	1975	1976	
禅林	1974	0.66	1974	1976	
赞苏轼诗	1974	0.66	1974	1976	
赞诗	1974	0.66	1974	1976	
杜甫诗	1974	0.66	1974	1976	
羌族	1977	0.64	1977	1979	
繁年	1977	0.64	1977	1979	
汉魏	1977	0.64	1977	1979	
六朝	1977	0.64	1977	1979	
中国方言	1982	0.65	1982	1982	
资料	1982	0.65	1982	1982	
蜀语	1982	0.65	1982	1982	
语彙	1982	0.65	1982	1982	
近世	1982	0.65	1982	1982	
藏族	1984	0.68	1984	1985	
少数民族	1987	0.84	1987	1988	
农耕文化	1987	0.77	1987	1988	
后秦姚兴	1986	0.67	1986	1988	
后赵石勒	1986	0.67	1986	1988	
五胡仏教	1986	0.67	1986	1988	
大气污染	1988	0.65	1988	1989	
中国	1988	0.65	1988	1989	
シカ类	1988	0.65	1988	1989	
大气粉尘	1988	0.65	1988	1989	

Top 25 Keywords with the Strongest Citation Bursts

Keywords	Year	Strength	Begin	End	1990 - 1999
重庆	1990	1.19	1990	1990	
解试	1991	0.68	1991	1991	
苏轼	1991	0.68	1991	1991	
科挙	1991	0.68	1991	1991	
疫学调查	1992	1.5	1992	1993	
环境保全	1992	0.99	1992	1993	
肺水肿	1993	0.6	1993	1993	
明主	1993	0.6	1993	1993	
水质污浊	1993	0.6	1993	1993	
菩薩	1993	0.6	1993	1993	
国民国家	1994	1.19	1994	1994	
地域社会	1990	1.09	1995	1995	
住居	1995	0.79	1995	1996	
庐山	1996	0.6	1996	1996	
朝鲜刊本	1996	0.6	1996	1996	
君山农场	1996	0.6	1996	1996	
杨贵妃	1996	0.6	1996	1996	
四川省	1993	1.96	1997	1999	
文化变容	1997	1.12	1997	1997	
稲作	1997	1.12	1997	1997	
地域开发	1992	0.99	1997	1997	
四川	1991	0.85	1997	1997	
仏教	1997	0.85	1997	1999	
内陆	1998	1.13	1998	1999	
中国	1993	0.69	1998	1999	

Top 25 Keywords with the Strongest Citation Bursts

Keywords	Year	Strength	Begin	End	2000 - 2010
家族	2000	1.26	2000	2000	
国民国家	2000	0.63	2000	2000	
チアン语	2000	0.63	2000	2000	
「宋调」	2000	0.63	2000	2000	
族谱	2001	1.23	2001	2001	
道教	2002	1.61	2002	2002	
汉代	2002	1.19	2002	2002	
中国	2000	0.69	2003	2004	
芸能	2004	1.19	2004	2004	
仏画	2004	1.19	2004	2004	
诗人	2004	1.19	2004	2004	
信仰	2004	1.01	2004	2005	
古文	2005	1.21	2005	2005	
宁波	2005	1.21	2005	2005	
域外汉籍	2005	1.21	2005	2005	
汉籍	2005	1.21	2005	2005	
云南省	2006	1.24	2006	2006	
少数民族	2001	1.09	2006	2006	
地域研究	2001	1.13	2007	2007	
四川省	2000	1.6	2008	2008	
长江流域	2008	1.19	2008	2008	
市场经济	2008	1.19	2008	2008	
唐代	2002	1.09	2008	2008	
中国文学	2003	1.13	2009	2010	
チャン族	2009	0.99	2009	2010	

Top 25 Keywords with the Strongest Citation Bursts

Keywords	Year	Strength	Begin	End	2011 - 2022
中国	2011	3.77	2011	2012	
民族问题	2012	1.66	2012	2012	
上海	2012	1.46	2012	2013	
近代教育	2012	1.1	2012	2012	
回族	2012	1.1	2012	2012	
都市	2012	1.1	2012	2012	
重庆	2013	1.26	2013	2013	
仏教	2012	2.05	2014	2015	
陕西省	2014	1.23	2014	2014	
中国文学	2011	3.5	2016	2017	
文选	2016	1.17	2016	2016	
巡礼	2016	1.17	2016	2016	
日本	2017	1.78	2017	2017	
杜诗	2017	1.18	2017	2017	
抄物	2017	1.18	2017	2017	
地域社会	2017	1.18	2017	2017	
文学	2018	1.22	2018	2018	
儒学	2018	1.22	2018	2018	
音乐	2018	1.22	2018	2018	
汉诗	2018	1.22	2018	2018	
六朝時代	2012	1.14	2018	2018	
杜甫	2016	1.79	2019	2022	
古典教育	2019	1.13	2019	2020	
日中战争	2020	1.26	2020	2020	
白居易	2021	1.17	2021	2022	

图 2　四个时间段关键词突现图

(二)关键词共现历时分析

运用 CiteSpace 可视化软件分阶段对日本学术界巴蜀研究项目进行关键词共现分析,生成学科研究热点及关联知识图谱,如图 3 所示。在 CiteSpace 中中介性大于 0.1 的节点被认为是关键节点,关键词出现的频次越高,图谱中所对应的节点圆环越大;节点圆环图层颜色渐变越丰富,与之对应的关键词时间跨度越长。为夯实关键词共现数据的可靠性,在考量关键词频次与课题聚焦热点演变的同时,对关键词中心度进行考察。

1974—1989 年间,日本学术界巴蜀课题研究关键词共现图谱中"少数民族""汉族"节点最大,在关键词共现图谱上呈现有序条状散布。与其相关的关键词有"羌族""藏族"等巴蜀地区少数民族、"祖先祭祀""汉族社会""民族文化""牧民社会""礼仪"等地域习俗等,表明这一阶段比较重视少数民族与汉族间的文化交流、相互影响等研究。"社会构造""农耕文化""郭沫若"等关键词节点次之,其中"郭沫若""冯乃超""夏衍""鹿地亘"形成了有留日背景的中国学者与旅华经历的日本学者间的连线,反映出这一时期对巴蜀地区中日人物往交交流较为关注。此外,还形成了"蜀语——中国方言——资料""梁濑冥——村治(乡村治理)——孝经"等不同节点间的连线。

1990—1999 年间出现的关键词节点较少,"四川省""中国"的节点最大,反映出日本学术界巴蜀研究中突出了"四川"这一区域的重要性。这一时期的主要关键词涉及"纳西族""少数民族""环境保护"等少数民族地区的环境问题、"地域社会""同族结合""同乡结合""国民国家"等清代四川移民社会研究,可以说这一主题内容是上阶段的关键词"移民社会""地域社会"的深入与延展。此外,关键词还有"地域开发""工业用地""疫学调查"等。综合而言,这一时期日本学术界巴蜀研究涉及区域开发、环境保护、少数民族、区域文化、疫学调查,体现了日本学术界巴蜀研究的横向拓展与纵向深入的学术特征。

2000-2010 年间关键词节点"四川省""中国""中国文学"位于图谱的中心位置,"佛教美术""四川""道教""少数民族"等次之,关键词之间通过颜色不同的线段连接,形成了"五山文学""东洋史""唐诗""南戏"等中国文学及中日文学比较研究领域、"民族问题""家族""市场经济""族谱"等中国社会问题、"佛教美术""儒教""佛教""佛画""道教"等四川宗教研究、"嘉绒语""扎坝(巴)语"等藏彝走廊语言研究等不同领域的主题簇群,各簇群间形成历史学、宗教学、社会学、文学等不同学科领域的学术联系性。这一时期关键词在承接上一阶段"四川省""中国"研究的基础上,新增"道教""佛教"等涉及中国本土宗教与外来宗教相融合的主题。"四川是一个多民族、多宗教的大省,五大宗教俱全,有着较大数量的宗教教职人员和信教群众"[①]，体现出日本学术界紧密追踪巴蜀地区宗教问题研究，重视各宗教在巴蜀地区的发展状况与相互影响。

2011—2022 年间关键词节点在上述三个阶段的基础上，出现了许多新主题，形成多领域、多视角的研究热点与簇群。第一，"中国"是 2010 以来日本学术界巴蜀研究的重要关键词节点。与上一阶段相比言之，这一时期巴蜀研究呈现了与中国省份"陕西""重庆""北京""上海""台湾"等比较、互动交流的特征。同时还涉及"民族问题""回族""少数民族""近代教育"等近代少数民族教育与民族问题的研究，其中对藏族苯教的习俗、僧院等研究较为关注。第二，"中国文学"依旧受到关注，重点在中国古典文学，主要集中在"唐代文学""五山文学""国文学"等，涉及"杜甫""白居易""文选""古文真宝""抄物""旧抄本"等中国唐代诗词及文学文本、中国古典文学、中国古代神话研究、文学比较研究、中国现代文学发展情况等内容。第三，重视巴蜀地区宗教研究，不仅包括上一阶段出现的"佛教""佛像""佛教美术""道教"等关键词，还包括"中国思想""中国史""巡礼"等关键词，反映出日本学术界对巴蜀地区佛教及其文献经典所传达的思想内容解读等较为重视，密切关注佛教在巴蜀地区的发展状况以及佛教对中国传统道教的影响，与此同时，日本学者还实地考察了巴蜀地区的佛像数量等信息，并做了详细记录。

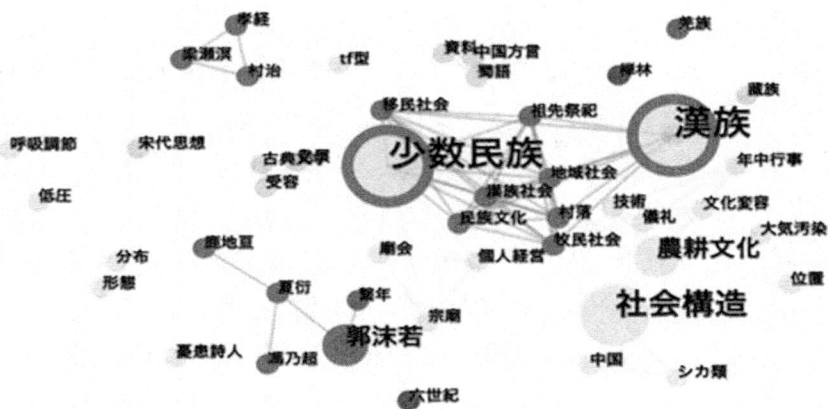

1974—1989 年

① 徐学冬、孙林：《转型时期的四川宗教情况调查与思考》，《中共四川省委省级机关党校学报》，2003 年第 4 期，第 58—59 页。

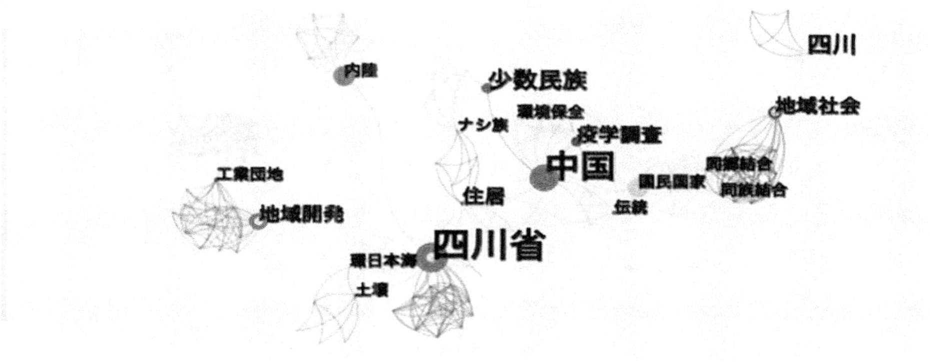

1990—1999 年

2000—2010 年

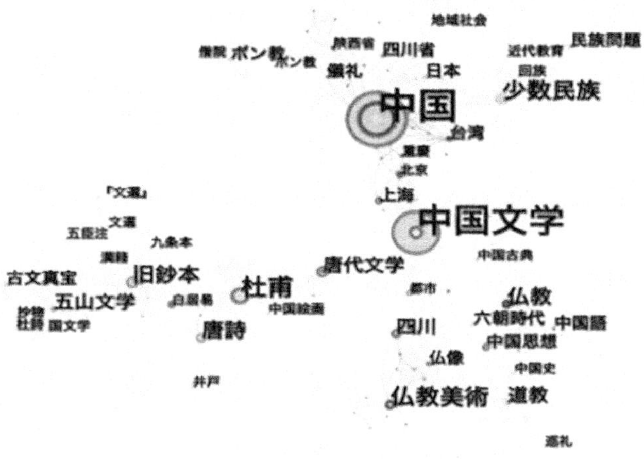

2011—2022 年

图 3　四个时间段关键词共现图

（三）关键词聚类分析

在关键词聚类方面，CiteSpace 可视化软件利用名词性术语来展现领域内研究主题热点，以助研究学者发现图谱中的突变词，探析研究热点，把握研究方向。图 4 中的各类轮廓值是按大小顺序排列的，轮廓值大小反映了轮廓内部节点的紧密和分离程度。其中 N=328，E=564，Pruning：Pathfinder，Modularity Q=0.8465（Q 值 > 0.3 为结构显著），Mean Silhouette S=0.9603（一般数值 > 0.5 为合理），二者数值均在合理的范围内，说明本研究聚类显著。[①] 可以说图 4 中的高频关键词反映了日本学术界巴蜀研究的主要议题与研究内容，构建了该研究领域的基本架构与知识网络，对我们从横向拓展与纵向深入挖掘日本学术界巴蜀研究领域的研究具有重要参考价值。由图可知，排名前 13 的高频关键词聚类分别是"#0 汉籍""#1 中国""#2 佛教美术""#3 汉文学""#4 方言""#5 思想史""#6 唐诗""#7 重庆""#8 云南省""#9 纳西族""#10 区域社会""#11 郭沫若""#12 四川省"。根据聚类结果，结合上文高中心性和高频关键词分析，日本学术界巴蜀研究主要聚焦在以下主题。

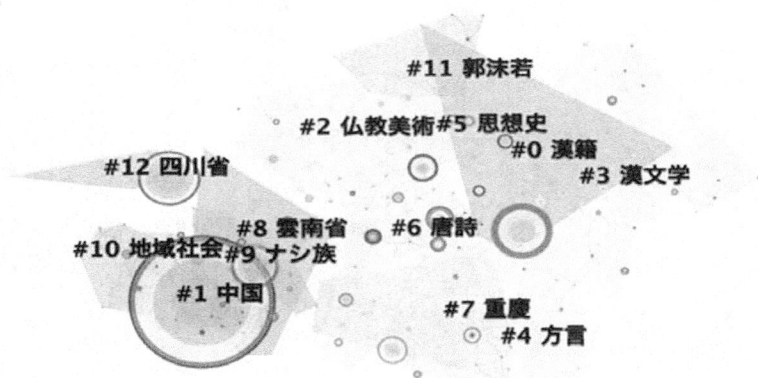

图 4　关键词聚类图

聚类一，人物、思想、历史篇。主要聚类有"#5 思想史""#11 郭沫若"，涉及郭沫若的文学创作与翻译、古史研究及其在中日两国交流中所产生的影响等内容。（1）文学领域，涉及郭沫若的汉诗素养、新体诗的创作、革命文学、小说及其文化形象、翻译文学、近代文学以及中国现代文学等方面。藤田梨那从郭沫若

[①]　刘岩、杨玲：《明清小说外译研究的学术图景与前沿脉络——基于 CiteSpace 的文献计量可视化分析》，《文献与数据学报》，2022 年第 4 期，第 103 页。

少年时代到青年时代创作的诗歌中追寻郭沫若的汉诗习得与创作，通过对郭沫若诗歌的风景书写研究，论述了郭沫若在诗文创作过程中对古典汉诗的捕捉与创作变化。① 明海大学石川桃子与中国李白学会会长郁贤皓合作，以赞记为中心考察了李白的人生观。法政大学石硕考察了李白对六朝诗的接受与发展。(2) 历史领域，涉及郭沫若的史学生涯、史学著作、中国史学、战时历史话剧、中国古代史等。杨韬考察了抗日战争时期创作、出版和演出的历史叙事剧，认为"历史叙事剧是当时民间的集体记忆。群众通过历史叙事剧的政治性来规避国家权力的不便"。② 大阪大学冈田悠希分析了晚清民国时期四川省糖业发展，揭示了四川糖的生产过程、流通领域、消费方法，研究指出"四川糖业的兴盛，来自福建、广东的客家移民发挥了重要作用"。谷口满在四川、云南、天津、山东、江苏、山西、福建、甘肃等地区调查了现存的盐神庙，考察了盐神和其他宗教神、盐神庙的组织和运营、移民的产生和全国盐流通网的形成和盐神信仰、少数民族盐神信仰、中国盐神和日本盐神、女性盐神与男性盐神的关系、少数民族盐神信仰与汉族的关系等中国盐神信仰史上的诸多问题。③ 早稻田大学新津健一郎在"基于新史料考察 6—10 世纪西南中国地域社会变容分化过程"研究中一方面考察了东南亚边界的四川、云南、华南及北部越南一带的汉字、儒教、佛教等文化传入日本的动态过程，另一方面研究了 10 世纪以后巴蜀地区、华南地区等与中国的关系、北部越南红河三角洲如何构成越国的原基，从而揭示西南中国一带的社会文化特质及其历史意义。(3) 考古领域，主要围绕考古学对近代中国的影响、郭沫若所著考古书籍研究、甲骨文、青铜器、美术考古、出土文物等内容。竹元规人根据长期对郭沫若的研究成果进行整理和汇编，讨论了"考古学"这门新学科对中国古代史的历时叙述的变化。④ 森下章司以画像石、铜镜等汉代丰富的神仙画像为史料，结合在四川省、山东省等地实地调查的新发现，用考古学的方法探讨了神仙思想的地域差异性与变迁过程，指出"以西汉后期宫廷中形成的西王母、东王父像为媒介，后汉代神仙思想在广大阶层中普及开来。其中，以方位概念为基础的世界和谐的象征、与来世观的关系、长生不老等现世利益的需求等，与汉代人的愿望和信仰紧密结合，

① 藤田梨那：《郭沫若の漢詩素養と創作》，《国士舘人文学》，2016 年第 6 期，第 93—117 页。
② 楊韜：《戦時下の歴史話劇について》，《文学部論集》，2021 年第 105 期，第 27—42 页。
③ 谷口満：《予備調査メモ　中国西南地区の塩女神廟》，《東北学院大学　アジア流域文化研究》，2020 年第 12 期，第 92—98 页。
④ 竹元规人：《论胡谪中国哲学史、思想史（尤其对中古和近世）的编辑结构及其困境》，《新哲学》，2006 年第 5 期，第 145—176 页。

实现了多样的发展。"①② 工藤元男等人在《特集 四川民族走廊〈亚洲游学 5〉》一书中，详细考察了与成都平原邻接的川西高原、西北高原一带岷江、大渡河、雅江、金沙江、澜沧江流域的独特墓葬文化。研究发现"四川人最初是居住在岷江上游的岷山山脉，该地区是先秦时期羌族的居住地，推测羌族后裔的四川人是三星堆文化的主要创造者，三星堆文化代表了早期蜀文化"。③

聚类二，宗教信仰篇。主要聚类有"#2 佛教美术"，涉及佛教、道教、伊斯兰教、天主教、基督教等的宗教，内容聚焦在自然资源、人文资源、宗教等方面的调查与研究等。土屋昌明考察了道教圣地的信仰、朝圣与当地道教观之间的关系，以及山中道教的发展脉络，还考察了景观、自然环境、宗教设施（建筑、雕塑、绘画）和宗教习俗（朝圣、修道院、仪式）。④ 滨田瑞美通过对巴蜀地区的唐宋敦煌石窟的田野调查与图像收集，阐明了中国悬崖石窟与宗教空间的关系，同时还介绍了国外学者关于巴蜀地区千手观音图像及其与佛教仪式关系的相关成果。⑤ 肥田路美在"中国四川佛教美术相关史料的集成与基础考察"研究中收集和整理了《大足石刻铭文录》、北宋常谨撰的《地藏菩萨像灵验记》等唐宋时期佛教美术相关史料文献。通过现场调查中的翔实记录，辅以前人学者历史文献研究成果，肥田路美指出"十殿阎罗信仰的'习合'不仅记载在历史文献中，在实际的作品中独尊像、地藏、观音并列像、地藏、观音、阿弥陀的组合、地藏、观音、药师如来的组合变化多样。从这些作品中可以发现 8 世纪到 11 世纪地藏信仰的发展"。⑥ 荒见泰史以敦煌文献为资料来源，分析了道教"俗讲"的存在及其意义流变。⑦

聚类三，少数民族篇，聚类有"#8 云南省""#9 纳西族""#12 四川省"等，体现了少数民族跨地域分布的流动性特征，包括藏族、羌族、苗族、回族、纳西族、彝族、蒙古族、白族、傣族、傈僳族、土家族、满族、壮族、布依族等少数民族，涉及少数民族群落的生活方式、区域迁徙、语言传承、家族关系、习俗服饰、民族史等诸多内容。金龙哲一直致力于中国西南地区少数民族文化传承与文

① 森下章司：《東アジア世界と銅鏡》，《アジア遊学》，2019 年第 237 期，第 13—29 页。

② 森下章司：《古墳出土鏡研究の展開》，《季刊考古学》，2020 年第 153 期，第 97—104 页。

③ 工藤元男、冉光栄编：《特集 四川民族走廊（アジア遊学 5）》，東京：勉誠出版社，1999 年，第 78-94 页。

④ 禅文化研究所：《『臨済録』研究の現在：臨済禅師 1150 年遠諱記念国際学会論文集》，京都：禅文化研究所，2017 年，第 53—67 页。

⑤ 濱田瑞美：《中国四川資州の千手千眼観音大像龕について》，《美術史研究》，2006 年第 44 期，第 167—190 页。

⑥ 肥田路美：《関于四川地区的观音、地藏並列像》，《中国重庆大足石刻国际学术研讨会论文编写》，2006 年第 2 期，第 1—9 页。

⑦ 荒見泰史：《敦煌講経文類と「東大寺諷誦文稿」より見た講経に於ける孝子譚の宣唱》，《敦煌写本研究年報》，2012 年第 7 期，第 69—89 页。

化教育的研究，相继主持"中国西南地区少数民族文化课程建设的比较教育学研究""少数民族文化传承实践中的文化变迁与认同重构研究"等课题。① 松冈正子以 2008 年汶川地震受害的羌族为对象，分析了灾后重建与羌族文化传承、文化创造问题。研究表明受灾地区在政府主导的"中国式重建模式"下迅速恢复，街市转向现代化，部分农村转变为民族旅游村，但由于当地居民没有参与重建，因此形成了与自然共生的羌族文化不同的文化转向。② 服部等作在"中国云南省、四川省藏族的工艺与艺能的记录保存与文化传承的国际合作研究"课题研究中，课题组成员相继在中国云南省迪庆藏族自治州博物馆、西藏博物馆、上海博物馆，以及英国大英博物馆、法国吉美东洋美术馆进行历史资料的搜集，比较历史资料与现代资料中记载的西藏工艺美术品的艺术造型、表现形式等，于 2002 年在日本京都召开"西藏的艺术和文化——它的现在和未来"学术研讨会，共有来自中国、英国、日本的 400 多名西藏研究者参加，扩大了藏族文化在世界范围的传播与影响。③ 此外，大阪观光大学王静以藏茶这一文化事象为焦点，考察了藏族的民族政策，参考《川藏茶马古道》《茶马古道上远逝的铃声：云南马帮马锅头口述历史》《茶马古道：从横断山脉到青藏高原》等文献，从藏茶的消费与饮用方式、从云南或四川到西藏的藏茶贸易之路（茶马古道）的历史、用马搬运和人力运送（背夫）等方面整理了茶马古道民族交流的记录。山梨学院大学渡部壮一考察了中国四川省甘孜藏族自治州的藏族自治制度。

聚类四，古典文学篇。代表聚类有"#0 汉籍""#3 汉文学"，涉及先秦时期至清朝的汉赋、唐诗、宋词以及汉文典籍，明清时期小说、儒学、古典教育，中国经典典籍对各民族的影响等内容。（1）古典文学研究，内容以唐诗、宋诗、乐府诗、汉诗为主，还涉及汉文典籍、简牍、散文、程朱理学等。后藤秋正认为"了解中国文学史上占有重要地位的唐代著名诗人杜甫及其诗歌语言的全貌有助于进一步阐明中国文学对日本文学的影响，尤其是必须了解《杜诗引得》"。④ 松江崇在"古代汉字音译资料研究会"上发表了论文《扬雄〈方言〉中的"朝鲜"方言词汇研究》，文中分析了扬雄《方言》记载的汉代汉语方言中对被分类为"北燕""朝鲜"方言的词汇。（2）古典教育研究，内容涉及汉文学及汉诗教育、传统礼节教

① 金龍哲：《伝統文化教育における「地域」の位置づけに関する比較考察カリキュラムマネジメントの視点から》，《アジア教育文化ジャナル》，2021 年第 4 期，第 1—18 页。
② 松冈正子：《中国式復興モデル》，《季刊民族学》，2011 年第 138 期，第 95—99 页。
③ 服部等作：《ヒマラヤ文化圏の芸術と文化そのアカイブ化に関する研究》，《広島市立大学芸術学紀要》，2002 年第 7 期，第 76—84 页。
④ 後藤秋正、溝淵由希：《『杜詩引得』補記（I）》，《北海道教育大学紀要（人文科学社会科学編）》，2007 年第 58 期，第 13—28 页。

学、儒家文化、佛教思想等。（3）文学交流史研究，主要有中日古典书籍比较、中日汉文教育比较、汉诗与和歌的区别等。甲斐雄一郎致力于不同国家中学教育中的中国文学教育研究，尤其是关注《论语》在中学教育中的作用[①]。

聚类五，语言学篇。包括聚类"#4 方言"，内容涉及少数民族汉语习得、地理语言学、少数民族教育、川西走廊诸语系、少数民族语言比较等。少数民族语言研究方面涉及壮族、苗族、蒙古族、藏族、纳西族等少数民族语言的结构特点、方言土语差异、使用现状、语言和文化的关系、汉语与少数民族语言的相互影响、少数民族语言保护问题等。在汉语语言方面，涉及少数民族汉语习得、少数民族语系与汉语的融合及发展等内容。在方言研究方面涉及四川话的辞藻、文法以及音韵、成都方言语法体系等。

结语

本文基于日本科学研究费助成事业数据库中涉及巴蜀地区研究的课题，以可视化软件 CiteSpace 为研究辅助工具，历时考察了日本学术界巴蜀研究整体貌相与内容焦点。综合而言，第一，日本学术界巴蜀研究形成了核心研究机构群体，日本各高校、研究所、社会团体等机构广泛参与，机构群体内部合作较为密切，同时重视与其他机构的交流与合作。第二，日本学术界巴蜀研究一方面重视区域社会发展、佛教传承、郭沫若、少数民族、语言、中国古典文学等领域的研究，另一方面立足于更广阔的全球化视角考察四川少数民族与海外民族间的联系与交流，注重四川少数民族自身发展脉络、民族间交往交流交融等内容。第三，日本学术界巴蜀研究的半个世纪以来，一方面横向与纵向的深度挖掘与解析巴蜀传统文化，探析巴蜀文化蕴含的"中华符号"；另一方面研究视角转向全球民族间的关联研究，对藏族、回族、纳西族与海外国家民族之间的联系进行深入探究。日本学术界巴蜀研究体现了在多学科领域积年累月的深耕、跨学科的交叉融合与不断拓展、纵深推进、史料文献整理与田野调查相结合，巴蜀研究成果十分丰硕。作为海外巴蜀研究的重要维度之一，通过整理与分析日本学术界巴蜀研究的相关文献成果，能更好地从内而外地塑造好巴蜀地区文化形象，增强中华文化的对外辐射力与影响力。

---

① 甲斐雄一郎：《高校国語の『論理』と『文学』》，《月刊高校教育》，2020年第58期，第86—87页。

历史眼光、本土意识与未来面向：
华夏传播研究的新图景

——谢清果教授《华夏传播研究学术史》简评 *

Historical perspective, local consciousness and future orientation:
a new picture of Chinese communication research
—A brief review of Professor Xie Qingguo's Academic
History of Chinese Communication Studies

彭 翠 白 雨 **

Peng Cui   Bai Yu

摘 要：《华夏传播研究学术史》一书系统梳理了华夏传播研究发展的历史脉络，展现了华夏传播教学模式的探索过程，梳理了相关学人的学术研究历程，多视角反映了华夏传播研究40余年的研究成果，为华夏传播学的体系建构打下了坚实基础。作者以解决中国问题为导向，以彰显中国智慧为旗帜，既强调了历史意识与未来面向在华夏传播研究中的重要性，也展现了华夏传播研究的学科意识与理论建构、方法自觉及其研究内容的本土性特质，表现出了极强的探索意识和浓厚的学术情怀。

Abstract: The book *Academic History of Communication Studies in China* systematically combs the historical context of the development of communication studies in China, shows the exploration process of communication teaching model in China, and combs the academic research process of related scholars. It reflects the research results

---

  * 基金项目：本文系河北大学第十批教育教学教改研究项目"新时代新文科背景下中华优秀传统文化教学创新与实践"（项目编号：2023XJJG060）、河北省高等教育教学改革研究与实践项目"《文艺学概论》课程思政教学改革与研究"（项目编号：2023GJJG004）阶段成果。

  ** 作者简介：彭翠，女，河北大学新闻传播学院副教授、硕士生导师、河北省燕赵英才、河北大学青年创新团队首席专家、华夏传播研究学会副秘书长；白雨，河北大学新闻传播学院在读学生。

of communication studies in China for more than 40 years from multiple perspectives, laying a solid foundation for the system construction of communication studies in China. Guided by solving China's problems and highlighting Chinese wisdom, the author not only emphasizes the importance of historical consciousness and future orientation in Chinese communication research, but also shows the discipline consciousness, theoretical construction, method consciousness and local characteristics of Chinese communication research, showing a strong sense of exploration and strong academic feelings.

关键词：华夏传播研究学术史；历史眼光；本土意识；未来面向；实践面向

Keywords: Academic History of Communication Studies in China; Historical perspective; Local consciousness; Future orientation; practice-oriented

面对百年未有之大变局和中华民族伟大复兴的新征程，传播学作为从西方传入的舶来品正在不断被注入华夏传播的新意涵与新机遇。研究中国的传播问题，回答好时代之问与世界之问，这是当前华夏传播学立足中国本土的基本面向。谢清果的力著《华夏传播研究学术史》（中国国际广播出版社，2023）正是在这样的时代语境下应运而生。该书系统梳理并深入探讨了华夏传播研究的发展历程、学术成就及其在当代社会中的价值与意义。特别是"在全国高等教育注重课程思政的背景下，华夏传播的教学与科研有了更为突出的亮点，那便是立足中华优秀传统文化，阐述和发扬中国人的沟通智慧与理论，增强民族文化自信"。[①] 作为一部全面回顾和反思华夏传播研究的学术著作，作者不仅详细梳理了自 20 世纪初以来华夏传播研究的学术发展轨迹，而且深入分析了各个时期华夏传播研究的特点、代表性学者的贡献以及华夏传播学术思想的演变。通过对大量文献资料的整理与细读，勾勒出了一幅华夏传播研究的学术版图，为致力于华夏传播研究领域的耕耘者提供了宝贵的研究资料。

一、《华夏传播研究学术史》的学科意识与理论建构

众所周知，随着互联网和移动通信技术的飞速发展，信息的传播方式和传播内容发生了翻天覆地的变化，这种时代之变对传统传播学研究提出了诸多新挑战。谢清果敏锐地捕捉到了这一变化，针对性地从"华夏传播研究学术史""华夏传播研究与教学的个体生命史""华夏传播研究学人志""华夏传播研究学者访谈录""传播学中国化倡导者余也鲁的厦大印记"等专题提出了一系列有情怀有温度

---

① 谢清果：《华夏传播研究学术史》，北京：中国国际广播出版社，2023 年，第 10 页。

且不乏创新性的观点。此外，谢清果通过"世界传播学和中国传播学的学术发展历程""重要概念的界定以及相关研究的开端""华夏传播研究的教学、实践、科研""坚持文化主体性，构建传播学自主知识体系""站在厦园，思考中国，高扬中海文明传播气质"等华夏传播学术史的动态呈现，旨在构建适应新时代要求、不负时代使命的华夏传播理论体系。呼吁相关领域的学者们应当在具备国际视野的同时，不忘立足于中国本土文化，以期在全球化的大背景下，更好地传承和发展华夏传播研究的学术传统。

（一）学科意识的萌芽：春风"吹"来的传播学

作为一个"舶来品"，传播学正式传入中国已有四十多年。之所以说"正式"，是因为谢清果在书中将其定义为"对传播或传播学概念有了学术、学科和话语的意识"。[①]即在相对清晰地研究后形成的传播意识。改革开放之初，随着国门的不断打开，西方的学术思想如潮水般涌入。传播学作为其中一员，开始在中国学术界崭露头角。然而，面对陌生的理论体系和学术范式，中国学者们在探索中前行，既有对西方理论的借鉴与吸收，也有对本土文化的思考与融合。在早期的中国传统文化传播现象与观念研究中，台湾地区始终保持着与西方世界的频繁交流。不少学生选择远赴欧美留学，学成之后回到台湾，成为当时传播学在中国的领头羊。20世纪六七十年代，在斯坦福大学大众传播硕士朱谦，以及在密苏里大学新闻学院深造过的王洪钧等留学生的带领下，传播学教育与研究逐渐在中国拉开序幕。

在研究伊始阶段，学者们主要关注传播现象的描述与记录，缺乏系统的理论构建。但随着时间的推移，他们开始意识到传播作为一种社会现象，其背后蕴含着复杂的文化、政治与经济因素。正所谓"良好的开端，成功的一半"。华夏传播研究在第一阶段的探索尤为关键。它不仅仅是对西方传播理论的简单引入，更是在中国传统文化的语境下对传播学进行的本土化探索。这一时期，拓荒者们开始"本能地从中国传统文化中寻找可以对应的方面，同时开始自觉地借助传播学这一方法来观照中华文化"[②]，并进行一些无意识的研究活动，随之便诞生了《中国上古演讲史》《中国古代演说史》等一些具有代表性的早期研究成果。学科意识的萌芽也正是在这样的探索中逐步形成。正如余也鲁先生所说："不少中国人，并没有一本教他们传播之道的书，也未受任何传播的专门训练，但运用媒介，进行说服，其匠心独运与娴熟的程度，教许多精研传播的西方人都惊异不置。传的艺术已深

---

① 谢清果：《华夏传播研究学术史》，北京：中国国际广播出版社，2023年，第10页。
② 谢清果：《华夏传播研究学术史》，北京：中国国际广播出版社，2023年，第15页。

潜于中国文化中，流漾在中国人的血液里，只差作系统性的科学性的发觉与整合。现在该是开始的时候了。"①

可见，在华夏传播研究不断探索的过程中，余也鲁、杨孝荣、朱立等这些早期的研究者们开始意识到传播学不仅仅是一门研究信息传递的学科，更是一种深刻反映社会变迁和文化交流的学术视野。尤其是在华夏文明的传播实践中，学者们开始尝试寻找传播学与中国传统文化的契合点，力求"从纵向漫漫五千年的传播活动与传播思想与横向瞬息万变的当下传播实践与传播理论中汲取可供发展中国传播学、以助华夏传播学建构的养料"。② 可以说，春风既为中国"吹"来了传播学，也带来了华夏传播研究全新的学术气息和思考空间。同时，华夏传播研究作为一种学科意识的悄然萌芽，也正是在这样的春风中苗壮成长，欣欣向荣。

（二）研究方法的自觉：华夏传播研究的历史面向

在华夏传播研究的广阔天地中，徐佳士、余也鲁、朱立、黄星民等早期的研究者们表现出了卓越的理论自觉意识和持续的方法探索意识。他们深知，要深入研究华夏传播，必须首先理解其深厚的文化土壤和历史背景。于是，这些先驱者们广泛涉猎古籍经典，深入挖掘历史文献，以期从源头上把握华夏传播的精髓。同时，他们也注重与现代传播理论的对话与融合，尝试在古今之间搭建起一座沟通的桥梁，从而能够更全面地揭示华夏传播的独特魅力。换言之，随着学科意识的逐渐成熟，研究方法的自觉日益成为推动华夏传播研究可持续发展的关键。

具体而言，在研究方法上，一些学者开始采用内容分析、案例研究等更为严谨的定量和定性研究方法，以期获得更为深入的思考。如吴景星、姜飞于2009年发表的论文《"传—受"博弈过程的本土化诠释——中国道家"可传而不可受"思想对传播研究的启示》，便是从庄子的"道可传而不可受，可得而不可见"的思想入手，着重分析道家对传播学的核心认识成就——"传播的不确定性原理"，并借助这一思想内核解决当下传播技术和生态中西方传播理论阈限的问题。③ 谢清果也曾发表过《内向传播的视阈下老子的自我观探析》，将老子的内向传播智慧与侧重考察自我的西方内向传播理论进行比较，着重体现了老子内向传播通过"消融社会性对自我超越的干扰"，并最终实现自我升华的过程。④ 可见，诸多学者们皆是

---

① 余也鲁：《门内门外：与现代青年谈现代传播》，香港：海天书楼，1980年，第25—26页。
② 韦俊全、谢清果：《百花齐放·百家争鸣：本土化关切下华夏传播的"求索"与"突破"——2022年华夏传播研究综述》，《华夏传播研究（第十二辑）》，北京：九州出版社，2023年，第93页。
③ 吴景星、姜飞：《"传——受"博弈过程的本土化诠释——中国道家"可传而不可受"思想对传播研究的启示》，《新闻与传播研究》，2009年第4期，第95页。
④ 谢清果：《内向传播的视阈下老子的自我观探析》，《国际新闻界》，2011年第6期，第58页。

以高度的研究自觉，孜孜不倦地探求各种研究华夏传播的路径和方法，为华夏传播研究提供了新颖的思路和启示。

当然，这种研究自觉不仅表现在对研究方法的持续探索和创新上，更体现在对研究问题的深刻思考和独特见解上。致力于华夏传播的研究者们敏锐地捕捉到华夏传播学术史的传播与社会变迁、传播与文化认同等核心议题，并围绕这些问题展开了深入而系统地研究。诸如江苏大学周伟业教授在 2010 年发表了《东方范式：华夏传播理论的内涵、特征与价值——以汉语成语、谚语、俗语为中心的思考》一文，正是以汉语成语、谚语及俗语为例，指出华夏传播理论蕴含着"行胜于言"的传播取向，表现出了"以人际传播为核心、既重视语言又怀疑语言、聚合中华文化基因"等特征。[①] 正是诸如此类的研究不仅揭示了华夏传播的内在规律，也为当代社会的传播实践提供了宝贵的参考。

（三）研究内容的本土性：华夏传播的初心使命

"咬定青山不放松，立根原在破岩中。"这句诗被谢清果巧妙地用以描绘华夏传播研究的发展阶段，可谓恰如其分。它不仅仅是对特定时期学术研究的贴切描绘，更是对那一时期学者们研究自觉与探索精神的生动写照。如同坚韧的青松，咬定学术的青山，不为外界纷扰所动，始终保持着对知识的渴望与追求。正是这种坚定的信念和不懈的探索，推动着学术史不断向前发展，既为我们揭示了更多未知的奥秘，也为华夏传播研究的初心使命提供了精神底色。

2002 年，黄星民教授发表的《华夏传播研究刍议》一文为"华夏传播"一词的使用脉络描绘出了清晰的轮廓。在此基础上，谢清果在 2016 年发表了《华夏传播研究的前史、外史及其开端》一文，不仅致力于将华夏传播研究的时间范围延续至当代，而且努力建构"华夏传播学"这一崭新的学科概念。其目的在于深入诠释中华文化绵延五千多年的传播原理，并展望中华文明未来走向世界的发展路径。[②] 这种诠释既是对中华文明的脉络梳理，也是讲好中国故事的重要组成部分。毕竟"对某一故事进行特定的叙事延续，无论古今、无论中外，更无论在哪种叙事形式中，都是一种常见且重要的现象"。[③] 华夏传播研究学术史的梳理更是如此。

随着华夏传播研究方法的日益成熟和理论的自觉，相关学者们在研究内容上

---

① 周伟业：《东方范式：华夏传播理论的内涵、特征与价值——以汉语成语、谚语、俗语为中心的思考》，《南京政治学院学报》，2010 年第 5 期，第 110 页。

② 谢清果：《华夏传播研究的前史、外史及其开端》，《中国传媒报告》，2016 年第 4 期，第 58 页。

③ 李轩：《论国产剧续作叙事的形式及其势能问题——以中国叙事传统为视角》，《重庆邮电大学学报（社会科学版）》，2024 年第 1 期，第 157 页。

开始聚焦于"儒释道"等传统文化思想的深入挖掘与阐释。儒家思想以仁、义、礼、智、信为核心，其传播理念注重人与人之间的和谐沟通与社会秩序的维系，为华夏社会的稳定与和谐提供了深厚的文化基础；释家（佛教）则通过禅定与悟道传递着超脱世俗、追求智慧的传播理念，对华夏民族的精神世界产生了深远影响；道家则追求道法自然，其传播思想强调无为而治、顺应自然，体现了华夏民族对自然与和谐的深刻理解。这些思想不仅构成了华夏文化的精髓，也为华夏传播研究提供了丰富的思想资源和内容宝库。

与此同时，深耕于华夏传播的学者们还积极致力于构建本土化的传播理论，以便更好地理解和解释华夏社会的传播现象。诸如"风草论"作为华夏传播理论的杰出代表，便以其独特的视角和深刻的见解为华夏传播研究注入了新的活力。该理论将传播过程比作风与草的关系，风动草应，生动形象地揭示了传播的动态性和自然性。此后，谢清果带领团队赓续这一研究传统，"注重传播过程的风化风行，关注受众主体性的草偃草起以及风吹草偃的传播效果"。[①] 这一理论的提出，不仅丰富了华夏传播学的理论体系，也为理解和解释本土传播现象提供了有力的理论支撑。通过这一系列的研究与探索，华夏传播研究正逐步走向成熟与深入，为中华文化的传承与发展贡献了智慧与力量。

值得一提的是，华夏传播研究学术史在深入剖析华夏传播思想的同时，也潜移默化地展现出了学者们对本土传播理论构建与探索的不懈努力。这一过程既是对华夏传统智慧的传承与弘扬，也是对华夏传播初心使命的坚守与践行。在全球化浪潮中，坚守本土特色，深度挖掘并传播华夏文明的独特价值，在百年未有之大变局中更是显得尤为关键与重要。以邵培仁、黄星民、张兵娟、谢清果、潘祥辉等为代表的中青年学者的研究工作，无疑为华夏传播研究本土化打开了一扇通向未来的大门。这些中坚力量既在华夏传播研究的方法论上提供了丰富的学术资源与深刻的思考启示，也为新时代弘扬中华优秀传统文化，继续探索与发扬华夏传播学的精髓提供了宝贵的借鉴与参考。

二、华夏传播研究的实践面向

华夏传播研究，根植于华夏文明绵延数千年的深厚土壤，汲取古代典籍之智慧精髓，同时吸纳现代传播学的理论精髓与实践方法。其研究范畴不再仅仅局限于对传播现象的简单描述与分析，而是致力于对华夏文化精神的深入传承与弘扬。在《华夏传播研究学术史》一书中，谢清果不仅用大量笔墨描绘了华夏传播研究

---

① 谢清果、陈昱成：《"风草论"：建构中国本土化传播理论的尝试》，《现代传播（中国传媒大学学报）》，2015年第9期，第59页。

的历史脉络，而且对其实践意义也展开了丰富的讨论。在他看来，华夏传播研究不仅为学科体系的建设奠定了坚实基础，更对华夏传播教育体系的架构提供了高屋建瓴的指导。

（一）构建华夏传播教育体系

为了更好地弘扬中华优秀传统文化，并让华夏传播研究薪火相传，谢清果以"华夏传播研究与教学的个体生命史"爬梳了他与"华夏传播研究的美丽相遇""'华夏内向传播'理论的提出过程""华夏传播学学科（教材）体系建设的探索之路""华夏传播学体系之学术体系、话语体系建设的探索之路""厦门大学'华夏传播'课程思政实践与启迪"等与人才培养紧密相关的话题。同时注重将传统文化的精髓与现代传播理念相互融合，从而为华夏传播教育体系的架构打下了必要的学科基础，为当代传播学提供了深厚的理论支撑与实践启迪。尤其是厦门大学 2013 年 9 月率先开设的《华夏传播入门》便是首次以"华夏传播"命名的课程。该课程旗帜鲜明的昭示着华夏传播研究已经正式列入高校的人才培养方案，且拥有广阔的教学实践天地。

在课程体系构建方面，谢清果在《华夏传播研究学术史》中强调了华夏传播教育对于传统文化的深入挖掘与现代传播理念的融合。其课程体系不仅涵盖了经典文献的学习，也注重当代传播理论、方法和技术的融入。旨在让学生深入了解华夏文化的精髓，并主动承担起传播优秀传统文化的时代使命。以厦门大学为例，该校在华夏传播研究领域进行了深入探索和实践。在本、硕、博三个阶段，分别开设了"华夏传播概论""史论精解·华夏传播史论"及"研究前沿·华夏传播研究前沿"等课程，并精心编写了与之相匹配的多个版本的教材，并涉及舆论学、历史学、哲学等多个学科。[①] 这种跨学科的课程设置旨在让学生深入了解华夏传播研究文化精髓的同时，掌握基本的传播理论和方法，从而为未来的学术研究和职业发展奠定坚实的知识基础。

简言之，以中华优秀传统文化的理论自觉和方法探究为前提，以传播学的本土化为初心，将西方理论融入华夏传播研究的创新与思考之中，形成华夏文化传播理念和传播体系的本土化。为了践行这一使命，厦门大学通过精心构筑课程体系、实践教学及科研创新体系为一体的人才培养方案，为培养具备国际视野和创新能力的新时代华夏传播人才提供了坚实支撑。经时光之洗练，这些人才不仅会成为讲好中国故事、传播好中国声音的中坚力量，也注定会在学术研究领域为华

---

① 谢清果：《华夏传播研究学术史》，北京：中国国际广播出版社，2023 年，第 59 页。

夏传播学的发展持续贡献智慧与力量。

（二）薪火相传：弘扬中华优秀传统文化

"此生无悔入华夏"是每一位炎黄子孙的心声。立足华夏，躬耕在华夏是每一位华夏传播研究者的初心使命。以陈国明为代表的一批从事中华文化海外传播的知名学者曾坚定的表示：我们的研究必须扎根于中华文明的土壤，"唯有经由健全的本土性的发展与认同，再以此认同投射到整个全球社会，华人传播学才能显现其乐观与光辉的前景"。[①] 对于这一观点，谢清果深表赞同。同时他也表示，"应当尽可能从中国的文化传统中去生发自己的传播观念与理论"。[②] 在这个过程中，挖掘、传播中华优秀传统文化便成为华夏传播研究很重要的一部分。

基于此，学者们通过对具有"中华元素"的符号考据以及对古代经典文献的细致解读，深入地探寻了华夏文化的精髓与典范。诸如学者张玲以我国明代官服为例，对其"衣冠禽兽"的官服制度进行了文化解读。她从符号传播的角度出发，对明代官服系统中极具特色的禽兽"胸背"的社会功能及价值的历史嬗变加以探究[③]，丰富了华夏传播研究的新领域。此外，还有学者对《易经》《中庸》等经典文本的深入剖析，从而为华夏传播研究进一步明晰了古代华夏民族的宇宙观念、独特的思维范式以及深邃的哲学思想。这些研究不仅为我们提供了理解古代华夏文化内核的重要学术依据，更挖掘了华夏民族智慧在传播学领域的独特价值，成为推动华夏传播研究不可或缺的丰厚资源。

与此同时，华夏传播研究在优秀传统文化与现代传媒技术的融合方面取得了显著进展。在谢清果看来，中华传统文化的媒介呈现不仅是文化传承与创新的关键途径，更是让传统文化在现代社会中焕发生机与活力的必由之路。为此，华夏传播研究者们积极探索传统文化与现代传播方式的有机结合，以期让传统文化的魅力在当代社会中得到更广泛地绽放。以 2011 年春节中央电视台推出的《行走唐人街》为例，该节目堪称文化传承与现代媒介技术的完美结合。节目通过现场直播与纪实专题的巧妙结合，以全球视野展现了世界各地华人华侨欢度春节的盛况。借助新媒体、网络传播等现代手段，研究者们将传统文化以更加生动、直观的方式呈现给广大受众，让更多人能够近距离感地受、更深入了解，从而真心认同中

---

① 陈国明：《中华传播理论与原则》，台北：五南图书出版股份有限公司，2004 年，第 20—21 页。
② 谢清果：《华夏传播研究学术史》，北京：中国国际广播出版社，2023 年，第 78 页。
③ 张玲：《"衣冠禽兽"的文化符号读解——以明代官服制度为例》，《现代传播（中国传媒大学学报）》，2013 年第 7 期，第 82—85 页。

华民族独有的传统文化。

中华优秀传统文化"承载着中华民族的历史记忆"①，无愧于"中华民族发展的精神根脉"。② 华夏传播研究不仅致力于深入挖掘和弘扬中华优秀传统文化，还为我们提供了理解和传承华夏文明的新视角和新路径。同时，这一研究也为华夏传播研究的进一步发展注入了新内涵和新思想，为中华文化的持续创新与发展提供了有力支撑。一句话，"无论历史如何前行，无论文化怎样发展，中华传统文化都将作为我们的根与魂与时代同行"。③ 故而，在未来的研究中，我们应继续深化对华夏传播与传统文化的深层次探索，进一步推动传统文化与传播技术的深度融合与创新发展，从而为向世界讲好中国故事提供中华民族的独特智慧和不竭宝藏。

三、华夏传播研究的未来面向

谢清果的《华夏传播研究学术史》不仅有回溯历史的功力，也有面向未来的魄力，更有孜孜以求的动力。正如他在绪论中所说："我们甘当华夏传播事业的铺路石，我们的信念是'功成不必在我，功成必定有我'。华夏传播事业是以构建传播学自主知识体系为终极目标的伟大事业，坚持'中华文化立场，全球传播视野'理念，努力打造本土传播学的学科体系、学术体系与话语体系，努力为了推动中国式现代化而建构中国式新闻传播学，为了中华民族伟大复兴而建构具有中国特色、中国风格、中国气派的华夏传播学，阐释好中华文明的共生传播气质，以向世界讲好中国故事奠定思想基础，提供理论支撑。"④ 毕竟"建构中国传播学自主知识体系是增强民族文化自信，增强做中国人的志气、骨气、底气的内在要求"。⑤ 这一追寻大道的过程虽然荆棘丛生，但谢清果团队不仅乐在其中，而且在华夏传播研究的进程中，注重以解决中国问题为导向，以彰显中国智慧为使命，表现出了中青年学人的学术担当与责任意识。

（一）以"解决中国问题"为导向

华夏传播研究不应仅仅是对历史的追溯与回顾，而应当有明确的问题意识，

① 彭翠：《中华优秀传统文化在新时代的传播与传承》，北京：中国传媒大学出版社，2022 年第 5 页。

② 崔海教、李艳萍：《新时代中华优秀传统文化在"双创"中的传承与创新——以〈中华传统文化在新时代的传播与传承〉为中心》，《华夏传播研究（第十二辑）》，北京：九州出版社，2024 年，第 406—407 页。

③ 彭翠：《中华传统文化的创造性转化与创新性发展刍议》，《华夏传播研究（第八辑）》，北京：九州出版社，2022 年，第 206 页。

④ 谢清果：《华夏传播研究学术史》，北京：中国国际广播出版社，2023 年，第 5 页。

⑤ 谢清果：《华夏传播研究学术史》，北京：中国国际广播出版社，2023 年，第 5 页。

致力于解决当代中国乃至全球传播领域面临的实际问题。故而，谢清果的《华夏传播研究学术史》一书将"以解决中国问题为导向"作为华夏传播研究的基本原则，并对其进行了丰富而深刻的解读。正如他在书中所言："学理研究应当有明确的社会问题意识，华夏传播学的建构不是发思古之幽情，而是着眼于向世界说明一个可沟通、善沟通、有担当的中国。"①旗帜鲜明的突出了华夏传播研究的导向意识。

当今世界，信息技术飞速发展，传播手段日新月异，华夏传播研究正需要紧密结合时代特征，关注传播领域的最新动态，跟进传播技术的发展态势，同时更要关注中国社会的现实问题，如文化传播的多元与融合、国际传播的互动与影响等。通过深入剖析中国社会的传播现象，揭示其背后的深层次原因和规律，提出切实可行的解决方案。这不仅有助于提升华夏传播学的学术价值和实践意义，也有助于增强中国在国际传播领域的话语权和影响力。

值得一提的是，以谢清果为中坚力量的华夏传播团队多年来一直有志于此。可以说，"研究华夏传播研究学术史，厦门大学是绕不过去的学术重镇。传播学中国化的四十多年，厦门大学始终坚持着这一学术传统"。②加之，华夏传播学的建构，应当是一个开放包容的过程。我们要积极吸收借鉴国际传播学的先进理念和经验做法，同时也要保持自己的独立性和创新性，形成具有中国特色的传播理论和方法体系。这样，我们才能更好地向世界说明一个可沟通、善沟通、有担当的中国，让世界更好地理解和接纳中国。而这，正是华夏传播研究未来大有可为并值得期待的新希望和新使命。

（二）以彰显中国智慧为旗帜

2021年6月，中共中央总书记习近平在主持中共中央政治局第三十次集体学习时强调，"讲好中国故事，传播好中国声音，展示真实、立体、全面的中国，是加强我国国际传播能力建设的重要任务"。③此次讲话，不仅赋予了新闻传播学科加速构建中国话语和中国叙事体系的时代重任，也提升了我国在国际传播领域的竞争力与影响力。同时也为华夏传播研究燃起了更为明亮的学术灯塔，指明了更为深远的发展道路。毋庸赘言，习近平总书记这一深刻论述，也为如火如荼的华夏传播研究事业注入了新生与活力，擘画了华夏传播研究在推动文化传播、增进

① 谢清果：《华夏传播研究学术史》，北京：中国国际广播出版社，2023年，第73页。
② 谢清果：《华夏传播研究学术史》，北京：中国国际广播出版社，2023年，第7页。
③ 《习近平主持中共中央政治局第三十次集体学习并讲话》，中国政府网，网址：https://www.gov.cn/xinwen/2021-06/01/content_5614684.htm。

国际理解与交流中的广阔空间与无限可能。换言之，以彰显中国智慧为旗帜，这是华夏传播研究的理论想象力。

正如有学者所言："理论只有落地，才能真正彰显其科学伟力。"[1] 进入新时代，越来越多的传播学者敢于用本土话语为当代性和世界性的命题寻找新的答案。谢清果的《华夏传播研究学术史》列举了许多学者不断推动华夏传播研究"出圈"的例子。诸如李楠、张焱抓住了游牧民族服饰这一物质性载体，通过考察游牧服饰的开放与传播活动来明晰上述认知，厘清中华服饰文化多元一体格局和其吸收游牧服饰的合理成分而不断进化的内在理路[2]；而杜莉、刘彤等人在其专著《丝路上的华夏饮食文明对外传播》中，则将研究焦点对准了丝绸之路上的华夏饮食文明。他们巧妙地融合历史学、文化学等多学科的知识体系，深入剖析全球贸易活动中物质性交往的深刻内涵，从而精彩地揭示了这些交往如何推动不同文明之间的交流、融合与演进。而这些内容均是中国智慧的典型表征。

华夏文明源远流长，蕴含着丰富的传播智慧。这些智慧资源在新时代展现出了无限的可能。一方面，华夏传播学所强调的和谐、沟通、理解在当下的信息爆炸和文化冲突中显得尤为重要，能够为中国智慧解决现代社会的传播问题提供独特的思路和方法；另一方面，大道同行、和合共生的中国智慧也可以为国际传播提供全新的视角和路径。在全球化的背景下，不同民族与文化之间的交流日益频繁，但也伴随着误解和冲突。而华夏传播学所倡导的和合文化、包容心态，恰好可以为国际传播提供宝贵的思想资源和践行路径。

结语

谢清果所著的《华夏传播研究学术史》"概览了华夏传播研究发展的历史脉络，展现了华夏传播教学模式的探索过程，梳理了华夏传播学人的学术研究历程，介绍了代表性学者的学术观点，多视角反映了40多年来华夏传播的研究成果，为构建华夏传播学的'三大体系'奠定了一定的基础"。[3] 作为华夏传播研究领域的又一力作，是作者继《华夏传播学引论》《华夏文明与传播学本土化研究》等著作之后，再次为华夏传播自主知识体系建构添砖加瓦的新成果。该书不仅全面梳理了华夏传播的历史脉络，明确了华夏传播研究的新使命，而且对于不同历史时期的

---

[1] 骆丹、仰义方：《中国特色社会主义理论与实践论坛暨学习贯彻习近平文化思想学术研讨会综述》，《重庆邮电大学学报（社会科学版）》，2024年第1期，第185页。

[2] 李楠、张焱：《跨文化视野下中国游牧服饰之媒介功能与意义》，《现代传播（中国传媒大学学报）》，2020年第5期，第84—88页。

[3] 谢清果：《华夏传播研究学术史》，北京：中国国际广播出版社，2023年，封底页。

传播现象进行了细致入微地考察，使得读者能够深刻感受到华夏传播的独特魅力
与深厚底蕴，展现出了作者深厚的学术造诣与敏锐的时代洞察力。尤其是他在书
中强调的华夏传播研究应当紧密结合时代背景，挖掘中国智慧，推动传播学本土
化与国际化进程。这一观点不仅为华夏传播研究指明了方向，也为研究者们打破
学科壁垒，促进不同学科之间的交流与融合注入了新活力。

新时代中华文化"一带一路"传播国际研讨会
会议综述

Summary of the International Symposium on the Dissemination of Chinese Culture along the Belt and Road in the New Era

边思羽　宋　珊　马鹏程 *

Bian Siyu　Song Shan　Ma Pengcheng

摘　要：2023 年 6 月 16 日—19 日"新时代中华文化'一带一路'传播国际研讨会"在敦煌举办。会议从"国际中文教育与中华文化国际传播研究""中国传统文化的创新与国际传播研究""新形势下中国文化国际传播效能与体系建设研究""语言学视域下的文化传播研究""丝绸之路与世界文明的交流交融以及敦煌学研究"五个议题展开，研究了新时代背景下当代中国文化的国际传播与教学，分享了不同文化的交流与中华文化传播过程中的实践经验与研究成果，提供了从顶层设计到具体操作实践的理论指导，为中华文化的"一带一路"国际传播、构建具有中国特色的战略传播体系、提升国际传播效能等方面贡献了新方法、新思路、新智慧。

Abstract: The "International Symposium on the Dissemination of Chinese Culture along the Belt and Road in the New Era" was held in Dunhuang from June 16th to 19th, 2023. The conference covered five topics: "Research on International Chinese Education and the Global Dissemination of Chinese Culture," "Innovation and International Dissemination of Chinese Traditional Culture," "Research on the Effectiveness and System Construction of China's Cultural International Communication in the New Situation,"

---

* 作者简介：边思羽，女，甘肃省平凉市人，文学博士，西北师范大学副教授，硕士生导师，研究方向：中国古代文学、中华文化与传播、跨文化交际；宋珊，女，甘肃省武威市人，文学博士，西北师范大学讲师，研究方向：语言类型学、汉语语法学、方言学；马鹏程，男，甘肃省兰州市人，语言学及应用语言学博士，西北师范大学讲师，硕士生导师，研究方向：国际中文教育、跨文化交际、中国文化传播。

"Cultural Transmission from the Perspective of Linguistics," and "The Silk Road, Exchange and Integration of World Civilizations, and Dunhuang Studies." These topics explored the international dissemination and teaching of contemporary Chinese culture in the context of the new era, shared practical experiences and research outcomes of cultural exchanges and the dissemination of Chinese culture, and provided theoretical guidance from top-level design to concrete operational practices. The symposium contributed new methods, new perspectives, and new insights to the international dissemination of Chinese culture along the Belt and Road, the construction of a strategic communication system with Chinese characteristics, and the enhancement of international communication effectiveness.

关键词："一带一路"；中华文化；国际传播；国际研讨会；会议综述

Keywords: "the Belt and Road"; Chinese culture; international dissemination; international symposium; conference summary.

2019 年 8 月，习近平总书记在敦煌考察时指出"推动敦煌文化研究服务共建'一带一路'。我提出共建'一带一路'，加强文明对话，倡导'和平合作、开放包容、互学互鉴、互利共赢'的丝路精神，就是在新的历史条件下加强同世界各国的合作交流、促进各国文明对话和文化交流的重要举措。"① 党的二十大报告中强调要"推动共建'一带一路'高质量发展"和"深化文明交流互鉴"。在"一带一路"倡议提出十周年和第三届"一带一路"国际高峰论坛即将举办之际，回顾国际文化交流成果、共商民心相通之道极具战略意义与学术价值。在此背景下，为汇集各国智慧、传递中国声音、推动中华文化的国际传播，世界汉语教学学会与西北师范大学于 2023 年 6 月 16 日—19 日在敦煌共同举办"新时代中华文化'一带一路'传播国际研讨会"。

来自法国、俄罗斯、埃及、日本、蒙古等 12 个国家及全国 40 多所高校的百余位专家学者参会交流。研讨会围绕"国际中文教育与中华文化国际传播研究""中国传统文化的创新与国际传播研究""新形势下中国文化国际传播效能与体系建设研究""语言学视域下的文化传播研究""丝绸之路与世界文明的交流交融以及敦煌学研究"等议题进行了广泛而深入地交流与讨论。

6 月 17 日早晨举行会议开幕式，教育部中外语言交流合作中心党委副书记、世界汉语教学学会秘书长宋永波，西北师范大学副校长田澍等出席开幕式并致辞。开幕式由西北师范大学国际合作交流处处长、国际文化交流学院院长田河主持。

---

① 《习近平在甘肃考察》，新华网，网址：http://www.xinhuanet.com//politics/leaders/2019-08/22/c_1124909683_15.htm。

宋永波副书记表示教育部中外语言交流合作中心积极服务"一带一路"共建国家人民中文学习需求，围绕构建规范标准体系、完善多元办学体系、优化资源支撑体系、打造知名品牌体系与构建学术组织体系等方面，全力推动国际中文教育可持续高质量发展。田澍副校长指出汉语国际教育工作应积极传播中华文化，加强同沿线国家的文化交流、增进民心相通，彰显西北师范大学"向西为主、聚焦中亚、特色发展"的国际学生培养理念，并期待各位专家深入交流、分享智慧、凝聚共识，为中华文化国际传播建言献策，持续推动中华文化在继承中发展，在发展中创新。

一、会议主旨专家报告发言

会议邀请了8位主旨专家，分别是清华大学的范红教授、北京外国语大学的姜飞教授、山东大学宁继鸣教授、厦门大学耿虎、辽宁师范大学李宝贵教授、西北师范大学徐兆寿教授，另有两位海外国际专家埃及苏伊士运河大学 Hassan Ragab（大海）教授、塞尔维亚贝尔格莱德大学金晓蕾博士（Docent）。八位主旨专家分别在6月16日上午与6月17日下午做了两场主旨发言。两场主旨专家发言分别由厦门大学谢清果教授与西北师范大学李莉副教授主持。

首场主旨报告有四位专家发言：北京外国语学国际新闻与传播学院院长姜飞教授做了题为《文化语法：国际教育与国际传播的历史性合流》的主旨报告，分析了国际教育与国际传播在国家战略层面的异质同构性，在概念与实践层面的历史合流趋势，并提出其在理论建构上的合流路径；清华大学国家形象传播研究中心主任范红教授做了题为《文化符号体系建构与中华文化国际传播》的报告，指出建构中华文化符号体系纵向上需把握国家、文化和符号之间的逻辑关联，横向上需将庞杂的文化符号精心筛选、合理排布、有效呈现；埃及苏伊士运河大学 Hassan Ragab（大海）教授以《国际中文教育与中华文化国际传播研究——以埃及为例"》为题做报告，介绍了埃及中文教育的基本情况，提出优化高校中文教育顶层设计、加大本土中文教师培养力度、促进中文教学资源建设等具体建议；山东大学语言与文化传播研究中心主任宁继鸣教授做了题为《人才培养与课程设计：从新文科建设看新时代的语言教育和教学》的报告，认为面向世界和未来的语言教育教学体系，需要融入时代发展，贴近社会实际，强化问题意识，坚持问题导向，遵循教育规律。

第二场主旨报告有四位专家发言：厦门大学国际教育学院副院长耿虎教授做了题为《简论"一带一路"视域下国际中文教育与中华文化传播》的主旨报告，建议为更好地服务"一带一路"建设，应以新学科建设为抓手，做好专业人才培养，以"中文 +"为方向，做好相关规划设计，辽宁师范大学国际教育学院李宝贵教授以《国际中文教育与增强中华文明传播力影响力的逻辑关联与互动机制》为题做报告，诠释了国际中文教育和增强中华文明传播力影响力的内涵价值和互动关系，提出应通过多元主体协同、优化教学资源、强化人才培养、丰富产品服务、创新话语体系、借力科技赋能等手段来实现二者的协同发展；塞尔维亚贝尔格莱德大学金晓蕾博士（Docent）做了题为《新时代中国图书在塞尔维亚的译介》的报告，梳理、考察了新时代塞译图书在内容、译者和出版模式等方面的特点，介绍了对中塞两国文化交流具有重要意义的出版物；西北师范大学传媒学院院长徐兆寿教授做了题为《以丝绸之路为方法——中华文明复兴与人类命运共同体建构》的报告，认为中华文明的复兴需要首先理清当今世界文明中可供借鉴的内容，指出以古丝绸之路为方法，将有助于支持人类命运共同体的学理性建构。

二、五个分论坛讨论与发言

在研讨会五个分论坛上，来自海内外四十多所院校和科研机构百余位学者，围绕五个议题展开，共有 80 多篇论文发表，以下谨列每组有代表性的发言。

（一）国际中文教育与中华文化国际传播研究

国际中文教育是中华文化国际传播的直接而有效的途径，在如何做好通过国际中文教育传播中华文化方面，东华大学胡清国教授发表论文《引导来华留学生讲好中国故事的路径阐释》，从三个方面即来华留学生"讲好中国故事"的实践意义、来华留学生"讲好中国故事"的可能性与优势、引导来华留学生"讲好中国故事"的路径阐释，回答了"讲好中国故事"的三个内核问题"谁来讲""讲什么"及"怎么讲"。

来自甘肃政法大学的俄罗斯 PRONKINA OLGA（奥莉娅）教授发表论文《俄罗斯汉语教学历史与现状研究》，讨论了俄罗斯教授汉语的问题，介绍了在俄罗斯教授汉语的经济、社会、文化和教育背景，指出了汉语引入俄罗斯现代社会的来源和原因。揭示了汉语在俄罗斯传播的历史及其在现代社会经济和民族文化条件下的研究状况，说明了俄罗斯汉语教学各时期的特点。并研究了俄罗斯学生学习汉语所面临的困难，指出了在汉语教学中遇到的困难与原因。

西北师范大学曹晓东副教授发表论文《国际中文教育与"讲好甘肃故事"的互动共生研究》，认为"甘肃历史积淀深厚，文化形态多样，还是融入'一带一路'建设的承东启西、连接欧亚的重要通道，以及中国向西开放的重要门户和次区域合作战略基地，其地域形象具有丰富的历史内涵与鲜明的时代特征。国际中文教育可将文化传承和对外传播作为重要任务，构建与'讲好甘肃故事'互动共生、协调共进的跨文化传播系统，为提升甘肃地域的国际影响力发挥功用"。

北京语言大学骆健飞副教授发表论文《中华文化的国际传播与文化慕课的建设》，指出在文化传播方式上，慕课比传统课堂有较大优势：首先是短小精悍、碎片化学习；其次是实景拍摄、提纲式讲解；再次是即时测验、检验学习效果。基于以上优势，我们认为面向国际学生建设文化慕课非常有必要，同时将文化慕课与传统课堂相结合，互相补充，使语言和文化的教学有机结合起来。

（二）中国传统文化的创新与国际传播研究

在积极推动中华文化走出去，向世界阐释推介更多具有中国特色、体现中国精神、蕴藏中国智慧的优秀文化方面，清华大学眭谦研究员发表论文《文化自信视域下中华优秀传统文化创新传承路径》，报告立足于中华优秀传统文化的自身属性，结合文化传承的相关理论及具体抓手，构建出文化传承的创新体系：文化自信—文化传承—文化自信是一个不断循环的内生过程。通过揭示文化自信与传统文化创新传承的内在关系，从全球化与本土化结合的视野，探讨如何汲取中华优秀传统文化精髓，赋能建构中国话语体系，并在丰富传统文化的场景应用，扩大在公共外交中的灵活叙述，拓展中国传统文化符号的传播渠道等方面提出具有可操作性的方法和路径。重点面向现代化语境下创新性发展及创造性转化的要求，提出在新的媒介逻辑中重塑空间、时间、生活、生产四个维度的本土关系样态，即再造传统文化空间结构、扩展传统文化时间维度、回归传统文化生活属性、激活传统文化"社会化生产"。

天津中医药大学金沛沛副教授发表论文《从中医思想文化术语看中医文化的传承与传播》，指出中医药作为中华文化的瑰宝，具有鲜明的中国特色，也因为这个特色，中医思想文化术语外译一直是个"老大难"。如何在对内传承与对外传播中实现术语民族化与国际化的辩证统一？本研究以交际术语理论和多模态话语分析理论为基础，借助语境补偿、模态互补等手段为中医思想术语传承与发展提出一些建议。

来自北京大学的法国新汉学博士 MATHE Hugo（马雨果）发表论文《探索健康的哲学之路：道家思想与古希腊哲学的对话》，旨在探索中国古代哲学家庄子的思想与古希腊哲学家之间的对话，特别关注他们对于哲学家角色与社会的关系，以及他们在社会中的位置和作用的理解。文章将第欧根尼和苏格拉底的教育方式与庄子中真智者的形象进行对比。此外，本文还将深入探讨庄子哲学中的"一"与古希腊哲学中的"一"之间的联系。通过对比分析，发现这两种思想之间的相似性和差异，这将有助于深化对于东西方哲学对话的理解。

(三)新形势下中国文化国际传播效能与体系建设研究

在构建具有鲜明中国特色的战略传播体系，着力提高国际传播影响力、中华文化感召力、中国形象亲和力、中国话语说服力、国际舆论引导力方面，厦门大学的谢清果教授发表论文《"中国之治"何以传：中华文明传播气质视域下"和合共生"中国形象的建构与展演》，提出"中国之治"作为中国治理道路与体系的概称与凝结，它向世界展现了中国智慧与魅力，也成为传播"中国形象"与"中国声音"的内生动力与支点。在传播学形态上"中国之治"耦合着政治传播、战略传播等，因而探讨"中国之治"的建构与传播，不仅有助于思考中国参与全球治理的实践，也可以为中华文明的传播提供一个学术耕耘的新领地。谢教授的研究以"中国之治"为支点拓展"中国形象""中华文明"的传播力影响力思考，亦能推进中国积极参与全球治理的实践，借以反思如何通达"共生""共商""共建""共治"的人类命运共同体。

清华大学慕玲研究员分享了《从电影维度的中华文化国际传播》，认为中国电影的国际传播已经成为中国文化走出去以及国家形象建构的重要力量。中国电影的中华文化传播，理应强化文化内容与渠道建设、强化叙事方式的现代化等，打造围绕电影文化的媒介共同体，建立中国故事的全球亲和力。

西藏民族大学教师王子豪，从区域化传播的角度结合自身的学习教学经历，发表了《新形势下中国文化在尼泊尔的传播效能与路径》，指出尼泊尔地处喜马拉雅山南麓，与我国西藏自治区接壤，是中国在南亚方向推进"一带一路"合作的重要伙伴，也是将中国文化带入南亚地区的重要通道。提升中国文化在尼泊尔的传播效能，营造周边国家睦邻友好环境，能够助力我国与南亚地区国家间的文明互鉴，也能够服务于我国"治边稳藏"的战略需求。新形势下，要统筹国内国际两个大局，全面提升中国文化在尼泊尔的传播效能，不断开拓、调整、创新传播路径，在环喜马拉雅地区形成中国文化传播高地。

(四)语言学视域下的文化传播研究

语言是一种特殊的文化现象，也是中华文化的载体，同时也是中华文化的重要传播方式，语言的形成与中华文化的发展相互制约。西北大学冯鸽教授发表论文《文化分析视角下的句式教学探究——以"把"字句教学为例》，认为汉语所具有的文化特性投射在语言表达中，形成了各种句式。这些句式因形式的灵活多变和构成的复杂，成为对外汉语教学中的难点。"把"字句是其中具有重要代表性的一个句式。从文化视角切入，我们可以发现"把"字句所具有的文化属性，即中国以"人"为核心的主观性语言观和尾焦点倾向的表达方式，由此关注到对其教学应该以"处置义"为核心进行设计，由意义来理解形式，探讨了如何培养学生的汉语思维的问题。

浙江外国语学院周静副教授发表论文 *Establishing an extensive reading program in a Chinese as a foreign language context to enhance reading attitudes and improve intercultural competence*（《汉语为外语语境下建立广泛阅读项目以提高阅读态度与跨文化能力》）指出泛读在英语作为外语或二语的教学中得到了广泛的应用。然而在汉语作为外语或二语语境下的泛读研究并不多见。该研究报告了美国一所文理学院如何建立泛读项目以及泛读如何影响中文学习者的阅读态度。还考察了中文为外语学习者对通过泛读提高语言能力的看法，以及他们对泛读活动的喜爱程度。通过对比泛读前后的阅读态度与学期末的反思，收集了十三周的数据。研究结果表明，泛读显著提高了中文为外语学习者的信心和学习中文的热情。泛读能够提高阅读能力、词汇、语法、汉字识别、写作、口语和听力。研究还发现，学生喜欢泛读活动，因为泛读活动巩固了阅读理解，并提供了与其他学生互动的机会。

语言教学与文化教学的结合是有效传播中华文化的重要方式。海军军医大学陆昕昳老师发表论文《〈参考框架〉指导下的中高级医学汉语文化点教学研究》，指出根据教育部文件精神，医学类专业应当在课程教学中注重加强医德医风教育，怎样让留学生具备医者仁心精神，也是国际中文教育工作者需要思考的问题。我们的文化点教学以留学生的中高级医学汉语读写课程为主，第二课堂活动为辅。认为在《国际中文教育用中国文化和国情教学参考框架》的指导下，应尽可能多地设计与之相应的医药类话题，并提炼出现代文化和传统文化两大类文化符号。结合语言与文化，兼顾人文与医学，是面向临床医学国际中文教育承载的中文和中华文化国际传播的重任。

（五）丝绸之路与世界文明的交流交融以及敦煌学研究

敦煌文化是各种文明长期交流融汇的结晶，季羡林先生说过："敦煌文化的灿烂，正是世界各族文化精粹的融合，也是中华文明几千年源远流长不断融会贯通的典范。"在推动敦煌文化研究方面，台湾彰化师范大学苏慧霜教授发表论文《敦煌写卷〈渔父歌沧浪赋〉探析》，讲到敦煌遗书主要是唐五代时期的写本和刻书，其中伯二四八八、伯二六二一、伯二七一二收录〈渔父歌沧浪赋〉（三卷）。同时，敦煌旧钞亦见存《楚辞音》残卷，敦煌遗书与残卷的发现，见证隋唐《楚辞》的流传。文章就敦煌遗书中的〈渔父歌沧浪赋〉写卷分析，从楚辞到唐赋，观察辞赋同源流变的轨迹，思考敦煌《楚辞》研究的新方向。

文明的交流交融源远流长，汉文教育在古代日本已形成，这对古代东亚汉文化圈的生成也有一定的影响。中山大学助理研究员高薇发表论文《试论古代日本的汉文教育——以〈文选〉学习为中心》，谈到南梁萧统所编《文选》是中国现存最早的诗文总集，在隋唐时期便已传入日本，并一跃成为古代日本官方认可的汉文教材。为了学习汉语发音，《文选》曾被视为类同《尔雅》的汉音基础教材。而受到训读法之影响，《文选》学习课本多为白文无注，旁加训点，由此形成了"白文无注加点本"的特殊文本形态。汉文教育在古代日本具有强烈的贵族色彩，《文选》学习逐渐发展为博士官的"家学传统"，在相当长时期内代表了权贵阶层的权势与地位。考察《文选》在古代日本的学习，有助于揭示古代日本汉文教育的诸多细节和文化意义，再现古代东亚汉文化圈的生成景象。

河西学院的张长君老师发表论文《汉语国际传播背景下地方文化国际传播研究——以河西宝卷为例》，指出河西宝卷是流传于甘肃省河西走廊一带的传统民间文学，是国家级非物质文化遗产之一。在汉语国际传播背景下，挖掘地方文化中的优秀文化，一方面可以巧妙地避开当前中国与西方在意识形态与政治立场中的显性纷争，另一方面，以地方文化的强大生命力，催生中华文化的内生动力，从而实现中华文化国际传播的创造性转化。文章以河西宝卷为例，探究地方文化在国际传播中的积极作用，阐释以宝卷文化为载体进行中华文化国际传播的多重意义。

最后，由台湾彰化师范大学苏慧霜教授、西北大学冯鸽教授，西北师范大学曹晓东副教授、西北师范大学徐凡副教授、西北师范大学边思羽副教授进行了小组发言总结。

三、活动的社会影响和效益

本次研讨会分享思考，凝聚共识，贡献方案，汇聚了中外专家学者与行业代表，围绕"'一带一路'建设与中华文化国际传播"这一主题共同探讨，研究新时代背景下当代中国文化的国际传播与教学，分享了不同文化的交流与中华文化传播过程中的实践经验与研究成果，提供了从顶层设计到具体操作实践的理论指导，为中华文化的"一带一路"国际传播、构建具有中国特色的战略传播体系、提升国际传播效能等方面贡献了新方法、新思路、新智慧，为更好推进国际中文教育提供了极富参考性与启发性的新研究、新思考，为"讲好中国故事，传播好中国声音"的探索做出了新贡献。